Un taxi

Une place de parking

N'en jetez pas plus…

René HOFFER
Avec la participation exceptionnelle,
involontaire, mais essentielle de Yoshi

Halte-là

Que ce soit dit tout de suite : Monsieur Yoshiaki CHISAKA n'est pour rien dans la confection de ce recueil.

Mais sans lui, il n'aurait pas non plus pu s'écrire : tenace et résistant comme il l'est dans l'art martial, japonais, qu'il enseigne, fort de son bon droit et droit lui-même, essayant de réaliser comment tant de débilités arrivent à être couvertes par autant de figurants tant indigènes que parisiens et sur mes conseils et ma pratique quasi quotidienne durant des dizaines d'années du milieu nauséabond que le lecteur égaré - -mais qui prendra soin de s'être bien garé - découvrira au fil de ces pages, Yoshi donc, tu seras le premier surpris de recevoir un beau jour - tous les jours sont beaux -, ce livret.

Et avec mes remerciements ainsi qu'à bien d'autres êtres humains comme il est écrit dans le préambule de la Constitution de 1946, qui s'opposent régulièrement à la peste administrative dont tout usager aussi respectable fût-il, redoute le tintement inexorable de la clochette.

Mais je dédie aussi ces quelques pages aux malfaisants, aux nuisants, à tous ceux qui n'ont d'autre idéal que de se soumettre au chef, au chef du chef et jusqu'au chef suprême nourrissant en retour ce dernier pour lui permettre d'imposer encore et encore, toujours, à nouveau, à ceux-là, de maintenir La Fonction. La leur souvent.

Je n'oublie pas non plus toutes ces petites mains anonymes et jusqu'aux services sous la férule du premier ministre ès-président en titre du conseil de l'Etat français, pour toute cette énergie, ces journées et ces nuits de cogitations, et ces fonds publics déployés dans ces quelques dossiers où est contestée la suspension… pour trois jours… de conduire un taxi…

Elu-cul-brations

« ... lorsqu'il faut durant des heures et des journées entières palabrer, mentir, faire la pute, lécher le cul gluant de bonshommes en uniforme variés - police, immigration, douane, marine nationale -, lorsque vous obtenez votre si difficilement accessible permis de rester cinq jours dans le pays, vous êtes tellement écoeuré de l'effort fourni... qu'il ne vous reste plus guère que l'envie de vous tailler ! »

Antoine, *Solitaire et* compagnie, p. 50, éditeur Arthaud

Le 08 juin 2013 à 20h17

Le 08 juin 2013 à 20h17 à l'Aéroport de Tahiti, les agents assermentés de la Direction des transports terrestres ont constaté...

POLYNESIE FRANÇAISE

**MINISTERE
DE L'EQUIPEMENT,
DE L'URBANISME, DES ENERGIES
ET DES TRANSPORTS TERRESTRES
ET MARITIMES**

N° 0 1 1 9 / MET / DTT/cdtx

*Le ministre,
Président de la commission de discipline
des taxis*

Papeete, le 2 JUIN 2013

<u>*Affaire suivie par :*</u>   *DTT*

Remise en mains propres

à

**Monsieur CHISAKA Yoshiaki
Lot Tepapa n° 1, Mission – PAPEETE**

<u>**Objet :**</u>   Convocation en commission de discipline.

<u>**Réf. :**</u>   Délibération n° 2008-5 APF du 10 avril 2008 portant réglementation de l'activité d'entrepreneur de taxi (parue au JOPF n° 16 du 17 avril 2008 et consultable sur www.transports-terrestres.pf ou sur www.lexpol.pf).

Monsieur,

Dans le cadre de la procédure réglementaire, vous êtes convoqué en commission de discipline qui examinera votre cas le **jeudi 11 juillet 2013 à 11 heures 15**, dans la salle de réunion du ministère en charge des transports terrestres sise au 4ème étage du bâtiment administratif A2, rue du Commandant Destremeau – *(délai de convocation d'au moins 15 jours avant la date de la réunion pour les résidents des Iles du Vent)*.

Lors d'une mission de contrôle effectuée le samedi 08 juin 2013 à 20h17 à l'Aéroport de Tahiti, les agents assermentés de la Direction des transports terrestres ont constaté que :

1. votre véhicule taxi immatriculé 210716-P était stationné, en attente de clientèle, en dehors des emplacements réservés aux taxis ;

2. votre véhicule n'était pas équipé du dispositif extérieur, lumineux la nuit, portant la mention « taxi ».

Je vous informe qu'une sanction disciplinaire est envisagée à votre encontre.

Le point 1 constitue une infraction de 1ère catégorie prévue par l'article 14 et réprimée par l'article 28 de la délibération n° 2008-5 APF du 10 avril 2008, susvisée. En cas de première récidive, ce qui est votre cas, elle est passible d'un blâme.

Le point 2 constitue une infraction de 3ème catégorie prévue par l'article 3 et réprimée par l'article 28 de la délibération n° 2008-5 APF du 10 avril 2008, susvisée ; elle est passible du retrait de la licence ou du certificat de capacité ou des deux pour une période d'un mois.

Dès réception de ce courrier, vous disposez, afin de pouvoir préparer votre défense, de la possibilité de :

- prendre connaissance de votre dossier auprès de la Direction des transports terrestres sise à l'angle de la rue Marc Blond de Saint-Hilaire et de l'avenue du Prince Hinoï à Fariipiti (bâtiment A, rez-de-chaussée – *bureau des activités de transport*, ☎ 54 96 53), les jours suivants : <u>mercredi 03 et jeudi 04 juillet 2013 de 07h30 à 11h30</u> ;

- présenter votre défense oralement ; toutefois, vous pouvez également la présenter par écrit si vous êtes dans l'impossibilité de répondre à la présente convocation ;

- vous faire assister ou représenter par une personne de votre choix ;

- faire appel à témoin(s).

Je vous prie d'agréer, Monsieur, l'expression de mes salutations distinguées.

Pour le ministre et par délégation,

Ronald TSU

B.P. 2551, 98713 Papeete - TAHITI, Polynésie française – bâtiment administratif A2 (5e étage), rue du Commandant Destremeau
Tél. : (689) 46 80 19 - Fax. : (689) 48 37 92 - Email : secretariat@equipement.min.gov.pf

Monsieur CHISAKA Yoshiaki   3 juillet 2013

à Service des transports terrestres

Demande de communication de pièce
avant le 11 juillet 2013.

Merci de bien vouloir me faire une photocopie
de la lettre n° 3154/MET/DTT
                                    du 13/8/2012
+ Rapport n° 127/BTC/CEE du 12 juin 2013
+ Rapport n° 176 DRT/CTC
+   "   n° 212 DRT/CTC
+ Lettre n° 2098/MET/DTT du 22 Mai 2012

12

L'agent Ronald TSU s'actionne

Ayant « pris acte » d'un passage sur place, dans les locaux du « service » des transports terrestres, il n'en a pas moins retenu la lettre n° 2098 réclamée.

Et c'est parti pour un petit tour à la CADA (commission d'accès aux documents administratifs), à Paris donc puisqu'elle dépend des services du conseil d'Etat et que ceux-ci sont à 18 000 km de la « France » d'ici…

Et la CADA, malgré une mention erronée d'une lettre citée de mémoire (n° 3010 s'agissant de celle n° 3013) et annoncée comme datée du 10 juillet 2013 et non du 10 août - certes mais dans le récapitulatif des pièces jointes l'erreur aura été évitée et pour cause, la requête auprès de la CADA est elle-même datée du 11 juillet 2013 -, va émettre un avis favorable à la transmission de cette-dite lettre n° 2098… que Ronald TSU aura en fait transmise entre temps non sans en avoir biffé certaines lignes.

MINISTERE
DE L'EQUIPEMENT,
DE L'URBANISME, DES ENERGIES
ET DES TRANSPORTS TERRESTRES
ET MARITIMES

N° **3013** / MET / DTT

DIRECTION DES TRANSPORTS TERRESTRES

Papeete, le   1 0 JUIL. 2013

Le Directeur

<u>*Affaire suivie par :*</u>
Bureau des Activités de Transport / g.t.

à

Monsieur Yoshiaki CHISAKA
Lot Tepapa n° 1, Mission - PAPEETE

<u>Objet :</u> Demande de communication de documents administratifs.

<u>Réf. :</u>   Votre lettre reçue le 03 juillet 2013.

Monsieur,

Par correspondance visée en référence, vous sollicitez auprès de mes services les photocopies des documents cités dans votre correspondance visée en référence.

Je vous informe que je prends acte de votre demande.

A cet effet, vous trouverez ci-joint les copies des rapports de contrôle ainsi que la lettre n° 2277/MET/DTT du 14 août 2012.

Par ailleurs, je prends bonne note que vous vous êtes présenté le mercredi 3 juillet à 12h00 à la direction des transports terrestres pour consulter votre dossier.

Je vous prie d'agréer, Monsieur, mes salutations distinguées.

Pour le ministre et par délégation,

Ronald TSU

Reçu le 10/07/13
Sauf la lettre no. 2-98/MET/DTT d. 22 May 2012.

Monsieur CHISAKA Yohsiaki　　　　　　　　　　　Tahiti, le 11 juillet 2013.
Lot TEPAPA n°1
Mission
PAPEETE
wind@mail.pf
Tél: 72 80 30

　　　　　　　　　　　Monsieur le Président
　　　　　　　　　　　de la Commission d'Accès
　　　　　　　　　　　aux Documents Administratifs
　　　　　　　　　　　35, rue Saint-Dominique
　　　　　　　　　　　75700 PARIS 07 SP
　　　　　　　　　　　cada@cada.pm.gouv.fr

Objet : demande d'avis favorable pour la communication d'un document administratif : lettre
n° 2098/MET/DTT du 22 mai 2012.

Monsieur le secrétaire général J.-P. LERENDU,

Le 3 juillet 2013 j'avais demandé la communication de trois rapports et une lettre au service des
transports terrestres. (PJ01)

Le 10 juillet le directeur de la direction des transports terrestres me transmettait les trois rapports ainsi
qu'une lettre n° 2277/MET/DTT que je n'avais pas sollicitée puisque l'ayant déjà reçue en août 2012, mais
manquait à cette transmission la lettre en objet. (PJ02)

L'ayant réclamée oralement lors de mon passage au service des transports lors de la remise en main
propre des documents ci-dessus, celle-ci ne m'a pas été transmise et j'ai pris soin de le relever sur la
lettre n° 3010/MET/DTT de ce 10 août 2013.

C'est cette lettre n° 2098/DET/MTT pour laquelle je demande ici l'avis favorable de la CADA car,
convoqué ce 11 juillet 2013 dans le cadre d'une convocation devant la "commission de discipline des
taxis" (PJ03) elle me fait défaut pour pouvoir présenter utilement ma défense, ayant bien sûr demandé un
renvoi dans l'attente de la décision de la CADA.

Veuillez agréer, Monsieur le secrétaire général J-P. LERENDU, l'expression de mes salutations
distinguées.

　　　　　　　　　　　Monsieur CHISAKA Yoshiaki

Pièces jointes:
01: Ma demande du 3 juillet 2013.
02: Transmission partielle du 10 juillet 2013.
03: Convocation n° 119/MET/DTT/cdtx.

Liberté • Égalité • Fraternité
RÉPUBLIQUE FRANÇAISE

COMMISSION D'ACCÈS
AUX DOCUMENTS ADMINISTRATIFS

Cada

Monsieur Yohsiaki CHISAKA
Lot Tepapa n°1
Mission - PAPEETE
TAHITI

La Secrétaire générale

Paris, le 23 juillet 2013

Références à rappeler : 20133023
Vos références :

Monsieur,

J'ai l'honneur d'accuser réception de la demande d'avis que vous avez présentée à la commission d'accès aux documents administratifs par courrier enregistré à son secrétariat le 12 juillet 2013.[1]

L'examen de votre demande est prévu pour la séance du 12 septembre 2013. L'avis de la commission vous sera ensuite transmis par courrier ou par courrier électronique[2] dans les meilleurs délais.

Si avant cette date **vous avez obtenu entière satisfaction** de la part de l'administration, je vous recommande de le faire connaître aussitôt à la Commission **en indiquant que vous vous désistez** de votre demande d'avis. Vous faciliterez ainsi, dans l'intérêt de tous les autres usagers, la recherche d'efficacité en permettant de concentrer les efforts sur les affaires non réglées et de réduire les délais d'intervention.

Je vous prie de croire, Monsieur, à l'assurance de ma considération distinguée.

Anne JOSSO

---

(1) Conformément aux dispositions de la loi du 6 janvier 1978, je vous informe que vos nom, adresse et qualité sont enregistrés sur le système automatisé de gestion des affaires de la CADA. Les membres de la CADA, ses rapporteurs et collaborateurs sont seuls destinataires de ces informations. Vous pouvez exercer votre droit d'accès et de rectification en vous adressant au secrétariat de la commission.

(2) Afin d'améliorer le service rendu aux usagers et sa performance en matière de développement durable, la CADA a dématérialisé le traitement des dossiers d'instruction et adresse de préférence par voie électronique les avis qu'elle rend. Aussi vous êtes invité(e) à lui transmettre, si vous en disposez ou si ce n'est pas déjà fait, une adresse de messagerie électronique.

35, rue Saint-Dominique 75700 PARIS 07 SP ☎ 01 42 75 79 99 • Télécopie : 01 42 75 80 70 • www.cada.fr • cada@cada.fr

Monsieur CHISAKA Yoshiaki
Lot TEPAPA n°1
Mission
PAPEETE
wind@mail.pf
Tél: 72 80 30

Tahiti, le 24 août 2013.

Monsieur le Président
de la Commission d'Accès
aux Documents Administratifs
35, rue Saint-Dominique
75700 PARIS 07 SP
cada@cada.pm.gouv.fr

Affaire n° 20133023
Audience du 12 septembre 2013.
Objet : maintien de la requête suite à transmission de l'original comportant des raturages.

Monsieur le président de la CADA,

L'accuser de réception de la secrétaire générale de la CADA Anne JOSSO, du 23 juillet 2013, m'a fait me rapprocher du défendeur le même jour par e-mail en ces termes (extrait) : « *C'est pourquoi je vous transmets - avec copie à la CADA pour parfaite information -, la présente afin que vous puissiez par retour (…) me transmettre la lettre réclamée, qui induira alors mon désistement.* ».

Le 12 août 2013, se référant tant à la demande du 3 juillet 2013 qu'au courriel ci-dessus du 23 juillet 2013, la direction des transports terrestres me transmettait la copie de la lettre n° 2098/MET/DTT du 22 mai 2012 adressée au directeur de l'aéroport de Tahiti, avec la CADA en destinataire Cc.

Le même 12 août 2013, le défendeur s'adressait également à la CADA directement, avec cet élément supplémentaire : « *Cependant, vous noterez que les noms des autres personnes faisant l'objet de cette demande de renseignements ont été masqués pour ne pas leur porter préjudice.* ».

<u>Du maintien de la requête initiale.</u>
L'accuser de réception de la CADA prévoyait cependant, et en gras, la possibilité d'obtenir « ***entière satisfaction*** » : solution que j'espérais lorsque j'écrivis « *qui induira alors mon désistement* ».

Mais tel n'est donc pas le cas en l'espèce : <u>d'une part</u> du fait du biffage de noms opéré, et <u>d'autre part</u> en ce que le courriel de transmission à la CADA tend à faire passer cette lettre pour une « *demande de renseignements* » - alors même qu'une demande de renseignements aurait dû être matérialisée AVANT le « *cours de missions de contrôle des activités de transport terrestre* » - alors qu'il s'agit en fait d'une lettre de dénonciation au vu des « *numéros d'immatriculation des taxis ainsi que le nom des propriétaires* » y mentionnés « *A toutes fins utiles* », <u>enfin</u>, l'expression « *pour ne pas leur porter préjudice* » est pour le moins malvenue de la part de celui-là même qui est l'auteur de la lettre de dénonciation APRES mission de contrôle de ses (« *mes* ») agents (le ministre par délégation Ronald TSU), c'est-à-dire que là encore il essaye d'opérer selon son mode de fonctionnement dénoncé par ailleurs : se substituer à la CADA pour décider, lui, que le fait que je puisse avoir connaissance des autres personnes faisant partie de ma profession pourrait leur porter préjudice alors que l'inverse relève de l'évidence comme il sera développé plus longuement ci-après. Mention est faite ici des frais et autres manque à gagner et pression morale dans l'attente d'une éventuelle sanction que cela implique. A tous.

De ces seules constatations, la CADA fera droit à la demande initiale puisque la transmission altérée de la lettre n° 2098/MET/DTT ne répond pas pleinement à la requête initiale.

Développements complémentaires pour appuyer la demande initiale.
De l'agent Ronald TSU.
La transmission par e-mail du 12 août 2013 permettra à la CADA de constater le *modus operandi*
suivant relaté très brièvement ici : auteur de la lettre n° 2098 du 22 mai 2012, Ronald TSU, en tant que
président de la commission de discipline des taxis avait réussi à me faire sanctionner une première fois
puisque lors de l'audience du 11 juillet 2013 il avait relevé la « récidive », personne ne m'ayant alors
conseillé de réclamer la lettre n° 2098 et moi-même sûr de mon bon droit, pensant que l'évidence et ma
bonne foi suffiraient à me disculper en 2012...

Cette lettre raturée fait aujourd'hui apparaître d'une part donc que ce sont les propres agents de Monsieur
Ronald TSU - aussi rapporteur et président de la commission de discipline -, qui « rabattent » les
supposés contrevenants, et d'autre part que ses missionnaires sont intervenus en amont et m'ont donc
verbalisé avant d'être pénalisé – ainsi qu'a priori les autres entrepreneurs de taxis biffés – avant même
que ce dernier n'ait été informé des autorisations émises (ou non) par le directeur de l'aéroport ; enfin, le
juge et partie Ronald TSU, pour arriver à ses fins, arrête d'autorité dans la lettre n° 2098 que « *Le fait
d'être en stationnement dans un emplacement réservé au transport touristique signifie que ces derniers
exerçaient, lors du contrôle, une activité de transport touristique* (…). » alors qu'être stationné à tel ou tel
autre endroit ne signifie pas cela.

Plus grave : dans sa transmission du 12 août 2013, le ministre par délégation Ronald TSU se garde
d'informer la CADA que pour écrire au directeur de l'aéroport de TAHITI, il s'est prévalu de sont titre d'
« *en charge des ports et des aéroports* », renforçant la portée intimidative de la lettre n° 2098 d'autant car
trois jours plus tôt, dans un courrier adressé à la personne qui m'assiste dans mon affaire, il ne fait pas
apparaître sa tutelle sur les ports et les aéroports. *(PJ04)*

L'agent Ronald TSU en sus de tout ce qui précède déjà, est aussi celui qui est à l'origine du refus de
transmission de la lettre n° 2098 et qui aura tout de même dû se plier à la transmettre. Mais encore, il
présidait également la commission du 11 juillet 2013 - et était le rapporteur à nouveau de mon dossier -,
et celui qui a transmis un avis portant sur 3 jours d'interdiction d'exercer ma profession d'entrepreneur de
taxis à mon encontre, que le vrai ministre se devait soit d'entériner, d'annuler, ou d'aggraver.

Le délai d'un mois s'étant écoulé depuis cette date sans que la décision prise par le ministre en charge
des aéroports ne se soit prononcé, ce refus de communication fera ainsi également l'objet d'un prochain
recours à la CADA, après la décision du 12 septembre 2013 au cas où ce refus de décision et donc de
transmission de l'acte administratif statuant sur mon sort ne puisse faire l'objet d'une inclusion dans la
présente demande, tout comme la réponse que le directeur de l'aéroport aura éventuellement adressée à
la lettre n° 2098.

Note : A toute fin utile et pour ne pas surcharger la CADA, pour les deux nouvelles pièces ci-devant, je ne
peux qu'émettre le souhait que la CADA puisse intégrer au présent dossier - et bien évidemment sans
que cela ne nuise aucunement à la requête initiale -, leur demande puisque complémentaires et
directement liées à la lettre n° 2098, et donc, et sous toutes réserves de ne pas excéder la portée du
recours premier -, la production, induite donc, de ces deux pièces ?

Du biffage de noms et numéros d'immatriculation.
La CADA sera imperméable à la méthode « Ronald TSU » quant au préjudice que porterait aux membres
de ma profession raturés si leurs coordonnées m'étaient connues.

En effet, c'est tout le contraire. Et même l'inverse.

Le contraire, en ce que ces confrères auront certainement été pénalisés comme moi en 2012, voire
poursuivis pour récidive, postérieurement comme moi, pour l'instant verbalement et devant témoins
assermentés le 11 juillet 2013 (les 3 jours d'interdiction d'exercer) et que donc le préjudice LEUR aura été
porté PAR celui-là même qui prétend NE PAS vouloir leur porter préjudice (!) : l'agent Ronald TSU (et
ses obligés de la commission et alii) ; mais encore, ignorants de cette lettre ils ne pourront la réclamer à
leur tour pour faire rouvrir leur dossier le cas échéant.

L'inverse, en ce que moi, je ne peux ou ne pourrais, d'une part bénéficier de leur soutien au cas où ils décidaient d'intenter une action en réparation et que même une *class action* pourra(it) être envisageable, d'autre part les faire bénéficier de mon avancée pré-CADA déjà, mais plus certainement post-CADA en cas d'avis favorable, mais surtout, que leur(s) condamnation(s) puissent se retourner contre moi (et d'autres professionnels relevant du même ministère, y compris l'un ou l'autre de ceux dont les références ont été rayées !) sur la base de LEUR(s) jurisprudence(s) forcément pénalisante(s) au vu de l'avis des trois jours d'interdiction d'exercer une profession librement choisie émis à mon encontre, droit fondamental garanti par la Constitution, la Convention européenne des droits de l'Homme et la déclaration des droits de l'Homme et du citoyen.

La CADA rendra donc de plus fort un avis favorable à la demande de communication de la lettre n° 2098 non altérée, au motif supplémentaire que, plus que des « *personnes* », ces membres exerçant la même profession que moi, et au regard du service des transports terrestres, ne sont pas des « personnes » telle que tente de l'accréditer le 12 août 2013 l'agent Ronald TSU en l'espèce, puisqu'il les a incluses AVEC moi dans ses allégations n° 2098 (« *signifie que ces derniers exerçaient, lors du contrôle, une activité de transport touristique* ») et ne nous a pas isolés en tant que personnes, mais réunis en tant que contrevenants avérés selon ses critères et ceux de ses agents, ce qui ne revêt pas la même portée, rendant donc la communication de ces entités non seulement pertinente, mais encore fondée en droit.

En effet, à l'instar de l'affaire de la violation d'interruption de prescriptions de peines par décret là où seule la loi pouvait intervenir, la CADA considèrera que la lettre n° 2098 n'aura pas été émise à mon encontre en tant que personne mais en tant qu'entrepreneur de taxis et statuera de même pour les autres victimes des missions de contrôle telles qu'exposé plus haut.

Si par extraordinaire cette évidence éait écartée par la CADA, *a minima* enjoindre le ministre par délégation Ronald TSU d'informer les autres co-poursuivis de la présente procédure avec obligation de mentionner mes coordonnées complètes, afin qu'au moins mes collègues puissent me contacter et que de mon côté, je pourrais leur communiquer « ma » lettre n° 2098.

La CADA comprendra que c'est bien ce que ne voudra pas le défendeur : voir ses poursuivis faire valoir leurs droits en toute connaissance de cause, un seul pouvant toujours être présenté comme une exception, là où cela devrait en réalité être la règle en matière professionnelle, juridique, judiciaire.

Enfin, n'ayant pas encore démission à ce jour, la transmission de la lettre intégrale sera une première avancée contre les agissements arbitraires du quidam dont la pièce jointe n° 04 n'est qu'une autre démonstration du petit pouvoir de nuisance qu'exerce au quotidien le ministre par délégation Ronald TSU, l'actualité portant même sur l'illégalité de ses agents à opérer là où la loi conserve les lieux à la république française et donc à des fonctionnaires autres que locaux : « 31 juillet 2013 : La cour administrative d'appel de Paris confirme (…) qu'il n'y a pas eu transfert de l'aéroport du domaine public de l'Etat à celui de la Polynésie et précise que la Loi du 13 août 2004 « ne peut être regardée comme ayant entraîné un tel transfert ». L'aéroport reste donc dans le domaine de l'Etat. » (*In Les Nouvelles de Tahiti, 14 août 2013, page 5*), « expliquant » même éventuellement la suppression *a contrario*, de la mention « *en charge des ports et des aéroports* » le 9 août 2013, le ministre même par délégation Ronald TSU ne pouvant ignorer à cette date la jurisprudence de la cour d'appel de Paris du 31 juillet 2013.

Le plus drôle étant que dès avant cette jurisprudence, lui-même se référait à une « *autorisation de votre part* » - s'adressant au directeur français de l'Etat, de l'aéroport –, tout en poursuivant par voie de condamnation sans même tenir compte de ces dites autorisations étatiques, ayant donc tenté de s'auto-protéger son refus premier, etc…

Par ces motifs, faire droit de plus fort à la demande d'avis favorable.

PJ: 04 : Lettre n° 3461 du 9 août 2013 occultant la tutelle du ministère sur les ports et aéroports.

MINISTERE
DE L'EQUIPEMENT,
DE L'URBANISME, DES ENERGIES
ET DES TRANSPORTS TERRESTRES
ET MARITIMES

DIRECTION DES TRANSPORTS TERRESTRES

Le directeur

Affaire suivie par :
B.I.J N.T

N° **3 4 6 1**   / MET / DTT

Papeete, le   0 9 AOUT 2013

Lettre envoyée en recommandé
avec accusé de réception

à

Monsieur René HOFFER
B.P. 13 722
98 717 - PUNAAUIA

Objet :   Votre demande de retrait de la circulation du véhicule immatriculé 135 743 P.
Réf. :   Votre lettre du 21 mai 2013.

Monsieur,

Par lettre visée en référence, vous demandez à la direction des transports terrestres de la Polynésie française de procéder à l'annulation de la carte grise du véhicule immatriculé 135 743 P, dont vous êtes co-propriétaire avec Monsieur Tauatomo MAIRAU, ce véhicule étant, selon vous, « *hors d'usage et ne circulera plus* ».

Cependant, la direction des transports terrestres a été requise par Monsieur le Procureur de la République, le 5 septembre 2012, afin que lui soit remise ladite carte grise (que vous n'étiez jamais venu retirer à nos guichets depuis son établissement courant 2004).

Le document est donc actuellement placé sous scellé par la Justice.

Dans l'attente de la décision judiciaire qui statuera sur la situation juridique dudit véhicule – l'audience étant prévue le 5 novembre 2013 -, notre service ne peut donc procéder à aucune opération sur la carte grise y afférente.

Je ne peux que vous inviter à renouveler votre demande après le prononcé de la décision de justice.

Vous précisant que la présente décision peut éventuellement être contestée devant la juridiction administrative dans un délai de 3 mois à compter de sa notification, je vous prie d'agréer, Monsieur, l'expression de mes salutations distinguées.

Copie(s) :
MET   1
DTT   1
SGG   1

Pour le Ministre et par délégation

Ronald TSU

B.P. 4586, 98713 Papeete – TAHITI, Polynésie française, Fariipiti - angle avenue du Prince Hinoi et rue Marc Blond de St Hilaire (Bâtiment A)
Tél : (689) 54 96 54 - Fax : (689) 54 96 52 - Email : dtt@transport.gov.pf - Site : www.transports-terrestres.pf

MINISTERE
DE L'EQUIPEMENT
ET DES TRANSPORTS TERRESTRES,
en charge des ports et des aéroports

N° **2 0 9 8** / MET / DTP

DIRECTION DES TRANSPORTS TERRESTRES

Papeete, le **2 2 MAI 2012**

Le Directeur

Affaire suivie par :
Bureau des Activités de Transport /o.b.

à

Monsieur le directeur de l'aéroport de Tahiti

<u>Objet :</u> Utilisation d'emplacement de stationnement réservé aux transports touristiques par des taxis.

Monsieur le Directeur,

Au cours de missions de contrôle des activités de transport terrestre de passagers effectuées récemment à l'aéroport de Tahititi-Faa'a, mes agents ont constaté que des chauffeurs de taxi utilisaient la voie de stationnement habituellement réservée aux véhicules de transport touristique.

A toutes fins utiles, vous trouverez, ci-après, les numéros d'immatriculation des taxis ainsi que le nom des propriétaires ayant fait l'objet de ce constat.

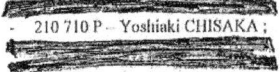

- 210 710 P - Yoshiaki CHISAKA ;

Ces derniers avaient, semble-t-il une autorisation de votre part de stationner à cet endroit.

Or, il me paraît utile de rappeler que les entrepreneurs de taxi doivent être titulaire d'une autorisation de stationnement dans des emplacements qui sont réservés aux taxis, dans l'attente de la clientèle (article 12 de la délibération n° 2008-5 APF du 10 avril 2008 portant réglementation de l'activité d'entrepreneur de taxi).

Le fait d'être en stationnement dans un emplacement réservé au transport touristique signifie que ces derniers exerçaient, lors du contrôle, une activité de transport touristique alors même qu'ils ne sont pas autorisés à le faire.

Dans le cas où de telles autorisations de stationnement auraient été accordées par votre établissement, je souhaiterais obtenir toutes informations utiles ayant conduit à leur délivrance.

Je vous prie d'agréer, Monsieur le Directeur, l'expression de mes sentiments distingués.

Copies :
MET

Pour le ministre et par délégation,

Ronald TSU

B.P. 4586 , 98713 Papeete – TAHITI ,Polynésie française, Fariipiti - angle avenue du Prince Hinoi et rue Marc Blond de St Hilaire (Bâtiment A)
Tél. : (689) 54 96 54 – Fax. : (689) 54 96 52 - Email : dtt@transport.gov.pf – Site : www.transports-terrestres.pf

Liberté • Égalité • Fraternité
RÉPUBLIQUE FRANÇAISE

COMMISSION D'ACCÈS
AUX DOCUMENTS ADMINISTRATIFS

Cada

Monsieur Yohsiaki CHISAKA
Lot Tepapa n°1
Mission - PAPEETE
TAHITI

Le Président

Paris, le 27 septembre 2013

Références à rappeler : 20133023
Vos références :

Monsieur,

Je vous prie de trouver ci-joint l'avis rendu par la commission d'accès aux documents administratifs dans sa séance du 12 septembre 2013 sur votre demande. Cet avis est également adressé à l'autorité administrative que vous aviez saisie.

Je vous prie de croire, Monsieur, à l'assurance de ma considération distinguée.

Pour le Président,
La Secrétaire générale

Anne JOSSO

COMMISSION D'ACCÈS
AUX DOCUMENTS ADMINISTRATIFS

Le Président

Avis n° 20133023 du 12 septembre 2013

Monsieur Yohsiaki CHISAKA a saisi la commission d'accès aux documents administratifs, par courrier enregistré à son secrétariat le 12 juillet 2013, à la suite du refus opposé par le président de la Polynésie française à sa demande de
copie de la lettre n° 2098/DET/MTT en date du 22 mai 2012, demandée auprès du ministère de l'équipement, de l'urbanisme, des énergies et des transports terrestres et maritimes, dans le cadre d'une procédure disciplinaire dont il fait actuellement l'objet.

La commission rappelle que les documents composant le dossier d'un agent public sont des documents administratifs en principe communicables à l'intéressé, en application du II de l'article 6 de la loi du 17 juillet 1978. Toutefois, le droit d'accès fondé sur la loi générale s'efface lorsqu'une procédure disciplinaire est en cours. Dans ce cas, seules s'appliquent alors les dispositions spéciales prévues par la loi du 22 avril 1905 (article 65) ou par les différentes lois statutaires sur la mise en œuvre desquelles la commission n'est pas compétente pour se prononcer. Une fois la procédure disciplinaire achevée, le dossier de l'intéressé lui est librement accessible sur le fondement de la loi du 17 juillet 1978.

La commission se déclare, en conséquence, incompétente pour se prononcer sur la demande.

Pour le Président,
Le Rapporteur général

Nicolas POLGE
Maître des requêtes au Conseil d'Etat

CADA *vs* convocation

Si le 11 juillet 2013 la CADA a été saisie, la convocation était elle aussi pour ce 11 juillet 2013, d'où ces deux nouveaux écrits.

Monsieur CHISAKA Yohsiaki   Tahiti, le 11 juillet 2013.
Lot TEPAPA n°1
Mission
PAPEETE
wind@mail.pf
Tél: 72 80 30

Monsieur le président de la commission de discipline des taxis
BP 2551
98713 - PAPEETE
secretariat@equipement.min.gov.pf

Monsieur le président de la commission de discipline des taxis,

N'ayant obtenu les pièces réclamées dès le 3 juillet 2013 par écrit et dans les locaux du STT, je ne peux donc ici présenter utilement ma défense.

Aussi je sollicite un renvoi du dossier à une date ultérieure.

En effet, en cas de refus implicite, la cada ne pourra être saisie qu'après un délai d'un mois et le tribunal administratif le cas échéant après un délai de deux mois.

Veuillez agréer, Monsieur le président de la commission de discipline des taxis, mes salutations distinguées.

Monsieur CHISAKA Yoshiaki
Avec l'assistance de Monsieur René HOFFER

26

Monsieur CHISAKA Yohsiaki   Tahiti, le 11 juillet 2013.
Lot TEPAPA n°1
Mission
PAPEETE
wind@mail.pf
Tél: 72 80 30

            Monsieur le président de la commission de discipline des taxis
            BP 2551
            98713 - PAPEETE
            secretariat@equipement.min.gov.pf

        Monsieur le président de la commission de discipline des taxis,

L'inégalité des armes faisant que non seulement le refus de transmission des pièces du dossier
réclamées, n'est à ce stade pas sanctionnable par la CADA et/ou la juridiction administrative vu les délais
de recours à respecter, mais qu'en outre, ayant demandé un renvoi que la commission ne m'aura pas
accordé, je ne peux que présenter succinctement quelques éléments de défense.

1) De l'intitulé de "la commission de discipline des taxis".
L'article de la délibération 2008-5, dernier alinéa précise que "L'appellation taxi est exclusivement
réservée aux véhicules (...). Toute juxtaposition de cette appellation avec d'autres vocables est interdite.

Plus qu'un simple vocable juxtaposé, la juxtaposition de la locution "commission de discipline des" (taxis)
contrevient ainsi à cet article 2.

De ce seul moyen la commission ne saurait se prévaloir de statuer en matière de discipline "des taxis"
pour des personnes, lesquelles ne sont pas des taxis puisque n'étant pas des véhicules automobiles
comme le prévoit expressément ce même article 2 en son premier alinéa qui relève que "L'appellation
"taxi" (bien noter les guillemets qui font de ce mot, une appellation contrôlée, une marque de fabrique, un
quasi-nom propre, en tout cas lui donne une valeur intrinsèque) s'applique à tout véhicule automobile".

Il ressort de ce qui précède qu'en me convocant devant votre commission mais ne répondant moi-même
pas à la définition qu'englobe l'intitulé de la commission puisqu'étant une personne et non un véhicule
automobile, un taxi, les présentes poursuites ne sauraient prospérer, la commission "des taxis" ne
pouvant statuer que sur les seuls véhicules automobiles, les "taxis". Pas les personnes; non taxies.

2) Au cas où par extraordinaire vous outre-passiez cependant l'esprit et la lettre de l'article 2, il convient
alors de mettre cette délibération elle-même en cause. En effet, malgré l'affirmation présentée en défense
dans le dossier René HOFFER n° 08-429 au tribunal administratif dans le paragraphe "1 - Sur la
nécessité d'une loi du Pays (...) La Polynésie française tient à affirmer que l'ensemble des dispositions sur
lesquelles le requérant entend porter grief, sont bel et bien de nature réglementaire", l'arrêt n° 318628,
inédit au recueil Lebon, 10ème et 9ème sous-sections du conseil d'Etat réunies n'est pas aussi
catégorique, certes en mode de cette rédaction sibiline: " (...) quand bien même ces délibérations
relèveraient, pour certaines de leurs disposition, du domaine de la loi et qu'elles n'auraient, de ce fait, pu
être adoptées que sous la forme d'une loi du pays", il n'appartenait certes alors pas au conseil d'Etat d'en
connaître en premier et dernier ressort selon la procédure prévue par l'article 176 de la loi du 27 février
2004.

Autrement dit, est ici soulevé l'exception d'illégalité de la délibération 2008-5 en ce qu'elle comporte des
articles relevant d'une "loi du pays". Voir par exemple la "Loi du Pays n° 2013-17 du 10 mai 2013 portant
modification de la délibération n° 95-215AT..." (JOPF n° 17NS du 10/05/2013, page 977 pour illustration).

Les poursuites à mon encontre seront donc aussi levées en ce qu'elles sont basées sur une délibération dont la normativité est ici contestée au regard de dispositions relevant d'une "loi du pays", et plus particulièrement pour la partie "sanctions" de l'article 28 soulevé mais également et pour parfaite illustration, de l'article 39 qui mentionne l'article 433-17 du code pénal (français) avec refus d'attribution d'autorisation pendant cinq ans, cette dernière assénation étant elle-même contraire au droit constitutionnel sanctionné par QPC en décembre 2010 puisque ne respectant ni la proportionnalité de la faute, ni ne permettant "au juge" de moduler la peine, etc..

Au cas où par extraordinaire la commission passait outre les illégalités ci-dessus soulevées, il convient encore de relever l'imprécision des poursuites: contrôle "à l'aéroport", stationnement en dehors des emplacements réservés aux taxis, puis absence d'équipement de panneau taxi mais encore l'absence au dossier d'un arrêté interdisant aux taxis l'accès et le stationnement payant sur le(s) parking(s) de et à l'aéroport.

"A l'aéroport", s'agissant de l'aérodrome de TAHITI Faa'a relève des actes réglementaires du haut-commissaire de la république française au vu par exemple de l'arrêté n° 231 AC.DIR/NTAA du 15 avril 1997 délimitant trois zones et dont le titre III se rapporte à la circulation et stationnement des véhicules où l'article 9 mentionne entre autres les taxis.

Cette seule mention de "taxis" dans cet arrêté démontre a minima qu'il y a chevauchement de compétences entre les services du haut-commissariat et ceux des transports terrestres locaux, au pire que le contrôle effectué l'aura été incompétamment, le rendant intrinsèquement nul et de nul effet.

Il apparait donc clairement en l'état, que les agents auront outre-passé leurs prérogatives rationae loci, d'où éventuellement le manque de précision soulevé sur le lieu exact.

Mais encore, la verbalisation a été effectuée sur un parking payant pour lequel le montant aura été réglé conformément au(x) tarif(s) en vigueur. Plus encore: aucun panneau "Interdit aux taxis" n'est matérialisé à l'entrée dudit parking; les poursuites à l'instar de celles n° 875 et 887 du 2 juin 1997 du tribunal de simple police ou l'arrêt de la cour d'appel de la chambre correctionnelle de Papeete n° 330-168 du 21 août 1996 concernant 12 (douze) PV - et "en dépit des interventions réitérées des forces de l'ordre" - (!!) de stationnement, rendus au pénal dans des conditions similaires de stationnement à l'aéroport persuaderont la commission, à l'instar de ces instance judiciaires, de me "relaxer" pour : "... que l'élément légal des infractions reprochées n'est pas établi en l'espèce... aux termes de l'article 57 du code de la route, "les dispositions règlementaires prises par les autorités compétentes et qui ... doivent faire l'objet de signalisation, ne sont applicables aux usagers que si ces mesures ont été prises, ...", ou encore, pour le tribunal de simple police: "Attendu qu'il ne résulte pas du dossier, preuve contre le prévenu des faits qui lui sont reprochés; qu'il y a lieu de le relaxer de ces chefs" étant précisé que dans ces verbalisations elles avaient été effectuées par des policiers nationaux français.

N'ayant par ailleurs pas mis de panneau sur mon véhicule pour bien indiquer que lui et moi n'étions pas - contrairement à ce qui est allégué -, en attente de clientèle, ce n'est qu'une fois accompagné de mes clients - dont l'expression "en attente" ne peut pas s'appliquer mais plutôt "ayant attendu puis réceptionné mes clients qui avaient réservé mon taxi préalablement par internet -, que nous nous sommes librement dirigés vers mon véhicule pour reprendre du service "taxi", c'est à dire passant du statut de véhicule garé sur un emplacement payant (et payé), à "taxi". Sitôt en marche, le véhicule automobile remplissait dès lors son office de taxi.

Il est à noter ici et en aparté que la désorganisation en matière de possibilité de stationnement pour accueillir des clients à l'arrivée des avions est digne d'un pays du tiers monde et le nombre impressionnant de panneaux d'interdictions, de république bananière. Bref, pour quelqu'un qui aurait la volonté d'accueillir correctement des visiteurs, l'aéroport n'est pas l'idéal. On peut même comprendre que le vice-président de "la Polynésie française" le 10 juillet 2013 se "demande si la Grèce ne se porte pas mieux que nous" en Une de La Dépêche de TAHITI, comparant la collectivité d'outre-mer à ce pays membre de l'ONU et des Communautés européennes.

Vu donc l'imprécision de "à l'aéroport" et subséquemment l'incompétence rationae loci soulevée, vu qu'en "attente de clientèle" ne saurait caractériser un véhicule garé sur un parking payant dont j'avais pris soins d'enlever le panneau taxi pour bien montrer que je n'étais pas en attente de clientèle mais que j'avais une réservation de la part de clients, il convient encore d'éclairer la commission des véhicules automobiles "taxis" sur le fait que l'expression "en dehors des emplacements réservés aux taxis" englobe... tous les emplacement non réservés au taxis; que s'il était interdit même à un taxi (avec son panneau) de ne stationner qu'en dehors de ces emplacements, il ne pourrait plus prendre en charge sa clientèle à domicile (il n'y a pas d'emplacement pour les taxis devant chaque immeuble par exemple), ni les déposer à leur domicile s'ils n'habitaient à proximité d'une station de taxis, comme pour résidents du centre Vaima, etc...

Mais la convocation poursuit: "Le point 2 (...) est passible du retrait de la licence ou du certificat de capacité ou des deux pour une période d'un mois".

Il est affirmé de plus fort ici qu'aucun panneau de circulation interdisant à un véhicule désigné, voire à un taxi avec ou sans panneau de stationner sur un parking payant dont le péage aura été dûment réglé ne saurait aboutir à une quelconque sanction mais encore qu'aucune constatation de présence ou d'absence de panneau ne saurait être relevée dans ces conditions surtout pouvant aboutir à une peine de privation d'exercice d'une profession librement choisie et régulièrement exercée. De surcroît que la peine peut, cumulée, porter tant sur la privation d'exercer une profession ET la privation de pouvoir exploiter une entreprise et donc portant une atteinte grave et manifestement illégale au code du commerce français ou à celui du travail local ou les deux.

La commission statuant sur les taxis ne franchira pas non plus cet interdit constitutionnel et garanti par la convention européenne des droits de l'Homme.

Quant à la récidive - non pénale et ne répondant donc pas à telles implications légales -, je soulève ici l'exception d'illégalité et subséquemment la nullité de l'avertissement n° 37/MET/DTT/cdtx infligé en ce que d'une part il est signé de la main du précédent ministre des transports terrestres James SALMON tout comme sa réponse n° 2277 du 14 août 2012, le rendant "juge et partie": pour avoir infligé la sanction et avoir statué sur le recours gracieux; d'autre part, alors que le recours gracieux demandait "me transmettre avant toute autre action que je devrai entreprendre, le ou les procès verbal(aux) du 21 Avril 2012...", ne produisant pas cette ou ces pièce(s) qui font actuellement toujours défaut dans le dossier servant de base à la "récidive".

N'ayant pas fait de recours devant le tribunal administratif contre ce refus de communication de pièce, ce dossier est donc ici réactualisé au vu de sa mention dans la présente convocation. A foritori qu'il figure DANS le dossier n° 119 et que la communication de pièces réclamées portait expressément sur certains de ces éléments comme les rapports n° 176 et 212 DRT/CTC et lalettre n° 2098/MET/DTT du 22 mai 2012.

Par ces motifs, et tous autres pouvant compléter, suppléer ou parfaire les présentes écritures, déclarer nulle et non avenue la convocation n° 119 du 21 juin 2013.

Monsieur CHISAKA Yoshiaki
Avec l'assistance de Monsieur René HOFFER

Recours n° 13-480

Voici donc cette première affaire telle qu'introduite le 30 août 2013.

Monsieur CHISAKA Yoshiaki
Lot TEPAPA n°1
Mission
BP 62323
98713 - PAPEETE
wind@mail.pf
Tél: 72 80 30

Tahiti, le 30 août 2013.

Tribunal administratif de la Polynésie française
Statuant au contentieux
PAPEETE

**Recours en abus, excès et détournement de pouvoir
contre le refus opposé au recours gracieux.**

Les faits.

Le 12 juillet 2013 j'avais saisi le président de la commission de discipline des taxis d'un recours gracieux *(PJ01)* résumé ainsi :

« *Ma convocation devant la commission de discipline des taxis portait sur deux types de poursuites: de 1ère catégorie où il appartenait à la commission de prononcer une sanction ou non, et de troisième catégorie, d'émettre un avis, ou non.*
Après délibération, aucune sanction n'a été notifiée ni même prononcée sur la première catégorie de poursuites (…)
Quant à l'avis irrégulièrement prononcé pour une supputée infraction de 3ème catégorie, l'infraction première n'ayant pas été sanctionnée, cet avis n'a donc plus de base légale ni réglementaire puisqu'il reposait sur l'infraction première alléguée qui aurait été renouvelée, "en récidive". Aucune sanction n'ayant été prononcée sur ce point, toute "récidive" tombe donc également. Et donc l'avis lui-même ne repose sur aucun fondement en droit et en faits.
Aussi je vous demande de bien vouloir répondre favorablement par retour de courrier ou d'e-mail au présent recours gracieux pour m'informer de l'arrêt des poursuites à mon encontre (…) »

La réponse négative *(PJ02)* est résumée ainsi : « *Je ne peux que vous confirmer que toutes les règles (…) ont été respectées (…) Je ne manquerai pas de vous faire connaître la décision qui sera prise à votre encontre dans les tous prochains jours.* ».

En droit.

La combinaison de l'approbation des règles dénoncées, et l'annonce d'une décision à intervenir sur cette base conduira le tribunal administratif à relever le refus opposé à la demande gracieuse et l'annuler.

D'autant plus qu'il appartenait au défendeur de prendre sa décision dans le délai d'un mois à compter de l'avis émis, délai arrivé à terme le 11 août 2013 que la lettre n° 502 ne saurait proroger.

Enfin, que même dans le cas d'une décision de non-sanction, le refus est ce jour patent, la décision à intervenir pouvant alors faire l'objet d'une autre procédure le cas échéant.

Discussion.

En détournant à deux reprises dans sa réponse l'objet du recours gracieux qui dénonçait certes – et bien obligatoirement - les faits reposant sur la contestation de l'avis exprimé par la commission le 11 juillet 2013, le recours gracieux ne réclamait cependant rien de moins que « *l'arrêt des poursuites à mon encontre* » ; le tribunal ne retiendra pas le subterfuge consistant à exposer qu'aurait été émis un « *recours gracieux contre l'avis rendu par la commission de discipline des taxis* » une fois, et la deuxième, un « *recours gracieux contre l'avis rendu par la commission de discipline des taxis le 11 juillet dernier* ».

Le détournement de pouvoir du président de la commission des taxis est donc avéré.

33

Quant à l'abus de pouvoir, il est dans l'annonce d'une future décision en dehors du délai d'un mois alloué.

Concernant l'excès de pouvoir, en tant que ministre et président de la commission, Monsieur Bruno MARTY rompt l'égalité des armes en prenant la défense de celui... qui le représentait comme président de la commission.

Enfin, ce dernier comme président de la commission, après avoir opposé un refus à la transmission d'une pièce essentielle du dossier (la lettre n° 2098 **(PJ03)**), après saisine de la Cada et avant son jugement à intervenir le 12 septembre 2013, a finalement produit ladite lettre, qu'il n'a pas manqué d'altérer.

Qui plus est, la propagande sur le site *http://www.transports-terrestres.pf/spip.php?article613* permet de constater que mon affaire ne peut pas figurer dans ces chiffres, les faussant.

> *« Au mois de mai et juin 2013, la Direction des transports terrestres a effectué 178 contrôles auprès de 83 chauffeurs de taxis de Tahiti et 7 contrôles auprès de 7 chauffeurs de taxi de Moorea.*
> *Sur les 90 chauffeurs contrôlés, la commission de discipline du jeudi 11 juillet 2013 (...) a examiné 39 dossiers d'infraction.*
> *Ainsi, 43 % des taxis contrôlés étaient en infraction dont 15,5 % de cas graves (...)*
> *Le gouvernement attache beaucoup d'importance à (...) »*

Quant à la phrase « *(...) la décision qui sera prise à votre encontre dans les tous prochains jours* », l'expression « à l'encontre » comporte enelle-même, sinon une menace plus une tentative d'intimidation puisque chaque jour qui passe, je ne peux que m'attendre à une sanction - forcément puisque le recours gracieux a été refusé -, alors même que les 30 jours sont révolus, et cette « ouverture » pouvait même viser à m'inciter à ne pas saisir la juridiction, par exemple si une autre manœuvre avait été envisagée, telle ne pas prononcer de sanction sous couvert de bienveillance ou d'indulgence alors que je ne réclame que l'application du droit et aucune mesure de faveur si tel pouvait être la suite envisagée. En effet, soit il fallait faire droit au recours gracieux, soit prononcer une sanction faisant alors l'objet d'un seul recours devant le tribunal alors que le présent précèdera quasi obligatoirement le prochain, chargeant bien inutilement le tribunal par ailleurs mais surtout m'occasionnant d'autres écritures encore, à produire.

Par ces motifs et sans qu'il soit besoin de développer ici plus avant le sujet,
- Annuler le refus opposé,
- M'octroyer la somme de 200 000 francs pour les frais irrépétibles.

Et ce sera justice

Production :
01 : Recours gracieux du 12 juillet 2013.
02 : Lettre de rejet n° 502 du 16 août 2013.
03 : Lettre n° 2098 avant décision de la Cada.

Monsieur CHISAKA Yoshiaki
Lot TEPAPA n°1
Mission
PAPEETE
wind@mail.pf
Tél: 72 80 30

Tahiti, le 12 juillet 2013.

Monsieur le ministre, président de la commission de discipline des taxis
Bruno MARTY
BP 2551 - 98713 - PAPEETE secretariat@equipement.min.gov.pf

Objet: recours gracieux, dossier n° 119.

Monsieur le ministre, président de la commission de discipline des taxis,

Ma convocation devant la commission de discipline des taxis portait sur deux types de poursuites: de 1ère catégorie où il appartenait à la commission de prononcer une sanction ou non, et de troisième catégorie, d'émettre un avis, ou non.

Après délibération, aucune sanction n'a été notifiée ni même prononcée sur la première catégorie de poursuites, et malgré la demande expresse à "l'audience" - l'enregistrement audio vous permettra d'écouter les propos émis sur ce point -, annihilant ainsi ces premières poursuites puisqu'une deuxième délibération n'est pas possible et vous ne pourrez donc statuer sur cette première catégorie sans violer la procédure des alinéa 1er et 2ème de l'article 18 de la délibération 2008-5. .

Quant à l'avis irrégulièrement prononcé pour une supputée infraction de 3ème catégorie, l'infraction première n'ayant pas été sanctionnée, cet avis n'a donc plus de base légale ni réglementaire puisqu'il reposait sur l'infraction première alléguée qui aurait été renouvelée, "en récidive". Aucune sanction n'ayant été prononcée sur ce point, toute "récidive" tombe donc également. Et donc l'avis lui-même ne repose sur aucun fondement en droit et en faits.

La combinaison de ces deux éléments: non-prononcer d'une sanction et subséquemment non-récidive, rend ainsi toute transmission d'avis nul et de nul effet; abusif en ce qu'il s'agit d'un avis visant à entraver pour une durée de trois jours mon exercice de ma profession. La commission ne pouvait dans ces conditions vous transmettre un avis sur une infraction non retenue et subséquemment vous mettre dans l'impossibilité de prononcer de sanction privative du libre exercice de ma profession.

Je soulève par ailleurs la nullité du processus de délibération où mon assistant et moi avons dû quitter la salle, alors que des personnes ne faisant pas partie de la commission y restaient, y participant ainsi, activement ou passivement, mais violant le secret du délibéré et de ce fait même viciant l'entière procédure et donc celle de transmission d'avis inclusivement.

Aussi je vous demande de bien vouloir répondre favorablement par retour de courrier ou d'e-mail au présent recours gracieux pour m'informer de l'arrêt des poursuites à mon encontre dans ce dossier, à défaut, considérer la présente comme un préalable à la saisine de la juridiction administrative en cas de refus implicite ou explicite.

Veuillez agréer, Monsieur le ministre, président de la commission de discipline des taxis l'expression de mes salutations distinguées.

Monsieur CHISAKA Yoshiaki
Avec l'assistance de Monsieur René HOFFER

POLYNESIE FRANÇAISE

MINISTERE
DE L'EQUIPEMENT,
DE L'URBANISME, DES ENERGIES
ET DES TRANSPORTS TERRESTRES
ET MARITIMES

N° 5 0 2   / MET / DTT

Le ministre

Papeete, le   1 6 AOÛT 2013

Affaire suivie par :   DTT

à

Monsieur CHISAKA Yoshiaki

BP 62323 – 98713 PAPEETE

Objet : Votre recours gracieux sur l'avis rendu par la commission de discipline des taxis.

Réf. : - Votre lettre datée du 12 juillet 2013 ;
- Délibération n° 2008-5 APF du 10 avril 2008 portant réglementation de l'activité d'entre-preneur de taxi ;
- Votre convocation en commission de discipline n° 119/MET/DTT/cdtx du 21 juin 2013 notifiée le 24 juin 2013 ;
- Votre défense écrite remise en séance le 11 juillet 2013.

Monsieur,

Par lettre visée en première référence, vous présentez un recours gracieux contre l'avis rendu par la commission de discipline des taxis le 11 juillet dernier, qui vous a été communiqué oralement par le secrétaire de séance, dans la procédure disciplinaire engagée à votre encontre.

Après réexamen attentif du déroulement de la séance, je ne peux que vous confirmer que toutes les règles de fonctionnement applicables à cette commission ont été respectées et que votre dossier n'est entaché d'aucun vice de procédure.

S'agissant des sanctions aux infractions de la 3ème catégorie, je vous rappelle que les avis de la commission ne sont que consultatifs et qu'il m'appartient de prendre la sanction qui me paraît la plus appropriée.

Pour ce qui concerne les secrétaires de séance, je tiens à vous préciser que leur rôle est de veiller à la bonne consignation des travaux de la commission et qu'ils ne prennent en aucun cas part aux débats.

Je ne manquerai pas de vous faire connaître la décision qui sera prise à votre encontre dans les tous prochains jours.

Je vous prie d'agréer, Monsieur, l'expression de mes salutations distinguées.

Bruno MARTY

Si vous estimez que la décision prise par l'administration est contestable, vous pouvez former un recours en contentieux devant le Tribunal administratif de la Polynésie française dans un délai de trois mois à compter de la notification de la présente décision.

B.P. 2551, 98713 Papeete - TAHITI, Polynésie française - Bâtiment administratif A2 (5e étage), rue du Commandant Destremeau
Tél. : (689) 46 80 19 - Fax. : (689) 48 37 92 - Email : secretariat@equipement.min.gov.pf

POLYNESIE FRANÇAISE

MINISTERE
DE L'EQUIPEMENT
ET DES TRANSPORTS TERRESTRES,
en charge des ports et des aéroports

N° **2098** / MET / DTP

DIRECTION DES TRANSPORTS TERRESTRES

Papeete, le **2 2 MAI 2012**

Le Directeur

Affaire suivie par :
Bureau des Activités de Transport /o.b.

à

Monsieur le directeur de l'aéroport de Tahiti

<u>Objet :</u> Utilisation d'emplacement de stationnement réservé aux transports touristiques par des taxis.

Monsieur le Directeur,

Au cours de missions de contrôle des activités de transport terrestre de passagers effectuées récemment à l'aéroport de Tahititi-Faa'a, mes agents ont constaté que des chauffeurs de taxi utilisaient la voie de stationnement habituellement réservée aux véhicules de transport touristique.

A toutes fins utiles, vous trouverez, ci-après, les numéros d'immatriculation des taxis ainsi que le nom des propriétaires ayant fait l'objet de ce constat.

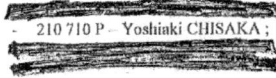

- 210 710 P - Yoshiaki CHISAKA ;

Ces derniers avaient, semble-t-il une autorisation de votre part de stationner à cet endroit.

Or, il me paraît utile de rappeler que les entrepreneurs de taxi doivent être titulaire d'une autorisation de stationnement dans des emplacements qui sont réservés aux taxis, dans l'attente de la clientèle (article 12 de la délibération n° 2008-5 APF du 10 avril 2008 portant réglementation de l'activité d'entrepreneur de taxi).

Le fait d'être en stationnement dans un emplacement réservé au transport touristique signifie que ces derniers exerçaient, lors du contrôle, une activité de transport touristique alors même qu'ils ne sont pas autorisés à le faire.

Dans le cas où de telles autorisations de stationnement auraient été accordées par votre établissement, je souhaiterais obtenir toutes informations utiles ayant conduit à leur délivrance.

Je vous prie d'agréer, Monsieur le Directeur, l'expression de mes sentiments distingués.

Copies :
MET   1

Pour le ministre et par délégation,

Ronald TSL

B.P. 4586 , 98713 Papeete – TAHITI ,Polynésie française, Faciipiii - angle avenue du Prince Hinoi et rue Marc Blond de St Hilaire (Bâtiment A)
Tél. : (689) 54 96 54 - Fax. : (689) 54 96 52 - Email : dtt@transport.gov.pf - Site : www.transports-terrestres.pf

Monsieur CHISAKA Yoshiaki   Tahiti, le 6 septembre 2013.
Lot TEPAPA n°1
Mission
BP 62323
98713 - PAPEETE
wind@mail.pf
Tél: 72 80 30

                    Tribunal administratif de la Polynésie française
                    Statuant au contentieux
                    PAPEETE

**Conclusion suite au recours en abus, excès et détournement de pouvoir
contre le refus opposé au recours gracieux.**

Affaire n° :.....................

Le recours initial mentionnait :

Quant à l'avis irrégulièrement prononcé pour une supputée infraction de 3ème catégorie, l'infraction première n'ayant pas été sanctionnée, cet avis n'a donc plus de base légale ni réglementaire puisqu'il reposait sur l'infraction première alléguée qui aurait été renouvelée, "en récidive". Aucune sanction n'ayant été prononcée sur ce point, toute "récidive" tombe donc également. Et donc l'avis lui-même ne repose sur aucun fondement en droit et en faits.

Hier 5 septembre 2013 le service des transports m'a téléphoné pour me demander de m'y rendre. Là ils m'ont remis l'arrêté ci-joint.

Ce procédé confirme la méthode dénoncée puisque m'a été remis alors un arrêté d'interdiction « provisoire » (sic) d'exercer sur la base ci-dessus dénoncée.

Cet avis n'étant pas signé, bien que n'ayant aucune valeur donc, j'ai donc arrêté d'exercer à partir du moment de la notification et pour le temps arrêté ma profession car ne pouvant prendre le risque de me faire justice administrativement « à moi-même » malgré l'évidence de mon bon droit, et, aucune décision de justice n'étant par ailleurs intervenue en l'espèce.

En effet, celui qui répondait encore il y a quelque jours : « *Je ne peux que vous confirmer que toutes les règles (...) ont été respectées (...)* » ne saurait revenir sur la décision qu'il aura prise postérieurement à ma mise en avant de l'irrégularité de ces-dites règles.

Enfin, ayant annoncé sa décision en dehors du délai qui lui était imparti et donc l'ayant prise en toute connaissance de cause, le risque de le voir à nouveau outre-passer ses droits si j'exerçais normalement, ne me permet pas de me défendre utilement autrement qu'en rajoutant cette pièce à la présente procédure.

« *Le détournement de pouvoir du président de la commission des taxis est donc avéré* » était-il aussi exposé dans la requête d'août ; il est aujourd'hui aggravé. Tout comme l'abus et l'excès de pouvoir puisqu'il aura mis sa menace à exécution : « *(...) la décision qui sera prise à votre encontre dans les tous prochains jours* », Pire, les voies de recours alambiquées de la notification les rendent inintelligibles.

Par ces motifs faire droit de plus fort au recours au vu encore des pièces produites : arrêté et notification.

Et ce sera justice

Production : 04 : Arrêté 05 : Notification

GOUVERNEMENT DE LA
POLYNESIE FRANÇAISE

MINISTERE
DE L'EQUIPEMENT,
DE L'URBANISME, DES ENERGIES
ET DES TRANSPORTS TERRESTRES
ET MARITIMES

ARRETE N°   / MET du

=-6719   04 SEP. 2013

portant suspension provisoire de la licence de taxi n° **1-088** de
Monsieur CHISAKA Yoshiaki, entrepreneur de taxi sur l'île
de Tahiti.

LE MINISTRE DE L'EQUIPEMENT, DE L'URBANISME, DES ENERGIES ET DES TRANSPORTS TERRESTRES ET MARITIMES

Vu la loi organique n° 2004-192 du 27 février 2004 modifiée, portant statut d'autonomie de la Polynésie française, ensemble la loi n° 2004-193 du 27 février 2004 complétant le statut d'autonomie de la Polynésie française ;

Vu l'arrêté n° 388/PR du 17 mai 2013 modifié, portant nomination du vice-président et des ministres du gouvernement de la Polynésie française, et déterminant leurs fonctions ;

Vu l'arrêté 396/PR du 17 mai 2013 modifié, relatif aux attributions du ministre de l'équipement, de l'urbanisme, des énergies et des transports terrestres et maritimes ;

Vu la délibération n° 2008-5 APF du 10 avril 2008 portant réglementation de l'activité d'entrepreneur de taxi, notamment son article 28 ;

Vu l'arrêté n° 9328/MDA/DTT du 31 décembre 2010 portant transfert de la licence de taxi n° 1-088 délivrée à Monsieur TOOFA Isidore pour la mise en exploitation d'un véhicule sur l'île de Tahiti et rattachée à l'autorisation d'exercer l'activité d'entrepreneur de taxi n° 088 TXT 01, au profit de Monsieur CHISAKA Yoshiaki ;

Vu le rapport de contrôle n° 127/BTC/CCE du 12 juin 2013 ;

Vu la convocation en commission de discipline des taxis n° 0119/MET/DTT/cdtx du 21 juin 2013 ;

Vu le procès-verbal n° 0160/MET/DTT/cdtx du 08 août 2013 de la commission de discipline des taxis, réunie en séance le 11 juillet 2013 ;

Considérant que le taxi exploité sur la licence n° 1-088 de Monsieur CHISAKA Yoshiaki, né le 14 janvier 1958 à Miyaji (Japon), a fait l'objet d'un contrôle le samedi 08 juin 2013 à 20h17 à l'Aéroport de Tahiti et qu'il n'était pas équipé du dispositif extérieur « taxi » ;

Considérant qu'une infraction de la 3ème catégorie (défaut, falsification ou dissimulation des équipements visés à l'article 3) prévue par l'article 3 (dispositif extérieur, lumineux la nuit, portant la mention « taxi ») et réprimée par l'article 28 de la délibération n° 2008-5 APF du 10 avril 2008 précitée, a été relevée à l'encontre de Monsieur CHISAKA Yoshiaki ;

Considérant que Monsieur CHISAKA Yoshiaki a été régulièrement convoqué et a été entendu par la commission de discipline des taxis du 11 juillet 2013 ;

Ampliations :

PR	1
VP	1
SGG	1
IGA	1
REG	1
MET	1
DTT	2
Int. s/c DTT	1
JOPF	1

ARRETE

Article 1er. - En application de l'article 28 de la délibération n° 2008-5 APF du 10 avril 2008 susvisée, la licence de taxi n° 1-088 de Monsieur CHISAKA Yoshiaki, entrepreneur de taxi sur l'île de Tahiti, est suspendue provisoirement pour une durée de **trois (03) jours**.

Article 2. - La présente décision est exécutoire dès sa notification.

Article 3. - Le directeur des transports terrestres est chargé de l'exécution du présent arrêté qui sera notifié à Monsieur CHISAKA Yoshiaki et publié au *Journal officiel* de la Polynésie française.

Fait à Papeete, le

0 4 SEP. 2015

Le ministre
de l'équipement,
de l'urbanisme, des énergies
et des transports terrestres et maritimes

Bruno MARTY

Pour Ampliation,
Pour Le Secrétaire Général du Gouvernement
délégation

Y. HAOATAI

Arrêté n° : &-6719 '0 4 SEP. 2015

Direction des Transports Terrestres

ATTESTATION DE NOTIFICATION

Je soussigné (e) : Prénom : *Yoshiaki*

NOM : *CHISAKA*

Reconnais avoir reçu (*indiquer les références de l'acte notifié*) :

Arrete no. 6719 MET du 04 SEP. 2013

A Papeete, le *05 Sep 2013*   Signature :

Heure : *11h20*

VOIES ET DELAIS DE RECOURS

Si vous estimez que la décision prise par l'administration est contestable, vous pouvez former :

- soit un recours gracieux devant l'auteur de la décision ;
- soit un recours hiérarchique devant le Président de la Polynésie française ;
- soit un recours contentieux devant le tribunal administratif de la Polynésie française.

Le recours gracieux et le recours hiérarchique peuvent être faits sans condition de délai.

En revanche, le recours contentieux doit intervenir dans un délai de trois mois à compter de la notification de la décision.

Toutefois, si vous souhaitez, en cas de rejet du recours gracieux ou du recours hiérarchique, former un recours contentieux, ce recours gracieux ou hiérarchique devra avoir été introduit dans le délai sus-indiqué du recours contentieux. Vous conserverez ainsi la possibilité de former un recours contentieux dans le délai de trois mois à compter de la décision intervenue sur ledit recours gracieux ou hiérarchique.

Cette décision peut être explicite ou implicite (absence de réponse de l'administration pendant quatre mois).

Dans les cas très exceptionnels où une décision explicite intervient dans un délai de trois mois après la décision implicite, vous disposerez à nouveau d'un délai franc de trois mois à compter de la notification de cette décision explicite pour former un recours contentieux.

REPUBLIQUE FRANCAISE

TRIBUNAL ADMINISTRATIF
DE LA POLYNÉSIE FRANÇAISE
Avenue Pouvanaa a Oopa
BP 4522
98713 PAPEETE - TAHITI
Téléphone : (689) 50.90.25
Télécopie : (689) 45.17.24

Greffe ouvert du lundi au vendredi de
7H30-12H / 12H45-16H* (vendredi à 14 H*)
@ : tadelapolynesiefrancaise@mail.pf

Dossier n° : 1300480-1
(à rappeler dans toutes correspondances)
Monsieur Yoshiaki CHISAKA c/ POLYNÉSIE
FRANÇAISE
Vos réf. : Courriel : wind@mail.pf
COMMUNICATION D'UN MEMOIRE EN DEFENSE

Papeete, le 15/10/2013

1300480-1

Monsieur CHISAKA Yoshiaki
BP 62323
98713 Papeete

Monsieur,

J'ai l'honneur de vous communiquer copie d'un mémoire en défense présenté par la partie suivante : POLYNÉSIE FRANÇAISE, dans l'instance enregistrée sous le numéro mentionné ci-dessus.

L'original de ce document est accompagné de 8 pièce(s) dont vous trouverez, ci-joint, copie(s).

Dans le cas où ce mémoire appellerait des observations de votre part, celles-ci devront être produites en 4 exemplaires (en nombre égal à celui des autres parties en cause, augmenté de deux).

Afin de ne pas retarder la mise en état d'être jugé de votre dossier, vous avez tout intérêt, si vous l'estimez utile, à produire ces observations aussi rapidement que possible.

Le cas échéant, les pièces accompagnant votre mémoire devront être numérotées, énumérées sur un bordereau d'accompagnement et fournies en autant d'exemplaires.

L'état de l'instruction de ce dossier peut être consulté avec le code d'accès confidentiel *T98 - 1300480 - 13488* sur le site internet *http://sagace.juradm.fr.*

Je vous prie de bien vouloir recevoir, Monsieur, l'assurance de ma considération distinguée.

Le Greffier en Chef,
ou par délégation le Greffier,

Denise RIVETA

POLYNESIE FRANÇAISE

Le Président
Sénateur

3

N⁰ . 6 2 8 8 / PR

Papeete, le 1 5 OCT 2013

à

Monsieur le Président,
Mesdames et Messieurs les Conseillers
composant le Tribunal administratif de la Polynésie française

MEMOIRE EN DEFENSE

POUR :   **LA POLYNESIE FRANCAISE**

Représentée par son Président, Monsieur Gaston FLOSSE

B.P. 4655 – 98713 PAPEETE

CONTRE : Monsieur Yoshiaki CHISAKA
Lot TEPAPA n° 1, Quartier de la Mission
B.P. 62323 - 98713 PAPEETE
Courriel : wind@mail.pf
Tél. : 72.80.30

Objet : Monsieur Yoshiaki CHISAKA c/ Polynésie française.

Réf : Requête n° 1300480-1.

Par requête en date du 30 août 2013 et enregistrée au greffe du Tribunal administratif de la Polynésie française le 2 septembre 2013, Monsieur Yoshiaki CHISAKA sollicite de votre juridiction :

-   d'annuler la lettre n° 502/MET/DTT du 16 août 2013 rejetant son recours gracieux ;

-   de condamner la Polynésie française à lui payer la somme de 200.000 F.CFP au titre des frais irrépétibles.

Ces demandes appellent de la part de la Polynésie française les brèves observations qui suivent :

43

1. Rappel de la procédure disciplinaire applicable aux entrepreneurs de taxi

La délibération n° 2008-5 APF du 10 avril 2008 *portant réglementation de l'activité d'entrepreneur de taxi* (parue *in extenso* au Journal Officiel n° 16 du 17 avril 2008 à la page 1414 dans la partie *Délibérations de l'Assemblée de la Polynésie française ou de la Commission Permanente*) a prévu des sanctions disciplinaires en cas de manquement aux obligations professionnelles desdits entrepreneurs.

Ces infractions relèvent de la commission de discipline des taxis et sont classées en trois catégories suivant l'article 27 de la délibération précitée.

La commission de discipline des taxis dispose d'un pouvoir décisionnel pour les infractions de première et deuxième catégories et a un rôle consultatif pour les infractions de troisième catégorie, la décision définitive appartenant alors au ministre chargé des transports terrestres selon les articles 18 et 28 de la délibération précitée (**P.J. n° 1**).

2. Rappel des faits d'espèce

Depuis 2010, Monsieur Yoshiaki CHISAKA est titulaire d'une autorisation d'exercer la profession d'entrepreneur de taxi et d'une licence d'exploitation du véhicule immatriculé 210716-P.

Le 8 juin 2013, un contrôle à l'aéroport de Tahiti opéré par un contrôleur routier assermenté de la direction des transports terrestres a établi (**P.J. n° 2**) :

-   d'une part, que Monsieur Yoshiaki CHISAKA stationnait en attente de clientèle en dehors d'un emplacement réservé aux taxis. Etant précisé que la commission de discipline des taxis a pourtant déjà prononcé un avertissement à l'encontre de Monsieur CHISAKA le 16 juillet 2012, pour une infraction du même type (**P.J. n° 3**) ;

-   et, d'autre part, que son véhicule était dépourvu du « dispositif extérieur, lumineux la nuit, portant la mention "taxi" ».

Pour ces faits, il a été convoqué à la commission de discipline des taxis (**P.J. n° 4**).

En séance du 11 juillet 2013, cette dernière :

-   a décidé de ne pas prononcer de sanction s'agissant de la première infraction

-   et, rendant un avis sur la seconde infraction, s'est prononcée en faveur d'une suspension provisoire de la licence de taxi d'une durée de trois jours, remettant la décision définitive à l'appréciation du ministre chargé des transports terrestres (**P.J. n° 5**).

Le 12 juillet 2013, Monsieur Yoshiaki CHISAKA a saisi le ministre chargé des transports terrestres, président de la commission de discipline des taxis, d'un recours gracieux dirigé contre cet avis (**P.J. n° 6**).

Par lettre n° 502/MET/DTT du 16 août 2013, une décision explicite de rejet a été adressée au requérant (**P.J. n° 7**).

Cette lettre explique qu'aucune irrégularité n'a manifestement entaché le bon déroulement de la commission de discipline, notamment en ce qu'elle a délibéré à huis-clos, et indique, en outre, que la décision définitive rendue à son encontre lui serait communiquée très prochainement.

C'est cette lettre qu'attaque Monsieur Yoshiaki CHISAKA.

3. Discussion

a. A titre principal, sur la recevabilité

- **Sur la forme de la requête**

La forme de la requête de M. Yoshiaki CHISAKA ne satisfait manifestement pas aux prescriptions de l'article R. 411-1 du Code de justice administrative.

Sa laborieuse lecture ne permet en effet pas de déterminer avec certitude les moyens de fait et de droit qu'il entend invoquer.

La requête doit donc être déclarée irrecevable.

- **Sur l'absence de décision faisant grief**

Tel qu'évoqué plus haut, la commission de discipline des taxis ne dispose d'un pouvoir décisionnel que pour les infractions de première et deuxième catégories et a un rôle consultatif pour les infractions de troisième catégorie, la décision appartenant alors au ministre chargé des transports terrestres.

Celles des demandes de M. Yoshiaki CHISAKA qui sont dirigées contre les décisions et avis de ladite commission sont donc irrecevables en ce que ni l'une ni l'autre ne lui font grief.

Elles seront donc rejetées.

b. A titre subsidiaire, sur le fond

Dans son argumentation, exposée au moyen d'une rédaction excessivement difficile à comprendre, le requérant semble vouloir contester les règles mises en œuvre par la commission de discipline des taxis et par son président, sans toutefois contester les faits qui lui sont reprochés.

- **Sur la légalité externe**

Le requérant allègue tout d'abord que le ministre chargé des transports terrestres serait tenu par un délai d'un mois pour rendre sa décision définitive concernant les infractions de troisième catégorie, à compter de la réunion de la commission de discipline.

Contrairement à ce que soutient le requérant, aucun délai n'est pourtant fixé par les textes.

Ce moyen doit être écarté comme non fondé en droit.

- **Sur la légalité interne**

Le requérant soutient également que l'administration aurait commis un détournement et un abus de pouvoir.

3 / 6

Cependant, il n'apporte aucun argument à l'appui de sa requête qui établirait que l'administration a utilisé sa compétence en matière disciplinaire dans une autre fin que celle prévue par la délibération n° 2008-5 APF du 10 avril 2008.

En proposant une suspension de trois jours pour l'infraction de troisième catégorie, la commission n'a ni outrepassé ses pouvoirs ni poursuivi un objectif autre que de proposer une sanction proportionnée à l'infraction, dont ni la réalité ni la gravité ne sont d'ailleurs contestées par le requérant.

Le requérant semble en outre reprocher à l'administration de ne pas avoir prononcé de sanction pour l'infraction de première catégorie de laquelle il a également dû répondre, critiquant ainsi l'indulgence dont elle a fait preuve à son égard.

Les deux infractions en cause étant bien distinctes l'une de l'autre et passibles de sanctions différentes, la commission de discipline des taxis n'a pas méconnu ses propres règles de fonctionnement en ne retenant que la plus haute qualification pour sanctionner le requérant.

Ce moyen devra être donc écarté comme étant non fondé.

En marge, il paraît utile de préciser ici que le défaut de « *dispositif extérieur, lumineux la nuit, portant la mention "taxi"* » est objectivement une infraction plus grave que le non-respect des règles de stationnement des taxis car elle occulte, pour la clientèle, les obligations auxquelles sont tenus les entrepreneurs, notamment en matière de tarification.

Enfin, le requérant fait valoir qu'il n'aurait pas eu accès à l'intégralité de son dossier.

Monsieur Yoshiaki CHISAKA a toutefois pu consulter son dossier sur place en vue de préparer sa défense en commission de discipline.

Par la suite, il a demandé la transmission d'une lettre du 22 mai 2012 adressée au directeur de l'aéroport de Tahiti, par laquelle la direction des transports terrestres souhaitait savoir si certains entrepreneurs de taxis, dont le requérant, étaient titulaires d'une autorisation de stationnement au sein de son entité.

La direction des transports terrestres a fait droit à cette demande par courriel du 12 août 2013, adressée à Monsieur Yoshiaki CHISAKA, ainsi qu'à la commission d'accès aux documents administratifs saisie par ce dernier, en précisant que « *les noms des autres personnes faisant l'objet de cette demande de renseignements ont été masqués pour ne pas leur porter préjudice* » (**P.J. n° 8**).

Le requérant ayant manifestement bien eu communication des pièces du dossier le concernant, le moyen devra être considéré comme inopérant.

Par ces motifs,

Et tous autres à déduire ou à suppléer, au besoin d'office,

La Polynésie française conclut qu'il plaise au juge bien vouloir rejeter l'intégralité des demandes comme irrecevables, à titre principal, et non fondées, à titre subsidiaire.

Sous toutes réserves.

Pour le Président et par délégation,
le Secrétaire Général adjoint du Gouvernement

Philippe MACHENEAUD-JACQUIER

Pièces jointes :

P.J. 1 : Délibération n° 2008-5 *portant réglementation de l'activité d'entrepreneur de taxi.*

P.J. 2 : Rapport de contrôle n° 2343/DTT en date du 14 juin 2013,

Arrêté n° 2734/PR du 28 août 2008 portant commissionnement d'agents de la direction des transports terrestres à constater les infractions au code de la route et à diverses règlementations relatives aux transports terrestres,

PV n° 113 (R08/413) du Tribunal de Première Instance de Papeete du 5 novembre 2008 recevant le serment de M. Teriitoae MARA.

P.J. 3 : Lettre n° 0037/MET/DTT/cdtx en date du 16 juillet 2012.

P.J. 4 : Lettre n° 0119/MET/DTT en date du 21 juin 2013.

P.J. 5 : Extrait du procès-verbal de la réunion de la commission de discipline des taxis du jeudi 11 juillet 2013.

P.J. 6 : Lettre de Monsieur Yoshiaki CHISAKA à monsieur le président de la commission de discipline des taxis en date du 12 juillet 2013.

P.J. 7 : Lettre n° 502/MET/DTT en date du 16 août 2013.

P.J. 8 : Courriels n° 3476/MET/DTT et n° 3477/MET/DTT en date du 12 août 2013,

Lettre n° 2098/MET/DTT en date du 22 mai 2012,

Lettre n° 3013/MET/DTT en date du 10 juillet 2013,

Lettre de Monsieur Yoshiaki CHISAKA à la direction des transports terrestres en date du 3 juillet 2013.

REPUBLIQUE FRANCAISE

Papeete, le 16/10/2013

TRIBUNAL ADMINISTRATIF
DE LA POLYNÉSIE FRANÇAISE
Avenue Pouvanaa a Oopa
BP 4522
98713 PAPEETE - TAHITI
Téléphone : (689) 50.90.25
Télécopie : (689) 45.17.24

1300480-1

Monsieur CHISAKA Yoshiaki
BP 62323
98713 Papeete

Greffe ouvert du lundi au vendredi de
7H30-12H / 12H45-16H* (vendredi à 14 H*)
@ : tadelapolynesiefrancaise@mail.pf

<u>Dossier n° : 1300480-1</u>
(à rappeler dans toutes correspondances)
Monsieur Yoshiaki CHISAKA c/ POLYNÉSIE
FRANÇAISE
Vos réf. : Courriel : wind@mail.pf
AVIS DE RENVOI A UNE AUDIENCE ULTERIEURE
Lettre recommandée avec avis de réception

Monsieur,

J'ai l'honneur de vous faire connaître que l'affaire enregistrée sous le numéro mentionné ci-dessus, qui était inscrite au rôle de l'audience du 26/11/2013, est reportée à l'audience du 10/12/2013 à 09:00 heures.

Si une ordonnance précisant une date de clôture d'instruction n'est pas intervenue dans cette affaire, l'instruction sera close trois jours francs avant la date d'audience indiquée ci-dessus. Si vous entendez produire un mémoire, il conviendra de le faire avant cette date.

La procédure étant essentiellement écrite, vous n'êtes pas tenu d'assister à l'audience. Si vous y assistez, vous pourrez présenter des observations orales.

Conformément à l'article R. 711-3 du code de justice administrative, vous êtes informé que vous pourrez, si vous le souhaitez, prendre connaissance du sens des conclusions que le rapporteur public prononcera à l'audience, en consultant l'application Sagace. Cette application sera renseignée, à cet effet, dans un délai de l'ordre de deux jours avant l'audience. Si vous n'êtes pas en mesure de consulter en ligne l'application Sagace, vous pourrez, dans ce même délai, prendre contact avec le greffe. Pour les requêtes entrant dans le champ de l'article R. 732-1-1* du même code, vous serez informé de la même façon si le rapporteur public est dispensé de prononcer des conclusions.

Je vous prie de bien vouloir recevoir, Monsieur, l'assurance de ma considération distinguée.

Le Greffier en Chef,
ou par délégation le Greffier,

Pour en savoir plus sur le déroulement de l'audience, vous pouvez consulter le site internet de la juridiction administrative à l'adresse suivante : *http://www.conseil-etat.fr/fr/comment-se-deroule-laudience*

Art. R. 732-1-1 Sans préjudice de l'application des dispositions spécifiques à certains contentieux prévoyant que l'audience se déroule de plein droit sans conclusions du rapporteur public, le président de la formation de jugement ou le magistrat statuant seul peut dispenser le rapporteur public, sur sa proposition, d'exposer des conclusions à l'audience sur tout litige relevant des contentieux suivants : 1° permis de conduire ; 2° refus de concours de la force publique pour exécuter une décision de justice ; 3° naturalisation ; 4° entrée, séjour et éloignement des étrangers, à l'exception des expulsés ; 5° taxe d'habitation et taxe foncière sur les propriétés bâties afférentes aux locaux d'habitation et à usage professionnel au sens de l'article 1496 du code général des impôts ainsi que contribution à l'audiovisuel public ; 6° aide personnalisée au logement ; 7° carte de stationnement pour personne handicapée. ; Art. R. 731-3 : À l'issue de l'audience, toute partie à l'instance peut adresser au président de la formation de jugement une note en délibéré.

49

Monsieur CHISAKA Yoshiaki   Tahiti, le 20 novembre 2013.
Lot TEPAPA n°1
Mission
BP 62323
98713 - PAPEETE
wind@mail.pf
Tél: 72 80 30

                    Tribunal administratif de la Polynésie française
                    Statuant au contentieux
                    PAPEETE

          Mandat spécial de représentation pour l'affaire n° 13-480.

Affaire n° 13-480

                            A qui de droit.

Je soussigné Monsieur Yoshiaki CHISAKA donne mandat spécial à Monsieur René HOFFER qui l'accepte, pour me représenter à l'audience du 26 novembre 2013 en mon absence.

En effet, je serai à Bora Bora à partir du 23 novembre et jusque début décembre.

Monsieur René HOFFER m'ayant assisté depuis le début des poursuites à mon encontre, par le ministère des transports terrestres, je demande à ce qu'il puisse également m'assister en me représentant devant le tribunal administratif qui est le prolongement de la procédure initiale.

Fait à Papeete, le 20 novembre 2013 pour servir et valoir ce que de droit.

Monsieur Yoshiaki CHISAKA

                                        Monsieur René HOFFER

Monsieur CHISAKA Yoshiaki
Lot TEPAPA n°1
Mission
BP 62323
98713 - PAPEETE
wind@mail.pf
Tél: 72 80 30

Tahiti, le 21 novembre 2013.

Tribunal administratif de la Polynésie française
Statuant au contentieux
PAPEETE

Observations suite au mémoire 6288/PR du 15 octobre 2013 et mandat d'assistance.

Affaire n° 13-480

Régulièrement assisté de Monsieur René HOFFER comme prévu par les textes, et ce, depuis l'origine de ma contestation des poursuites, mandat est ici transmis au tribunal pour le 26 novembre 2013 pour lui permettre de soutenir, en mon absence, le recours et les écritures à l'audience.

Mais dès à présent, les brèves observations de « *la Polynésie française* » en appellent de plus longues :

1) A commencer par le rejet de l'intervention de l'entité politique « *la Polynésie française* » (« *Représentée par son Président, Monsieur Gaston FLOSSE* »), le nom complet, de Monsieur Gaston Utato FLOSSE étant par ailleurs réduit à « Gaston FLOSSE » contrairement au jugement n° 07-2623 du 15 octobre 2013 le condamnant en première instance à des peines privatives de liberté et de famille ainsi qu'à des amendes, mais dont il a interjeté appel (audience du 28/10/2013 reporté au 23/06/2014). **(PJ06)**

En effet, mon recours le 28 août 2013 exposait que « *j'avais saisi le président de la commission de discipline des taxis d'un recours gracieux* » suite à leur convocation devant la commission qui a délibéré d'une part ; tout en rendant un avis d'autre part, demandant au président de cette commission de bien vouloir répondre favorablement à mon recours gracieux impliquant *de facto* l'arrêt de poursuites.

Et c'est donc tout naturellement que ce président Bruno MARTY m'aura personnellement répondu, signant même son écrit et endossant à la première personne du singulier ses actes : « *Je ne peux que vous confirmer que toutes les règles (...) ont été respectées (...) Je ne manquerai pas de vous faire connaître la décision qui sera prise à votre encontre dans les tous prochains jours.* ».

Il convient ici, au vu de l'intervention de « *la Polynésie française* » d'ajouter un élément de droit complémentaire relatif à la portée du refus opposé, c'est-à-dire ajouter l'abus, à l'excès de pouvoir ministériel, mais également de reconsidérer la portée de la lettre n° 502 du ministre, de son affirmation, si d'aventure sa décision relevait de la seule compétence de « *la Polynésie française* » - voire relevait d'une compétence partagée – dont le représentant auto-représenté Gaston Utato FLOSSE n'est cependant pas le président... de ladite commission de discipline des taxis contrairement au ministre d'alors, Bruno MARTY.

En effet, ce ministre démissionnaire aura dû présenter sa démission, tant en tant que ministre que de président de la commission de discipline des taxis au *président de la Polynésie française* qui pendant plusieurs jours ne l'a pas acceptée, c'est-à-dire laissant ces deux charges audit Bruno MARTY.

A contrario, Monsieur Gaston Utato FLOSSE n'était pendant ces quatre jours pas ministre des transports ni président de la commission de discipline des taxis avant qu'il n'occupe le poste durant un week-end.

Autrement dit : le 15 octobre 2013 « *la Polynésie française* » (Gaston Utato FLOSSE) n'était pas ce ministre des transports et ne pouvait ni le supplanter, ni l'écarter, ni le remplacer, ni intervenir en défense à sa place.

51

Le refus opposé par le président de la commission et ministre Bruno MARTY à mon recours gracieux et qui lui avait été adressé nommément et ès-qualité, sera donc annulé, outre pour les motifs juridiques mis en avant, également en ce que ce refus, comme il apparait aujourd'hui, aura été décidé par une entité incompétente au regard du défendeur du 15 octobre 2013 dans le cas où le tribunal agréait l'intervention de « *la Polynésie française* ».

Dans le cas contraire, si le tribunal administratif rejetait la substitution de l'entité politique « *la Polynésie française* » visant à supplanter non seulement le ministre mais en plus sa dignité de *président de la commission de discipline des taxis* qu'il détient « en propre » de la délibération n° 2008-5, ce sont alors ces écritures du 15 octobre 2013 que le tribunal administratif - de cette même entité « *la Polynésie française* » -, censurera comme étant produites abusivement et par une entité non partie à la procédure, pour sanctionner de plus fort le refus déféré au vu de mes seules contestations puisque le défendeur réel n'aura pas soutenu son refus face à ma critique en droit.

En plus, dans le recours n° 2013-3023 devant la CADA – qui est pourtant une émanation de droit administratif suprême puisque près le conseil d'Etat – « *la Polynésie française* » n'est pas intervenue à Paris et comme le prouve la pièce jointe n° 8 produite le 15 octobre 2013 : le courriel n° 3477/MET/DTT du 12 août 2013 adressé à la CADA non pas par Monsieur Gaston Utato FLOSSE (« *la Polynésie française* »), mais par le directeur Ronald TSU après visa du directeur des transports terrestres et sur entête ministériel.

Plus implement, le mémoire en défense même conforte, intrinsèquement, les pouvoirs ministériels distincts et personnels en ces termes (page 2/6, 1., 3ᵉᵐᵉ paragraphe) « *La commission de discipline des taxis dispose d'un pouvoir décisionnel pour les infractions de première et deuxième catégories et a un rôle consultatif pour les infractions de troisième catégorie, la décision définitive appartenant alors au ministre chargé des transports terrestres selon les articles 18 et 28 de la délibération précitée.* »

En droit : En plus de la non intervention dans le dossier près la CADA, si les articles 18 et 28 donnent pouvoir à tel ministre, le « *pays d'outre-mer* » (sic) « *la Polynésie française* » à l'origine de cette attribution de compétence par le truchement d'une de ses délibérations, ne saurait la reprendre ou la retirer. Son mémoire en défense du 15 octobre 2013 sera écarté de plus fort encore, frappé d'inexistence pour abus, excès et détournement de pouvoir(s) en ce qu'en attribuant à tel ministre tel pouvoir décisionnel définitif, elle ne saurait, une fois sa décision prise, interférer dans son domaine. Ni s'accaparer de sa compétence. Et pas même la reprendre, sans avoir préalablement annulé son transfert de pouvoir par délibération 2008-5 initial.

Monsieur Gaston Utato FLOSSE éprouvant quant à lui quelque difficulté de lecture (« *Sa laborieuse lecture ne permet en effet pas de déterminer avec certitude les moyens de fait et de droit* », et de compréhension « (…) *argumentation, exposée au moyen d'une rédaction excessivement difficile à comprendre* (…) »), voici donc la retranscription sans ambages de l'article 197 II.- de la loi organique 2004-192 du 27/02/ 2004 :

> « *II. - Le président du gouvernement, les membres du gouvernement et les membres de l'assemblée de la Polynésie française en fonction à la date de la promulgation de la présente loi organique deviennent de plein droit, respectivement, président de la Polynésie française, membres du gouvernement de la Polynésie française* (…) »

En droit : Ayant demandé l'annulation du refus opposé par celui qui m'avait répondu le 16 août 2013 c'est-à-dire le ministre des transports également président de la commission de discipline, un tel ministre est à l'évidence, en droit organique, (l')un des « *membres du gouvernement* » de l'article 197.

A contrario, le « président de la Polynésie française », sénateur ou pas sénateur, ne fait pas partie des membres du gouvernement à en croire ce même article 197 - sauf à en faire partie en dehors de la loi organique, de façon sauvage, par pure forfaiture, nostalgie, ou autres us et coutumes politiques passés et qui feraient résurgence où il passerait de nouveau à président du gouvernement de la Polynésie française (sic) -, voire à tantôt se complaire dans l'une des catégories (président de la Polynésie française), tantôt dans l'autre (membre(s) du gouvernement de la Polynésie française) ? Et/ou les deux à la fois ?

> Note : Une situation similaire s'était déjà passée dans un autre dossier (Hoffer, n° 13-369) où était intervenu un « vice-président » en défense… avant que la réplique sur l'irrecevabilité de cette entité… n'aura été compensée par l'intervention du défendeur en titre, la principale intéressée (Madame Brigitte GIRARDIN) ayant quant à elle opté de faire la morte malgré une injonction de conclure de la part du tribunal de séant.

Donc, l'article 197 II.- tire son essence d'avant la loi organique 2004-192 quand existait un « président du gouvernement » (sic), c'est-à-dire une hybride institutionnelle franco-colonialo-française entre président et premier ministre (sic) – un peu comme un erstaz de minister-praesident comme dans l'état fédéral d'Allemagne par analogie – ; à l'époque ou le chef du territoire était un gouverneur avant le changement, là aussi de cette appellation en « haut-commissaire ».

En intervenant comme il le fait, Monsieur Gaston Utato FLOSSE contrevient à l'évidence à l'article 197 en ce qu'il abandonne « sa casquette » statutaire actuelle de président de la Polynésie française pour remonter dans l'avant 27 février 2004 et endosser en 2013, par reflexe apparemment, le costume suranné, naphtaliné vu que plus de 9 ans se sont déjà écoulés depuis, de président du gouvernement de la Polynésie française lorsqu'il était effectivement le chef statutaire de ses pairs.

Sauf à violer l'article organique n° 197, ses écritures et son intervention en défense ne pourront qu'être frappés d'inexistence, dénoncés pour forfaiture pour avoir voulu conduire le tribunal à faire fi de l'art.197.

Ironie du sort ou malédiction juridico-statutaire : après la démission du ministre Bruno MARTY que la justice répressive pointilleuse sur la sécurité routière savait ironiquement être un délinquant récidiviste, ledit Gaston Utato FLOSSE était pendant quelques heures ces derniers jours… le ministre-président de la Polynésie française des transports ! Que n'a-t-il alors repris ses écritures du 15 octobre 2013 pour les régulariser auprès du tribunal administratif, sous sa férule ministérielle et sur papier à entête de ce ministère ? C'eût eu le mérite de clarifier que c'est sur la base des articles 18 et 28 ci-dessus qu'il aurait alors agi.

Plus simplement encore : ayant déféré, c'est à dire ayant attaqué le refus ministériel, c'est une défense présidentio-sénatoriale qui m'est opposée, laissant de surcroît penser que cette mise en avant d'une fonction élective nationale se voudrait de renforcer une, locale ! En d'autres termes, même si le président du parti politique Tahoeraa Huiraatiraa pense aujourd'hui encore pouvoir faire fi de l'article 197 comme à l'époque d'avant le 27 février 2004 en se prévalant, en plus de président de la Polynésie française, d'en être aussi le président du gouvernement, le tribunal ne se laissera pas abuser par la similitude du mot « président » qui vaut aussi pour le ministre pour la partie président de la commission de discipline des taxis et fera le distinguo entre un ministre des transports terrestres-président (de la commission de discipline des taxis) à l'époque des faits et un président de la Polynésie française/ président du gouvernement (c'est à dire tous les ministres « avec et sans » l'inexistant en droit « vice-président »), dont celui des transports terrestres durant quelques heures en novembre 2013. En effet, l'article 3 de la loi organique ne permet qu'au haut-commissaire et pour la seule représentation républicaine nationale un tel degré de concentration de tous les pouvoirs de la république française, y compris pour celle qu'elle contient en son sein et défini par l'article 1er de la loi organique 2004-192.

2) L'entité politique « la Polynésie française », si ses écritures n'étaient par extraordinaire pas écartées, se trompe d'entrée aussi en détournant la demande originelle en annulation de la lettre n° 502 du 16 août alors qu'il s'agit tout simplement d'une requête en annulation de refus.

En effet, cette lettre n'eût-elle jamais existée que j'aurais introduit mon recours contre le refus qui alors aurait été implicite passé le délai de deux mois. Le tribunal ne se laissera ici non plus, abuser.

3) Dans son « 1. », « *la Polynésie française* » se réfère à sa délibération n° 2008-5 - postérieure à la loi organique de 2004 -, de transmission du pouvoir décisionnel pour telles infractions.

Celle-ci, dès les écritures du 11 juillet 2013 déposée devant la commission, était critiquée jusqu'à son l'intitulé relatif à la commission de discipline des taxis en ces termes *(PJ07)* :

> « *1) De l'intitulé de "la commission de discipline des taxis".*
> *L'article de la délibération 2008-5, dernier alinéa précise que "L'appellation taxi est exclusivement réservée aux véhicules (...). Toute juxtaposition de cette appellation avec d'autres vocables est interdite.*
>
> *Plus qu'un simple vocable juxtaposé, la juxtaposition de la locution "commission de discipline des" (taxis) contrevient ainsi à cet article 2.*
>
> *De ce seul moyen la commission ne saurait se prévaloir de statuer en matière de discipline "des taxis" pour des personnes, lesquelles ne sont pas des taxis puisque n'étant pas des véhicules automobiles comme le prévoit expressément ce même article 2 en son premier alinéa qui relève que "L'appellation "taxi" (bien noter les guillemets qui font de ce mot, une appellation contrôlée, une marque de fabrique, un quasi-nom propre, en tout cas lui donne une valeur intrinsèque) s'applique à tout véhicule automobile".*
>
> *Il ressort de ce qui précède qu'en me convocant devant votre commission mais ne répondant moi-même pas à la définition qu'englobe l'intitulé de la commission puisqu'étant une personne et non un véhicule automobile, un taxi, les présentes poursuites ne sauraient prospérer, la commission "des taxis" ne pouvant statuer que sur les seuls véhicules automobiles, les "taxis". Pas les personnes; non taxies.*
>
> *2) Au cas où par extraordinaire vous outre-passiez cependant l'esprit et la lettre de l'article 2, il convient alors de mettre cette délibération elle-même en cause. En effet, malgré l'affirmation présentée en défense dans le dossier René HOFFER n° 08-429 au tribunal administratif dans le paragraphe "1 - Sur la nécessité d'une loi du Pays (...) La Polynésie française tient à affirmer que l'ensemble des dispositions sur lesquelles le requérant entend porter grief, sont bel et bien de nature réglementaire", l'arrêt n° 318628, inédit au recueil Lebon, 10ème et 9ème sous-sections du conseil d'Etat réunies n'est pas aussi catégorique, certes en mode de cette rédaction sybiline: " (...) quand bien même ces délibérations relèveraient, pour certaines de leurs disposition, du domaine de la loi et qu'elles n'auraient, de ce fait, pu être adoptées que sous la forme d'une loi du pays", il n'appartenait certes alors pas au conseil d'Etat d'en connaître en premier et dernier ressort selon la procédure prévue par l'article 176 de la loi du 27 février 2004.*
>
> *Autrement dit, est ici soulevé l'exception d'illégalité de la délibération 2008-5 en ce qu'elle comporte des articles relevant d'une "loi du pays". Voir par exemple la "Loi du Pays n° 2013-17 du 10 mai 2013 portant modification de la délibération n° 95-215AT..." (JOPF n° 17NS du 10/05/2013, page 977 pour illustration).*
>
> *Les poursuites à mon encontre seront donc aussi levées en ce qu'elles sont basées sur une délibération dont la normativité est ici contestée au regard de dispositions relevant d'une "loi du pays", et plus particulièrement pour la partie "sanctions" de l'article 28 soulevé mais également et pour parfaite illustration, de l'article 39 qui mentionne l'article 433-17 du code pénal (français), avec refus d'attribution d'autorisation pendant cinq ans, cette dernière assénation étant elle-même contraire au droit constitutionnel sanctionné par QPC en décembre 2010 puisque ne respectant ni la proportionnalité de la faute, ni ne permettant "au juge" de moduler la peine, etc.. »*

En droit : Comme déjà réclamé devant la commission, est ici soulevée l'exception d'illégalité de la délibération n° 2008-5 en ce que seule une « *loi du pays* » (sic) saurait éventuellement intervenir pour les faits qui me sont reprochés et qui touchent à la liberté du travail, droit fondamental constitutionnel et garanti par la convention européenne des droits de l'Homme et garantie par la déclaration des droits de l'Homme et du citoyen, à l'instar par exemple de la QPC 2013-352 du 15 novembre 2013 (Mara, Julien SIU) où, après avoir visé la loi organique 2004-192 le conseil constitutionnel aura néanmoins élevé au niveau de l'article 16 de la DDHC de 1789 une liberté fondamentale à laquelle il avait été porté atteinte par le code de commerce, faisant fi de son applicabilité spécifique dans le « pays d'outre-mer » de « *la Polynésie française* », statutairement autonome au sein de la république française donc, censurant néanmoins le pouvoir en propre dont avait abusé la juridiction commerciale locale, de décider sans en avoir été saisie par un tiers – *comme juge et partie* – d'une mise en redressement judiciaire ou d'une mise en liquidation judiciaire, action pourtant présentée comme favorable à leur(s) bénéficiaire(s)…

4) Le « *rappel des faits d'espèce* » mérite également contradiction et notamment concernant les pièces jointes que je découvre pour certaines.

La production de la pièce jointe n° 2, d'entrée est éloquente car elle permet le raccourci : « (…) *CHISAKA stationnait en attente de clientèle en dehors des emplacements réservé aux taxis* » et « *la commission de discipline des taxis a pourtant déjà prononcé un avertissement (…) le 16 juillet 2012 (…)* ».
Alors que le rapport de contrôle du 8 juin 2013 fait apparaître plus une traque ou un coup monté, qu'un contrôle : (à 20h17) « *Nous constatons le véhicule (…) déjà à l'arrêt (…)* », ce « *déjà* » étant lui-même renforcé par la surveillance, en cachette, de la personne à bord, en l'espèce moi, en tant que chauffeur…

En effet, le « *déjà* » trahit l'intention de trouver une infraction plus que d'en constater une ; car pourquoi l'assermenté MARA Teriitoae ne m'a-t-il pas verbalisé pour mon arrêt sur l'arrêt-minute ? Car de 20h17 à 20h51, 33 minutes illégales se sont écoulées ! Il se devait de me verbaliser – éventuellement 32 fois puisque la première minute n'est pas sanctionnable – pour cette infraction puisqu'à l'évidence c'en est une du fait même qu'il aura relevé dans son rapport cet arrêt entre 20h17 et 20h51 ? -, ce qui aurait alors rendu toute nouvelle infraction impossible puisque bien évidemment je lui aurai a *minima* demandé « *où* » je pouvais me garer ET si je pouvais me garer sur la parking payant du fret-aéroport et éventuellement m'enquérir auprès de lui si son assermentation valait sur un domaine privé concédé à un organisme de statut public et/ou inversement ?

Mais encore, dès le rapport du 8 juin 2013 le contrôleur mentionne la récidive dont seule la commission de discipline peut connaître ; pas un contrôleur. De surcroît assermenté. L'exception d'illégalité du rapport du 8 juin est donc ici aussi soulevée, en ce que la commission aura enclenché ses poursuites sur cette base.

Mais l'assermenté contrôleur aura assurément aussi dédié l'exercice de la commission d'emploi d'agent assermenté à ma seule personne – à preuve du contraire – puisqu'il m'aura épié de 20h17 à 21h45 soit pendant une heure et demie, ce qui bien sûr est son droit mais néanmoins, combiné avec la mention de « *récidive* » et le « *déjà* », permettra au tribunal d'en être persuadé également : sa surveillance était dirigée, contrevenant par là à sa fonction de contrôleur, pervertie en « traqueur »…

Quant au « *défaut du chapeau taxi* » passible du retrait de la licence et/ou du certificat de capacité ou des deux, il se garde bien d'informer que durant l'arrêt le chapeau était bien sur le taxi et qu'il n'a été enlevé qu'une fois sur le parking privé/payant, pour justement ne pas encourir le risque d'induire en erreur, voire décevoir un éventuel client qui aurait pu penser, à tort, que mon taxi était « libre ».

Tel un Louis de Funès dans « *Le gendarme à Saint-Tropez* », cette opération « chapeau » a dû réjouir le contrôleur qui n'en demandait certainement pas tant : le passage de chapeau sur l'arrêt-minute à pas-chapeau sur un parking payant ! Mais fatalitas, fatalitis : d'une part la mise en avant de « récidive » pouvant me faire passer pour un « dangereux récidiviste » m'aura ironiquement attiré l'indulgence de la commission de discipline - que je n'avais nullement sollicitée puisque j'aurais déféré toute condamnation injustifiée – l'indulgence supputée et/ou supposée ne permettant pas de contester utilement une condamnation, c'est-à-dire que toute non-condamnation paraît être traduite par de l'indulgence dans le milieu fonctionnarial des transports terrestres alors qu'en ce qui me concerne cela ne relevait pas d'une demande d'indulgence mais d'une contradiction de poursuites indûment entreprises -, d'autre part le contrôleur aura occulté dans son rapport que j'avais le chapeau taxi bien en place sur la voie publique et ne l'ai enlevé que sur le parking payant, son assermentation de pouvoir opérer sur un parking payant étant ici dénoncée puisqu'il ne mentionne même pas avoir agi sur commission rogatoire du procureur de la république française par exemple. En effet, cette façon de procéder est à rapprocher de deux arrêts du 22 octobre 2013 de la cour de cassation relatifs à la « géolocalisation » sur la base d'une ingérence dans la vie privée même suite à un ordre émanant d'un procureur de la république vu que ce dernier n'est pas indépendant comme arrêté par la cour « européenne » des droits de l'Homme.

En droit : le tribunal retirera du mémoire le mot « récidive » ainsi que la locution « *Etant précisé que la commission de discipline des taxis a pourtant déjà prononcé un avertissement à l'encontre de Monsieur CHISAKA le 16 juillet 2012, pour une infraction du même type (P.J. n° 3))* » en ce que d'une part aucune récidive n'aura été prise en compte, par l'artifice de l'indulgence, ou tout autre moyen important peu, la faisant tomber ladite récidive *de facto*, puis constatera que loin de s'agir d'un simple contrôle, l'assermenté MARA Teriitoae aura orienté son « contrôle » qui logiquement se devait de s'arrêter à la constatation de l'arrêt sur l'arrêt-minute de mon taxi avec le chapeau sur le toit, ce que le contrôleur avait jugé conforme aux réglementations pour lesquelles il a prêté serment ; ensuite qu'il n'appartenait pas au contrôleur de faire un rapport unique, ET de conformité ET de non-conformité, les deux éléments n'étant d'une part pas liés, et d'autre part, qu'un contrôleur n'a pas vocation à faire des contrôles, dissimulé. Etc …

S'agissant de la mise en avant de la supputée indulgence, celle-ci est aussi contredite par la pièce jointe n° 5, page 20 sur 29, qui, après avoir pertinemment relevé que « (…) *M. HOFFER intervient et déclare que l'infraction pour stationnement en dehors des emplacements réservés aux taxis n'a pas lieu d'être car le parking où était garé M. CHISAKA étant une voie publique non soumise à une autorisation de stationnement, les contrôleurs n'ont pas le droit d'y contrevenir* », assène, « *à huis clos* » : « *M. TSU propose aux membres de la commission de ne pas retenir la récidive pour l'infraction de la 1ère catégorie relevée à l'encontre de M. CHISAKA car ce dernier a commis une infraction de la 3ème catégorie qui est beaucoup plus grave.* ».

Le tribunal relèvera ici encore le *modus operandi* employé : l'orientation et la sélectivité des poursuites mais aussi les sous-entendus et les non-dits : proposer aux membres de ne pas retenir la récidive puis de s'en prévaloir en défense le 15 octobre 2013 relève de la malhonnêteté intellectuelle; mettre en avant « l'indulgence » pour une opération concertée tombe sous le coup de la mauvaise foi ; et de passer sous silence qu'il ne s'agit en tout et pour tout que d'une seule et même verbalisation, sur un parking privé de surcroît – et donc occulter l'illégalité formelle de la constatation et du rapport entraînant l'entière nullité de toutes les poursuites, chapeau inclus -, est une violation que sanctionnera le tribunal administratif.

D'autant plus qu'à la base il n'appartenait bien évidemment pas au contrôleur assermenté, sur un même rapport et donc sur son procès-verbal, de mélanger deux constatations dont la première ne prêtait pas à sanction, et confondre domaine public et domaine relevant d'une concession aéroportuaire en l'espèce.

En clair, le rapport et subséquemment les poursuites devant la commission de discipline, est vicié en ce qu'il n'aura pas statué favorablement sur la première partie de son rapport, c'est-à-dire que son contrôle à 20h17 ne donnait lieu à aucune verbalisation, mais qu'il était non pas dans l'exécution de sa mission de contrôle mais à l'affût de la moindre infraction, fusse-t-elle non caractérisée.

S'agissant de la notion « *en attente de clientèle* » dont la subjectivité n'échappera pas non plus aux juges, ni ses possibilités d'interprétation notamment en l'espèce, le tribunal remarquera là encore que l'agent de constatation n'aura pas relevé si de 20h17 à 20h51 mon taxi était ou non « *en attente de clientèle* », renforçant si besoin était la preuve de l'orientation de son contrôle. Son obligation de résultat ?

Mais là encore, inutile de développer puisque la nullité du contrôle effectué en dehors du champ opérationnel fait également tomber cette partie subjective et sujette à de multiples interprétations par le défendeur : en prenant lecture de la lettre n° 2098 produite en pièces jointes n° 8/2 le 15 octobre 2013, le tribunal comprendra aussi que si des autorisations de stationner à tel endroit auront été concédées par le directeur de l'aéroport… dont le ministre des transports est par ailleurs « en charge » (!!!), tant le contrôleur que les membres de la commission auraient dû dissiper toutes poursuites à mon encontre au vu de cet élément supplémentaire : le paiement d'une redevance au concessionnaire génératrice… de droits.

La production de la pièce jointe n° 5 fait apparaître : « *M. Bruno MARTY (…) Appelé vers d'autres obligations, il s'excuse de devoir s'absenter et donne procuration à son chef de cabinet, monsieur Raymond CHIN FOO, aux fins de le représenter pour présider la présente séance* » M. Ronald TSU, agissant comme secrétaire de séance, avant même la lecture de l'ordre du jour, donne le ton, oriente la séance par ces propos : « (…) *sur les 40 dossiers à examiner, il y a quelques cas de récidive et particulièrement des infractions relevant de la 3ème catégorie* ».

L'allusion est suffisamment claire me concernant, que mon dossier figurait dès avant la présentation de ma défense à partir de 11h52, dans cette catégorie sur laquelle avait attiré l'attention tout particulièrement le secrétaire de séance Ronald TSU à 08h05, le rendant en tant que membre de la commission, coupable de partialité d'une part, mais aussi en sa qualité de secrétaire de séance, d'agent d'influence d'autre part. C'est en effet lui qui dirigeait les débats et procédait à mon interrogatoire, etc…

Autrement dit, avec une telle introduction de la part du secrétaire de séance, il n'allait pas non plus se « déjuger » ; son « *particulièrement* » ne laissant aucune place au doute. Il allait en faire son affaire !

Aujourd'hui encore, le motif de l'absence ministérielle qui même le 8 août 2013, soit presqu'un mois après la tenue de la commission, n'était curieusement pas précisé et donc pas motivé ; il n'est pas exclu au vu de l'actualité de ce mois de novembre, qu'il fût de caractère extra-professionnel suite à la découverte, après son accident de la route avec 2,4g/l de sang de l'addiction à l'alcool avec un comportement criminel dudit ministre en charge de la sécurité routière Bruno MARTY, Si un motif extra-professionnel et/ou fallacieux aura provoqué le départ de la présidence du ministre, la composition le 11 juillet 2013 de la commission de discipline est donc ici critiqué de plus fort et la nullité de sa tenue mise en avant

Enfin, la composition de la commission est également viciée en ce que la copie de la procuration n'est pas au dossier, alors même que le ministre-président avait ouvert la séance. Et qu'il y a eu substitution de président au profit de son chef de cabinet que ne saurait autoriser les articles 18 et 28 de la délibération 2008-5 de par ce simple adoubement.

En droit : Le procès-verbal n° 160/MET/DTT/cdtx est nul et non avenu et sera tout simplement écarté de la procédure à mon endroit, en ce qu'il date du 8 août 2013, c'est-à-dire après l'introduction de mon recours gracieux le 12 juillet 2013 comportant des éléments qui auront pu être pris en compte ou écartés dans mon dossier – pour insincérité donc -, après la tenue de la séance disciplinaire, c'est-à-dire au vu de mon recours du même jour auprès de la CADA et celui, gracieux du 12 juillet 2013.

    5) Le « 3. » critique la recevabilité au regard de l'article R.411-1.
Cet article prévoit que « *La juridiction est saisie par requête.* »
Tel est bien le cas puisqu'intitulée « *Recours en abus, excès et détournement de pouvoir contre le refus opposé au recours gracieux* ».
La requête indique les nom et domicile des parties.
Tel est le cas : mon nom y figure ainsi que mon domicile. Quant au défendeur il est désigné ainsi : « *ministre et président de la commission, Monsieur Bruno MARTY* ». Le président de la juridiction administrative ne saurait ignorer son domicile ministériel, pour s'y être rendu en personne, le 28 août 2013, pour y rencontre le ministre Bruno MARTY. D'ailleurs en produisant son mémoire telle autre partie aura eu connaissance du recours et y sera intervenue, à tort certes, mais cela prouve que le nom et domicile des parties aura été extrait par le tribunal du recours initial. Plus cocasse : si tel n'avait pas été le cas … la question de la recevabilité sur ce point n'aurait été soulevée par… personne. Sauf d'office éventuellement par moyen d'ordre public. CQFD.
Elle contient l'exposé des faits et moyens, ainsi que l'énoncé des conclusions soumises au juge.
Tel est aussi le cas : la saisine de l'ex-ministre a été clairement exposée et sa réponse négative mise en avant ; quant aux moyens, certains n'ont effectivement pas pu être exposés pour cause de rétention d'informations… réparée par la production des pièces ci-dessus discutées notamment ; mais fort logiquement, après leur production uniquement !
L'auteur d'une requête ne contenant l'exposé d'aucun moyen ne peut la régulariser par le dépôt d'un mémoire exposant un ou plusieurs moyens que jusqu'à l'expiration du délai de recours. »
Cette condition ne s'appliquant pas à mon dossier, il est inutile d'en débattre sauf à repréciser que la demande d'annulation du refus opposé implique bien évidemment la prise en compte de tous les éléments présentés au soutien du recours gracieux, évidence confirmée par la production en défense de ces pièces remontant au rapport du 8 juin 2013 – voire au dossier de 2012 -, etc…

6) Sur l'absence de décision faisant grief.

Monsieur Gaston Utato FLOSSE tente encore de faire diversion en prétendant notamment qu'une verbalisation ou un contrôle, par un agent assermenté, en dehors de son champ d'action et sans commission rogatoire portant son action devant telle commission ne me ferait pas grief !? Le tribunal, constatant les moult griefs déjà exposés, fera droit de plus fort à ma requête, ne serait-ce qu'en constatant depuis l'arrêté n° 6719/MET du 4 septembre 2013 produit par voie de conclusions la sanction qui m'aura été infligée, exécutoire dès signification, des trois jours de suspension que j'ai effectivement dû exécuter.

7) En son « b. », sur le fond, Monsieur Gaston Utato FLOSSE donne dans la subsidiarité que serait la contestation des règles mises en œuvre par la commission et par son président d'une part, et l'absence de contestation reprochées.

Comme vu *supra*, nul besoin de contester les faits si la procédure est formellement viciée. Nonobstant, voici comment ces faits ont cependant déjà été contestés par devant la commission le 11 juillet 2013 et dûment enregistrés par elle, actes non détachables de la présente procédure puisqu'en étant le fondement du contrôle/convocation/contestation devant la commission/recours gracieux/refus/recours contentieux :

> « (...) il convient encore de relever l'imprécision des poursuites: contrôle "à l'aéroport", stationnement en dehors des emplacements réservés aux taxis, puis absence d'équipement de panneau taxi mais encore l'absence au dossier d'un arrêté interdisant aux taxis l'accès et le stationnement payant sur le(s) parking(s) de et à l'aéroport.
>
> "A l'aéroport", s'agissant de l'aérodrome de TAHITI Faa'a relève des actes réglementaires du haut-commissaire de la république française au vu par exemple de l'arrêté n° 231 AC.DIR/NTAA du 15 avril 1997 délimitant trois zones et dont le titre III se rapporte à la circulation et stationnement des véhicules où l'article 9 mentionne entre autres les taxis.
>
> Cette seule mention de "taxis" dans cet arrêté démontre a minima qu'il y a chevauchement de compétences entre les services du haut-commissariat et ceux des transports terrestres locaux, au pire que le contrôle effectué l'aura été incompétamment, le rendant intrinsèquement nul et de nul effet.
>
> Il apparait donc clairement en l'état, que les agents auront outre-passé leurs prérogatives rationae loci, d'où éventuellement le manque de précision soulevé sur le lieu exact.
>
> Mais encore, la verbalisation a été effectuée sur un parking payant pour lequel le montant aura été réglé conformément au(x) tarif(s) en vigueur. Plus encore: aucun panneau "Interdit aux taxis" n'est matérialisé à l'entrée dudit parking; les poursuites à l'instar de celles n° 875 et 887 du 2 juin 1997 du tribunal de simple police ou l'arrêt de la cour d'appel de la chambre correctionnelle de Papeete n° 330-168 du 21 août 1996 concernant 12 (douze) PV - et "en dépit des interventions réitérées des forces de l'ordre" - (!!) de stationnement, rendus au pénal dans des conditions similaires de stationnement à l'aéroport persuaderont la commission, à l'instar de ces instance judiciaires, de me "relaxer" pour : "... que l'élément légal des infractions reprochées n'est pas établi en l'espèce... aux termes de l'article 57 du code de la route, "les dispositions règlementaires prises par les autorités compétentes et qui ... doivent faire l'objet de signalisation, ne sont applicables aux usagers que si ces mesures ont été prises, ...".., ou encore, pour le tribunal de simple police: "Attendu qu'il ne résulte pas du dossier, preuve contre le prévenu des faits qui lui sont reprochés; qu'il y a lieu de le relaxer de ces chefs" étant précisé que dans ces verbalisations elles avaient été effectuées par des policiers nationaux français.
>
> N'ayant par ailleurs pas mis de panneau sur mon véhicule pour bien indiquer que lui et moi n'étions pas - contrairement à ce qui est allégué -, en attente de clientèle, ce n'est qu'une fois accompagné de mes clients - dont l'expression "en attente" ne peut pas s'appliquer mais plutôt "ayant attendu puis réceptionné mes clients qui avaient réservé mon taxi préalablement par internet -, que nous nous sommes librement dirigés vers mon véhicule pour reprendre du service "taxi", c'est à dire passant du statut de véhicule garé sur un emplacement payant (et payé), à "taxi". Sitôt en marche, le véhicule automobile remplissait dès lors son office de taxi.

Il est à noter ici et en aparté que la désorganisation en matière de possibilité de stationnement pour accueillir des clients à l'arrivée des avions est digne d'un pays du tiers monde et le nombre impressionnant de panneaux d'interdictions, de république bananière. Bref, pour quelqu'un qui aurait la volonté d'accueillir correctement des visiteurs, l'aéroport n'est pas l'idéal. On peut même comprendre que le vice-président de "la Polynésie française" le 10 juillet 2013 se "demande si la Grèce ne se porte pas mieux que nous" en Une de La Dépêche de TAHITI, comparant la collectivité d'outre-mer à ce pays membre de l'ONU et des Communautés européennes.

Vu donc l'imprécision de "à l'aéroport" et subséquemment l'incompétence rationae loci soulevée, vu qu'en "attente de clientèle" ne saurait caractériser un véhicule garé sur un parking payant dont j'avais pris soins d'enlever le panneau taxi pour bien montrer que je n'étais pas en attente de clientèle mais que j'avais une réservation de la part de clients, il convient encore d'éclairer la commission des véhicules automobiles "taxis" sur le fait que l'expression "en dehors des emplacements réservés aux taxis" englobe... tous les emplacement non réservés au taxis; que s'il était interdit même à un taxi (avec son panneau) de ne stationner qu'en dehors de ces emplacements, il ne pourrait plus prendre en charge sa clientèle à domicile (il n'y a pas d'emplacement pour les taxis devant chaque immeuble par exemple), ni les déposer à leur domicile s'ils n'habitaient à proximité d'une station de taxis, comme pour résidents du centre Vaima, etc...

Mais la convocation poursuit: "Le point 2 (...) est passible du retrait de la licence ou du certificat de capacité ou des deux pour une période d'un mois".

Il est affirmé de plus fort ici qu'aucun panneau de circulation interdisant à un véhicule désigné, voire à un taxi avec ou sans panneau de stationner sur un parking payant dont le péage aura été dûment réglé ne saurait aboutir à une quelconque sanction mais encore qu'aucune constatation de présence ou d'absence de panneau ne saurait être relevée dans ces conditions surtout pouvant aboutir à une peine de privation d'exercice d'une profession librement choisie et régulièrement exercée. De surcroît que la peine peut, cumulée, porter tant sur la privation d'exercer une profession ET la privation de pouvoir exploiter une entreprise et donc portant une atteinte grave et manifestement illégale au code du commerce français ou à celui du travail local ou les deux.

La commission statuant sur les taxis ne franchira pas non plus cet interdit constitutionnel et garanti par la convention européenne des droits de l'Homme.

Quant à la récidive - non pénale et ne répondant donc pas à telles implications légales -, je soulève ici l'exception d'illégalité et subséquemment la nullité de l'avertissement n° 37/MET/DTT/cdtx infligé en ce que d'une part il est signé de la main du précédent ministre des transports terrestres James SALMON tout comme sa réponse n° 2277 du 14 août 2012, le rendant "juge et partie": pour avoir infligé la sanction et avoir statué sur le recours gracieux; d'autre part, alors que le recours gracieux demandait "me transmettre avant toute autre action que je devrai entreprendre, le ou les procès verbal(aux) du 21 Avril 2012...", ne produisant pas cette ou ces pièce(s) qui font actuellement toujours défaut dans le dossier servant de base à la "récidive". »

<u>En droit :</u> Il conviendra de ne pas occulter les éléments du dossier pris en son ensemble et notamment en ce qu'ils ont été actés par la commission de discipline des taxis ainsi que par le ministre qui y a répondu.

8) La contradiction « *Sur la légalité externe* » n'a plus lieu d'être intégrée au présent dossier. En effet, par arrêté n° 6719/MET du 4 septembre 2013, cette décision, à ce jour déférable encore au tribunal administratif dans le délai de 3 mois pourra alors y être discutée le cas échéant.

9) « *Sur la légalité interne* », détournement et abus de pouvoir.

Essayant à nouveau de détourner le sujet, Monsieur Gaston Utato FLOSSE prétend que je n'apporterais « *aucun argument (…) qui établirait que l'administration a utilisé sa compétence en matière disciplinaire dans une autre fin que celle prévue par la délibération n° 2008-5 (…)* ».

Il lui ici répondu à nouveau qu'est contestée la délibération qu'il met en avant et comme déjà développé.

Poursuivant, il détourne également la prise de décision de la commission s'agissant de sa seule proposition de suspension de trois jours de mon exploitation alors que d'une part la récidive n'a pas été retenue, rendant nulles les poursuites de 3ème catégorie et d'autre part le remplacement du ministre comme président de la commission vicie intrinsèquement jusqu'à la proposition de sanction puisque dans l'hypothèse normale où le ministre préside la séance – et ne l'ouvre pas uniquement -, les pouvoirs de la commission et ceux du président se chevauchent, etc...

Quant à la réalité et même la supputée gravité mise en avant d'un défaut de chapeau sur un parking privé – toute relative par rapport à un ministre alcoolique délinquant primaire récidiviste me semble-t-il ? -, elle a bel et bien aussi été contestée et comme rappelé supra.

S'agissant de l'indulgence, le tribunal aura à ce stade compris que l'indulgence est de la même facture que tout le reste : Monsieur Gaston Utato FLOSSE en décide unilatéralement alors que je suis en droit de m'y opposer et qu'il ne saurait me le reprocher. En effet, à aucun moment je ne l'ai demandée. D'ailleurs je n'en veux point et suis donc en droit de la contester.

A ce sujet, l'indulgence sélective, contrairement aux écritures de Monsieur Gaston Utato FLOSSE, vicie l'impartialité de la commission qui a choisi de faire valoir son indulgence pour ne pas sanctionner la « *plus haute qualification pour sanctionner le requérant* » au détriment des moins hautes, démontrant bien que l'objectif annoncé à 08h05 par le secrétaire de séance Ronald TSU était prémédité. A tel point « la Polynésie française » n'a de cesse de continuer à vouloir se justifier : « (…) *il paraît utile de préciser ici que le défaut de « dispositif extérieur, lumineux la nuit, portant la mention « taxi » » est objectivement une infraction plus grave que le non-respect des règles de stationnement des taxis car elle occulte, pour la clientèle, les obligations auxquelles sont tenus les entrepreneurs, notamment en matière de tarification* ».

A nouveau, je pense personnellement plus utile de préciser en réponse que conduire en état d'ivresse pour le responsable de la sécurité routière et ministre des transports Bruno MARTY, sous le coup d'un retrait du permis de conduire suite à récidive en matière de contrôles d'alcoolémie au volant et non maîtrise de son véhicule avec basculement dans un ravin est objectivement « plus grave (…) que l'absence de panneau taxi par un chauffeur à jeun, ayant régulièrement garé son véhicule sur un parking payant où il s'est acquitté du montant de son temps de stationnement !?

Monsieur Gaston Utato FLOSSE s'offusque encore de ma contestation de n'avoir pas eu accès à l'intégralité de mon dossier, m'opposant le fait que j'avais pu le consulter sur place soulevant le fait que j'avais demandé la transmission de la lettre n° 2098 du 22 mai 2012, pour, sautant du coq à l'âne exposer qu'il y a été fait droit le 12 août 2013 après ma saisine de la CADA, pour justifier que j'aurais eu communication de l'entier dossier.

Or en produisant des pièces jointes qui m'étaient inconnues, tel le rapport du contrôleur ou encore le procès-verbal du 8 août 2013 de la réunion... à huis clos du 11 juillet 2013, Monsieur Gaston Utato FLOSSE lui-même et au contraire, confirme que d'autres éléments n'auront pas été portés à ma connaissance, viciant la tenue de ma comparution devant la commission.

Pour terminer j'ajouterai que par décisions *Hoffer* n° 99-368 et 08-371 par exemple, le tribunal administratif de séant avait déjà eu à connaître d'agissements similaires, lui ayant toutefois donné gain de cause nonobstant des défenses invariablement basées sur le même modèle que celles du 15/10/13.

Par ces motifs, faire droit à la requête initiale ainsi qu'à mes conclusions du 6 septembre 2013 et les présentes en réplique, tout en prenant acte de mon mandat d'assistance à l'égard de Monsieur René HOFFER pour les écritures et pour me représenter à l'audience, et :

- Au regard de l'article 197 de la loi organique 2004-192, rejeter les écritures de l'entité politique « la Polynésie française » présentées par Monsieur Gaston Utato FLOSSE qui n'était pas le président de la commission de discipline des taxis ni le ministre des transports le 15 octobre 2013,
- Constater que dans le dossier connexe devant la CADA « la Polynésie française » n'est pas intervenue à la place de l'auteur du refus opposé à mon recours gracieux,
- Constater que si par les articles 18 et 28 « la Polynésie française » représentée par Monsieur Gaston Utato FLOSSE aura donné tel(s) pouvoir(s) à tel ministre, « la Polynésie française » à l'origine de cette attribution de compétence ne saurait la reprendre ou la retirer ; qu'en procédant de la sorte de par son mémoire en défense elle auto-caractérise son détournement de pouvoir(s).

- Faire droit et comme déjà soulevé devant la commission, à l'exception d'illégalité de la délibération n° 2008-5 en ce qu'une « loi du pays » ne peut qu'intervenir en l'espèce vu les atteintes portées à ma liberté d'exercer une profession librement choisie de laquelle j'en respecte les règles,
- Retirer, s'il par extraordinaire il n'était écarté, du mémoire en défense les mots « récidive » ainsi que la locution « *Etant précisé que la commission de discipline des taxis a pourtant déjà prononcé un avertissement à l'encontre de Monsieur CHISAKA le 16 juillet 2012, pour une infraction du même type (P.J. n° 3))* »
- Ecarter le rapport du 8 juin 2013 comme pouvant m'être opposé en défense en ce qu'il repose sur un contrôle par un agent assermenté ayant opéré en dehors de ses limites d'attribution,
- Ecarter le procès-verbal n° 160/MET/DTT/cdtx pour les motifs sus-énoncés,
- Statuer au regard du pouvoir inquisitoire de la juridiction administrative sur l'entier dossier depuis le 8 juin 2013, au besoin par complément d'enquête auprès du ministère des transports, BP 2551, 98713 Papeete, bâtiment administratif A2, 5ème étage, rue du Commandant Destremeau tél 468019,
- Et rendre la décision sur le siège motif pris que de l'issue du présent jugement dépendra l'introduction ou non de mon recours contre l'arrêt n° 6719/MET dont le délai de recours expirera quelques jours après l'audience du 26 novembre 2013 : le 5 décembre 2013.

Et ce sera justice

Monsieur Yoshiaki CHISAKA
Avec l'assistance de Monsieur René HOFFER

Production :
06 : Etat civl de Mr Gaston Utato FLOSSE, jugt n° 07-2623 du 15/01/2013, page 2 sur 158.
07 : Ecritures du 11 juillet 2013 devant la *commission de discipline des taxis*.

3°) L'OFFICE DES POSTES ET DES TELECOMMUNICATIONS "OPT", agissant par son directeur général Monsieur Benjamin TEIHOTU, dont le

siège social est sis Rue LAGARDE – BP 1415 – 98713 Papeete – TAHITI (Polynésie française),

Représenté par **Maître James LAU** et **Maître Jean-Paul PASTOREL**, avocats au barreau de PAPEETE ;

d'une part ;

ET :

1°) Gaston Utato FLOSSE,
né le 24 juin 1931,
à RIKITEA (Polynésie française),
fils de Gaston et de Claire Scolastique
Marthe MAMATUI,

de nationalité française,
demeurant PK 2 Résidence VETEA – 98716 Pirae – BP 2551 – 98713 Papeete – TAHITI (Polynésie française),
Profession : sénateur,
Marié,
Déjà condamné,
Libre, *(MD : 09.11.2009 – ML : 25.11.2009 – CJ : 25.11.2009 au 02.12.2009 – MD : 02.12.2009 – ML : 23.12.2009 – CJ : 23.12.2009),*
Comparant et assisté de **Maître Jean-Yves LE BORGNE**, avocat au barreau de Paris et de **Maître François QUINQUIS**, avocat au barreau de Papeete ;

prévenu de :
- Trafic d'influence passif : sollicitation ou acceptation d'avantage par un élu public pour abuser de son influence auprès d'une autorité ou administration publique (natinf : 11712),
- Corruption active : proposition ou fourniture d'avantage à un élu public (natinf : 11715),
- Complicité de destruction de document ou objet concernant un crime ou un délit pour faire obstacle à la manifestation de la vérité (natinf : 12378c),

2

Monsieur CHISAKA Yohsiaki
Lot TEPAPA n°1
Mission
PAPEETE
wind@mail.pf
Tél: 72 80 30

Tahiti, le 11 juillet 2013.

Monsieur le président de la commission de discipline des taxis
BP 2551
98713 - PAPEETE
secretariat@equipement.min.gov.pf

Monsieur le président de la commission de discipline des taxis,

N'ayant obtenu les pièces réclamées dès le 3 juillet 2013 par écrit et dans les locaux du STT, je ne peux donc ici présenter utilement ma défense.

Aussi je sollicite un renvoi du dossier à une date ultérieure.

En effet, en cas de refus implicite, la cada ne pourra être saisie qu'après un délai d'un mois et le tribunal administratif le cas échéant après un délai de deux mois.

Veuillez agréer, Monsieur le président de la commission de discipline des taxis, mes salutations distinguées.

Monsieur CHISAKA Yoshiaki
Avec l'assistance de Monsieur René HOFFER

REPUBLIQUE FRANCAISE

Papeete, le 22/11/2013

**TRIBUNAL ADMINISTRATIF
DE LA POLYNÉSIE FRANÇAISE**
Avenue Pouvanaa a Oopa
BP 4522
98713 PAPEETE - TAHITI
Téléphone : (689) 50.90.25
Télécopie : (689) 45.17.24

1300480-1

Monsieur René HOFFER

Greffe ouvert du lundi au vendredi de
7H30-12H / 12H45-16H* (vendredi à 14 H*)
@ : tadelapolynesiefrancaise@mail.pf

BP 13722
BP 98722 Punaauia

<u>Dossier n°</u> : 1300480-1
(à rappeler dans toutes correspondances)
Monsieur Yoshiaki CHISAKA c/ POLYNÉSIE
FRANÇAISE

LETTRE DU GREFFIER

Monsieur,

En application des articles R. 431-1, R. 431-2 et 431-3, j'ai l'honneur de vous informer que n'étant ni avocat, ni avocat au Conseil d'Etat, vous ne pouvez être le mandataire de M. CHISAKA dans le litige porté devant le tribunal administratif de la Polynésie française sous le n° 1300480.

Je vous prie de bien vouloir recevoir, Monsieur, l'assurance de ma considération distinguée.

Le Greffier en Chef,
ou par délégation le Greffier,

Denise RIVETA

Accéder au site web de votre juridiction

1300480 - Monsieur CHISAKA Yoshiaki / POLYNÉSIE FRANÇAISE
- Affectation : 1ère Chambre

Inscrit au rôle d'une audience

Requérants et défendeurs
Qualité Nom   Mandataire
Requérant   Monsieur CHISAKA Yoshiaki
Défendeur   POLYNÉSIE FRANÇAISE

Le signe   indique les sous-événements
Date   Mesure Acteur Qualité Délai
02/09/2013   Requête nouvelle   Monsieur CHISAKA Yoshiaki   Requérant
03/09/2013   Accusé de réception de la requête   Monsieur CHISAKA Yoshiaki   Requérant
03/09/2013   Communication de la requête   POLYNÉSIE FRANÇAISE   Défendeur   30 j
09/09/2013   Réception de pièces complémentaires Monsieur CHISAKA Yoshiaki   Requérant
15/10/2013   Réception d'un mémoire en défense   POLYNÉSIE FRANÇAISE   Défendeur
15/10/2013   Communication d'un mémoire en défense   Monsieur CHISAKA Yoshiaki
Requérant
16/10/2013   Avis de renvoi à une audience ultérieure
16/10/2013   Avis de renvoi à une audience ultérieure   Monsieur CHISAKA Yoshiaki
Requérant
16/10/2013   Avis de renvoi à une audience ultérieure   POLYNÉSIE FRANÇAISE
Défendeur
28/10/2013   Mise au rôle
28/10/2013   Avis d'audience
28/10/2013   Avis d'audience Monsieur CHISAKA Yoshiaki   Requérant
28/10/2013   Avis d'audience POLYNÉSIE FRANÇAISE   Défendeur
04/11/2013   Avis d'audience
04/11/2013   Avis d'audience Monsieur CHISAKA Yoshiaki   Requérant
04/11/2013   Avis d'audience POLYNÉSIE FRANÇAISE   Défendeur
22/11/2013   Réception d'une lettre Monsieur CHISAKA Yoshiaki   Requérant
22/11/2013   Réception d'un mémoire   Monsieur CHISAKA Yoshiaki   Requérant
22/11/2013   Information réception mémoire ou pièce (affaire enrôlé)
22/11/2013   Mise en ligne du sens des conclusions
22/11/2013   Modification et mise enligne du sens des conclusions du rapporteur public

22/11/2013   Mise au rôle

1ère Chambre
ROLE COMPLEMENTAIRE DE L'AUDIENCE PUBLIQUE DU : 10/12/2013

tenue sous la présidence de Monsieur le Président TALLEC, assisté(e)
de Madame LUBRANO et Monsieur REYMOND-KELLAL, Conseillers
En présence de Monsieur MUM, Rapporteur public
Madame GERMAIN, Greffier

09 Heures 00

37)	DOSSIER N° 13422	
		RAPPORTEUR : Madame Marie-Christine LUBRANO

Titre de l'affaire : M. PARZY demande que le tribunal annule la décision n° 2056/VP/DSCP du 27 mai 2013 par laquelle la direction des impôts lui a accordé partiellement le remboursement d'un crédit de TVA au titre de l'acompte 2012.

	Nom des parties	Représentants des parties
Demandeur	Monsieur PARZY Gilles	Maître AUREILLE Raoul
Défendeur	POLYNÉSIE FRANÇAISE	Le Président

38)	DOSSIER N° 13480	
		RAPPORTEUR : Madame Marie-Christine LUBRANO

Titre de l'affaire : M. CHISAKA demande que le tribunal annule la décision n° 508/MET/DTT du 16 août 2013 par laquelle le ministre de l'équipement, de l'urbanisme, des énergies et des transports terrestres et maritimes s'oppose à la demande d'arrêt de poursuites par la commission de discipline des taxis à son encontre.

	Nom des parties	Représentants des parties
Demandeur	Monsieur CHISAKA Yoshiaki	Monsieur CHISAKA Yoshiaki
Défendeur	POLYNÉSIE FRANÇAISE	Le Président

L'audience aura lieu à l'adresse suivante : Avenue Pouvana'a a Oopa

Arrêté le 22/11/2013
Le président du tribunal, J-Y TALLEC

Monsieur CHISAKA Yoshiaki   Tahiti, le 5 décembre 2013.
Lot TEPAPA n°1 Mission
BP 62323 - 98713 - PAPEETE
wind@mail.pf Tél: 72 80 30

            Tribunal administratif de la Polynésie française
            Statuant au contentieux
            PAPEETE

Conclusions suite au retrait du rôle et au rejet du mandat.

Affaire n° 13-480
Audience du 10 décembre 2013

Suite au retrait du rôle et au rejet par le greffier en chef du mandat de représentation, j'informe la juridiction que je fais miennes les écritures où apparaîtraient le nom de Monsieur René HOFFER ; et les maintiens.

S'agissant de l'application des articles R. 431-1, R. 431-2 etT3431-3 en l'espèce, je conteste ici la lettre du greffier du 22 novembre 2011 adressée à Monsieur René HOFFER en ce que l'article R.431-2 prévoit notamment : « *Les requêtes et les mémoires doivent, à peine d'irrecevabilité, être présentés soit par un avocat, soit par un avocat au Conseil d'Etat et à la Cour de cassation, lorsque les conclusions de la demande tendent au paiement d'une somme d'argent, à la décharge ou à la réduction de sommes dont le paiement est réclamé au requérant ou à la solution d'un litige né d'un contrat.* »

Au motif d'une part que devant le tribunal administratif « de la Polynésie française », le ministère d'avocat n'est pas requis pour déposer requête et mémoires et d'autre part, au vu de l'article R. 431-3 en ce que les dispositions du 1er alinéa de l'article R.431-2 ne sont pas applicables aux « *5° Aux litiges dans lesquels le défendeur est une collectivité territoriale* ».

A contrario, le greffier en chef n'a pas statué sur l'intervention contestée de « la Polynésie française », contestation qui était développée sitôt le mandat donné à Monsieur René HOFFER exposé : « Mais dès à présent, les brèves observations de « la Polynésie française » en appellent de plus longues : 1) A commencer par le rejet de l'intervention de l'entité politique « la Polynésie française » (« Représentée par son Président, Monsieur Gaston FLOSSE »), (...) mon recours le 28 août 2013 exposait que « j'avais saisi le président de la commission de discipline des taxis d'un recours gracieux » (...) qui a délibéré d'une part ; tout en rendant un avis d'autre part (...) impliquant de facto l'arrêt de poursuites. Et c'est donc tout naturellement que ce président Bruno MARTY m'aura personnellement répondu, signant même son écrit et endossant à la première personne du singulier ses actes : « Je ne peux que vous confirmer (...) Je ne manquerai pas de vous (...) ». Il convient ici, au vu de l'intervention de « la Polynésie française » d'ajouter un élément de droit complémentaire relatif à la portée du refus opposé, c'est-à-dire ajouter l'abus, à l'excès de pouvoir ministériel, mais également de reconsidérer la portée de la lettre n° 502 du ministre, de son affirmation, si d'aventure sa décision relevait de la seule compétence de « la Polynésie française » - voire relevant d'une compétence partagée – dont le représentant auto-représenté Gaston Utato FLOSSE n'est cependant pas le président... de ladite commission de discipline des taxis contrairement au ministre d'alors, Bruno MARTY. »

Par ces motifs, avant dire droit, écarter l'élément nouveau contenu dans le refus opposé par le greffier en chef au vu de l'article R. 431-3, 5° d'une part et d'autre part pour n'avoir pas non plus rejeté un autre tiers intervenant sous sa triple casquette sénatoriale, ministérielle et présidentielle. Et donc rejeter de plus fort l'intervention de l'entité politique « la Polynésie française » au profit de son ministre, dans le présent dossier. A défaut renvoyer la question au conseil d'Etat à l'instar de la décision sur les pouvoirs en propre de telle entité en Nouvelle-Calédonie française (Harold MARTIN) dans le dossier Stéphanie BOITEUX : « *Le rapporteur public a tout simplement rappelé que les membres du gouvernement calédoniens ne sont pas des ministres. Contrairement à leurs homologues nationaux, la loi organique ne leur donne pas autorité sur la direction et les services qu'ils animent (...)* » (http://nouvellecaledonie.la1ere.fr/2013/08/29/tribunal-administratif-vers-un-rebondissement-dans-l-affaire-boiteux-59947.html)

Et ce sera justice

Le président de « *la Polynésie française* », des françaises et des français
René, Georges, HOFFER
BP 13722
98717 - PUNAAUIA

Tribunal administratif colonial de « la Polynésie française »
Statuant au contentieux
PAPEETE

**Intervention volontaire suite au rejet de mon mandat d'assistance
à l'appui des prétentions du demandeur
et récusation du fonctionnaire Jean-Yves TALLEC.**

Affaire n° 13-480, audience du 10 décembre 2013

Vu la lettre 22 novembre 2013 du greffier en chef refusant le mandat de représentation, celle-ci est ici contesté au motif d'une part que devant le tribunal administratif « *de la Polynésie française* », le ministère d'avocat n'est pas requis pour déposer requête et mémoires et d'autre part, au vu de l'article R. 431-3 en ce que les dispositions du 1er alinéa de l'article R.431-2 ne sont pas applicables aux « *5° Aux litiges dans lesquels le défendeur est une collectivité territoriale* ».

En effet, en ne statuant pas sur la partie « assistance » mentionnée dans le mandat en ces termes : « *Monsieur René HOFFER m'ayant assisté depuis le début des poursuites (…) je demande à ce qu'il puisse également m'assister en me représentant devant le tribunal administratif qui est le prolongement de la procédure initiale* », dans le doute que je ne pourrais pas même l'assister, je présente ici mon intervention volontaire pour pallier toute mise à l'écart préjudiciable au dossier.

Mais encore, le greffier en chef n'a pas statué sur l'intervention contestée de « *la Polynésie française* » et développée dans les conclusions du 21 novembre 2013 du demandeur, laissant présager une nouvelle décision comme celle n° 13-369 rendue le 26 novembre 2013 où ont été salmigondés vice-président et président pour l'entité politique « *la Polynésie française* ». (*Voir ce passage dans ma lettre ouverte ci-jointe*)

En droit.
Le demandeur avait demandé le rejet de l'intervention de l'entité politique « *la Polynésie française* » par tel président, au profit de son ministre, dans le présent dossier.

Dans la décision n° 13-369 du 26 novembre 2013 (René Hoffer c/Brigitte Girardin), ce même sujet avait été soulevé mais en pire puisqu'était intervenu préalablement un « vice-président ».

Nonobstant, après un bidouillage que j'ai développé dans la lettre ouverte ci-joint, M. Jean-Yves TALLEC, de conserve avec Dame Marie-Christine LUBRANO auront ignoré ce motif, statuant « en politique » ou en droit maçon-nique mais ignorant mes arguments. Mon intervention sera recevable de plus fort.

Récusation du fonctionnaire français expatrié Jean-Yves TALLEC.
Vu ce qui précède la récusation est acquise au motif de l'impartialité et l'illégalité prouvées dans l'affaire n° 13-369 notamment mais aussi en ce qu'il n'aura pas ordonné au greffier en chef, à l'instar du rejet de mon mandat, à ce que l'intervention contestée dans le dossier, de « *la Polynésie française* » soit écartée.

Elément nouveau.
S'agissant d'une loi orga-nique qu'il ne manquera pas de prendre comme base pour rendre sa décision si la récusation ne prospérait, il conviendra alors de transmettre une question au conseil d'Etat à l'instar de la décision sur les pouvoirs en propre de telle entité en Nouvelle-Calédonie française (Harold MARTIN) dans le dossier Stéphanie BOITEUX : « *Le rapporteur public a tout simplement rappelé que les membres du gouvernement calédoniens ne sont pas des ministres. Contrairement à leurs homologues nationaux, la loi organique ne leur donne pas autorité sur la direction et les services qu'ils animent (…)* »

Autrement dit, si une loi orga-nique outre-merdique, c'est-à-dire touchant l'outremer des Nouvelle-Calédonie et/ou Polynésie, français, est obscure, il convient, pour le tribunal administratif indigène, de poser telle question au conseil d'Etat, pour avis, avant de statuer.

En l'espèce – et ne pouvant avant le délai d'un an avoir accès à l'avis du conseil d'Etat et donc ne pouvant que présager de sa réponse -, et dans le doute donc, il convient de poser la question préjudicielle dans le présent dossier suivante :

« *Vu l'avis du conseil d'Etat rendu il y a quelques jours suite à l'exposé du rapporteur public du tribunal administratif de la Nouvelle-Calédonie française dans le dossier Stéphanie BOITEUX c/ Harold MARTIN où était soulevé l'illégalité des membres de tel gouvernement outremerdeux ne pouvant être des ministres contrairement aux ministres nationaux, cet avis est-il transposable ou non pour l'entité politique outremerdeuse « la Polynésie française » ? Et, en cas de non transposabilité, a contrario, un ministre de « la Polynésie française » a-t-il les pouvoirs d'un ministre national (sic) ? Et si oui, un ministre national pouvant donc cumuler sa fonction avec celle de président, le président, sénateur, ministre Gaston Utato FLOSSE peut-il à ce moment-là intervenir en lieu et place dans le présent dossier, d'un ministre, certes alcoolique et délinquant judiciaire, ayant toutefois et le cas échéant, les pouvoirs d'un ministre national ?* »

Vu la technicité de l'objet de la question et l'ignorance du contenu de l'avis que je ne pourrai connaître avant un an au plus tôt, la question ci-dessus pourra être révisée et perfectionnée ultérieurement.

De l'intérêt à agir et du préjudice.
Comme développé dans ma lettre ouverte, n'ayant pas été saisi d'une contestation de ma qualité dans les délais prescrits et ne figurant pas au nombre des personnes habilités à saisir le juge de l'élection, ma qualité de président de « *la Polynésie française* » suffira pour valider mon intérêt à agir, les dizaines de décisions « à la » 13-369 tombant sous le coup de l'évidence.

Mais encore, ayant assisté activement depuis le début de la procédure le demandeur tel que prévu par les textes indigènes, l'intervention sera recevable de ce fait également.

Tout comme mon autre intérêt à agir non seulement comme assistant mais aussi en tant que membre de la profession des transporteurs terrestres – rétabli dans mon bon droit par arrêté n° 1620PR du 28/06/2001 suite à mon gain de cause dans l'affaire n° 99-368 devant le tribunal administratif d'à l'époque : « de PAPEETE ».

Par ces motifs, faire droit à la présente récusation matérialisant la recevabilité de mon intervention volontaire, à défaut statuer qu'elle est recevable expressément, avant de faire droit à la question institutionnelle à poser au membres de la juridiction administrative suprême dont le président est le Premier ministre Jean-Marc AYRAULT et faire droit à la requête du demandeur et m'octroyer la somme de 500 0001 francs et francs des colonies françaises du Pacifique.

Royaume de TAHITI et sa Couronne, le 5 décembre 2MILTreize

Avec Honneur

Le président de « *la Polynésie française* », des françaises et des français
René, Georges, HOFFER

Pièce jointe A : Longue lettre ouverte (…) du 4 décembre 2013.

Le président de « la Polynésie française », des françaises et des français
René Georges HOFFER
BP 13722
98717 - PUNAAUIA
[email]
tel 77 71 70

Longue lettre ouverte au fonctionnaire français expatrié Jean-Yves TALLEC, à la rapporteure membre du CSA indigène Marie-Christine LUBRANO et autres

Les Nouvelles de TAHITI et la Dépêche de TAHITI le 6 novembre 2013 ont relaté mes trois recours n° 13-308, 13-350 et 13-369 ainsi : « il ne demandait rien de moins que le bénéfice de l'aide territoriale, la récupération de la carte grise de son ancien taxi et pour couronner le tout, l'annulation de la nomination de Brigitte Girardin comme représentante spéciale de la Polynésie française ». Le rapporteur public n'a pas eu de mal à balayer les trois demandes (...) Nouvelle lubie du trublion de service : il estime aujourd'hui que la réinscription de la Polynésie à l'ONU a fait revenir le pays au temps des Etablissements Français d'Océanie. Une démonstration pseudo-juridique qui a laissé parfois le tribunal (...) »

C'était journalistiquement distrayant, quasi-gai pour rester dans la veine immuable du dénigrement systématique ambiant, bref ça faisait l'affaire d'un des « canards », ma photo tout sourire et le chapeau « Justice spectacle » en prime.

Puis j'ai reçu ce 29 novembre 2013 les trois décisions.

Affaire n° 13-308.
J'avais écrit qu'après avoir obtenu gain de cause auprès du bureau de l'action interministérielle et des politiques contractuelles quant à la validité dans le temps de mon acte de naissance, une nouvelle demande de production de document m'était adressée mais qui ne fait pas partie de l'énumération des pièces à fournir.

Après le b(l)abla de circonstance et notamment l'introduction « à la » feu-Poupet/Cau/Lepiat (« la requête doit être regardée comme mettant en cause la décision prise par l'administration de soumettre l'octroi de cette aide à la production de documents relatifs à l'hébergement de l'intéressé »/alors que ces documents requis avaient été produits !!!) voici ton blanc seing qu'il convient de porter à la connaissance des futurs candidats à la continuité « territoriale » (sic), notamment aux français privés du droit au RSA : « (...) l'administration s'est bornée à demander à M. Hoffer des justificatifs complémentaires (...) la liste des documents sollicités ne saurait résulter d'un texte mais d'une appréciation de chaque situation, au cas par cas par l'administration », prenant soin de démentir ton assertion par un « sous le contrôle du juge de l'excès de pouvoir »... c'est-à-dire du juge et partie comme tu viens de le démontrer en ces termes : « au cas d'espèce, l'administration n'a pas excédé ses pouvoirs en conditionnant l'octroi de l'aide à la continuité territoriale à la production de ces documents »... le défendeur ayant pris soin dans son mémoire n° HC/1198/DRCL/PJE de montrer patte blanche : « M. HOFFER pourra toujours prétendre à l'aide à la continuité territoriale après avoir effectué son voyage en nous produisant les pièces précitées accompagnées de ses cartes d'accès à bord, la facture originale et un RIB avec IBAN »...

D'où mon information du public : tout et son contraire est possible, encore faut-il saisir l'administratif tribunal indigène car la décision n° 13-308 étant intervenue... après mon voyage programmé plus tôt en novembre... j'en ai effectué un en octobre... qui assurément contreviendra « au texte » cartes duquel n'en sauraient en découler les obligations puisqu'elles sont appréciées au cas/cas.

A suivre donc cette nouvelle chicane qui aura déjà eu le mérite de faire mentir l'article des Nouvelles de TAHITI : « il ne demandait rien de moins que le bénéfice de l'aide territoriale ». Eh oui : rien de plus non plus !

Affaire n° 13-350.
Après le re-blabla de circonstance et à nouveau l'intro « à la » feu-Poupet/Cau/Leplat en plus désopilant cette fois-ci (« *s'agissant d'une administration relevant de la Polynésie française et de ses établissements publics, le délai au terme duquel l'absence de réponse à la demande d'un administré équivaut à un refus est de quatre mois ; que c'est donc à tort que M. Hoffer demande au tribunal d'écarter la décision explicite en date 9 août 2013, intervenue dans le dit délai, par laquelle le service des transports terrestres a rejeté explicitement sa demande, et qui doit être regardée comme la décision attaquée »...*

Tout d'abord je distingue deux choses : « *la Polynésie française* » et « *ses établissements publics* ». Il y a donc des établissements publics de « *la Polynésie française* » qui ont des administrations ? Bizarre...

Puis ce refus qui doit respecter quatre mois alors qu'il est de notoriété publique qu'il est de deux mois !?

N'aurais-tu pas confondu – ou plutôt appliqué le vrai droit en l'espèce c'est-à-dire, estimer enfin que tu statues en « pays » tiers certes franco-colonialo- français mais où « *Quatre mois de silence de l'administration sont synonymes de rejet d'une demande de titre de séjour* » puisque depuis l'entrée « *en vigueur de la loi du 12 avril 2000 (JO du 13 avril 2000), un silence de 2 mois de l'administration à la suite d'une demande équivaut à une « décision implicite de rejet » ou à un refus dit « implicite ». Cette loi relative « aux droits des citoyens dans leurs relations avec les administrations » dispose, en effet, [article 21] que « le silence gardé pendant plus de deux mois par l'autorité administrative sur une demande vaut décision de rejet ». Elle précise par ailleurs que, « lorsque la complexité ou l'urgence de la procédure le justifie, des décrets en Conseil d'État prévoient un délai différent ». Cette règle générale reste inchangée.*

Le cas particulier des titres de séjour

En ce qui concerne les titres de séjour, en revanche, le décret n° 2002-814 du 3 mai 2002, paru au JO du 5 mai 2002 (p. 8742 et suiv.), prévoit (article 8) une dérogation à cette règle. « Le silence gardé pendant plus de quatre mois sur les demandes de titre de séjour présentées en application du (...) décret [du 30 juin 1946, lequel réglemente la délivrance des cartes de séjour] vaut décision de rejet ». Ce texte précise également que les dispositions du décret du 3 mai 2002 « sont applicables aux demandes déposées après sa date de publication au Journal officiel ». »...

Si tel est le cas, Les Nouvelles de TAHITI auront encore essayé d'induire leurs lecteurs en ignorance : « *Nouvelle lubie du trublion de service : il estime aujourd'hui que la réinscription de la Polynésie à l'ONU a fait revenir le pays au temps des Etablissements Français d'Océanie. Une démonstration pseudo juridique qui a laissé pantois le tribunal (...) »*, étant précisé bien évidemment que la réactivation des EFO le 17 mai 2013 simplifiait ma « *démonstration pseudo juridique* »...

D'où mon information du public et des futurs rejetés impliciteux : le délai de quatre mois pour les titres de séjour, pour un français né sur le territoire national et saisissant le tribunal administratif insulaire est donc de quatre mois.

Car plus loin dans la décision c'est encore précisé : « *courrier du 21 mai (...) absence de réponse à la date du 29 juillet 2013, et se croyant titulaire d'un rejet implicite, M. Hoffer a saisi le tribunal (...) »...* pour mieux arriver à ses fins : « *qu'une réponse explicite, rejetant la demande (...) lui est parvenue l 16 août 2013 (...) qui doit être regardée comme la décision attaquée* » !!! Et d'une !

Et de deux : eh oui, c'est un peu plus compliqué que çà : « *l'administration justifie l'absence d'annulation (...) certificat qui en tout état de cause, ne pourrait qu'être abrogé, par l'impossibilité de procéder à cette annulation »....* CQFD !

Et voilà que *Les Nouvelles de TAHITI* se sont encore plantées d'à-peu-préisme en écrivant que je demandais « *la récupération de la carte grise* »...

Comme dirait Bourvil sur un air d'eau sulférigineuse : *Annulation, non ! Abrogation, oui !*

Affaire n° 13-369.
Là c'est « *lourd et très grave* » comme dirait le sous-ministre (Victorin LUREL) du ministre de l'outremer (Manuel VALLS) puisque s'agissant du gouvernement de mafieux dénoncés par le douanier Oscar Manutahi TEMARU il y a quelques jours.

En effet, statuant en droit politique, tu vises « *le mémoire en défense, enregistré le 11 septembre 2013* » comme présenté « *par la Polynésie française, représentée par son président en exercice (…) et qui demande au tribunal (…) de prononcer la suppression de quatre passages injurieux, diffamatoires et outrageants, qui sont sans rapport avec le présent litige* ».

Les voici (« *Les écritures adressées par Mr HOFFER à la juridiction administrative de la Polynésie française sont déplaisantes dans la forme et incohérentes dans le fond* » (Note : il aurait dû écrire « en » (« Polynésie française » puisque « la Polynésie française » n'a pas de juridiction paysable…):

- L'entête « *Tribunal administratif colonial de la Polynésie française, Etablissements français de l'Océanie* », (René : noter que les guillemets à « la Polynésie française » ont été occultés…)
- La définition de la partie adverse ne doit pas mentionner « *Le président de la Polynésie française, des françaises et des français* ». (René : re-noter que les guillemets à « la Polynésie française » ont été encore occultés…)
- A la première page de la requête, le paragraphe commençant par « *En clair* » (le voici en entier : « En clair: le premier arrêté n° 504PR a déjà été auto-retrait par le minister präsident "à l'allemande", Gaston FLOSSE, incarnant par là-même deux des quatre institutions (article 5: "Les institutions de la Polynésie française comprennent le président, le gouvernement (...)"), pour cause d'abus, excès et détournement de pouvoir évidents et notamment sous son habillage international trop voyant et trop spécifique mais aussi trop générique: "à Paris", ce retrait de représentation spéciale de "la Polynésie française" violait également la représentation de ladite "la Polynésie française" par ce même Gaston FLOSSE sous son faux-nez de "Le Président (sic) de la Polynésie française" prévu par l'article 64 colonial : "Le président de la Polynésie française représente la Polynésie française" - et donc il ne saurait abandonner ses prérogatives -, mais encore, empiétait sur l'article 4 statutaire: "La Polynésie française est représentée au Parlement et au conseil économique, social et environnemental dans les conditions définies par les lois organiques", c'est à dire que "la Polynésie française", au Parlement et au CESE ne pouvait se voir représentée par la représentante spéciale GIRARDIN. CQFD. »), et notamment, les passages suivants : « *minister präsident à l'allemande, Gaston FLOSSE* » ; « *Gaston FLOSSE sous son faux-nez de Le Président de la Polynésie française* ».
- A la troisième page de la requête, l'intégralité du paragraphe intitulé « *De l'intérêt à agir et du préjudice* » en ce qu'il comporte des propos diffamatoires et injurieux, et des références malvenues au « *Conseil d'Etat statuant en formation coloniale et plus que probablement maçonnique* », à « *la corruption active et passive* »… (René : à nouveau voici l'original : « De l'intérêt à agir et du préjudice. Outre l'autoproclamation du 25 octobre 2004 comme président de "la Polynésie française" telle qu'il est ressorti de l'instruction du conseil d'Etat (Conclusions de feu-le commissaire du Gouvernment Francis DONNAT du 1er décembre 2004, CE268515, 10 décembre 2004) et au vu des pages 92 à 98 du jugement correctionnel n° 07-2623 du 15 janvier 2013 quant à la corruption active et passive établie, avant la décision en appel et le pourvoi en cassation le cas échéant - et donc la présomption d'innocence en droit -, relative à la fausse-flosse élection du 22 octobre 2004 entérinée par le conseil d'Etat statuant en formation coloniale et plus que probablement maçon-nique, le soussigné a intérêt à agir en ce que la dame GIRARDIN qui opérait avant ces arrêtés de façon gracieuse - certes pas gratuite puisque promenée, nourrie, montrée, photographiée, voire entretenue dans son quotidien lors notamment d'excusions payzoutremerdiques, pouvant laisser croire à une nomination à un poste colonial gracieux, la précision de sa valeur - certes déjà reconnue en francs CFA au TOGO dans "l'affaire Dupuydauby" -, en matière monétaire locale (francs et francs CFP) ponctionne cependant le budget autonome de la colonie et donc le soussigné a également intérêt à agir de ce fait.»

Et l'agent Bruno LONJON de sortir *l'artillerie lourde* : « *Article L741-2* » du CJA, « *41 de la loi du 29 juillet 1881 (…) texte fondateur de la liberté d'expression et inspirée par l'article 11* » de la DDHC de1789… !

Tout çà pour çà : « *(…) qu'au terme de l'article L. 741-2 du code de justice administrative (…) 4. Considérant que les écrits de M. Hoffer incriminés par la Polynésie française ne présentent pas un caractère diffamatoire ou injurieux au sens des dispositions précitées ; que dès lors, il n'y a pas lieu d'ordonner leur suppression* »…

Mais ce n'est pas tout : mise à part la mauvaise foi où les guillemets sont mafieusement occultés tout comme le « *(sic)* », etc…, voilà ce qu'écrit www.tahititoday.com ce 2 décembre 2013 soit sitôt la connaissance de l'affaire 13-369 connue: « *Bruno Lonjon directeur des ressources humaines de la fonction publique vient de sauter dans le train des " remerciés".* ».

Voici son arrêté de disgrâce : Arrêté n° 1611 CM du 2 décembre 2013 portant fin de fonction de M. Bruno Lonjon en qualité de directeur général des ressources humaines.

Ci-après ma participation :
> « *La communication du 11/09/2013 d'un mémoire en défense mentionne que l'arrêté n° 518PR et donc signé « Gaston FLOSSE » aura été enregistrée sous « Monsieur René HOFFER c/ POLYNESIE FRANCAISE* ». *(*Tahiti Pacifique Magazine n° 266, p. 23 : L'entité politique « Polynésie française », Simone GRAND.)*
> *Or le mémoire est d'une vice-présidence, ministère de l'économie, des finances et du budget, etc…*
> *De cette seule constatation, sauf à se prévaloir d'une intervention volontaire ou d'être appelée en cause, ces écritures ne seront pas prises en considération par le tribunal de par leur signataire, Bruno LONJON, qui n'est pas Gaston FLOSSE, et de par l'entité vice-présidence, qui n'est pas la présidence.*
> *Le mémoire, nul et non avenue vu son auteur, sera donc bâtonné, déclaré inexistant, retiré du dossier.*
> *En effet, un simple coup d'œil sur la page 6438 du JOPF du 18/07/ 2013 (arrêté 518PR attaqué) permettra à quiconque de constater que fort a propos, en dessous de cet arrêté, commence une nouvelle rubrique intitulée « VICE-PRESIDENCE » avec ici un arrêté également mais dont le suffixe n'est pas « PR » mais « VP/DGRH »… comme la référence du mémoire en défense.*
> *Sans qu'il ne soit besoin de discuter pour ne pas donner corps à la bafouille émanant et signée du « vice-président et par délégation », l'absence de majuscules à « vice » et « président » démontre si besoin était que celui qui se prévaut de ce titre n'est pas une institution au vu de la loi coloniale n° 2004-192 du 27/02/2004.*
> *C'est l'article 5 qui le précise : « Les institutions de la Polynésie française comprennent le président, le gouvernement, l'assemblée et le conseil économique, social et culturel. »*
> *D'une part l'absence de mention d'un quelconque vice-président au mieux le placerait entre le président et le gouvernement, c'est-à-dire tant un ersatz de président qu'un ersatz de Premier ministre, ce dernier tout aussi inexistant hors du territoire national de la république française, à TAHITI.*
> *D'autre part, ce n'est pas le gouvernement qui est nommé défendeur par le greffe mais « Polynésie française », à l'évidence et par déduction, les institutions de celle-ci, a foritori pour un arrêté PR Gaston Flosse, ad lib…*
> *Enfin, il appartient aux seules institutions de la « Polynésie française » d'intervenir dans le présent dossier : CESC, gouvernement, assemblée, président, interchangeables au besoin ? Pas tel vice-président.*
> *Par ces motifs, le président Jean-Yves TALLEC pouvant au besoin soulever ce moyen d'ordre public pour respecter le contradictoire, à défaut, donner acte au soussigné que les écritures d'une autorité incompétente ne seront pas prises en considération dans le présent dossier au regard du « rôle primordial du tribunal administratif dans l'équilibre institutionnel. »*

Cà c'était pour « amuser la galerie ». Car il y a bien plus « lourd et très grave » outre la *mafia* qui par ailleurs n'existerait pas « en France » d'après un récent article…

Du lourd (1) et du très grave (2).

1) Tu écris dans l'affaire n° 13-369 : « *le mémoire en défense, enregistré le 11 septembre 2013* » comme présenté « *par la Polynésie française, représentée par son président en exercice (…)* » et persistes plus loin : « *Vu le mémoire, enregistré le 24 septembre 2013, présenté par la Polynésie française, représentée par son président en exercice, <u>qui conclut aux mêmes fins que ses précédentes écritures par les mêmes moyens</u> (…)* », le signataire de ce deuxième papelard étant tel adjoint « *du Gouvernement* » (sic) Philippe MACHENAUD-JACQUIER (exit Bruno LONJON ? Exit « la vice-présidence » ?)

Ce n'est pourtant pas faute d'avoir exposé dans mes écritures du 1er novembre 2013 d'entrée et sous le chapeau « *En aparté* » :

«Aucun soupçon ne doit peser sur les décisions du tribunal. Il juge en droit et n'est pas partisan de la politique locale (…) Nous jugeons en droit» (Jean-Yves Tallec, avant d'ajouter avoir acquis «*un tempérament pragmatique*» n'ayant pas qu'une vision théorique «*livresque*» des choses), me faisant réagir par ces commentaires sur le site : « *Héhé, le monsieur cravaté de rouge n'a cependant pas dit en quel droit ? Maçon-nique ? hohohohohoho* » et répondre à un internaute qui me reprenait : « *@John Snow : (…) si tu peux me prouver que cet énarque n'est pas franc-maçon, je retirerai immédiatement ma remarque basée sur ma très grande expérience en la matière* »puis à tel autre « *@Dr Maboul (…) : être franc-maçon n'a rien à voir avec une quelconque culpabilité. (ou non). Poser la question de sa soumission à cette secte devrait a minima faire l'objet d'un démenti ! Je n'en ai pas vu pour l'instant (…) je préfère prendre les devants et en être persuadé… à preuve du contraire !* », et plus tard encore à ce même pseudo: « *(…) qu'il n'a pas non plus précisé en quel droit il statue (statut) autonomique-ment de surcroît. Enfin pour quiconque manie "le(s) français" (?): "juge en droit et n'est pas partisan de la politique locale" c'est déjà avouer qu'à minima une telle situation (…) puisse même exister! Rien que çà c'est déjà à mille lieux de mon entendement!!! (…)Rien qu'une personne se présentant sous la deuxième personne du pluriel "nous jugeons en droit" lorsqu'il statue à juge unique en référé par exemple et par ordonnance c'est pas déjà le début d'un privilège supposé aboli? (…) ».*
J'ai encore complété par ce commentaire : « *"Aucun soupçon ne doit peser sur les décisions du tribunal"?*
Eh bien en voilà justement un! http://www.lesnouvelles.pf/article/lactu-en-images/edouard-fritch-recoit-jean*
-yves-tallec L'un des deux personnages (je préfère les caricatures de P'tit Louis aux photos réelles) souligne: "le rôle primordial du tribunal administratif dans l'équilibre institutionnel." et l'autres, "le doigt sur la couture" reste coi... hohoohohoho Et dire que c'est ce dernier qui s'est rendu chez l'autre hahahahaha Il est pas normal mon soupçon! (…)».
http://www.tahiti-infos.com/Tribunal-administratif-nous-jugeons-en-droit_a80799.html »

2) Ta décision « *Au nom du peuple français* » - alors même que l'article L.7 du CJA n'est pas étendu à la population locale hors du territoire national et européen de la république française exclue du droit au RSA accordé audit peuple français par exemple -, mentionne encore en page 3 : « *Considérant que la qualité imaginaire de « président de la Polynésie française », dont M. Hoffer se prévaut de manière fantaisiste et abusive, ne saurait lui donner intérêt pour demander l'annulation de l'arrêté qu'il conteste (…) du président de la Polynésie française (…)* ».

a) Eh oui, faire du recopiage n'est pas à la portée du premier venu. Car mon titre tel que je le mets en avant est : président de « *la Polynésie française* ».

b) Mais encore « *président de la Polynésie française* » existe bel et bien : voir la loi orga-nique 2004-192 en son article 69 par exemple.

c) Après avoir écrit que cette censure ne relevait pas de l'article L741-2 comme demandé par tel Bruno LONJON aun entête vice-présidentiel, tu te parjures en reprenant à ton compte sa demande – pour ne pas devoir prendre en compte ses écrits que j'avais contestés assurément en te démontrant qu'il était hors-la-loi, que la vice-présidencerie n'était qu'une arnaque insitutio-constitutionnelle de plus -, en statuant sur une demande que tu avais rejetée et qu'à l'instar des dits feu-poupet/cau/leplat tu rediscutes alors que tu n'auras été saisi que par ton acolyte Chansérey « rejetatort » MUM qui à l'audience a voulu voler à ton secours dans un ridicule *pas de deux téléphoné* que j'avais relevé :

(L'ex-commissaire des gouvernements de la cinquième république Chansérey MUM avait donc exposé – dans les bribes quelque peu comprenables parmi ses tirades (dont j'ai demandé copie par écrit mais que je n'ai pas encore reçues à ce jour) qu'il soutenait les demandes dudit Bruno LONJON MAIS qu'il en rajoutait une autre : « *la qualité imaginaire de président de la Polynésie française de M. René HOFFER* ».

Voici ce que je t'avais oralement exposé à l'audience, pourtant en *français facile* – que certes le journaliste présent dans la salle n'aura, lui non plus réussi à comprendre ou voulu comprendre ! :

« *Je suis là, non pas en tant que « président de la Polynésie française » mais je suis là en tant que président de, ouvrez les guillemets « La Polynésie française », fermez les guillemets. L'expression Etablissements français de l'Océanie dont le bâtonné a été demandé, correspond très exactement à ce qui s'est passé le 17 mai 2013, à l'ONU, c'est à dire : les Etablissements français de l'Océanie étaient inscrits à l'ONU... on n'en a plus parlé... il ne s'agit donc pas d'une réinscription, ce sont donc toujours « Etablissements de l'Océanie » à ce jour. C'est pour çà je justifie les termes que j'utilise...* »

Tu es alors intervenu pour dire : « *Mais là vous remontez sur la troisième requête, là je vous écoute pour la première* », trahissant que tu avais déjà préparé ta décision car mes deux autres requêtes étaient présentées avec mon titre également alors que tu n'y as pas vu à redire dans les n° 13-306 et 13-350... où il n'était pas question d'une politicienne (Brigitte GIRARDIN où je découvre que la juridiction l'avait : « *(...) mise en demeure adressée le 19 septembre 2013 à Mme Girardin, en application de l'article R. 612-3 (...), et l'avis de réception de cette mise en demeure (...)* », sans que je n'en avais été informé et n'ayant donc pas pu conclure sur cet incident, cette dernière à l'évidence préférant faire le mort, sachant ses intérêts « bien » défendus par ailleurs !!!

Poursuivant donc j'ai dit : « *On ne peut pas m'opposer de l'imaginaire. Qu'on me dise que le 25 octobre 2004 il ne s'est rien passé, que cette date n'a jamais existé. Si elle a existé, il suffit de prendre le journal officiel ; de voir le communiqué n° 3300 qui convoquait l'élection. Bon, toutes les décisions qui ont été citées, du conseil d'Etat, du 10 décembre 2004, je dirais simplement : le conseil d'Etat n'a jamais été saisi. Il ne peut pas s'autosaisir. Donc tout le monde –même ici -, on peut me dire « Non, non, tu n'es pas ceci ou cela », c'est pas important. Il faut que la juridiction ait été saisie, régulièrement – ce qui n'est pas le cas - ; dans un délai de 5 jours, par des personnes compétentes. Le sujet a été soulevé, encore et encore : çà fait quand même neuf ans !* »

Résultat : tel les feu-poupet/cau/leplat tu te seras autosaisi en dehors du délai légal de contestation de l'élection du 25 octobre 2004 et alors même que c'est le conseil d'Etat qui est le juge de l'élection et qui n'a jamais été SAISI d'un recours contre mon autoproclamation.

Circonstance aggravante te concernant : je t'avais informé en ces termes de la fausse-Flosse élection : « *Outre l'autoproclamation du 25 octobre 2004 comme président de "la Polynésie française" telle qu'il est ressorti de l'instruction du conseil d'Etat (Conclusions de feu-le commissaire du Gouvernment Francis DONNAT du 1er décembre 2004, CE268515, 10 décembre 2004) et au vu des pages 92 à 98 du jugement correctionnel n° 07-2623 du 15 janvier 2013 quant à la corruption active et passive établie, avant la décision en appel et le pourvoi en cassation le cas échéant - et donc la présomption d'innocence en droit -, relative à la fausse-flosse élection du 22 octobre 2004 entérinée par le conseil d'Etat statuant en formation coloniale et plus que probablement maçon-nique, le soussigné a intérêt à agir en ce que la dame GIRARDIN qui opérait avant ces arrêtés de façon gracieuse - certes pas gratuite puisque promenée, nourrie, montrée, photographiée, voire entretenue dans son quotidien lors notamment d'excusions payzoutremerdiques, pouvant laisser croire à une nomination à un poste colonial gracieux, la précision de sa valeur - certes déjà reconnue en francs CFA au TOGO dans "l'affaire Dupuydauby" -, en matière monétaire locale (francs et francs CFP) ponctionne cependant le budget autonome de la colonie et donc le soussigné a également intérêt à agir de ce fait.* ». Un jour : « *Il en sera délibéré* ».

Royaume de TAHITI et ses dépendances, le 4 décembre 2zérotreize
Avec Honneur

Le président de « *la Polynésie française* », des françaises et des français
René, Georges, HOFFER
BP 13722
98717 - PUNAAUIA

Tribunal administratif colonial de « la Polynésie française »
Statuant au contentieux
PAPEETE

Complément sur la récusation.

Affaire n° 13-480, audience du 10 décembre 2013

Sur la modalité de la récusation :
Dans les dossiers 12-039 et 12-040 il a été fait droit à la demande de récusation par ordonnances de revoir à la cour administrative d'appel à Paris (France), après dédoublement des requêtes 1200020 et 1200021 :

(---------- Message transféré ----------
*De : **Germain Dona** <dona.germain@juradm.fr>*
Date : 17 février 2012 16:53
Objet : Re: Ordonnances de renvoi n° 12-039 et 12-40 et recours n° 12-020 et 12-021
À : rollstahiti@gmail.com
Bonjour René,
En effet, le tribunal a dédoublé les requêtes 1200020 et 1200021, sans mise en demeure de le faire, pour séparer les conclusions de récusation des membres de la juridiction (qui doivent être transmises à la CAA de Paris) contrairement aux conclusions tendant à l'annulation des arrêtés attaqués (qui sont de la compétence du TA de la PF).
Les affaires n° 1200020 et 1200021 sont en instance et ne sont pas audiencées à ce jour.
Bien cordialement,
Dona Germain

----- Original Message ----- From: "René HOFFER" <rollstahiti@gmail.com>
To: <tadelapolynesiefrancaise@mail.pf>
Sent: Thursday, February 16, 2012 2:23 PM
Subject: Ordonnances de renvoi n° 12-039 et 12-40 et recours n° 12-020 et 12-021
Bonjour Dona,
J'ai bien reçu les deux ordonnances 12-039 et 12-040 de renvoi à la CAA Paris.
Est-ce normal qu'ils portent un autre numéro que 12-020 et 12-021 qui sont le numéros des affaires pendantes?
Y-a-t-il eu une audience? Ou des écritures? Ou des conclusions du rapporteur public? Et si oui pourrais-je en obtenir copie?
Merci
René)

Il en ira de même dans le présent dossier.

Autre précédent récent, certes en matière judiciaire.
Ayant émis un recours en récusation dans l'affaire « Haddad-Flosse » pour la partie Noa TETUANUI, il aura été statué sur ma demande de récusation à 08h28 avant l'ouverture de l'audience initialement prévue là 08h00 et qui s'est donc tenue après que l'ordonnance n° 329-57 ait été notifiée au président de la chambre correctionnelle et au procureur général. Cet exemple judiciaire sert ici à illustrer l'importance de la prise en compte de la récusation avant la tenue de l'audience, certes en matière pénale.

Ma plainte (n° PV 201300092822489) du 29/10/ 2013 et son complément du lendemain 30 s'y rapporte.
Du lien entre la présente récusation et celle du président de la chambre correctionnelle.
La récusation porte dans les deux cas sur ma qualité de président de « *la Polynésie française* », des françaises et des français, dénigrée et écartée par des procédés critiquables : en retirant tout bonnement mon intervention volontaire tant en première instance pénale qu'en appel pour l'un et pour l'autre, en statuant *ultra petita* dans l'affaire n° 13-369 sur de l'imaginaire et surtout sans avoir été saisi comme juge de l'élection, et comme expliqué à nouveau dans ma *longue lettre ouverte*.

Mais encore, dans les deux cas, est mis en balance le titre de « président de la Polynésie française » de Monsieur Gaston FLOSSE que les agissements ci-dessus visent à protéger alors que par ailleurs lui est dénigré son pouvoir à intervenir, ès-qualité, dans le présent dossier.

La présente récusation prospérera d'autant, au vu de la demande d'avis liée au dossier Stéphanie BOITEUX, que contrairement au rejet par le greffier en chef de mon statut d'assistant du requérant, l'intervention du ministre, président, sénateur de la Polynésie française n'a pas été rejetée préalablement à la tenue de l'audience ou du moins qu'il n'a pas été statué par le greffier en chef sur ce point, le parallélisme des formes différant.

Au vu de ces éléments complémentaires, faire droit à la demande de récusation pour la partie du dossier concernant le rejet du mandat de représentation me concernant - qui comportait un volet sur l'assistance sur lequel il n'a pas été statué--, et recevoir dès lors mon intervention volontaire déposée le 5 décembre 2013.

Royaume de TAHITI et sa Couronne, le 10 décembre 2MILTreize

Avec Honneur

        Le président de « *la Polynésie française* », des françaises et des français
        René, Georges, HOFFER

Pièces jointes :
B) Recours en récusation du 25 octobre 2013,
C) Ordonnance n° 329-57,
D) Recours en nullité contre l'ordonnance n° 329-57,
E) Réponse du premier président du 6 novembre 2013, n° 180/CAP/2013,
F) Observations du 25 octobre 2013 du président de la chambre correctionnelle Gérard THIBAULT-LAURENT,
G) Observations du 25 octobre 2013 du procureur général,
H) PV n° 2013-0009282489 de ma plainte du 29/10/2013.

Le président de « *la Polynésie française*»   Royaume de TAHITI, le 25 octobre DEUXZER013
René, Georges, HOFFER
BP 13722 - 98717 – PUNAAUIA
rollstahiti@gmail.com
Tél 77 71 70

              à

        Monsieur le fonctionnaire français expatrié EFO, Premier président de
        la cour d'appel « de Papeete »
        TAHITI

<u>**Requête en récusation**</u>
à l'encontre du président Gérard THIBAULT-LAURENT.

<u>**Affaire « HADDAD-FLOSSE » (Noa TETUANUI)**</u>
<u>**Audience du lundi 28 octobre 2013**</u>, appel du jugement de première instance du 15 janvier 2013.

<u>**Les faits.**</u>
Intervenant volontaire dans le dossier dont jusqu'au numéro d'enregistrement au rôle aura été tenu secret, cette intervention volontaire a subi de nombreux rebondissements dont le dernier en date motive le présente recours en récusation.

En effet, sans reprendre l'historique qui par ailleurs devrait figurer au dossier qui sera appelé lundi et jusqu'au 30 octobre 2013 d'après l'interview de Monsieur Serge SAMUEL dans les Nouvelles de TAHITI du 8 août 2013, la plus récente évolution sur ce dossier est le rapide échange que m'a accordé la greffière en chef Nadège CONTROLE hier 24 octobre 2013 vers 14h30 alors qu'elle rentrait dans son bureau et qui se résumait ainsi à : Monsieur HOFFER ne vous inquiétez pas, on a tout bien reçu et on a tout mis dans le dossier, en réponse à ma question si, suite à la demande de la précitée Nadège CONTROLE, d'adresser une lettre recommandée à la cour pour retracer l'historique du dépôt de mes écritures qui s'étaient apparemment égarées depuis plusieurs mois.

Lui ayant demandé si je pouvais attendre l'arrivée de la secrétaire Moea pour lui remettre mes écritures pour lundi et suite à l'élément nouveau y contenu que j'avais découvert la veille, 23 octobre 2013, jour de mon retour à TAHITI après être intervenu volontairement également dans l'affaire n° V13-88.603 (dépaysement) à Paris, à la cour de cassation le 15 octobre dernier, elle a acquiescé à ma demande d'attendre ladite secrétaire Moea, absente.

Attendant assis sur un banc dans le couloir en face de la salle des assises, arrive Monsieur Gérard THIBAULT-LAURENT qui se dirige vers son bureau et avant d'y rentrer, me regarde de façon appuyée, moi lui dans « Bonjour » et qui est rejoint par le chef des vigiles sur l'apostrophe d'un comment-alle-vous Monsieur le président. Il m'avait l'air surpris de cette apostrophe, comme s'il ne comprenait pas le pourquoi de cet accès de civilité de la part du vigile ?

Et Monsieur Gérard THIBAULT-LAURENT est entré dans son bureau.

Il en est ressorti quelques secondes plus tard, moi, toujours assis à la même place et, tout en se dirigeant vers moi de trois ou quatre mètre m'a tenu ces propos :

« Monsieur Hoffer, il est inutile d'attendre, nous refusons vos conclusions. Vous n'êtes pas partie dans ce procès donc il n'y a aucune raison que j'accepte vos conclusions. », à quoi, comprenant qu'il allait présider l'audience de lundi, je l'ai informé que j'avais des éléments nouveaux que j'allais produire pour lundi et que c'est pour ça que j'attendais Moea.
Il m'a rétorqué qu'il avait donné des instructions pour dire qu'il refusait mes conclusions. « C'est tout. Vous n'êtes pas partie dans ce procès, vous n'avez rien à y voir. » ; interloqué, j'ai dit que je suis le président (de « *la Polynésie française* »)… depuis le 25 octobre 2004.
Plus surpris encore, il a haussé le ton, me rabrouant : « Je n'ai rien d'autre à vous dire », me faisant tout de même lui faire remarquer que je ne m'étais pas adressé à lui ni à personne puisque j'attendais tout simplement Moea.
Et c'est là qu'il m'a appris qu'il avait donné des instructions : « vous avez interdiction de vous présenter dans un bureau, je ne veux pas de conclusions, vous n'avez rien à voir dans cette affaire. »

ajoutant excédé à vue de nez : « C'est difficile à vous le faire comprendre ? », m'obligeant là encore à ne pas laisser une nouvelle injustice de par ces paroles « en l'air » : « Mais non, il faut me le dire une fois, là, je l'entends la première fois », c'est-à-dire la stricte vérité bien que Monsieur José THOREL avait déjà fait précédemment un tentative en ce sens, ayant même ordonné ma garde à vue le 8 juillet 2013 mais « affaire » qu'il a lui-même classée sans suite le 11 octobre 2013…et qui justement figure comme élément nouveau dans les écritures que j'ai été empêché de déposer et que je mets ici en pièces jointes pour parfaite information.

Poursuivant, Gérard THIBAULT-LAURENT assénait son leit-motiv : « Pas de conclusions ! Cà n'a rien à faire. Vous n'avez rien à voir dans cette affaire. Et si vous faites du trouble à l'audience je vous ferais expulser. » ! !

A quoi j'étais là encore bien obligé de l'informer que tel n'est pas le cas.

En droit.

Ce comportement, où en tant que membre connaissant du dossier et visiblement ayant à en connaître comme président à l'audience de lundi, aura donné des instructions pour écarter du dossier des pièces qui y figurent d'après l'assurance que m'en avait donnée la greffière en chef quelques instants plus tôt, relève d'une ingérence coupable, où, » juge et partie », il aura décidé, avant même la tenue de l'audience, de procéder de façon hors-la-loi et « à juge unique » dans une affaire qui relève de la collégialité.

En outre, son comportement – parler mal, élever la voix dans un lieu où il est « chez lui », devant son bureau et devant son personnel même s'il n'est pas l'employeur direct du vigile par exemple - est censurable en ce qu'il aura violé son devoir élémentaire de courtoisie et plus grave, de respect du contribuable prévu par le code de déontologie.

Ces éléments font que je ne pourrai me présenter régulièrement à l'audience à peine de voir ma seule présence interprétée comme un trouble dans son esprit et, ne voulant encourir aucun scandale, j'informe ici que je serai présent dans la salle des pas perdus (sauf interdiction intempestive d'untel ou d'unetelle, à laquelle je me plierai bien sûr) et donc aux environs immédiats du palais de « justice », et joignable au 77 71 70 pour être disponible à tout moment et dans un laps de temps raisonnable d'une heure après l'ouverture du procès, au cas où ma présence serait demandée, auquel cas je rentrerai dans la salle sous couvert de telle autorisation ou demande expresse.

Demande de conservation de preuve.

Vu les lieux où cette situation s'est passée et vu les deux caméras de surveillance, si elles étaient en fonctionnement, il conviendra de ne pas effacer les passages enregistrés le 23 octobre 2013 de 14h15 au plus tôt, à 14h50 au plus tard, ne pouvant donner à la minute près le moment des faits, ainsi que celui qui précédât où notamment Madame Nadège CONTROLE m'assurait que mon intervention et toutes les pièces versées figurait au dossier.

Par ces motifs: Faire diligence pour que cette récusation soit évoquée *in limine litis* lors du procès ou du moins porté à la connaissance de l'auteur des faits dénoncés, ne pouvant personnellement lui en délivrer copie pour parfaite information vu ses interdictions proférées.
Et faire droit à la demande de récusation.
Avec Honneur

Le président de "*la Polynésie française*", des françaises et des français
René, Georges, HOFFER

Pièces jointe : Mes écritures que je n'ai pu déposer hier ainsi que les pièces y jointes.

REPUBLIQUE FRANCAISE

N°329-57
du 28.10.2013

COUR D'APPEL DE PAPEETE

ORDONNANCE

Nous, Régis VOUAUX-MASSEL, premier président de la cour d'appel de Papeete,

Vu les articles 668 et suivants du code de procédure pénal,

Vu la requête en récusation formée le 25 octobre 2013 par monsieur René HOFFER à l'encontre de monsieur Gérard THIBAULT-LAURENT, président de chambre à la cour d'appel de PAPEETE, dans l'affaire « HADDAD/FLOSSE » inscrite au rôle de l'audience correctionnelle du 28 octobre 2013.

Vu l'avis de monsieur le Procureur Général en date du 25 octobre 2013 concluant à l'irrecevabilité du requérant et à sa condamnation d'une amende civile,

Vu les observations du magistrat dont la récusation est sollicitée,

Il résulte des dispositions de l'article 669 du code de procédure pénale que seule une partie à l'instance peut présenter au premier président de la cour d'appel une requête en récusation,

Tel n'est pas le cas de monsieur René HOFFER qui n'est ni prévenu, ni partie civile, ni civilement responsable dans l'affaire visée dans sa requête,

Il convient par application de l'article 673 du code de procédure pénal de condamner le requérant, irrecevable en sa demande, à une amende civile de 9.000CFP,

PAR CES MOTIFS

Déclarons monsieur René HOFFER, irrecevable en sa requête,

Condamnons monsieur René HOFFER à une amende civile de 9.000CFP,

Disons que la présente ordonnance sera notifiée au requérant et qu'elle sera portée à la connaissance du président de la chambre correctionnelle, magistrat récusé, ainsi qu'à celle du ministère public.

Fait à Papeete le 28 octobre 2013

Notifié à :
- Monsieur René HOFFER, le 28 10 13
Avis à :
- M. Le procureur général, le 28.10.13
- M. Gérard THIBAULT-LAURENT, président
de la chambre correctionnelle, le 28.10.13

Le premier président,

Régis VOUAUX-MASSEL

Le président de « *la Polynésie française*»   Royaume de TAHITI, le 30 octobre DEUXZER013
René, Georges, HOFFER
BP 13722 - 98717 – PUNAAUIA
rollstahiti@gmail.com
Tél 77 71 70

        A

        Monsieur le fonctionnaire français expatrié EFO, Premier président de
        la cour d'appel « de Papeete »
        Régis VOUAULX-MASSEL
        TAHITI

Recours en nullité contre l'ordonnance n° 329-57 du 28 octobre 2013.

Affaire : Ordonnance 329-57 du 28 octobre 2013 notifiée le même jour à 08h28.

Les faits.

L'ordonnance n° 329-57 vise un avis du procureur général ainsi que des observations du magistrat dont la récusation avait été sollicitée.

Elle m'a également condamné à une amende civile.

Enfin, elle n'est susceptible d'aucun recours.

En droit.

N'ayant pas été rejetée pour irrecevabilité manifeste, la procédure contradictoire n'aura pas été respectée, l'ordonnance est donc frappée de nullité.

Aussi, il conviendra de statuer sur cette nullité par la seule voie possible : son rabat devant la même autorité juridictionnelle pour qu'il y soit statué contradictoirement.

De l'intérêt utile et du préjudice.

Ayant été condamné à une amende alors qu'il ne m'avait pas été permis de discuter contradictoirement –ni même d'en prendre connaissance – des écritures visées, la présente requête prospérera d'autant.

Enfin, l'affaire « HADDAD/FLOSSE » inscrite au rôle de l'audience correctionnelle du 28 octobre 2013 dont il s'agit a été renvoyée au 23 juin 2013 gardant l'effet utile de la récusation intact.

Par ces motifs, faire droit à la présente requête en nullité en rabattant l'ordonnance litigleuse pour non respect « du contradictoire », l'enrôler et m'informer de la date d'audience afin de pouvoir conclure plus amplement le cas échéant, et m'allouer une somme de 200 000 francs pour les frais irrépétibles et le préjudice de l'actuel déni de justice avec amende, pendants.

Avec Honneur

        Le président de « la Polynésie française », des françaises et des français
        René, Georges, HOFFER

Pièce jointe : Ordonnance n° 329-57.

RÉPUBLIQUE FRANÇAISE

MINISTÈRE DE LA JUSTICE

COUR D'APPEL DE PAPEETE
B.P. 101 PAPEETE
Tél : (00.689) 41.55.46 – Fax 45.37.67
Mail : sec.pp.ca-papeete@justice.fr

Papeete, le 6 novembre 2013

N° 180/CAP/2013

CABINET DU PREMIER PRÉSIDENT

LE PREMIER PRÉSIDENT,

à

Monsieur René HOFFER
BP 13722 - 98717 Punaauia,

Monsieur,

En réponse à votre courrier du 30 octobre 2013, j'ai le regret de vous faire savoir que l'ordonnance par laquelle le premier président statue sur une requête en récusation, au vu des mémoires et avis du magistrat concerné et du procureur général, n'est susceptible d'aucun recours, ainsi qu'il est dit à l'article 671 du code de procédure pénale.

Vous voudrez bien trouver ci-joint, à votre demande, les observations écrites qu'avait adressées le magistrat concerné ainsi que l'avis de monsieur le procureur général.

Veuillez agréer, maître, l'expression de ma considération distinguée.

Le premier président,

Régis VOUAUX-MASSEL

82

COUR D'APPEL DE PAPEETE
B.P. 101 PAPEETE
Tel : (00 689) 41.55.46 – Fax 45.37.67
Mail : sec.pp.ca-papeete@justice.fr

CABINET DU PREMIER PRESIDENT

Papeete, le 25 octobre 2013

N° 174 /CAP/2013

LE PREMIER PRESIDENT

à

Monsieur le président de la chambre
correctionnelle de la cour d'appel de
Papeete,

OBJET : Requête en récusation.
N/REF : Dossier Z35/13 Requête en récusation.

En application des articles 670 et 671 du code de procédure pénale, j'ai l'honneur de vous notifier la requête en récusation déposée par monsieur René HOFFER, afin de recueillir vos observations.

Vu, sans observations, si ce n'est que cette requête me paraît irrecevable, l'intéressé, qui se prétend Président de la Polynésie Française, n'étant pas partie au procès pénal HADDAD-FLOSSE.

Le 28 octobre 2013

Le premier président,

Régis VOUAUX-MASSEL

RÉPUBLIQUE FRANÇAISE

MINISTÈRE DE LA JUSTICE

COUR D'APPEL DE PAPEETE
B.P. 101 PAPEETE
Tél : (00.689) 41.55.46 – Fax 45.37.67
Mail : sec-pp.ca-papeete@justice.fr

CABINET DU PREMIER PRESIDENT

Papeete, le 25 octobre 2013

N° 173 /CAP/2013

LE PREMIER PRESIDENT

à

Monsieur le procureur général près la
cour d'appel de Papeete,

OBJET : requête en récusation.
N/REF : Dossier Z35/13 Requête en récusation.

En application de l'article 670 du code de procédure pénale, j'ai l'honneur de
vous transmettre la requête en récusation déposée par monsieur René HOFFER, afin de
recueillir votre avis sur la demande formulée par le requérant.

Le premier président,

Régis VASSEL

[manuscrit]
Vu l'article 669 CPP
Attendu que le requérant
fait par partie l'existence
en sens de l'article 669 CPP.
Le procureur général requiert
que la requête en récusation
présentée par Mr René Hoffer
soit déclarée irrecevable.
et que le requérant soit condamné
à l'amende prévue par
l'article 673 al 1 CPP
le 25 octobre 2013

---Tout dabord par rapport au code de la déontologie envers un justiciable, en plus lorsqu'il intervient comme juge et partie dans une affaire qu'il présidera et que personnellement il se substitue à la formation collégiale, qui elle seule est habilitée à connaitre de mon intervention volontaire dans la procédure HADDAD-FLOSSE ---
---Je dépose plainte contre contre Mr Gérard THIBAULT-LAURENT et autres pour les faits précités. ---

---Je transmet en annexe des documents et explications complémentaires.---
---Je prends acte des dispositions de l'article 75 al 3 et suivants du Code de Procédure Pénale et me réserve le droit d'y recourir.---
---Je suis informé de mon droit à obtenir réparation et à être aidée par un service ou une association d'aide aux victimes.---

---Je prends acte que vous me remettez une copie du présent procès-verbal.---
---Après lecture faite personnnellement, le déclarant persiste et signe avec nous le présent à 15h50.---

Le déclarante

le président de la Polynésie française

COPIE CONFORME

PROCES-VERBAL

REPUBLIQUE FRANCAISE
MINISTERE DE L'INTERIEUR
DIRECTION GENERALE DE LA POLICE NATIONALE
DIRECTION CENTRALE DE LA SECURITE PUBLIQUE

COMMISSARIAT DE POLICE DE
PAPEETE
55, AVENUE POUVANAA A OOPA
98713 PAPEETE
Tel : 00 689 47 01 47
Fax : 00 689 45 40 01
Code INSEE : 98735

P. V. : n°...../...............

AFFAIRE :
C/c/THIBAULT-LAURENT
Gérard

ABUS DE CONFIANCE PAR UN
MANDATAIRE DE JUSTICE

OBJET :
PLAINTE de Mr Réné HOFFER,
58 ans, dt Pnuaauia lotus, le
président de "La Polynésie
Française", tel:777170

L'an deux mil treize,
Le vingt neuf octobre, à quinze heures sept

Nous, GILBERT FAATAU
BRIGADIER DE POLICE
En fonction DSP PAPEETE

OFFICIER DE POLICE JUDICIAIRE en résidence DSP PAPEETE

---Etant au service,---
---Agissant conformément aux instructions permanentes de Monsieur PERRAULT François, Commissaire divisionnaire de Police, Directeur de la sécurité publique de Papeete.---
---Constatons que se présente à nous la personne ci-après dénommée qui nous déclare avoir été victime d'abus de confiance de la part de Monsieur THIBAULT-LAURENT Gérard, commis le 24/10/2013 à 14h30.---
---Dès lors, agissant en enquête préliminaire,---
---Vu les articles 75 et suivants du Code de Procédure Pénale.---
---Entendons la personne dénommée ci-dessous qui nous déclare:---
SUR SON IDENTITE :
"Je me nomme HOFFER René
Je suis né le 28/02/1955 à STRASBOURG (BAS RHIN).
Je suis de nationalité FRANCAISE.
Je suis domicilié à PUNAAUIA 98718 (POLYNESIE FRANCAISE)
Précisions : lotus 10 ème AVE n°112.
Mon numéro de téléphone personnel est le 777170."
---SUR LES FAITS---
---J'estime avoir été victime d'abus de confiance de part de Mr THIBAULT-LAURENT Gérard, Président de chambre de la Cour d'Appel de Papeete.---
---Le 24/10/2013 vers 14h30 je me trouvais au premier étage du Palais de Justice de Papeete.---
---J'ai pris contact avec Mme Nadège CONTROLE, Directrice du Greffe à qui j'ai demandé des nouvelles de mon dossier d'intervention volontaire dans l'affaire HADDAD-FLOSSE pour la partie de Noa TETUANUI. Elle m'a répondu que les documents sont bien au dossier et que je ne dois m'inquiéter de rien. Je lui ai demandé si je devais remettre les conclusions complémentaires que j'avais préparées pour l'audience du 28/10/2013 à Moea. Elle m'a répondu par l'affirmative et j'ai donc attendu Moea sur un banc car elle n'était pas dans son bureau.---
---Puis est venu Mr Gérard THIBAULT-LAURENT. Il est sorti de son bureau et est venu vers moi. Il m'a dis en gros que je "n'avais rien à faire dans le dossier", qu'il a donné des instuctions pour qu'on ne prenne plus mes documents, m'a interdit l'accès au bureau de son secrétariat et m'a menacé en disant qu'il me fera expulser de l'audience en cas de trouble.---
---Mr Gérard THIBAULT-LAURENT n'a pas a agir de la sorte pour plusieurs raisons,---

2013/0009282489

COPIE CONFORME

86

---Tout dabord par rapport au code de la déontologie envers un justiciable, en plus lorsqu'il intervient comme juge et partie dans une affaire qu'il présidera et que personnellement il se substitue à la formation collégiale, qui elle seule est habilitée à connaître de mon intervention volontaire dans la procédure HADDAD-FLOSSE.---

---Je dépose plainte contre contre Mr Gérard THIBAULT-LAURENT et autres pour les faits précités.---

---Je transmet en annexe des documents et explications complémentaires.---

---Je prends acte des dispositions de l'article 75 al 3 et suivants du Code de Procédure Pénale et me réserve le droit d'y recourir.---

---Je suis informé de mon droit à obtenir réparation et à être aidée par un service ou une association d'aide aux victimes.---

---Je prends acte que vous me remettez une copie du présent procès-verbal.---

---Après lecture faite personnellement, le déclarant persiste et signe avec nous le présent à 15h50.---

Le déclarante

1300480 - Monsieur CHISAKA Yoshiaki / POLYNÉSIE FRANÇAISE
- Affectation : 1ère Chambre
    En cours de déliberé
Requérants et défendeurs
Qualité Nom   Mandataire
Requérant   Monsieur CHISAKA Yoshiaki
Défendeur   POLYNÉSIE FRANÇAISE
Autres Qualité Nom Intervenant en requête   Monsieur HOFFER René
        Date de l'audience : 10/12/2013 à 09:00
Sens synthétique des conclusions : Rejet au fond
Sens des conclusions et moyens ou causes retenus :
Rejet de l'intervention + rejet de la requête
Date et heure de la mise en ligne : 06/12/2013 à 14:30
        Le signe indique les sous-événements
Date   Mesure Acteur Qualité Délai
02/09/2013   Requête nouvelle   Monsieur CHISAKA Yoshiaki   Requérant
03/09/2013   Accusé de réception de la requête   Monsieur CHISAKA Yoshiaki   Requérant
03/09/2013   Communication de la requête   POLYNÉSIE FRANÇAISE Défendeur   30 j
09/09/2013   Réception de pièces complémentaires   Monsieur CHISAKA Yoshiaki   Requérant
15/10/2013   Réception d'un mémoire en défense   POLYNÉSIE FRANÇAISE Défendeur
15/10/2013   Communication d'un mémoire en défense   Monsieur CHISAKA Yoshiaki
        Requérant
28/10/2013   Mise au rôle
28/10/2013   Avis d'audience
28/10/2013   Avis d'audience Monsieur CHISAKA Yoshiaki   Requérant
28/10/2013   Avis d'audience POLYNÉSIE FRANÇAISE Défendeur
04/11/2013   Avis d'audience
04/11/2013   Avis d'audience Monsieur CHISAKA Yoshiaki   Requérant
04/11/2013   Avis d'audience POLYNÉSIE FRANÇAISE Défendeur
22/11/2013   Réception d'une lettre Monsieur CHISAKA Yoshiaki   Requérant
22/11/2013   Réception d'un mémoire   Monsieur CHISAKA Yoshiaki   Requérant
22/11/2013   Information réception mémoire ou pièce (affaire enrôlé)
22/11/2013   Mise en ligne du sens des conclusions
22/11/2013   Modification et mise en ligne du sens des conclusions du rapporteur public

22/11/2013   Avis de renvoi à une audience ultérieure
22/11/2013   Avis de renvoi à une audience ultérieure   Monsieur CHISAKA Yoshiaki
        Requérant
22/11/2013   Avis de renvoi à une audience ultérieure   POLYNÉSIE FRANÇAISE Défendeur
22/11/2013   Mise au rôle
05/12/2013   Réception d'un mémoire Monsieur CHISAKA Yoshiaki   Requérant
05/12/2013   Information réception mémoire ou pièce (affaire enrôlé)
05/12/2013   Réception d'une intervention   Monsieur HOFFER René Intervenant en requête
05/12/2013   Information réception mémoire ou pièce (affaire enrôlé)
06/12/2013   Mise en ligne du sens des conclusions
10/12/2013   Audience publique
10/12/2013   Réception d'un mémoire   Monsieur HOFFER René Intervenant en requête
10/12/2013   Information réception mémoire ou pièce (affaire enrôlé)

Monsieur CHISAKA Yoshiaki   Tahiti, le 30 décembre 2013.
Lot TEPAPA n°1
Mission
BP 62323
98713 - PAPEETE
wind@mail.pf
Tél: 72 80 30

                    Tribunal administratif de la Polynésie française
                    Statuant au contentieux
                    PAPEETE

          Demande de rabat du délibéré et réinscription du dossier.

Affaire n° 13-480

Le 10 décembre 2013 le présent dossier a été mis en délibéré, non rendu à ce jour.

Le 11 décembre a été rendue l'ordonnance n° 1300626 initiée avant le 10 décembre 2013 et qui précise :
« M. Chisaka soutien que : sa requête est connexe à la requête n° 1300480.

Le 10 décembre a été déposé le recours contre l'arrêté n° 6719/MET du 4 septembre 2013 lié et objet de ces trois recours.

Le rejet n° 13-626 expose que la « *simple notification ne peut être regardée comme un acte administratif faisant grief* ».

En droit.
L'article 2 de cet arrêté prévoyant d'une part la notification et d'autre part son exécution immédiate, il convient, pour une bonne administration de la justice, de faire droit à la présente demande de rabat afin que le recours déposé le 10 décembre soit réuni avec le présent dossier n° 13-480 et qu'ils soient jugés, contradictoirement, ensemble, au vu de la décision n° 13-626.

Par ces motifs faire droit au rabat.

Et ce sera justice

1300480 - Monsieur CHISAKA Yoshiaki / POLYNÉSIE FRANÇAISE
- Affectation : 1ère Chambre
En cours de déliberé
Requérants et défendeurs
Qualité Nom   Mandataire
Requérant   Monsieur CHISAKA Yoshiaki
Défendeur   POLYNÉSIE FRANÇAISE
Autres Qualité Nom Intervenant en requête   Monsieur HOFFER René
Date de l'audience : 10/12/2013 à 09:00
Sens synthétique des conclusions : Rejet au fond
Sens des conclusions et moyens ou causes retenus :
Rejet de l'intervention + rejet de la requête
Date et heure de la mise en ligne : 06/12/2013 à 14:30
Le signe indique les sous-événements
Date   Mesure Acteur Qualité Délai
02/09/2013   Requête nouvelle   Monsieur CHISAKA Yoshiaki   Requérant
03/09/2013   Accusé de réception de la requête   Monsieur CHISAKA Yoshiaki   Requérant
03/09/2013   Communication de la requête POLYNÉSIE FRANÇAISE Défendeur   30 j
09/09/2013   Réception de pièces complémentaires Monsieur CHISAKA Yoshiaki   Requérant
15/10/2013   Réception d'un mémoire en défense   POLYNÉSIE FRANÇAISE Défendeur
15/10/2013   Communication d'un mémoire en défense   Monsieur CHISAKA Yoshiaki
    Requérant
28/10/2013   Mise au rôle
28/10/2013   Avis d'audience
28/10/2013   Avis d'audience Monsieur CHISAKA Yoshiaki   Requérant
28/10/2013   Avis d'audience POLYNÉSIE FRANÇAISE Défendeur
04/11/2013   Avis d'audience
04/11/2013   Avis d'audience Monsieur CHISAKA Yoshiaki   Requérant
04/11/2013   Avis d'audience POLYNÉSIE FRANÇAISE Défendeur
22/11/2013   Réception d'une lettre Monsieur CHISAKA Yoshiaki   Requérant
22/11/2013   Réception d'un mémoire   Monsieur CHISAKA Yoshiaki   Requérant
22/11/2013   Information réception mémoire ou pièce (affaire enrôlé)
22/11/2013   Mise en ligne du sens des conclusions
22/11/2013   Modification et mise enligne du sens des conclusions du rapporteur public
22/11/2013   Avis de renvoi à une audience ultérieure
22/11/2013   Avis de renvoi à une audience ultérieure   Monsieur CHISAKA Yoshiaki
    Requérant
22/11/2013   Avis de renvoi à une audience ultérieure   POLYNÉSIE FRANÇAISE Défendeur
22/11/2013   Mise au rôle
05/12/2013   Réception d'un mémoire   Monsieur CHISAKA Yoshiaki   Requérant
05/12/2013   Information réception mémoire ou pièce (affaire enrôlé)
05/12/2013   Réception d'une intervention   Monsieur HOFFER René Intervenant en requête
05/12/2013   Information réception mémoire ou pièce (affaire enrôlé)
06/12/2013   Mise en ligne du sens des conclusions
10/12/2013   Audience publique
10/12/2013   Réception d'un mémoire   Monsieur HOFFER René Intervenant en requête
10/12/2013   Information réception mémoire ou pièce (affaire enrôlé)
30/12/2013   Réception d'une note en délibéré   Monsieur CHISAKA Yoshiaki   Requérant

TRIBUNAL ADMINISTRATIF
DE LA POLYNÉSIE FRANÇAISE

N° 1300480

M. Yoshiaki Chisaka

Mme Lubrano
Rapporteure

M. Mum
Rapporteur public

Audience du 10 décembre 2013
Lecture du 30 décembre 2013

C
14 01 02 06

RÉPUBLIQUE FRANÇAISE

AU NOM DU PEUPLE FRANÇAIS

Le tribunal administratif
de la Polynésie française

Vu la requête, enregistrée le 2 septembre 2013, présentée par M. Yoshiaki Chisaka, dont l'adresse postale est BP 62323 à Papeete (98713) ;

M. Chisaka demande au tribunal d'annuler la lettre du 16 août 2013 du ministre de l'équipement, de l'urbanisme, des énergies et des transports terrestres et maritimes prise en réponse à son recours gracieux, et de lui octroyer la somme de 200 000 F CFP au titre des frais irrépétibles ;

M. Chisaka soutient que le ministre a détourné l'objet du recours gracieux, qui réclamait l'arrêt des poursuites ; qu'en outre, l'avis de la commission de discipline manque de base légale dès lors que l'absence de sanction prise pour la première infraction de 1ère catégorie interdisait à la commission de statuer sur la seconde infraction de 3ème catégorie ; que de plus, l'égalité des armes est rompue dans la mesure où le président de la commission de discipline a pris la défense de la personne qui le représentait dans la commission ;

Vu le courrier du ministre en charge des transports terrestres en date du 16 août 2013 ;

Vu le mémoire en défense, enregistré le 15 octobre 2013, présenté par la Polynésie française représentée par son président en exercice, qui conclut au rejet de la requête ;

La Polynésie française fait valoir à titre principal que la requête est irrecevable pour méconnaissance des dispositions de l'article R 411-1 du code de justice administrative en l'absence de moyens de fait et de droit discernables et pour absence de décision faisant grief ; subsidiairement, la requête est infondée, dès lors que la réglementation n'impartit aucun délai pour sanctionner une infraction, que le détournement ou l'abus de pouvoir ne sont pas établis, et que la sanction a été proportionnée à l'infraction ;

Vu, enregistré le 22 novembre 2013, le mémoire en réplique présenté par M. Chisaka, qui conclut aux mêmes fins, par les mêmes moyens, et qui ajoute qu'il soulève une exception d'illégalité à l'encontre de la délibération n° 2008-5 APF du 10 avril 2008 portant réglementation de l'activité d'entrepreneur de taxi en ce que seule une loi du pays peut porter atteinte à la liberté du travail ; en outre, le rapport du contrôleur mentionne une récidive dont le contrôleur ne devait pas connaître ; en outre encore, il n'a pas eu connaissance de son dossier complet, n'ayant pas pu avoir le procès-verbal de la réunion de la commission de discipline des taxis ; enfin, la composition de la commission est viciée en ce que le président n'a pas communiqué la procuration qu'il a donnée à son suppléant ;

Vu, enregistré le 5 décembre 2013, le mémoire en intervention présenté par M. Hoffer, à l'appui des prétentions du demandeur, et qui récuse le président du tribunal ;

Vu, enregistré le 30 décembre 2013, la note en délibéré présentée par M. Chisaka ;

Vu les autres pièces du dossier ;

Vu la loi organique n° 2004-192 du 27 février 2004 modifiée portant statut d'autonomie de la Polynésie française, ensemble la loi n° 2004-193 du 27 février 2004 complétant le statut d'autonomie de la Polynésie française ;

Vu la délibération n° 2008-5 APF du 10 avril 2008 portant réglementation de l'activité d'entrepreneur de taxi ;

Vu le code de justice administrative ;

Les parties ayant été régulièrement averties du jour de l'audience ;

Après avoir entendu au cours de l'audience publique du 10 décembre 2013 :

- le rapport de Mme Lubrano, première conseillère,
- les conclusions de M. Mum, rapporteur public,
- les observations de M. Hoffer et celles de M. Lebon, représentant la Polynésie française ;

Sur l'intervention de M. Hoffer :

1. Considérant que ni la qualité de membre de la profession des transporteurs terrestres ni la circonstance qu'il ait assisté M. Chisaka devant la commission de discipline des taxis réunie le 21 juin 2013 ne sont de nature à conférer à M. Hoffer un intérêt à agir contre l'acte attaqué ; que son intervention n'est pas recevable ; que par suite, sa demande de récusation ne peut qu'être rejetée ;

Sur les conclusions tendant à l'annulation de la lettre du ministre de l'équipement, de l'urbanisme, des énergies et des transports terrestres et maritimes du 16 août 2013 :

2. Considérant qu'il ressort des pièces du dossier que M. Chisaka est titulaire depuis 2010 d'une autorisation d'exercer la profession d'entrepreneur de taxi et d'une licence d'exploitation du véhicule immatriculé 210716-P ; qu'un agent de la direction des transports terrestres a constaté, dans le cadre d'un contrôle effectué à l'aéroport de Faa'a Tahiti le 8 juin

2013, que ledit véhicule stationnait en attente de clientèle, en dehors des emplacements réservés aux taxis, et qu'il n'était pas équipé du dispositif lumineux la nuit portant la mention « taxi » ; que par lettre en date du 21 juin 2013, M. Chisaka a été informé qu'à raison de ces faits, il pouvait faire l'objet de sanctions disciplinaires et a été convoqué à la réunion de la commission de discipline des taxis ; que lors de sa réunion du 11 juillet 2013, ladite commission a décidé de ne pas prononcer de sanction concernant la première infraction relevée, et a émis un avis favorable à ce que le ministre prononce la suspension de la licence de taxi de M. Chisaka pour une durée de trois jours à raison de la deuxième infraction relevée ; que par lettre en date du 12 juillet 2013, l'intéressé a saisi le ministre, président de la commission des taxis, d'un « recours gracieux » contre cet avis ; que par lettre en date du 16 août 2013, le ministre de l'équipement, de l'urbanisme, des énergies et des transports terrestres et maritimes a rejeté ce recours et indiqué à M. Chisaka qu'il serait rapidement informé de la décision qu'il rendrait à la suite de l'avis de la commission ; que par arrêté en date du 4 septembre 2013, le ministre de l'équipement, de l'urbanisme, des énergies et des transports terrestres et maritimes a suspendu pour une durée de trois jours la licence de taxi de M. Chisaka ;

3. Considérant qu'il résulte des dispositions de l'article 28 de la délibération n° 2008-5 APF du 10 avril 2008 portant réglementation de l'activité d'entrepreneur de taxi que si la commission de discipline des taxis est compétente pour infliger une sanction concernant les infractions relevant de la première et de la deuxième catégories, elle ne peut émettre qu'un avis sur une proposition de sanction afférente à une infraction relevant, comme en l'espèce, de la troisième catégorie, seul le ministre ayant le pouvoir d'infliger la sanction en cause ; qu'en conséquence l'avis émis le 11 juillet 2013 par ladite commission sur la sanction à infliger à M. Chisaka à raison de l'infraction de troisième catégorie constatée ne constitue pas une décision faisant grief susceptible de faire l'objet d'un recours pour excès de pouvoir ; qu'il en résulte que les conclusions du requérant, exclusivement dirigées contre la lettre ministérielle du 16 août 2013 ayant rejeté son recours contre ledit avis sont irrecevables et ne peuvent qu'être rejetées ;

<ins>Sur les conclusions tendant à l'application de l'article L. 761-1 du code de justice administrative</ins>

4. Considérant que les dispositions de l'article L. 761-1 du code de justice administrative font obstacle à ce que soit mise à la charge de la Polynésie française, qui n'est pas la partie perdante dans la présente instance, la somme demandée par M. Chisaka au titre des frais exposés et non compris dans les dépens ;

DÉCIDE:

<ins>Article 1er</ins> : L'intervention de M. René Hoffer n'est pas admise.

<ins>Article 2</ins> : La requête n° 1300480 de M. Chisaka est rejetée.

<ins>Article 3</ins> : Le présent jugement sera notifié à M. Yoshiaki Chisaka, à la Polynésie française et à M. René Hoffer.

Délibéré après l'audience du 10 décembre 2013, à laquelle siégeaient :

M. Tallec, président,

Mme Lubrano, première conseillère,
M. Reymond-Kellal, conseiller.

Lu en audience publique le 30 décembre 2013.

La rapporteure,

M.-C. Lubrano

Le président,

J.-Y. Tallec

La greffière,

D. Germain

La République mande et ordonne au haut-commissaire de la République en Polynésie française en ce qui le concerne ou à tous huissiers de justice à ce requis en ce qui concerne les voies de droit commun contre les parties privées, de pourvoir à l'exécution de la présente décision.

Pour expédition,
Un greffier,

REPUBLIQUE FRANCAISE

Papeete, le 07/01/2014

TRIBUNAL ADMINISTRATIF
DE LA POLYNÉSIE FRANÇAISE
Avenue Pouvanaa a Oopa
BP 4522
98713 PAPEETE - TAHITI
Téléphone : (689) 50.90.25
Télécopie : (689) 45.17.24

1300480-1

Greffe ouvert du lundi au vendredi de
7H30-12H / 12H45-16H* (vendredi à 14 H*)
@ : tadelapolynesiefrancaise@mail.pf

Monsieur HOFFER René
BP 13722
98717 Punaauia - Moana Nui

Dossier n° : 1300480-1
(à rappeler dans toutes correspondances)
Monsieur Yoshiaki CHISAKA c/ POLYNESIE
FRANÇAISE
Vos réf. : rollstahiti@gmail.com
NOTIFICATION DE JUGEMENT
Lettre recommandée avec avis de réception

Monsieur,

J'ai l'honneur de vous adresser, sous ce pli, l'expédition du jugement en date du 30/12/2013 rendu dans l'instance enregistrée sous le numéro mentionné ci-dessus.

La présente notification fait courir le délai d'appel qui est de 3 mois.

Si vous estimez devoir faire appel du jugement qui vous est notifié, il vous appartient de saisir la COUR ADMINISTRATIVE D'APPEL DE PARIS, 68, rue François Miron 75004 PARIS d'une requête motivée **en joignant une copie de la présente lettre**.

A peine d'irrecevabilité, la requête en appel doit :
- être assortie d'une **copie de la décision** juridictionnelle contestée.
- être présentée par un avocat.
- être accompagnée d'un timbre fiscal de 35 euros, sauf pour les bénéficiaires de l'aide juridictionnelle. L'achat de ce timbre peut s'effectuer par voie électronique en vous connectant au site timbre.justice.gouv.fr et en suivant les instructions qui vous seront données.

Enfin, si une demande d'aide juridictionnelle a été déposée, il vous appartient également de justifier de ce dépôt.

Je vous prie de bien vouloir recevoir, Monsieur, l'assurance de ma considération distinguée.

Le Greffier en Chef,
ou par délégation le Greffier,

Denise RIVETA

NB: Dans le cas où le jugement rendu vous accorde partiellement ou totalement satisfaction, vous avez la possibilité d'user de la disposition de l'article L. 911-1 du code de justice administrative, aux termes duquel : " En cas d'inexécution d'un jugement définitif, la partie intéressée peut demander ... au tribunal administratif... oui a rendu la décision d'un annuler l'exécution ". Toutefois, en cas d'inexécution d'un jugement frappé d'appel, la demande d'exécution est adressée à la juridiction d'appel. Cette demande, sauf décision explicite du refus d'exécution exprimé par l'autorité administrative, ne peut être présentée avant l'expiration d'un délai de 3 mois, à compter de la notification du jugement. Toutefois, en ce qui concerne les décisions refusant une entrée en urgence, le jugement est aussitôt exécutoire, la demande peut être présentée sans délai. En application de l'article R. 911-5 du code de justice administrative les délais supplémentaires de distance prévus à l'article R. 421-7 du même code s'ajoutent aux délais prévus ci-dessus.

REPUBLIQUE FRANCAISE

**TRIBUNAL ADMINISTRATIF
DE LA POLYNÉSIE FRANÇAISE**
Avenue Pouvanaa a Oopa
BP 4522
98713 PAPEETE - TAHITI
Téléphone : (689) 50.90.25
Télécopie : (689) 45.17.24

Greffe ouvert du lundi au vendredi de
7H30-12H / 12H45-16H* (vendredi à 14 H*)
@ : tadelapolynesiefrancaise@mail.pf

Dossier n° : 1300480-1
(à rappeler dans toutes correspondances)
Monsieur Yoshiaki CHISAKA c/ POLYNÉSIE
FRANÇAISE
Vos réf. : Courriel : wind@mail.pf
NOTIFICATION DE JUGEMENT
Lettre recommandée avec avis de réception

Papeete, le 07/01/2014

1300480-1

Monsieur CHISAKA Yoshiaki
BP 62323
98713 Papeete

Monsieur,

J'ai l'honneur de vous adresser, sous ce pli, l'expédition du jugement en date du 30/12/2013 rendu dans l'instance enregistrée sous le numéro mentionné ci-dessus.

La présente notification fait courir le délai d'appel qui est de 3 mois.

Si vous estimez devoir faire appel du jugement qui vous est notifié, il vous appartient de saisir la COUR ADMINISTRATIVE D'APPEL DE PARIS, 68, rue François Miron 75004 PARIS d'une requête motivée **en joignant une copie de la présente lettre.**

A peine d'irrecevabilité, la requête en appel doit :
- être assortie d'une **copie de la décision** juridictionnelle contestée.
- être présentée par un avocat.
- être accompagnée d'un timbre fiscal de 35 euros, sauf pour les bénéficiaires de l'aide juridictionnelle. L'achat de ce timbre peut s'effectuer par voie électronique en vous connectant au site timbre.justice.gouv.fr et en suivant les instructions qui vous seront données.

Enfin, si une demande d'aide juridictionnelle a été déposée, il vous appartient également de justifier de ce dépôt.

Je vous prie de bien vouloir recevoir, Monsieur, l'assurance de ma considération distinguée.

Le Greffier en Chef,
ou par délégation le Greffier.

Deni?e RIVETA

NB. Dans le seul cas où le jugement rendu vous accorde partiellement ou n'aborderait satisfaction, vous avez la possibilité d'user de la disposition de l'article L. 911-4 du code de justice administrative, aux termes duquel : " En cas d'inexécution d'un jugement définitif, la partie intéressée peut demander   au tribunal administratif   qui a rendu la décision d'en assurer l'exécution ". Toutefois, en cas d'inexécution d'un jugement frappé d'appel, la demande d'exécution est adressée à la juridiction d'appel. Une demande, sauf décision explicite du juge d'exécution opposé par l'autorité administrative, ne peut être présentée avant l'expiration d'un délai de 3 mois à compter de la notification du jugement. Toutefois, en cas contraire les tribunaux ordonnant une mesure d'urgence, et notamment un sursis à exécution, la demande peut être présentée sans délai. En application de l'article R. R'1-5 du code de justice administrative les délais supplémentaires de distance prévus à l'article R. 421-7 du code ... s'ajoutent aux délais prévus ci-dessus.

96

Recours n° 13-626

A la page 89 ci-devant, il est déjà question de ce numéro 13-626 qui va suivre.

Et pour cause : daté du 11 décembre 2013, y était demandé la jonction pour connexité avec le recours n° 13-480… et c'est de façon expresse qu'en moins d'une semaine le préposé Jean-Yves TALLEC aura vite écarté ce recours de l'action principale et détaillée, n° 13-480, qui était pendante…

Monsieur CHISAKA Yoshiaki
Lot TEPAPA n°1
Mission
BP 62323
98713 - PAPEETE
wind@mail.pf
Tél: 72 80 30

Tahiti, le 5 décembre 2013.

Tribunal administratif de la Polynésie française
Statuant au contentieux
PAPEETE

Recours en abus, excès et détournement de pouvoir
Contre l'attestation de notification du 5 septembre 2013. *(PJ01)*

Contre : Direction des transports terrestres.

Préalablement.

Le 21 novembre 2013 je terminais mes conclusions dans l'affaire n° 13-480 en ces termes :
« *Et rendre la décision sur le siège motif pris que de l'issue du présent jugement dépendra l'introduction ou non de mon recours contre l'arrêt n° 6719/MET dont le délai de recours expirera quelques jours après l'audience du 26 novembre 2013 : le 5 décembre 2013* ».

Ce dossier a été repoussé au 10 décembre 2013, d'où le présent recours, non pas contre l'arrêté ci-dessus mais contre sa « notification ».

De la connexité.

Le présent recours étant connexe à l'affaire ci-dessus, cette dernière sera renvoyée afin qu'elle puisse être jointe à la présente.

Les faits.

Alors que le recours n° 13-480 portant plus directement qu'indirectement sur l'objet de la notification contestée était – et est à ce jour – pendant devant la juridiction administrative, la notification de tel arrêté n° 6719 sera annulée purement et simplement, pour abus de pouvoir puisque ne respectant pas la suspension intrinsèque à la saisine du tribunal administratif dès le 28 août 2013 ; pour excès de pouvoir puisqu'intervenant postérieurement à l'introduction du recours et donc enlevant ses effets utiles à la contestation de la sanction dénoncée, enfin, pour détournement de pouvoir puisque la direction des transports terrestres se substitue et au ministre des transports et doublement puisque ce dernier sera lui-même relégué par le président, sénateur, ministre de « la Polynésie française ».

En droit.

Outre ce qui précède, l'attestation de notification sera également annulée en ce qu'elle prévoit par trois « soit », des délais de recours gracieux et des délais de recours contentieux.

En effet, en précisant que les délais de recours gracieux et hiérarchique peuvent être faits sans condition de délai et celui, contentieux, dans le délai de trois mois à compter de la notification, la direction des transports terrestres interfère dans une procédure en cours destinée à vouloir m'induire en erreur. D'une part vu le choix proposé. Ensuite, vu les délais ou l'absence de délais selon la formule à choisir, enfin en produisant une règle exceptionnelle (sic) : « Dans les cas très exceptionnels où une décision explicite intervient dans un délai de trois mois après la décision implicite, vous disposerez à nouveau d'un délai franc de trois mois à compter de la notification de cette décision explicite pour former un recours contentieux. », rendant l'ensemble inintelligible.

Par ces motifs joindre pour connexité le présent recours avec celui n° 13-480, annuler l'attestation de notification et m'octroyer la somme de 200 000 francs pour les frais irrépétibles.

Et ce sera justice

Direction des Transports Terrestres

ATTESTATION DE NOTIFICATION

Je soussigné (e) : Prénom : *Yoshiaki*

NOM : *CHISAKA*

Reconnais avoir reçu *(indiquer les références de l'acte notifié)* :

Arrête no. 6719 MET du 04 SEP 2013

A Papeete, le *05 Sep 2013*   Signature :

Heure : *11h20*

VOIES ET DELAIS DE RECOURS

Si vous estimez que la décision prise par l'administration est contestable, vous pouvez former :

- soit un recours gracieux devant l'auteur de la décision ;
- soit un recours hiérarchique devant le Président de la Polynésie française ;
- soit un recours contentieux devant le tribunal administratif de la Polynésie française.

Le recours gracieux et le recours hiérarchique peuvent être faits sans condition de délai.

En revanche, le recours contentieux doit intervenir dans un délai de trois mois à compter de la notification de la décision.

Toutefois, si vous souhaitez, en cas de rejet du recours gracieux ou du recours hiérarchique, former un recours contentieux, ce recours gracieux ou hiérarchique devra avoir été introduit dans le délai sus-indiqué du recours contentieux. Vous conserverez ainsi la possibilité de former un recours contentieux dans le délai de trois mois à compter de la décision intervenue sur ledit recours gracieux ou hiérarchique.

Cette décision peut être explicite ou implicite (absence de réponse de l'administration pendant quatre mois).

Dans les cas très exceptionnels où une décision explicite intervient dans un délai de trois mois après la décision implicite, vous disposerez à nouveau d'un délai franc de trois mois à compter de la notification de cette décision explicite pour former un recours contentieux.

REPUBLIQUE FRANCAISE

Papeete, le 11/12/2013

TRIBUNAL ADMINISTRATIF
DE LA POLYNÉSIE FRANÇAISE
Avenue Pouvanaa a Oopa
BP 4522
98713 PAPEETE - TAHITI
Téléphone : (689) 50.90.25
Télécopie : (689) 45.17.24

1300626-1

Greffe ouvert du lundi au vendredi de
7H30-12H / 12H45-16H* (vendredi à 14 H*)
@ : tadelapolynesiefrancaise@mail.pf

Monsieur CHISAKA Yoshiaki
BP 62323
98713 Papeete

Dossier n° : 1300626-1
(à rappeler dans toutes correspondances)
Monsieur Yoshiaki CHISAKA c/ POLYNÉSIE
FRANÇAISE
Vos réf. : wind@mail.pf
NOTIFICATION D'ORDONNANCE
Lettre recommandée avec avis de réception

Monsieur,

J'ai l'honneur de vous adresser, sous ce pli, l'expédition de l'ordonnance[1] du 11/12/2013 rendue dans l'instance enregistrée sous le numéro mentionné ci-dessus.

La présente notification fait courir le délai d'appel qui est de 3 mois.

Si vous estimez devoir faire appel de l'ordonnance qui vous est notifiée, il vous appartient de saisir la COUR ADMINISTRATIVE D'APPEL DE PARIS, 68, rue François Miron 75004 PARIS d'une requête motivée **en joignant une copie de la présente lettre.**

A peine d'irrecevabilité, la requête en appel doit :
- être assortie d'une **copie de la décision** juridictionnelle contestée.
- être présentée par un avocat.
- être accompagnée d'un timbre fiscal de 35 euros, sauf pour les bénéficiaires de l'aide juridictionnelle. L'achat de ce timbre peut s'effectuer par voie électronique en vous connectant au site timbre.justice.gouv.fr et en suivant les instructions qui vous seront données.

Enfin, si une demande d'aide juridictionnelle a été déposée, il vous appartient également de justifier de ce dépôt.

Je vous prie de bien vouloir recevoir, Monsieur, l'assurance de ma considération distinguée.

Le Greffier en Chef,
ou par délégation le Greffier,

Dona GERMAIN

[1] NB   Dans le seul cas où le jugement rendu vous accorde partiellement ou totalement satisfaction, vous avez la possibilité d'user de la disposition de l'article R. 921-6 du justice administrative, aux termes duquel : " En cas d'inexécution d'un jugement définitif, la partie intéressée peut demander ... au tribunal administratif ... qui a rendu la décision d'en assurer l'exécution ". Toutefois, en cas d'inexécution d'un jugement frappé d'appel, la demande d'exécution est adressée à la juridiction d'appel.
     Cette demande, sauf décision explicite du refus d'exécution opposé par l'autorité administrative, ne peut être présentée avant l'expiration d'un délai de **3 mois** à compter de la notification du jugement. Toutefois, en ce qui concerne les décisions ordonnant une mesure d'urgence, et notamment un sursis à exécution, la demande peut être présentée sans délai.
     En application de l'article R. 811-5 du code de justice administrative, les délais supplémentaires de distance prévus à l'article R. 421-7 du même code s'ajoutent aux délais prévus ci-dessus.

TRIBUNAL ADMINISTRATIF
DE LA POLYNÉSIE FRANCAISE

N° 1300626

RÉPUBLIQUE FRANÇAISE

M. Yoshiaki Chisaka

AU NOM DU PEUPLE FRANÇAIS

M. Tallec
Président

Le président du tribunal

Ordonnance du 11 décembre 2013

Vu la requête enregistrée le 5 décembre 2013, au greffe du tribunal administratif de la Polynésie française, sous le n° 1300626, présentée par M. Yoshiaki Chisaka, demeurant Lot Tepapa n°1, Mission, et dont l'adresse postale est BP 62323 à Papeete (98713) ;

M. Chisaka demande au tribunal d'annuler l'attestation de notification de l'arrêté n°6719/MET du 4 septembre 2013 et de condamner la Polynésie française à lui verser la somme de 200.000 XFP au titre de l'article L.761-1 du code de justice administrative;

M. Chisaka soutient que :
- sa requête est connexe à la requête n°1300480 ;
- la notification de l'arrêté susmentionné ne respecte pas la suspension intrinsèque à la saisine du tribunal;
- cette notification, intervenue postérieurement à l'enregistrement de la requête n°1300480, enlève tout effet utile à la contestation de la sanction qui lui a été infligée ;
- elle est entachée de détournement de pouvoir ;
- elle comporte une erreur concernant la mention des délais de recours ;

Vu l'acte attaqué ;

Vu les autres pièces du dossier ;

Vu la loi organique n° 2004-192 du 27 février 2004 modifiée portant statut d'autonomie de la Polynésie française, ensemble la loi n° 2004-193 du 27 février 2004 complétant le statut d'autonomie de la Polynésie française ;

Vu le code de justice administrative ;

1. Considérant qu'aux termes de l'article R. 222-1 du code de justice administrative : « *Les présidents de tribunal administratif (...) peuvent, par ordonnance (...) 4° Rejeter les requêtes manifestement irrecevables lorsque la juridiction n'est pas tenue d'inviter leur*

auteur à les régulariser ou qu'elles n'ont pas été régularisées à l'expiration du délai imparti par un demande en ce sens... »; qu'aux termes de l'article R. 412-1 du même code : « La requête doit, à peine d'irrecevabilité, être accompagnée, sauf impossibilité justifiée, de la décision attaquée ou, dans le cas mentionné à l'article R. 421-2, de la pièce justifiant de la date du dépôt de la réclamation. »;

2. Considérant que M. Chisaka demande expressément et exclusivement l'annulation de la notification qui lui a été faite , et qu'il a d'ailleurs signée le 5 septembre 2013, de l'arrêté n°6719/MET du 4 septembre 2013 ; que cette simple notification ne peut être regardée comme un acte administratif faisant grief susceptible de faire l'objet d'un recours devant le juge de l'excès de pouvoir ; qu'il y a dès lors lieu de faire application des dispositions précitées de l'article R. 222-1 du code de justice administrative et de rejeter les conclusions à fin d'annulation de M. Chisaka, ainsi que, par voie de conséquence, ses conclusions présentées au titre de l'article L.761-1 du même code ;

O R D O N N E

Article 1ᵉʳ : La requête n° 1300626 présentée par M. Yoshiaki Chisaka est rejetée.

Article 2 : La présente ordonnance sera notifiée à M. Chisaka.

Fait à Papeete, le 11 décembre 2013.

Le président du tribunal,

J.-Y. Hanoc

La République mande et ordonne au haut-commissaire de la République en Polynésie française en ce qui le concerne ou à tous huissiers de justice à ce requis en ce qui concerne les voies de droit commun, contre les parties privées, de pourvoir à l'exécution de la présente décision.

Pour expédition conforme,
La greffière en chef,

D. Germain

Dona GERMAIN

Recours n° 13-631

Pour ceux qui n'auraient aucune idée de l'importance administrative dans la vie réelle, mieux vaut arrêter la lecture ici...

Monsieur CHISAKA Yoshiaki   Tahiti, le 5 décembre 2013.
Lot TEPAPA n°1
Mission
BP 62323
98713 - PAPEETE
wind@mail.pf
Tél: 72 80 30
                    Tribunal administratif de la Polynésie française
                    Statuant au contentieux
                    PAPEETE

Recours en abus, excès et détournement de pouvoir
Contre l'arrêté n° 6719 MET du 4/09/2013 publié le 10/09/2013.

Contre : Bruno MARTY ès-signataire de l'arrêté publié au JOPF *(PJ01)*

Préalablement.
Le 21 novembre 2013 je terminais mes conclusions dans l'affaire n° 13-480 en ces termes :
« *Et rendre la décision sur le siège motif pris que de l'issue du présent jugement dépendra l'introduction ou non de mon recours contre l'arrêt n° 6719/MET dont le délai de recours expirera quelques jours après l'audience du 26 novembre 2013 : le 5 décembre 2013* ».

Le 5 décembre 2013 je déférais l'attestation de notification du présent arrêté.

Ce 10 décembre 2013 l'affaire n° 13-480 a été mise en délibéré, d'où le présent recours au vu du délai..

En droit.
Sans qu'il ne soit utile de reprendre l'historique ayant abouti à l'arrêté n° 6719 MET, alors que le recours n° 13-480 porte directement sur la validité de l'arrêté ici contesté, affaire n° 13-480 donc actuellemenet encore pendante devant la juridiction administrative, l'arrêté sera purement et simplement annulé, pour abus de pouvoir puisque ne respectant pas la suspension intrinsèque à la saisine du tribunal administratif, de la sanction contestée ; pour excès de pouvoir puisqu'intervenant postérieurement à l'introduction du recours et donc enlevant ses effets utiles à la contestation de la sanction dénoncée, enfin, pour détournement de pouvoir puisque Monsieur Bruno MARTY, président de la commission de discipline des taxis au moment des faits puisque seul décideur de la sanction après avis de la commission, aura pris une décision infra-présidentielle que seul cedit président Gaston FLOSSE sera autorisé à défendre devant la juridiction. (Voir par exemple : Hoffer, TAPF 13-350, 26 novembre 2013).

En droit.
Outre ce qui précède, l'arrêté sera également annulé en ce qu'il mentionne « *portant suspension provisoire* », en contradiction avec les termes son article 2 : « *La présente décision est exécutoire dès sa notification* », laquelle a eu lieu le 5 septembre 2013 et fait l'objet d'un recours distinct du 05/12/13. D'où la jonction de ces deux recours ici demandée.

Par ces motifs joindre pour connexité le présent recours avec celui du 5 décembre 2013 contre l'attestation de notification, annuler l'arrêté n° 6719 MET, et m'octroyer la somme de 200 000 francs pour les frais irrépétibles.

Et ce sera justice

Vu la convocation en commission de discipline des taxis n° 117 MET/DTT/cdtx du 21 juin 2013 ;

Vu le procès-verbal n° 160 MET/DTT/cdtx du 8 août 2013 de la commission de discipline des taxis, réunie en séance le 11 juillet 2013 ;

Considérant que le taxi exploité sur la licence n° 1-001 de M. Incliff Bellais, né le 17 mai 1978 à Papeete (Tahiti), a fait l'objet d'un contrôle le mercredi 12 juin 2013 à 8 h 20 à la station de taxis du quai de Vaiare (Moorea) et que les tarifs réglementaires n'étaient pas visibles :

Considérant qu'une infraction de la 3e catégorie (défaut, falsification ou dissimulation des équipements visés à l'article 3) prévue par l'article 3 (indication des tarifs en vigueur visibles par les passagers situés à l'arrière du véhicule) et réprimée par l'article 28 de la délibération n° 2008-5 APF du 10 avril 2008 précitée, a été relevée à l'encontre de M. Incliff Bellais ;

Considérant que M. Incliff Bellais a été régulièrement convoqué et qu'il s'est fait représenter à la commission de discipline des taxis du 11 juillet 2013 ;

Considérant que M. Incliff Bellais n'a pas contesté les faits qui lui étaient reprochés.

Arrête :

Article 1er.— En application de l'article 28 de la délibération n° 2008-5 APF du 10 avril 2008 susvisée, la licence de taxi n° 1-001 de M. Incliff Bellais, entrepreneur de taxi sur l'île de Moorea, est suspendue provisoirement pour une durée de trois (3) jours.

Art. 2.— La présente décision est exécutoire dès sa notification.

Art. 3.— Le directeur des transports terrestres est chargé de l'exécution du présent arrêté qui sera notifié à M. Incliff Bellais et publié au Journal officiel de la Polynésie française.

Fait à Papeete, le 4 septembre 2013.
Bruno MARTY.

ARRETE n° 6719 MET du 4 septembre 2013 portant suspension provisoire de la licence de taxi n° 1-088 de M. Yoshiaki Chisaka, entrepreneur de taxi sur l'île de Tahiti.

Le ministre de l'équipement, de l'urbanisme, des énergies et des transports terrestres et maritimes,

Vu la loi organique n° 2004-192 du 27 février 2004 modifiée portant statut d'autonomie de la Polynésie française, ensemble la loi n° 2004-193 du 27 février 2004 complétant le statut d'autonomie de la Polynésie française ;

Vu l'arrêté n° 388 PR du 17 mai 2013 modifié portant nomination du vice-président et des ministres du gouvernement de la Polynésie française, et déterminant leurs fonctions ;

Vu l'arrêté n° 396 PR du 17 mai 2013 modifié relatif aux attributions du ministre de l'équipement, de l'urbanisme, des énergies et des transports terrestres et maritimes ;

Vu la délibération n° 2008-5 APF du 10 avril 2008 portant réglementation de l'activité d'entrepreneur de taxi, notamment son article 28 ;

Vu l'arrêté n° 9328 MDA/DTT du 31 décembre 2010 portant transfert de la licence de taxi n° 1-088 délivrée à M. Isidore Toofa pour la mise en exploitation d'un véhicule sur l'île de Tahiti et rattachée à l'autorisation d'exercer l'activité d'entrepreneur de taxi n° 088 TXT 01 au profit de M. Yoshiaki Chisaka ;

Vu le rapport de contrôle n° 127 RTC/CCE du 12 juin 2013 ;

Vu la convocation en commission de discipline des taxis n° 119 MET/DTT/cdtx du 21 juin 2013 ;

Vu le procès-verbal n° 160 MET/DTT/cdtx du 8 août 2013 de la commission de discipline des taxis réunie en séance le 11 juillet 2013 ;

Considérant que le taxi exploité sur la licence n° 1-088 de M. Yoshiaki Chisaka, né le 14 janvier 1958 à Miyaji (Japon), a fait l'objet d'un contrôle le samedi 8 juin 2013 à 20 h 17 à l'aéroport de Tahiti et qu'il n'était pas équipé du dispositif extérieur "taxi" ;

Considérant qu'une infraction de la 3e catégorie (défaut, falsification ou dissimulation des équipements visés à l'article 3) prévue par l'article 3 (dispositif extérieur, lumineux la nuit, portant la mention "taxi") et réprimée par l'article 28 de la délibération n° 2008-5 APF du 10 avril 2008 précitée, a été relevée à l'encontre de M. Yoshiaki Chisaka ;

Considérant que M. Yoshiaki Chisaka a été régulièrement convoqué et a été entendu par la commission de discipline des taxis du 11 juillet 2013.

Arrête :

Article 1er.— En application de l'article 28 de la délibération n° 2008-5 APF du 10 avril 2008 susvisée, la licence de taxi n° 1-088 de M. Yoshiaki Chisaka, entrepreneur de taxi sur l'île de Tahiti, est suspendue provisoirement pour une durée de trois (3) jours.

Art. 2.— La présente décision est exécutoire dès sa notification.

Art. 3.— Le directeur des transports terrestres est chargé de l'exécution du présent arrêté qui sera notifié à M. Yoshiaki Chisaka et publié au Journal officiel de la Polynésie française.

Fait à Papeete, le 4 septembre 2013.
Bruno MARTY.

ARRETE n° 6720 MET du 4 septembre 2013 portant suspension provisoire de la licence de taxi n° 1-072 de M. Denis Teririha Gatata, entrepreneur de taxi sur l'île de Tahiti.

Le ministre de l'équipement, de l'urbanisme, des énergies et des transports terrestres et maritimes,

Vu la loi organique n° 2004-192 du 27 février 2004 modifiée portant statut d'autonomie de la Polynésie française, ensemble la loi n° 2004-193 du 27 février 2004 complétant le statut d'autonomie de la Polynésie française ;

Monsieur CHISAKA Yoshiaki
Lot TEPAPA n°1
Mission
BP 62323
98713 - PAPEETE
wind@mail.pf
Tél: 72 80 30

Tahiti, le 31 décembre 2013.

Tribunal administratif de la Polynésie française
Statuant au contentieux
PAPEETE

Conclusions suite à l'ordonnance n° 13-626

Affaire n° 13-631
Contre : Bruno MARTY ès-signataire de l'arrêté publié au JOPF.

Le recours initial du 5 décembre rappelait mes conclusions du 21 novembre dans l'affaire n° 13-480 en ces termes : « *Et rendre la décision sur le siège motif pris que de l'issue du présent jugement dépendra l'introduction ou non de mon recours contre l'arrêt n° 6719/MET dont le délai de recours expirera quelques jours après l'audience du 26 novembre 2013 : le 5 décembre 2013* » et que j'avais déférée l'attestation de notification de l'arrêté incriminé, précisant même que le 10 décembre l'affaire n° 13-480 a été mise en délibéré.

Le 11 décembre, l'ordonnance n° 13-626 est intervenue en ces termes : « *cette simple notification ne peut être regardée comme un acte administratif faisant grief* ».

J'ai donc, par note en délibéré, demandé le rabat de l'affaire n° 13-480 dont le délibéré n'a pas été rendu à cette date, pour réclamer la jonction avec le présent dossier.

En effet, alors que le rapporteur public à l'audience avait estimé devoir « regarder » le recours n° 13-480 comme demandant l'annulation de l'arrêté n° 6719MET, ce n'est bien évidement pas le cas puisqu'était déjà déposé avant le 10 décembre le recours contre l'acte de notification et qu'était annoncé le dépôt du recours en propre contre l'arrêté dans le délai imparti.

En droit.
J'écrivais dans la requête initiale : « *alors que le recours n° 13-480 porte directement sur la validité de l'arrêté ici contesté* » et l'expliquais.

J'ajoute aujourd'hui que par « la validité » est bien évidemment celle d'avoir pu matérialiser même le dit arrêté et j'expliquais déjà que « *portant suspension provisoire* » était en contradiction avec les termes de l'article 2 : « *La présente décision est exécutoire dès sa notification* » et demandais la jonction du recours n° 13-626 avec le présent.

Elément nouveau.
La décision n° 13-626 affirmant qu'une notification ne pouvant être regardé comme un acte administratif, l'article 2 sera analysé pareillement par le juge de l'excès de pouvoir, qui censurera donc purement et simplement cet article 2 en ce qu'il donne quelque valeur à la notification de l'arrêté ; jusqu'à en faire dépendre l'exécution de l'arrêté !

Autrement dit, cet article 2 est au mieux de l'esbroufe, au pire un détournement de pouvoir visant à donner force exécutoire à une décision par le truchement d'une notification qui n'est pas même un acte administratif faisant grief au vu de l'ordonnance n° 13-626

Par ces motifs faire droit de plus fort au recours introductif et spécifiquement annuler l'article 2 en ce qu'il contient une mesure présentée à tort par son signataire ès-qualité, comme contraignante.
Et ce sera justice

REPUBLIQUE FRANCAISE

Papeete, le 07/02/2014

TRIBUNAL ADMINISTRATIF
DE LA POLYNÉSIE FRANÇAISE
Avenue Pouvanaa a Oopa
BP 4522
98713 PAPEETE - TAHITI
Téléphone : (689) 50.90.25
Télécopie : (689) 45.17.24

1300631-1

Monsieur CHISAKA Yoshiaki
BP 62323
98713 Papeete

Greffe ouvert du lundi au vendredi de
7H30-12H / 12H45-16H* (vendredi à 14 H*)

Dossier n° : 1300631-1
(à rappeler dans toutes correspondances)
Monsieur Yoshiaki CHISAKA c/ POLYNÉSIE
FRANÇAISE
Vos réf. : Courriel : wind@mail.pf
COMMUNICATION D'UN MÉMOIRE EN DÉFENSE

Monsieur,

J'ai l'honneur de vous communiquer copie d'un mémoire en défense présenté par la partie suivante : POLYNÉSIE FRANÇAISE, dans l'instance enregistrée sous le numéro mentionné ci-dessus.

L'original de ce document est accompagné de 4 pièce(s) dont vous trouverez, ci-joint, copie(s).

Dans le cas où ce mémoire appellerait des observations de votre part, celles-ci devront être produites en 4 exemplaires (en nombre égal à celui des autres parties en cause, augmenté de deux).

Afin de ne pas retarder la mise en état d'être jugé de votre dossier, vous avez tout intérêt, si vous l'estimez utile, à produire ces observations aussi rapidement que possible.

Le cas échéant, les pièces accompagnant votre mémoire devront être numérotées, énumérées sur un bordereau d'accompagnement et fournies en autant d'exemplaires.

L'état de l'instruction de ce dossier peut être consulté avec le code d'accès confidentiel *T98 - 1300631 - 56781* sur le site internet *http://sagace.juradm.fr.*

Je vous prie de bien vouloir recevoir, Monsieur, l'assurance de ma considération distinguée.

Le Greffier en Chef,
ou par délégation le Greffier

Doné GERMAIN

Le Président

Sénateur

N° 0 6 6 ? / PR

Papeete, le - 7 FEV 2014

à

Monsieur le Président,
Mesdames et Messieurs les Conseillers
composant le Tribunal administratif de la Polynésie française

MEMOIRE EN DEFENSE

POUR :   LA POLYNESIE FRANCAISE

Représentée par son Président, Monsieur Gaston FLOSSE

B.P. 4655 – 98713 PAPEETE

CONTRE :   Monsieur Yoshiaki CHISAKA
Lot TEPAPA n° 1, Quartier de la Mission
B.P. 62323 - 98713 PAPEETE
Courriel : wind@mail.pf
Tél. : 72.80.30

Objet : Monsieur Yoshiaki CHISAKA c/ Polynésie française.

Réf :   Requête n° 1300631-1.

Par requête en date du 10 décembre 2013 et enregistrée au greffe du Tribunal administratif de la Polynésie française le même jour, Monsieur Yoshiaki CHISAKA sollicite de votre juridiction :

-       d'annuler l'arrêté n° 6719/MET du 4 septembre 2013 portant suspension provisoire de sa licence de taxi pour une durée de trois jours ;

-       de condamner la Polynésie française à lui payer la somme de 200.000 F.CFP au titre des frais irrépétibles.

Ces demandes appellent de la part de la Polynésie française les brèves observations qui suivent :

1. Rappel des faits d'espèce et de la procédure déjà engagée

Le 8 juin 2013, un contrôleur routier assermenté des transports terrestres en poste à l'aéroport de Tahiti a établi que le taxi 210716-P de Monsieur Yoshiaki CHISAKA (**P.J. n° 1**) :

-   Stationnait, d'une part, en attente de clientèle en dehors d'un emplacement réservé aux taxis ;

-   et était, d'autre part, dépourvu du « dispositif extérieur, lumineux la nuit, portant la mention "taxi" ».

Pour ces faits, Monsieur Yoshiaki CHISAKA a été convoqué à la commission de discipline des taxis par lettre n° 0119/MET/DTT en date du 21 juin 2013.

En séance du 11 juillet 2013, ladite commission a décidé de ne pas prononcer de sanction s'agissant de la première infraction. Rendant cependant un avis sur la seconde infraction, cette dernière s'est prononcée en faveur d'une suspension provisoire de la licence de taxi d'une durée de trois jours, remettant la décision définitive à l'appréciation du président de la commission.

Le 12 juillet 2013, Monsieur Yoshiaki CHISAKA a saisi le Ministre chargé des transports terrestres, président de la commission de discipline des taxis, d'un recours gracieux contre l'avis de ladite commission.

Ce recours a fait l'objet d'une décision explicite de rejet n° 502/MET/DTT du 16 août 2013, indiquant que s'agissant d'une infraction de troisième catégorie, cette formation n'a qu'un rôle consultatif, la décision définitive appartenant au président de la commission, devant lui parvenir très prochainement (**P.J. n° 2**).

Le 2 septembre 2013, Monsieur Yoshiaki CHISAKA a formé un recours contre cette dernière décision auprès du Tribunal administratif (affaire référencée sous le numéro 1300480-1).

Dans le même temps, le Ministre chargé des transports terrestres, poursuivant la procédure disciplinaire et se conformant à l'avis de la commission de discipline, a prononcé par arrêté n° 6719/MET du 4 septembre 2013 une suspension de trois jours de la licence d'exploitation de Monsieur Yoshiaki CHISAKA (**P.J. n° 3**). Cette décision a bien entendu été notifiée à l'intéressé dès le lendemain.

Telle est la décision qu'attaque Monsieur Yoshiaki CHISAKA dans sa requête.

2. Discussion

a. A titre principal, sur la recevabilité

-   **Sur la forme de la requête**

La requête de Monsieur Yoshiaki CHISAKA, attaquant l'arrêté n° 6719/MET du 4 septembre 2013, est datée par le requérant du 5 décembre 2013 mais n'a été reçue et enregistrée au greffe du tribunal administratif que le 10 décembre 2013, soit plus de trois mois après la notification du 5 septembre 2013.

Cette requête doit donc être déclarée irrecevable car déposée hors délai, conformément aux prescriptions des articles R. 421-1 et R. 421-6 du Code de justice administrative.

b. A titre subsidiaire, sur le fond

-   **Sur la légalité externe**

Pour mémoire, Monsieur Yoshiaki CHISAKA a dirigé sa première requête du 2 septembre 2013 contre un simple avis de la commission de discipline ne lui faisant pas grief (affaire

2 / 4

n° 1300480-1), et allègue que le Ministre des transports terrestres serait tenu par un délai d'un mois pour rendre sa décision définitive concernant les infractions de troisième catégorie, à compter de la réunion de la commission de discipline.

Contrairement à cette allégation, aucun délai n'est fixé par la délibération n° 2008-5 APF du 10 avril 2008, notamment ses articles 26 et suivants régissant le fonctionnement de la commission de discipline des taxis (parue *in extenso* au Journal Officiel n° 16 du 17 avril 2008 à la page 1414 dans la partie *Délibérations de l'Assemblée de la Polynésie française ou de la Commission Permanente*).

En tout état de cause, le délai s'étant écoulé entre le 11 juillet et le 4 septembre 2013, dates respectives de la réunion de la commission et de l'arrêté de suspension provisoire, ne peut être regardé que comme un délai raisonnable.

De l'absence d'effet suspensif de l'introduction du recours

Dans sa nouvelle requête du 10 décembre 2013 (affaire n° 1300631-1), Monsieur Yoshiaki CHISAKA, qui ne s'exprime que par allusions à ses écritures dans la première affaire, semble contester le fait que le Ministre des transports terrestres ait pris le 4 septembre 2013 l'arrêté de suspension provisoire de sa licence de taxi et se prévaloir de l'effet suspensif de l'action en justice qu'il a introduite le 2 septembre 2013.

En liminaire, il convient de relever que le Ministre des transports terrestres ne pouvait avoir connaissance de ladite action en justice lorsqu'il a pris l'arrêté du 4 septembre 2013, puisque la requête n'est parvenue à la Polynésie française que le 6 septembre 2013 (**P.J. n° 4**).

Il est de plus incontestable que l'avis de la commission de discipline du 11 juillet 2013, seul acte existant à la date du 2 septembre, ne peut être considéré que comme un acte préparatoire à la décision administrative définitive, conformément au quatrième alinéa de l'article 28 de la délibération n° 2008-5 précitée.

Par conséquent, le simple fait pour Monsieur Yoshiaki CHISAKA d'introduire une requête le 2 septembre 2013, alors que l'autorité administrative compétente n'avait pas encore rendu sa décision, ne saurait suspendre la procédure disciplinaire engagée à son encontre, sans remettre en cause le caractère exécutoire des actes administratifs, règle fondamentale de droit public (v. Conseil d'Etat, 2 juillet 1982, HUGLO, n° 25288 25323, Rec. 257).

Ce moyen doit par conséquent être rejeté car non fondé en droit.

De la compétence du Ministre des transports terrestres pour sanctionner M. CHISAKA

Par ailleurs, le requérant semble invoquer l'incompétence, qu'il confond manifestement avec le détournement de pouvoir, du Ministre des transports terrestres pour prononcer une sanction disciplinaire à son encontre.

Or, aux termes de la délibération n° 2008-5 APF suscitée, le Ministre des transports terrestres, président de la commission de discipline des taxis, est bien l'autorité compétente pour sanctionner les infractions de troisième catégorie à la réglementation relative à cette activité.

Ce moyen doit être écarté comme non fondé en droit.

3 / 4

- **Sur la légalité interne**

Sur le détournement de pouvoir allégué, il convient enfin de relever que le Ministre des transports terrestres n'a, en proposant une suspension de trois jours, ni outrepassé ses pouvoirs ni poursuivi un objectif autre que de proposer une sanction proportionnée à l'infraction commise par M. CHISAKA, dont ni la réalité ni la gravité ne sont d'ailleurs contestées par le requérant.

Ce moyen devra être donc écarté comme étant non fondé.

Par ces motifs,

Et tous autres à déduire ou à suppléer, au besoin d'office,

La Polynésie française conclut qu'il plaise au juge bien vouloir rejeter l'intégralité des demandes comme irrecevables, à titre principal, et non fondées, à titre subsidiaire.

Sous toutes réserves.

Pour le Président et par délégation,
le Secrétaire Général adjoint du Gouvernement

Philippe MACHENEAUD-JACQUIER

Pièces jointes :

P.J. 1 : Rapport de contrôle n° 2343/DTT en date du 14 juin 2013,

Arrêté n° 2734/PR du 28 août 2008 portant commissionnement d'agents de la direction des transports terrestres à constater les infractions au code de la route et à diverses réglementations relatives aux transports terrestres,

PV n° 113 (R08/413) du Tribunal de Première Instance de Papeete du 5 novembre 2008 recevant le serment de M. Teriitoae MARA.

P.J. 2 : Lettre n° 502/MET/DTT en date du 16 août 2013.

P.J. 3 : Arrêté n° 6719/MET en date du 4 septembre 2013 portant suspension provisoire de la licence de taxi n° 1-088 de Monsieur CHISAKA Yoshiaki, entrepreneur de taxi sur l'île de Tahiti.

Attestation de notification en date du 4 septembre 2013 signée par Monsieur Yoshiaki CHISAKA.

P.J. 4 : Communication de la requête n° 1300480-1 de Monsieur Yoshiaki CHISAKA du 3 septembre 2013 (enregistrée sous le n° 5874/SGG du 6 septembre 2013).

4 / 4

	RAPPORT DE CONTRÔLE	POLYNESIE FRANÇAISE
MINISTÈRE DES TRANSPORTS TERRESTRES DIRECTION DES TRANSPORTS TERRESTRES	Date du contrôle 08 juin 2013 Heure 20h17 Lieu Aéroport de Tahiti Faaa	N° 127 BTC/CCE Papeete, le 12 juin 2013

NATURE DU CONTRÔLE   Contrôle taxi

Nous soussigné(s)   MARA Terihoae
rapportons les faits suivants que nous avons constaté dans le cadre de notre contrôle

Nous constatons le véhicule immatriculé 210 716 P muni des inscriptions suivantes sur les portières avants "aut 088TXT01" et "îie 01-088", déjà à l'arrêt sur les arrêts dépose-minute situés devant les boutiques de DUTY FREE. Il n'y a qu'une seule personne à son bord, nous reconnaissons le chauffeur, monsieur CHISAKA Yoshiaki, titulaire de l'autorisation 088TXT01.
A 20h51, il va se garer dans le parking du fret de l'aéroport.
A 21h45, monsieur CHISAKA fait monter à l'arrière du véhicule une femme couronnée, et mets les bagages dans le coffre et quitte le parking.

Le stationnement hors emplacements réservés pour les taxis en attente de clientèle est une infraction de 1ère catégorie prévue par l'article 14 de la délibération n° 2008-5 APF du 10/04/2008 portant réglementation de l'activité d'entrepreneur de taxi et réprimée par l'article 28 de cette même délibération d'un avertissement. L'entrepreneur monsieur CHISAKA est passé en commission de discipline (05/07/2012) pour la même infraction (constatée le 21/04/2012 et le 05/05/2012) et a reçu un avertissement (notifié le 17/07/2012).
Pour une récidive, c'est une infraction de 1ère catégorie prévue par l'article 14 de la délibération n° 2008-5 APF du 10/04/2008 portant réglementation de l'activité d'entrepreneur de taxi et réprimée par l'article 28 de cette même délibération d'un blâme.

Le défaut du chapeau taxi est une infraction de 3ème catégorie prévue par l'article 3 de la délibération n° 2008-5 APF du 10/04/2008 précitée et réprimée par l'article 28 de cette même délibération, passible du retrait de la licence ou du certificat de capacité ou des deux pour 1 mois.

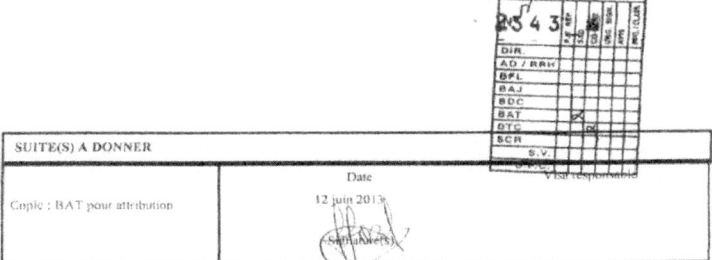

SUITE(S) A DONNER		
Cppie : BAT pour attribution	Date 12 juin 2013 (Signatures)	

JOURNAL OFFICIEL DE TAHITI

PV N° 113
(R06/413)

Présents: Mr.

Président
DELPECH B.

Procureur de la
République
BOUNAN L.

Greffier
PUTUA E.

PRESTATION DE
SERMENT

TRIBUNAL CIVIL DE PREMIERE INSTANCE DE PAPEETE
ILE DE TAHITI

AUDIENCE DU 05 NOVEMBRE 2008

Le Tribunal Civil de Première Instance de PAPEETE, Ile de TAHITI, s'est publiquement réuni aujourd'hui cinq novembre deux mil huit, au Palais de Justice de la ville au lieu ordinaire de ses audiences où étaient présents:

Mme DELPECH Brigitte, Vice-Président près le Tribunal de Première Instance de PAPEETE, M. Lionel BOUNAN, Vice-Procureur de la République, PUTUA Émilienne, Greffier;

Et a procédé comme suit à la réception du serment de:

- Monsieur Teriitens MARA,

Agent de la Direction des Transports Terrestres, contrôleur routier, habilité commissionné à constater les infractions au code de la route et à diverses réglementations relatives aux transports terrestres suivant arrêté N° 2734/PR du AOUT 2008.

Après les réquisitions du Ministère Public, le Président a lu la formule serment ainsi conçu:

" VOUS JUREZ ET PROMETTEZ DE BIEN ET LOYALEMENT REMPLIR VOS FONCTIONS ET D'OBSERVER EN TOUT LES DEVOIRS QU'ELLES VOUS IMPOSENT".

Le susnommé, debout et découvert, la main droite vive et levée, a répondu "JE LE JURE".

Le Tribunal a donné acte au Ministère Public de ses réquisitions, et de lecture donnée, acte à l'intéressé de sa prestation de serment, l'a déclaré installé du l'exercice de ses fonctions et a lui ordonné l'enregistrement au Greffe, et partout besoin sera de la décision le concernant;

En foi de quoi, le présent procès-verbal a été dressé les jour, mois et an ci-dessus et signé par le Président et le Greffier.

Le Président,   Le Greffier,

DELPECH Brigitte   PUTUA Émilienne

POLYNESIE FRANÇAISE

MINISTERE
DE L'EQUIPEMENT,
DE L'URBANISME, DES ENERGIES
ET DES TRANSPORTS TERRESTRES
ET MARITIMES

N° 502 / MET / DTT

Papeete, le   1 6 AOUT 2013

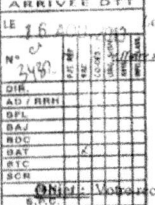

Le ministre

Affaire suivie par : DTT

à

Monsieur CHISAKA Yoshiaki

BP 62323 – 98713 PAPEETE

Objet : Votre recours gracieux sur l'avis rendu par la commission de discipline des taxis.
Réf. : - Votre lettre datée du 12 juillet 2013 ;
 - Délibération n° 2008-5 APF du 10 avril 2008 portant réglementation de l'activité d'entre-
 preneur de taxi ;
 - Votre convocation en commission de discipline n° 119/MET/DTT/cdtx du 21 juin 2013
 notifiée le 24 juin 2013 ;
 - Votre défense écrite remise en séance le 11 juillet 2013.

Monsieur,

Par lettre visée en première référence, vous présentez un recours gracieux contre l'avis
rendu par la commission de discipline des taxis le 11 juillet dernier, qui vous a été communiqué
oralement par le secrétaire de séance, dans la procédure disciplinaire engagée à votre encontre.

Après réexamen attentif du déroulement de la séance, je ne peux que vous confirmer que
toutes les règles de fonctionnement applicables à cette commission ont été respectées et que votre
dossier n'est entaché d'aucun vice de procédure.

S'agissant des sanctions aux infractions de la 3ème catégorie, je vous rappelle que les avis
de la commission ne sont que consultatifs et qu'il m'appartient de prendre la sanction qui me paraît
la plus appropriée.

Pour ce qui concerne les secrétaires de séance, je tiens à vous préciser que leur rôle est de
veiller à la bonne consignation des travaux de la commission et qu'ils ne prennent en aucun cas part
aux débats.

Je ne manquerai pas de vous faire connaître la décision qui sera prise à votre encontre dans
les tous prochains jours.

Je vous prie d'agréer, Monsieur, l'expression de mes salutations distinguées.

Copie(s) :
MET 1
DTT 1

Bruno MARTY

Si vous estimez que la décision prise par l'administration est contestable, vous pouvez former un recours en contentieux devant le
Tribunal administratif de la Polynésie française dans un délai de trois mois à compter de la notification de la présente décision

B.P. 2551, 98713 Papeete - TAHITI, Polynésie française – Bâtiment administratif A2 (5e étage), rue du Commandant Destremeau
Tél : (689) 46 80 19 - Fax : (689) 48 37 92 - Email : secretariat@equipement.min.gov.pf

PG 3

GOUVERNEMENT DE LA
POLYNESIE FRANÇAISE

MINISTERE
DE L'EQUIPEMENT,
DE L'URBANISME, DES ENERGIES
ET DES TRANSPORTS TERRESTRES
ET MARITIMES

ARRETE N°
-- 6719   / MET du

0 4 SEP. 2013

portant suspension provisoire de la licence de taxi n° 5-088 de
Monsieur CHISAKA Yoshiaki, entrepreneur de taxi sur l'île
de Tahiti.

LE MINISTRE DE L'EQUIPEMENT, DE L'URBANISME, DES ENERGIES
ET DES TRANSPORTS TERRESTRES ET MARITIMES

Vu la loi organique n° 2004-192 du 27 février 2004 modifiée, portant statut d'autonomie de la Polynésie
française, ensemble la loi n° 2004-193 du 27 février 2004 complétant le statut d'autonomie de la
Polynésie française ;

Vu l'arrêté n° 389/PR du 17 mai 2013 modifié, portant nomination du vice-président et des ministres du
gouvernement de la Polynésie française, et déterminant leurs fonctions ;

Vu l'arrêté 466/PR du 17 mai 2013 modifié, relatif aux attributions du ministre de l'équipement, de
l'urbanisme, des énergies et des transports terrestres et maritimes ;

Vu la délibération n° 2008-5 APF du 10 avril 2008 portant réglementation de l'activité d'exploitation de
taxi, notamment son article 28 ;

Vu l'arrêté n° 9228/MDA/CTT du 31 décembre 1976 portant rapport de la licence de taxi n° 5-088 délivrée
à Monsieur TOUPA Isidore pour la mise en exploitation d'un véhicule sur l'île de Tahiti et attachée à
l'exploitation d'autre l'activité d'entreprise de taxi n° XEE TYT 5... au profit de Monsieur
CHISAKA Yoshiaki.

Vu le registre de contrôle n° GV80/CEUX du 15 juin 2013 ;

Vu le procès-verbal n° 0048/MET/DTT/des du 08 août 2013 de la commission de discipline des taxis
réunie en séance le 11 juillet 2013 ;

Considérant que le procès-verbal sur la licence n° 5-088 de Monsieur CHISAKA Yoshiaki, et le 14 janvier
2008 à Arue-la-Vapeur, a fait l'objet d'un contrôle le samedi 08 juin 2013 à 10h17 à l'avenue de Tahiti, et
qu'il n'était pas équipé du dispositif extérieur « taxi » ;

Considérant qu'une infraction de la 2ème catégorie (défaut, falsification ou dépréciation des équipements
visés à l'article 3) prévue par l'article 5 (règent)/l'exploitant, honoraire le cas, portant la licence n° taxi) et a l'at
exploitée par l'article 28 de la délibération n° 2008-5 APF du 10 avril 2008 précitée, a été relevée à
l'encontre de Monsieur CHISAKA Yoshiaki.

Considérant que Monsieur CHISAKA Yoshiaki a été régulièrement entendu et a été entendu par la
commission de discipline des taxis du 11 juillet 2013

ARRETE

Article 1er : - En application de l'article 28 de la délibération n° 2008-5 APF du 12 avril
2008 susvisée, la licence de taxi n° 5-088 de Monsieur CHISAKA Yoshiaki,
entrepreneur de taxi sur l'île de Tahiti, est suspendue provisoirement pour une durée de
trois (03) jours.

Article 2 : - La présente décision est exécutoire dès sa notification.

Article 3 : - Le directeur des transports terrestres est chargé de l'exécution du présent arrêté qui sera
à Monsieur CHISAKA Yoshiaki et publié au Journal officiel de la Polynésie française.

Fait à Papeete, le

0 4 SEP. 2013

Le ministre
de l'équipement,
de l'urbanisme, des énergies
et des transports terrestres et maritimes

Y. HAGATAI

Direction des Transports Terrestres

ATTESTATION DE NOTIFICATION

Je soussigné (e) : Prénom : _Yoshiaki_

NOM : _CHIBABA_

Reconnais avoir reçu (*indiquer les références de l'acte notifié*) :

Arrêté n° 6719 MET du 09 SEP 2013

A Papeete, le _05 Sep 2013_   Signature :

Heure : _11h30_

VOIES ET DELAIS DE RECOURS

Si vous estimez que la décision prise par l'administration est contestable, vous pouvez former :

- soit un recours gracieux devant l'auteur de la décision ;
- soit un recours hiérarchique devant le Président de la Polynésie française ;
- soit un recours contentieux devant le tribunal administratif de la Polynésie française.

Le recours gracieux et le recours hiérarchique peuvent être faits sans condition de délai.

En revanche, le recours contentieux doit intervenir dans un délai de trois mois à compter de la notification de la décision.

Toutefois, si vous souhaitez, en cas de rejet du recours gracieux ou du recours hiérarchique, former un recours contentieux, ce recours gracieux ou hiérarchique devra avoir été introduit dans le délai sus-indiqué du recours contentieux. Vous conserverez ainsi la possibilité de former un recours contentieux dans le délai de trois mois à compter de la décision intervenue sur ledit recours gracieux ou hiérarchique.

Cette décision peut être explicite ou implicite (absence de réponse de l'administration pendant quatre mois).

Dans les cas très exceptionnels où une décision explicite intervient dans un délai de trois mois après la décision implicite, vous disposerez à nouveau d'un délai franc de trois mois à compter de la notification de cette décision explicite pour former un recours contentieux.

REPUBLIQUE FRANCAISE

TRIBUNAL ADMINISTRATIF
DE LA POLYNÉSIE FRANÇAISE
Avenue Pouvanaa a Oopa
BP 4522
98713 PAPEETE - TAHITI
Téléphone : (689) 50.90.25
Télécopie : (689) 45.17.24

Greffe ouvert du lundi au vendredi de
7H30-12H / 12H45-16H* (vendredi à 14 H*)
@ : tadelapolynesiefrancaise@mail.pf

Dossier n° : 1300480-1
(à rappeler dans toutes correspondances)
Monsieur Yoshiaki CHISAKA c/ POLYNÉSIE
FRANÇAISE

COMMUNICATION DE LA REQUÊTE
Lettre recommandée avec avis de réception

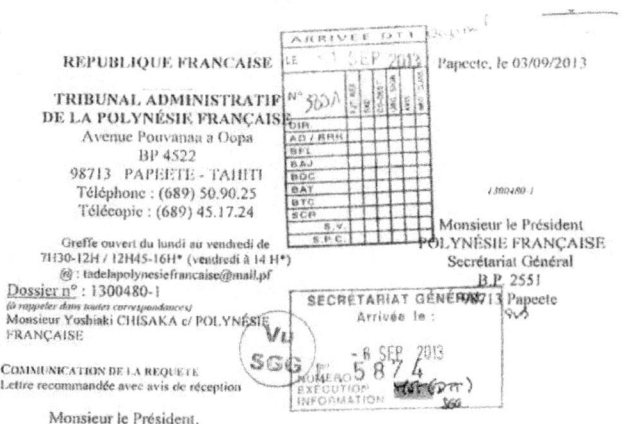

Papeete, le 03/09/2013

1300480-1

Monsieur le Président
POLYNÉSIE FRANÇAISE
Secrétariat Général
B.P 2551
98713 Papeete

SECRÉTARIAT GÉNÉRAL
Arrivée le :
- 6 SEP 2013
5874

Monsieur le Président,

J'ai l'honneur de vous communiquer une copie de la requête présentée par la partie suivante : Monsieur Yoshiaki CHISAKA enregistrée le 02/09/2013 sous le numéro mentionné ci-dessus.

Je vous recommande de faire figurer ce numéro dans toutes vos correspondances relatives à cette affaire.

L'original de ce document est accompagné de 3 pièce(s) dont vous trouverez, ci-joint, copie(s).

Un délai de 30 jours vous est imparti pour présenter votre mémoire en 4 exemplaires (en nombre égal à celui des autres parties en cause, augmenté de deux).

Le cas échéant, les pièces accompagnant votre mémoire devront être numérotées, énumérées sur un bordereau d'accompagnement et fournies en autant d'exemplaires.

L'état de l'instruction de ce dossier peut être consulté avec le code d'accès confidentiel T98 - 1300480 - 13488 sur le site internet http://sagace.juradm.fr.

Je vous prie de bien vouloir recevoir, Monsieur le Président, l'assurance de ma considération distinguée.

Le Greffier en Chef,
ou par délégation le Greffier,

Denise RIVETA

120

REPUBLIQUE FRANCAISE

Papeete, le 06/03/2014

**TRIBUNAL ADMINISTRATIF
DE LA POLYNÉSIE FRANÇAISE**
Avenue Pouvanaa a Oopa
BP 4522
98713 PAPEETE - TAHITI
Téléphone : (689) 50.90.25

1300631-1

Dossier n° : 1300631-1 (à rappeler)

Monsieur CHISAKA Yoshiaki
BP 62323
98713 Papeete

Monsieur Yoshiaki CHISAKA
Vos réf. : Courriel : wind@mail.pf

AVIS D'AUDIENCE
Lettre recommandée avec avis de réception

Monsieur,

J'ai l'honneur de vous informer que l'affaire enregistrée sous le numéro mentionné ci-dessus est inscrite au rôle de l'audience publique du 08/04/2014 qui se tiendra à 09:00 heures dans la salle ANNEXE, Avenue Pouvanaa a Oopa BP 4522 98713 Papeete.

Si une ordonnance précisant une date de clôture d'instruction n'est pas intervenue dans cette affaire, l'instruction sera close trois jours francs avant la date d'audience indiquée ci-dessus. Si vous entendez produire un mémoire, il conviendra de le faire avant cette date.

La procédure étant essentiellement écrite, vous n'êtes pas tenu d'assister à l'audience. Si vous y assistez, vous pourrez présenter des observations orales.

Conformément à l'article R. 711-3 du code de justice administrative, vous êtes informé que vous pourrez, si vous le souhaitez, prendre connaissance du sens des conclusions que le rapporteur public prononcera à l'audience, en consultant l'application Sagace. Cette application sera renseignée, à cet effet, dans un délai de l'ordre de deux jours avant l'audience. Si vous n'êtes pas en mesure de consulter en ligne l'application Sagace, vous pourrez, dans ce même délai, prendre contact avec le greffe. Pour les requêtes entrant dans le champ de l'article R. 732-1-1* du même code, vous serez informé de la même façon si le rapporteur public est dispensé de prononcer des conclusions.

L'état de l'instruction de ce dossier peut être consulté avec le code d'accès confidentiel *T98 - 1300631 - 56781* sur le site internet *http://sagace.juradm.fr.*

Je vous prie de bien vouloir recevoir, Monsieur, l'assurance de ma considération distinguée.

Le Greffier en Chef,
ou par délégation le Greffier

Pour en savoir plus sur le déroulement de l'audience, vous pouvez consulter le site internet de la juridiction administrative à l'adresse suivante : *http://www.conseil-etat.fr/fr/comment-se-deroule-laudience*

*Art. R. 732-1-1 : Sans préjudice de l'application des dispositions spécifiques à certains contentieux prévoyant que l'audience se déroule de plein droit sans conclusions du rapporteur public, le président de la formation du jugement ou le magistrat statuant seul peut dispenser le rapporteur public, sur sa proposition, d'exposer des conclusions à l'audience sur tout litige relevant des contentieux suivants : 1° permis de conduire ; 2° refus de concours de la force publique pour exécuter une décision de justice ; 3° naturalisation ; 4° entrée, séjour et éloignement des étrangers, à l'exception des expulsions ; 5° taxe d'habitation et taxe foncière sur les propriétés bâties afférentes aux locaux d'habitation et à usage professionnel au sens de l'article 1496 du code général des impôts ainsi que contribution à l'audiovisuel public ; 6° l'taxation allocation ou droit attribués au titre de l'aide ou de l'action sociale, du logement ou en faveur des travailleurs privés d'emploi. Art. R. 732-3 : A l'issue de l'audience, toute partie à l'instance peut adresser au président de la formation de jugement une note en délibéré.

121

Monsieur CHISAKA Yoshiaki   Tahiti, le 9 avril 2014.
Lot TEPAPA n°1
Mission
BP 62323
98713 - PAPEETE
wind@mail.pf
Tél: 72 80 30

                    Tribunal administratif de la Polynésie française
                    Statuant au contentieux
                    PAPEETE

                        Note en délibéré.

Affaire n° 13-631
Contre : Bruno MARTY ès-signataire de l'arrêté publié au JOPF.
Audience du 8 avril 2014, affaire mise en délibéré.

Le rapporteur public Chansérey MUM a proposé l'irrecevabilité du recours au motif de la tardiveté.

Or, publié au JOPF le 10 septembre 2013, le recours déposé et tamponné le 10 décembre 2013 répond au délai des trois mois impartis.

A fortiori que le recours n° 13-626 rejeté par ordonnance constatait que la notification à elle seule ne faisait pas grief.

Si la notification du 5 septembre 2013 ne faisait pas grief, avant publication en l'espèce, c'est donc que ladite notification a une valeur inférieure à la publication.

Si la publication a une valeur supérieur à la notification mentionnée dans l'arrêté contesté, notamment du fait des délais que fait courir la publication quant à la contestation de l'acte publié, nonobstant une notification sauvage, c'est-à-dire ne faisant pas grief en elle-même, le délai à prendre à considération en l'espèce est donc celui de la publication au journal officiel, la publication tardive prolongeant l'article 2 de cet arrêté, à quoi le fait qu'il soit personnel n'enlève rien au fait qu'il ait été publié et donc à ces implications.

En effet, n'ayant pas su qu'il allait être publié au JOPF, je pensais le 5 septembre que c'était la procédure normale en la matière et que donc je pouvais contester la notification en temps et heure.

Or cette contestation de la notification s'étant avérée comme ne faisant pas grief, c'est à bon droit que j'ai déféré l'arrêté qui lui fait grief.

Le tribunal ne suivra donc pas la demande de rejet du rapporteur public qui me semble, comme dans l'affaire Diémert/Haut-conseil et comme l'a relevé l'avocat Robin QUINQUIS, n'avoir pas pris en considération tous les éléments du dossier : dans le dossier Diémert de façon négative et dans le présent dossier de façon « trop » positive, c'est-à-dire donnant une portée autre à la notification du 5 septembre 2013 que celle, intrinsèque ce jour-là : un acte ne faisant pas grief.

Partant, ne faisant pas grief, cette notification ne saurait être considérée a posteriori comme un acte juridique au même titre que la publication.

Et faire droit de plus fort à la demande initiale.

Monsieur CHISAKA Yoshiaki   Tahiti, le 14 avril 2014.
Lot TEPAPA n°1
Mission BP 62323
98713 - PAPEETE
wind@mail.pf Tél: 72 80 30

         Tribunal administratif de la Polynésie française
         Statuant au contentieux
         PAPEETE

Requête en rabat
suite aux jurisprudences n° 1300614 du 8 avril 2014 et CE 362140 du 31 mars 2014 et
appel en cause du haut-commissaire de la république française vu son arrêté du 8 mars 2012.

Affaire n° 13-631 contre : Bruno MARTY ès-signataire de l'arrêté 6719 publié au JOPF.
Audience du 8 avril 2014, affaire mise en délibéré.

Nouveauté : De la jurisprudence locale n° 1300614 du 8 avril 2014 (Mme Lowyna OTARE)

Le considérant n° 2 met en lumière *"d'une part qu'aux termes de l'article II-2 de l'arrêté du haut commissaire de la République du 8 mars 2012 (…) « la zone publique est constituée notamment par … les emplacements réservés aux taxis… » ; que d'autre part (…) la délibération du 10 avril 2008 (…) »*

Il est clair qu'il s'agit donc d'une zone publique, dont des emplacements sont réservés aux taxis, la notion de « réservé » s'entendant à l'évidence comme réservant ces endroits aux taxis et non comme les y « parquant », bien que dans la pratique c'est le cas au vu des plots en béton et barrières empêchant la liberté de manœuvre.

Ce constatant remet également de circonstance qu'en réservant des emplacements aux taxis, l'arrêté du haut-commissaire aurait également pu, voire dû (?), les exclure des parkings payants !

Tel n'est pas le cas et donc l'article 5 de la DDHC de 1789 pourvoit à ce que cela ne puisse être empêché. Par ailleurs il convient de ne pas confondre occupation temporaire avec utilisation normale, par tous.

Cette exclusion ne se présumant pas et, en l'espèce, s'appliquant à la verbalisation ayant aboutie à la sanction dénoncée, il convient d'appeler en cause le haut-commissaire pour recueillir son avis qui ne se présume ou ne se déduit pas. En droit. En effet la verbalisation concerne le droit du travail et le droit d'entreprendre et d'exercer une profession librement choisie que les articles 2, 4, 16 et 17 de la DDHC de 1789 garantissent.

Le considérant n° 3 poursuit : *« (…) il résulte de la combinaison (…) appartient à l'Etat, titulaire du pouvoir de police, de réglementer l'emprise civile (…) en tout ce qui concerne le bon ordre ; »*

Même si l'expression « le bon ordre » a été utilisée dans le jugement du 8 avril 2014 alors que ce bon ordre relève du droit administratif français et aura été adapté de façon inversée au haut-commissaire : l'ordre public est l'état social idéal caractérisé par « le bon ordre, la sécurité, la salubrité et la tranquillité publique. », le but de la police administrative est d'en prévenir les troubles. En l'espèce, l'Etat n'est pas intervenu à mon encontre, n'ayant pas dérangé ni l'ordre public, ni le bon ordre en quoi que ce soit. *A fortiori*, le bon ordre n'est pas de la compétence des agents verbalisateurs *a posteriori* et qu'il n'aura pas été relevé *a priori*. En tout cas cette cause ne figure pas au dossier.

Autrement dit : *« qu'en vertu de ce pouvoir, le haut-commissaire de la République a délimité la zone publique au sein de laquelle ont été prévus les emplacements réservés au stationnement des taxis »* n'interdit en rien un stationnement payant.
Mais encore, la délimitation des zones publiques ne saurait être qu'un plus pour les taxis et en rien ne les pénaliser lorsque, comme moi, le panneau taxi aura été enlevé et le parking payé. Ne sont donc pas contestés foncièrement tels emplacements autorisés (sic) sauf moyen d'ordre public qui pourra être soulevé pour incompétence le cas échéant, de l'arrêté, du haut-commissaire pour empiètement sur l'autorité du premier magistrat de la commune de Faa'a, le maire.

Pour illustration, dans la commune de Papeete, ne relevant pas de l'Etat français tant qu'elle n'est pas sous tutelle, c'est le maire de la commune qui autorise « *une mesure temporaire d'occupation des places de stationnement payant dans la contre-allée du boulevard Pomare devant le centre Vaima par les taxis* » (arrêté municipal n° 2012-580 DST du 4 décembre 2012), ou encore « *Arrêté municipal n° 182-93 du 22 décembre 1993 autorisant la création de cinq emplacements de stationnement supplémentaires réservés aux taxis dasn la contre-allée du boulevard Pomare* ».

Enfin, le jugement n° 13-614 en révélant ces emplacements réservés aux taxis sans taximètres par le haut-commissaire ; par une autorité française le lie à la délibération locale 2008-5 APF, rendant l'arrêté d'autant et intrinsèquement plus que litigieux. En effet, la loi nationale prévoit que les taxis sont équipés d'un taximètre, ce qui n'est pas le cas hors de France. Or l'arrêté d'Etat pris par le haut-commissaire ne saurait valider des taxis ne répondant pas à la norme française. D'où l'intérêt supplémentaire d'attraire le haut-commissaire à la cause, notamment en ce que les Voitures de Tourisme avec Chauffeur (VTC) sont de compétence des fonctionnaires de police sous l'autorité du ministre de l'intérieur de la France même hors de France (voir CE 374524/374554 du 5 février 2014 (Sas Allocab et autres).

Autrement dit, des VTC, exerçant la même profession, ne pourraient être verbalisés du seul fait de n'être pas des taxis et dans les mêmes conditions : pas de taximètre, stationnement payant et payé sur un parking, etc…, créant une discrimination non justifiée du fait même du conflit d'arrêté étatique/délibération insulaire.

Ceci amène à un autre moyen contrevenant au bon ordre, voire un moyen d'ordre public : les articles 13, 14, 15, 28 et 38 mis en exergue dans le jugement n° 13-614 seront écartés non seulement du fait du rapport arrêté/délibération mais en ce que « la Polynésie française » empiète dans le domaine des attributions des maires. Ceci est encore évident lorsque, pour les examens ils se déroulent sur l'île de TAHITI et dans la commune de Papeete, mais encore, en ce que les certificats, licences, autorisations sont émis pour telle ou telle(s) îles, dont certaines comportent en outre plusieurs communes, violant les pouvoirs de premier magistrat de dizaines de maires élus au suffrage direct.

Nouveauté : De la jurisprudence nationale n° 362140 du 31 mars 2014 (Taxe trottoir)

Comme vu *supra*, la notion toute relative de « taxi », locale, écartée, ma verbalisation aura eu lieue à un endroit répondant à l'usage normal de cet endroit : un parking. Concédé par l'Etat français. Hors « *la Polynésie française* ». En clair : je n'ai commis aucune infraction permettant qu'il soit porté atteinte à mon droit d'entreprendre et du travail.

Ayant abordé les VTC, à l'heure où la Dépêche de TAHITI de ce dimanche 13 avril 2014 révèle à la Une l'organisation de l'examen du certificat de capacité à la conduite des taxis et des voitures de remise qui s'est tenu dans la semaine, l'arrêté n° 3068 MET du 3 avril 2014 paru au JOPF du 8 avril 2014 page 4911, porte « *ouverture au titre de l'année 2014 d'une session d'examen du certificat de capacité professionnelle à la conduite des véhicules affectés aux services de transport de personnes* », sans autre(s) indication(s), des VTC notamment (?), précisant même que « *certificat de capacité ou carte professionnelle déjà obtenus* » peuvent être produits laissant le doute s'immiscer quant aux véhicules qui pourront être conduits avec ce certificat (de certificat(s) ?).

De l'acquis supplémentaire du rabat.

La note en délibéré exposait que la date de départ du délai de prescription est la publication au JOPF le 10 septembre 2013, il convient de rajouter que l'article 3 de l'arrêté 6719 attaqué précise que l'arrêté sera d'abord notifié avant d'être publié, la notification première ne servant que de tremplin à la publication, forcément postérieure et faisant donc tout aussi forcément courir les délais contre l'arrêté (pas contre la notification !).
S'il fallait encore distinguer entre les délais, de notification du 5 septembre *vs* de publication du 10 septembre 2013, il conviendra de se rapporter au rapport du sénat sur l'ancien article 176 de la loi orga-nique 2004-192 du 27 février 2014 : « *Deux catégories de personnes peuvent déférer les lois du pays au Conseil d'Etat :*
- d'une part, les « institutionnels », c'est-à-dire le président de la Polynésie française, le haut-commissaire de la République, le président de l'assemblée de la Polynésie française ou six représentants à l'assemblée de la Polynésie française, qui disposent d'un délai de quinze jours ;
- d'autre part, les particuliers, ayant un intérêt à agir au sens où on l'entend en matière de recours pour excès de pouvoir, qui disposent d'un délai d'un mois.

Afin que les particuliers soient informés de l'adoption d'une loi du pays, celle-ci doit être publiée au journal officiel de la Polynésie française à la suite de son adoption. » (http://www.senat.fr/rap/l03-107/l03-10724.html) Rapport n° 107 (2003-2004) de M. Lucien LANIER, fait au nom de la commission des lois, déposé le 9 décembre 2003.

En effet, si un distinguo peut être opéré, il ne peut s'agir que de celui entre des institutionnels et des particuliers d'une part et d'autre part, c'est l'information des particuliers par la publication au journal officiel local qui fait courir leur délai, plus long.

En l'espèce, la publication d'un acte individuel ne faisant pas courir de délai pour les particuliers autres que l'intéressé puisque les *quidam* n'ont pas intérêt à attaquer un arrêté individuel, l'intéressé – le particulier donc -, bénéficiant du délai attaché à ladite publication.

A contrario, la validité de la notification du 5 septembre 2014 est nulle du fait même qu'elle ne fait pas grief et comme cela a été jugé par ordonnance n° 13-626, la publication par ailleurs explicitement et expressément prévue par l'article 3, il n'existe pas de restriction aux délais impartis par la publication… le directeur des transports terrestres – notificateur du 5 septembre 2013 – étant lui-même chargé… de la publication !

Ce qui implique une notion supplémentaire de dévoiement de ses fonctions puisqu'ayant procédé avant publication à la notification. Mais aussi de ce que de surcroît l' « *Attestation de notification* » d'une part n'est qu'une attestation, et d'autre part, qu'exécutée par « la direction des transports terrestres » elle ne l'aura pas été par le directeur des transports terrestres, seul habilité par l'article 3 en l'espèce, rendant cette attestation de notification nulle de plein droit, nulle et de nul effet en droit, la frappant d'inexistence et partant laissant intact le délai de recours à compter du 10 septembre 2013..

Enfin, aucune notification régulière n'étant intervenue suite à la publication du 10 septembre 2013, le présent recours est d'autant plus essentiel qu'il empêchera toute notification régulière future, mais encore l'annulation de l'arrêté effacera toute velléité de son utilisation future pour valoir en matière de récidive.

Le jugement n° 13-614 exposant encore « *que c'est dans le cadre de la réglementation de l'activité d'entrepreneur de taxi que la Polynésie française, dont la compétence en la matière n'est pas contestée, a d'une part énoncé les faits constituant des infractions à cette réglementation (…) stationnée dans un emplacement autre que ceux réservés aux taxis alors qu'elle était en cours de prise en charge de clients ; que c'est donc en application strict des dispositions sus rappelées que la commission de discipline, au vu du procès-verbal compétemment dressé par un agent assermenté (…) a décidé de la sanctionner d'un avertissement (…)* », il n'en va pas de même ici vu ce qui précède : bien sûr qu'est contestée la compétence « *de la Polynésie française* » ; en la matière notamment !

Par ces motifs et au vu du jugement TAPF n° 13-614 du 8 avril 2014, avant dire droit, rabattre le délibéré et appeler en cause le haut-commissaire de la république française notamment sur le sujet des parkings « réservés » par opposition à l'occupation en bon ordre d'un parking payant dans les conditions sus-décrites et recueillir ses observations quant aux chevauchements de compétences entre d'une part « son » parking réservé pour les taxis et d'autre part, les effets de la délibération non-étatique dans « son » parking, en dehors de toute atteinte au bon ordre relevant des autorités françaises nationales et en particulier l'intervention d'agents verbalisateurs de l'entité Polynésie française dont l'aéroport ne relève pas de l'autonomie de cette entité infra-française. Il sera aussi attrait en ce qu'en ayant pris l'arrêté de stationnement des taxis, il n'aura pas veillé au bon ordre ni surtout à l'ordre public en autorisant la délivrance par le concessionnaire, d'accès à ces stationnements à des véhicules non munis de taximètres qu'imposent intrinsèquement son arrêté étatique portant sur les taxis, mais encore, aura failli à interdire explicitement à des taxis l'accès au parking payant, par panneau, permettant à des agents verbalisateurs de taxis-non-munis-de-taximètres de se référer à son arrêté… pour me verbaliser. CQFD.
Enfin, une fois l'arrêté au regard de la délibération - et vice-versa - éclaircis, il conviendra d'adapter la décision à la « taxe trottoir » au cas d'espèce, à l'utilisation, par un chauffeur d'un véhiculei non muni d'un taximètre et sans panneau taxi, de l'emplacement d'une place de parking payante et payée sans porter atteint au bon ordre administratif ni à l'ordre public *a fortiori*. Et ne pas statuer sur la verbalisation à l'origine de ma sanction puisque celle-ci n'aura pu l'être *ratione loci, a fortiori* par des agents verbalisateurs non étatiques en matière de taxis, sur cette partie du territoire national relevant du ministère de l'intérieur de la république française : ce-dit parking payant. En fait considérer l'arrêté litigieux. Pas la personne. En tout cas avant ma personne. Et ce sera justice.
Monsieur CHISAKA Yoshiaki   Tahiti, le 18 avril 2014.

Lot TEPAPA n°1
Mission BP 62323
98713 - PAPEETE
wind@mail.pf Tél: 72 80 30

Tribunal administratif de la Polynésie française
Statuant au contentieux
PAPEETE tadelapolynesiefrancaise@mail.pf

Complément et éléments confortant le rabat demandé.

Affaire n° 13-631 contre : Bruno MARTY ès-signataire de l'arrêté 6719 publié au JOPF.
Audience du 8 avril 2014, affaire mise en délibéré.

La demande de rabat où la question de l'autonomie au regard des pouvoirs de l'Etat français ressortait du jugement n° 13-614 a trouvé ces dernières heures une illustration supplémentaire.

Voici ce que rapporte le site http://www.tahiti-infos.com/Hitia-a-O-Te-Ra-de-nouvelles-elections-municipales-dans-quelques-semaines_a99259.html :
« *HITIA O TE RA, le 17 avril 2014. Il a fallu quelques jours de réflexion, d'analyses juridiques poussées, aussi bien au ministère de l'Intérieur, qu'au ministère des Outre-mer, mais cette fois la conclusion commune est que l'on se dirige vers de nouvelles élections générales sur l'ensemble de la commune de Hitia'a O Te Ra après la démission en début de semaine de 13 conseillers municipaux, dont 10 sur 12 de la commune associée de Papenoo. (…) Les valses hésitations du Haut commissariat ont finalement été levées au cours des dernières heures. Il faut dire que la situation qui se présente ici en Polynésie (…) est inédite. (…) conduisant certains articles de ce code, à, parfois se contredire suivant les interprétations des textes (…).* »

Ou encore l'embrouillamini où le « *Haut conseil censé donner des conseils juridiques au gouvernement sur ses textes législatifs (sic) n'a pas réussi à se sauvegarder lui-même des contentieux* », l'avocat du requérant illuminant le tout d'un « *mille-feuilles immangeable* » ! (voir ci-après)

http://www.tahiti-infos.com/Le-Haut-conseil-de-Polynesie-encore-bouscule-en-justice_a98546.html
« *A la sortie de l'audience, Me Philippe Neuffer défendant les intérêts d'Oscar Temaru a souligné l'incongruité du tribunal administratif à statuer sur la délibération de juillet 2013, dès lors qu'une nouvelle délibération a été adoptée par l'assemblée de Polynésie le 14 mars dernier. Il dénonçait ainsi un «mille-feuilles immangeable». Dans cet acharnement du gouvernement à créer ce Haut conseil coûte que coûte, accumulant Loi du Pays, délibérations et arrêtés successifs on se demande quel en sera le sort final. Car, ce Haut conseil censé donner des conseils juridiques au gouvernement sur ses textes législatifs n'a pas réussi à se sauvegarder lui-même des contentieux et des recours. Il apparaît clairement que la nouvelle délibération du 14 mars 2014 sera attaquée également sur sa légalité, d'autant qu'elle n'abroge pas tous les articles de celle de juillet 2013.* »

Enfin, et pour rappel dans le même ordre d'idée, l'arrêt *Monsieur René Hoffer* n° 318628 du conseil d'Etat du 25 novembre 2009 relatif à la délibération n° 2008-5 en son deuxième considérant s'attache à l'illégalité dénoncée en ces termes : « *quand bien même ces délibérations relèveraient, pour certaines de leurs dispositions, du domaine de la loi (sic) et qu'elles n'auraient, de ce fait, pu être adoptées que sous la forme d'une loi du pays (re-sic), il n'appartient pas au Conseil d'Etat d'en connaître en premier et dernier ressort selon la procédure prévue par l'article 176 (…)* » ; en l'espèce il appartient donc au tribunal administratif d'en connaître.

Et ce sera justice.

REPUBLIQUE FRANCAISE

Papeete, le 24/04/2014

TRIBUNAL ADMINISTRATIF
DE LA POLYNÉSIE FRANÇAISE
Avenue Pouvanaa a Oopa
BP 4522
98713   PAPEETE - TAHITI
Téléphone : (689) 50.90.25
Télécopie : (689) 45.17.24

1300631-1

Greffe ouvert du lundi au vendredi de
7H30-12H / 12H45-16H* (vendredi à 14 H*)

Monsieur CHISAKA Yoshiaki
BP 62323
98713 Papeete

Dossier n° : 1300631-1
(à rappeler dans toutes correspondances)
Monsieur Yoshiaki CHISAKA c/ POLYNÉSIE
FRANÇAISE
Vos réf. : Courriel : wind@mail.pf
NOTIFICATION DE JUGEMENT
Lettre recommandée avec avis de réception

Monsieur,

J'ai l'honneur de vous adresser, sous ce pli, l'expédition du jugement en date du 22/04/2014 rendu dans l'instance enregistrée sous le numéro mentionné ci-dessus.

La présente notification fait courir le délai d'appel qui est de 3 mois.

Si vous estimez devoir faire appel du jugement qui vous est notifié, il vous appartient de saisir la COUR ADMINISTRATIVE D'APPEL DE PARIS, 68, rue François Miron 75004 PARIS d'une requête motivée **en joignant une copie de la présente lettre**.

A peine d'irrecevabilité, la requête en appel doit :
- être assortie d'une **copie de la décision** juridictionnelle contestée.
- être présentée par un avocat.

Enfin, si une demande d'aide juridictionnelle a été déposée, il vous appartient également de justifier de ce dépôt.

Je vous prie de bien vouloir recevoir, Monsieur, l'assurance de ma considération distinguée.

Le Greffier en Chef,
ou par délégation le Greffier,

Oona GERMAIN

NB. Dans le cas où le jugement rendu vous accorde partiellement ou totalement satisfaction, vous avez la possibilité, sous réserve de la disposition de l'article L. 911-4 du code de justice administrative, aux termes duquel : « En cas d'inexécution d'un jugement définitif, la partie intéressée peut demander... au tribunal administratif... qui a rendu la décision d'en assurer l'exécution. Toutefois, en cas d'inexécution d'un jugement frappé d'appel, la demande d'exécution est adressée à la juridiction d'appel. Cette demande... une décision explicite de refus et ou constitue refus que l'autorité administrative ne peut être prononcée en est l'expédition d'un délais de 3 mois à compter de la notification du jugement. Toutefois, en cas que contient les décisions relatives aux intérêts et moyens d'origine... et postérieure en suite à exécution, la demande pour être prononcée sous délai. En application de l'article R. 921-6 du code de justice administrative un délai supplémentaire de données prévu à l'article R. 921-7 du même code « à retour aux délais prévues ci-dessus.

127

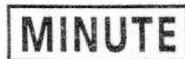

**TRIBUNAL ADMINISTRATIF
DE LA POLYNÉSIE FRANÇAISE**

N° 1300631

_____

M. Yoshiaki Chisaka

_____

Mme Lubrano
Rapporteure

_____

M. Mum
Rapporteur public

_____

Audience du 8 avril 2014
Lecture du 22 avril 2014

_____

C
14 01 02 06

RÉPUBLIQUE FRANÇAISE

AU NOM DU PEUPLE FRANÇAIS

Le tribunal administratif
de la Polynésie française

Vu la requête, enregistrée le 10 décembre 2013, présentée par M. Yoshiaki Chisaka, dont l'adresse postale est BP 62323 à Papeete (98713), qui demande au tribunal d'annuler l'arrêté n° 6719 MET portant suspension provisoire de sa licence de taxi, et de condamner la Polynésie française à lui verser la somme de 200 000F CFP au titre de l'article L 761-1 du code de justice administrative ;

M. Chisaka soutient que la décision est illégale en ce qu'elle ne respecte pas la suspension inhérente à la saisine du tribunal par une requête contestant les conditions dans lesquelles a été prise la sanction, et donc en ce qu'elle enlève les effets utiles à cette contestation, et en ce qu'elle est entachée de détournement de pouvoir, dès lors qu'elle a été signée par M. Marty, alors que seul le Président de la Polynésie française est compétent pour défendre devant le tribunal ; enfin, elle est entachée d'erreur de droit, en ce qu'elle prévoit une suspension provisoire, en contradiction avec la mention selon laquelle cette suspension est exécutoire de plein droit dès sa notification, avant même que soit jugé un recours introduit le 5 décembre 2013 ;

Vu l'arrêté attaqué ;

Vu le mémoire, enregistré le 31 décembre 2013, présenté par M. Chisaka, qui conclut aux mêmes fins, par les mêmes moyens, ajoutant qu'il demande plus précisément l'annulation de l'article 2 de l'arrêté en ce que cet article, qui précise que la décision sera exécutée dès sa notification, est entaché de détournement de pouvoir dès lors qu'une notification ne peut faire naître des effets juridiques ;

Vu le mémoire en défense, enregistré le 7 février 2014, présenté par la Polynésie française représentée par son président en exercice, qui conclut au rejet de la requête ;

La Polynésie française fait valoir que :

- au principal, la requête est irrecevable comme déposée hors du délai de trois mois suivant la date de notification de la décision, en méconnaissance des prescriptions des articles R 421-1 et R 421-6 du code de justice administrative ;
- subsidiairement, elle est infondée :
o le délai pris par l'autorité compétente pour arrêter la sanction après l'avis de la commission de discipline des taxis a été de trois mois, ce qui est un délai raisonnable, aucun délai n'étant par ailleurs imposé par la réglementation ;
o la saisine du tribunal administratif en date du 2 septembre 2013, contre un acte préparatoire à la sanction ne peut avoir d'effet suspensif contre la sanction elle-même ;
o aux termes de la délibération du 10 avril 2008 portant règlementation de l'activité d'entrepreneur de taxi, le ministre des transports est compétent pour sanctionner les infractions de 3ème catégorie à la règlementation relative à cette activité ;
o le détournement de pouvoir allégué, en ce qui concerne le niveau de la sanction, n'est pas établi ;

Vu, enregistré le 10 mars 2014, le mémoire présenté par M. Chisaka, qui conclut aux mêmes fins par les mêmes moyens que sa requête, et qui soutient en outre que le mémoire en défense est irrecevable compte tenu de ce qu'il émane du « président sénateur », que l'expression « en poste à l'aéroport de Tahiti », s'agissant du contrôleur routier constitue une erreur de droit ; que sa requête est recevable, dès lors que la décision litigieuse n'a été publiée au journal officiel de la Polynésie française que le 10 septembre 2013 ;

Vu les autres pièces du dossier ;

Vu, enregistrée le 10 avril 2014, la note en délibéré présentée par M. Chisaka ;

Vu la loi organique n° 2004-192 du 27 février 2004 modifiée portant statut d'autonomie de la Polynésie française, ensemble la loi n° 2004-193 du 27 février 2004 complétant le statut d'autonomie de la Polynésie française ;

Vu la délibération n° 2008-5 APF du 10 avril 2008 portant règlementation de l'activité d'entrepreneur de taxi ;

Vu le code de justice administrative ;

Les parties ayant été régulièrement averties du jour de l'audience ;

Après avoir entendu au cours de l'audience publique du 8 avril 2014 :
- le rapport de Mme Lubrano, première conseillère,
- les conclusions de M. Mum, rapporteur public,
- les observations de Mme Mallet, représentant la Polynésie française ;

1. Considérant qu'aux termes de l'article R 421-1 du code de justice administrative : « Sauf en matière de travaux publics, la juridiction ne peut être saisie que par voie de recours formé contre une décision, et ce dans le délai de deux mois à partir de la notification ou de la publication de la décision attaquée... » ; qu'aux termes de l'article R 421-6 du même code : « Devant les tribunaux administratifs de Mayotte, de la Polynésie française , de Mata Utu et de Nouvelle-Calédonie, le délai de recours de deux mois prévu à l'article R 421-1 et au deuxième alinéa de l'article R 421-2 est porté à trois mois » ;

2. Considérant qu'il ressort des pièces du dossier que la décision attaquée est une décision individuelle dont seule la notification est de nature à faire courir le délai de recours contentieux contre son destinataire ; que cette décision a été notifiée à M. Chisaka le 5 septembre 2013 ; que la notification portait la mention des voies et délais de reours ; que la requête n'a toutefois été enregistrée au greffe du tribunal administratif que le 10 décembre 2013, soit plus de trois mois après ladite notification ; qu'elle est en conséquence irrecevable et doit être rejetée pour ce motif ;

Sur les conclusions tendant à l'application de l'article L. 761-1 du code de justice administrative :

3. Considérant que les dispositions de l'article L. 761-1 du code de justice administrative font obstacle à ce que soit mise à la charge de la Polynésie française la somme demandée par M. Chisaka au titre des frais exposés et non compris dans les dépens ;

DÉCIDE :

Article 1ᵉʳ : La requête n° 1300631 de M. Chisaka est rejetée.

Article 2 : Le présent jugement sera notifié à M. Yoshiaki Chisaka et à la Polynésie française.

Délibéré après l'audience du 8 avril 2014, à laquelle siégeaient :

M. Tallec, président,
Mme Lubrano, première conseillère,
M. Reymond-Kellal, conseiller.

Lu en audience publique le vingt deux avril deux mille quatorze.

La rapporteure,

M-C. Lubrano

Le président,

J-Y. Tallec

La greffière,

D. Germain

La République mande et ordonne au haut-commissaire de la République en Polynésie française en ce qui le concerne ou à tous huissiers de justice à ce requis en ce qui concerne les voies de droit commun contre les parties privées, de pourvoir à l'exécution de la présente décision.

Pour expédition,
Un greffier.

Josie GERMAIN

Recours n° 14-229

Une requête en rabat.

En rabat ?

Et pourquoi pas en français ?

Pour les incrédules : ne se concentrer que sur la transformation du numéro 13-631 qui va devenir le... 14-229 sur un air des *Frères Ennemis* : « *Le numéro 6411 gagne le numéro 2634, qui lui... ne gagne rien !* »

Monsieur CHISAKA Yoshiaki   Tahiti, le 14 avril 2014.
Lot TEPAPA n°1
Mission BP 62323
98713 - PAPEETE
wind@mail.pf Tél: 72 80 30

> Tribunal administratif de la Polynésie française
> Statuant au contentieux
> PAPEETE

Requête en rabat
suite aux jurisprudences n° 1300614 du 8 avril 2014 et CE 362140 du 31 mars 2014 et
appel en cause du haut-commissaire de la république française vu son arrêté du 8 mars 2012.

Affaire n° 13-631 contre : Bruno MARTY ès-signataire de l'arrêté 6719 publié au JOPF.
Audience du 8 avril 2014, affaire mise en délibéré.

Nouveauté : De la jurisprudence locale n° 1300614 du 8 avril 2014 (Mme Lowyna OTARE)

Le considérant n° 2 met en lumière *"d'une part qu'aux termes de l'article II-2 de l'arrêté du haut commissaire de la République du 8 mars 2012 (…) « la zone publique est constituée notamment par … les emplacements réservés aux taxis… » ; que d'autre part (…) la délibération du 10 avril 2008 (…) »*

Il est clair qu'il s'agit donc d'une zone publique, dont des emplacements sont réservés aux taxis, la notion de « réservé » s'entendant à l'évidence comme réservant ces endroits aux taxis et non comme les y « parquant », bien que dans la pratique c'est le cas au vu des plots en béton et barrières empêchant la liberté de manœuvre.

Ce constatant remet également de circonstance qu'en réservant des emplacements aux taxis, l'arrêté du haut-commissaire aurait également pu, voire dû (?), les exclure des parkings payants !

Tel n'est pas le cas et donc l'article 5 de la DDHC de 1789 pourvoit à ce que cela ne puisse être empêché. Par ailleurs il convient de ne pas confondre occupation temporaire avec utilisation normale, par tous.

Cette exclusion ne se présumant pas et, en l'espèce, s'appliquant à la verbalisation ayant aboutie à la sanction dénoncée, il convient d'appeler en cause le haut-commissaire pour recueillir son avis qui ne se présume ou ne se déduit pas. En droit. En effet la verbalisation concerne le droit du travail et le droit d'entreprendre et d'exercer une profession librement choisie que les articles 2, 4, 16 et 17 de la DDHC de 1789 garantissent.

Le considérant n° 3 poursuit : *« (…) il résulte de la combinaison (…) appartient à l'Etat, titulaire du pouvoir de police, de réglementer l'emprise civile (…) en tout ce qui concerne le bon ordre ; »*

Même si l'expression « le bon ordre » a été utilisée dans le jugement du 8 avril 2014 alors que ce bon ordre relève du **droit administratif français et aura été adapté** de façon inversée au haut-commissaire : l'ordre public est l'état social idéal caractérisé par « le bon ordre, la sécurité, la salubrité et la tranquillité publique. », le but de la **police administrative** est d'en prévenir les troubles. En l'espèce, l'Etat n'est pas intervenu à mon encontre, n'ayant pas dérangé ni l'ordre public, ni le bon ordre en quoi que ce soit. *A fortiori*, le bon ordre n'est pas de la compétence des agents verbalisateurs *a posteriori* et qu'il n'aura pas été relevé *a priori*. En tout cas cette cause ne figure pas au dossier.

Autrement dit : *« qu'en vertu de ce pouvoir, le haut commissaire de la République a délimité la zone publique au sein de laquelle ont été prévus les emplacements réservés au stationnement des taxis »* n'interdit en rien un stationnement payant.
Mais encore, la délimitation des zones publiques ne saurait être qu'un plus pour les taxis et en rien ne les pénaliser lorsque, comme moi, le panneau taxi aura été enlevé et le parking payé. Ne sont donc pas contestés foncièrement tels emplacements autorisés (sic) sauf moyen d'ordre public qui pourra être soulevé pour incompétence le cas échéant, de l' arrêté, du haut-commissaire pour empiètement sur l'autorité du premier magistrat de la commune de Faa'a, le maire.

Pour illustration, dans la commune de Papeete, ne relevant pas de l'Etat français tant qu'elle n'est pas sous tutelle, c'est le maire de la commune qui autorise « *une mesure temporaire d'occupation des places de stationnement payant dans la contre-allée du boulevard Pomare devant le centre Vaima par les taxis* » (arrêté municipal n° 2012-580 DST du 4 décembre 2012), ou encore « *Arrêté municipal n° 182-93 du 22 décembre 1993 autorisant la création de cinq emplacements de stationnement supplémentaires réservés aux taxis dasn la contre-allée du boulevard Pomare* ».

Enfin, le jugement n° 13-614 en révélant ces emplacements réservés aux taxis sans taximètres par le haut-commissaire ; par une autorité française le lie à la délibération locale 2008-5 APF, rendant l'arrêté d'autant et intrinsèquement plus que litigieux. En effet, la loi nationale prévoit que les taxis sont équipés d'un taximètre, ce qui n'est pas le cas hors de France. Or l'arrêté d'Etat pris par le haut-commissaire ne saurait valider des taxis ne répondant pas à la norme française. D'où l'intérêt supplémentaire d'attraire le haut-commissaire à la cause, notamment en ce que les Voitures de Tourisme avec Chauffeur (VTC) sont de compétence des fonctionnaires de police sous l'autorité du ministre de l'intérieur de la France même hors de France (voir CE 374524/374554 du 5 février 2014 (Sas Allocab et autres).

Autrement dit, des VTC, exerçant la même profession, ne pourraient être verbalisés du seul fait de n'être pas des taxis et dans les mêmes conditions : pas de taximètre, stationnement payant et payé sur un parking, etc…, créant une discrimination non justifiée du fait même du conflit d'arrêté étatique/délibération insulaire.

Ceci amène à un autre moyen contrevenant au bon ordre, voire un moyen d'ordre public : les articles 13, 14, 15, 28 et 38 mis en exergue dans le jugement n° 13-614 seront écartés non seulement du fait du rapport arrêté/délibération mais en ce que « la Polynésie française » empiète dans le domaine des attributions des maires. Ceci est encore évident lorsque, pour les examens ils se déroulent sur l'île de TAHITI et dans la commune de Papeete, mais encore, en ce que les certificats, licences, autorisations sont émis pour telle ou telle(s) îles, dont certaines comportent en outre plusieurs communes, violant les pouvoirs de premier magistrat de dizaines de maires élus au suffrage direct.

Nouveauté : De la jurisprudence nationale n° 362140 du 31 mars 2014 (Taxe trottoir)
Comme vu *supra*, la notion toute relative de « taxi », locale, écartée, ma verbalisation aura eu lieue à un endroit répondant à l'usage normal de cet endroit : un parking. Concédé par l'Etat français. Hors « *la Polynésie française* ». En clair : je n'ai commis aucune infraction permettant qu'il soit porté atteinte à mon droit d'entreprendre et du travail.

Ayant abordé les VTC, à l'heure où la Dépêche de TAHITI de ce dimanche 13 avril 2014 révèle à la Une l'organisation de l'examen du certificat de capacité à la conduite des taxis et des voitures de remise qui s'est tenu dans la semaine, l'arrêté n° 3068 MET du 3 avril 2014 paru au JOPF du 8 avril 2014 page 4911, porte « *ouverture au titre de l'année 2014 d'une session d'examen du certificat de capacité professionnelle à la conduite des véhicules affectés aux services de transport de personnes* », sans autre(s) indication(s), des VTC notamment (?), précisant même que « *certificat de capacité ou carte professionnelle déjà obtenus* » peuvent être produits laissant le doute s'immiscer quant aux véhicules qui pourront être conduits avec ce certificat(s) ?).

De l'acquis supplémentaire du rabat.
La note en délibéré exposait que la date de départ du délai de prescription est la publication au JOPF le 10 septembre 2013, il convient de rajouter que l'article 3 de l'arrêté 6719 attaqué précise que l'arrêté sera d'abord notifié avant d'être publié, la notification première ne servant que de tremplin à la publication, forcément postérieure et faisant donc tout aussi forcément courir les délais <u>contre l'arrêté</u> (pas contre la notification !).
S'il fallait encore distinguer entre les délais, de notification du 5 septembre *vs* de publication du 10 septembre 2013, il conviendra de se rapporter au rapport du sénat sur l'ancien article 176 de la loi orga-nique 2004-192 du 27 février 2014 : « *Deux catégories de personnes peuvent déférer les lois du pays au Conseil d'Etat :*
- d'une part, les « institutionnels », c'est-à-dire le président de la Polynésie française, le haut-commissaire de la République, le président de l'assemblée de la Polynésie française ou six représentants à l'assemblée de la Polynésie française, qui disposent d'un délai de quinze jours ;
- d'autre part, les particuliers, ayant un intérêt à agir au sens où on l'entend en matière de recours pour excès de pouvoir, qui disposent d'un délai d'un mois.

Afin que les particuliers soient informés de l'adoption d'une loi du pays, celle-ci doit être publiée au journal officiel de la Polynésie française à la suite de son adoption. » (http://www.senat.fr/rap/l03-107/l03-10724.html) Rapport n° 107 (2003-2004) de M. Lucien LANIER, fait au nom de la commission des lois, déposé le 9 décembre 2003.

En effet, si un distinguo peut être opéré, il ne peut s'agir que de celui entre les institutionnels et des particuliers d'une part et d'autre part, c'est l'information des particuliers par la publication au journal officiel local qui fait courir leur délai, plus long.

En l'espèce, la publication d'un acte individuel ne faisant pas courir de délai pour les particuliers autres que l'intéressé puisque les *quidam* n'ont pas intérêt à attaquer un arrêté individuel, l'intéressé – le particulier donc -, bénéficiant du délai attaché à ladite publication.

A contrario, la validité de la notification du 5 septembre 2014 est nulle du fait même qu'elle ne fait pas grief et comme cela a été jugé par ordonnance n° 13-626, la publication par ailleurs explicitement et expressément prévue par l'article 3, il n'existe pas de restriction aux délais impartis par la publication… le directeur des transports terrestres – notificateur du 5 septembre 2013 – étant lui-même chargé… de la publication !

Ce qui implique une notion supplémentaire de dévoiement de ses fonctions puisqu'ayant procédé avant publication à la notification. Mais aussi de ce que de surcroît l' « *Attestation de notification* » d'une part n'est qu'une attestation, et d'autre part, qu'exécutée par « la direction des transports terrestres » elle ne l'aura pas été par le directeur des transports terrestres, seul habilité par l'article 3 en l'espèce, rendant cette attestation de notification nulle de plein droit, nulle et de nul effet en droit, la frappant d'inexistence et partant laissant intact le délai de recours à compter du 10 septembre 2013..

Enfin, aucune notification régulière n'étant intervenue suite à la publication du 10 septembre 2013, le présent recours est d'autant plus essentiel qu'il n'empêchera toute notification régulière future, mais encore l'annulation de l'arrêté effacera toute velléité de son utilisation future pour valoir en matière de récidive.

Le jugement n° 13-614 exposant encore « *que c'est dans le cadre de la réglementation de l'activité d'entrepreneur de taxi que la Polynésie française, dont la compétence en la matière n'est pas contestée, a d'une part énoncé les faits constituant des infractions à cette réglementation (…) stationnée dans un emplacement autre que ceux réservés aux taxis alors qu'elle était en cours de prise en charge de clients ; que c'est donc en application strict des dispositions sus rappelées que la commission de discipline, au vu du procès-verbal compétemment dressé par un agent assermenté (…) a décidé de la sanctionner d'un avertissement (…)* », il n'en va pas de même ici vu ce qui précède : bien sûr qu'est contestée la compétence « *de la Polynésie française* » ; en la matière notamment !

Par ces motifs et au vu du jugement TAPF n° 13-614 du 8 avril 2014, avant dire droit, rabattre le délibéré et appeler en cause le haut-commissaire de la république française notamment sur le sujet des parkings « réservés » par opposition à l'occupation en bon ordre d'un parking payant dans les conditions sus-décrites et recueillir ses observations quant aux chevauchements de compétences entre d'une part « son » parking réservé pour les taxis et d'autre part, les effets de la délibération non-étatique dans « son » parking, en dehors de toute atteinte au bon ordre relevant des autorités françaises nationales et en particulier l'intervention d'agents verbalisateurs de l'entité Polynésie française dont l'aéroport ne relève pas de l'autonomie de cette entité infra-française. Il sera aussi attrait en ce qu'en ayant pris l'arrêté de stationnement des taxis, il n'aura pas veillé au bon ordre ni surtout à l'ordre public en autorisant la délivrance par le concessionnaire, d'accès à ces stationnements à des véhicules non munis de taximètres qu'imposent intrinsèquement son arrêté étatique portant sur les taxis, mais encore, aura failli à interdire explicitement à des taxis l'accès au parking payant, par panneau, permettant à des agents verbalisateurs de taxis-non-munis-de-taximètres de se référer à son arrêté… pour me verbaliser. CQFD.

Enfin, une fois l'arrêté au regard de la délibération - et vice-versa - éclaircis, il conviendra d'adapter la décision au cas d'espèce, à l'utilisation, par un chauffeur d'un véhiculei non muni d'un taximètre et sans panneau taxi, de l'emplacement d'une place de parking payante et payée sans porter atteint au bon ordre administratif ni à l'ordre public *a fortiori*. Et ne pas statuer sur la verbalisation à l'origine de ma sanction puisque celle-ci n'aura pu l'être *rationae loci*, *a fortiori* par des agents verbalisateurs non étatiques en matière de taxis, sur cette partie du territoire national relevant du ministère de l'intérieur de la république française : ce-dit parking payant. En fait considérer l'arrêté litigieux. Pas la personne. En tout cas avant ma personne. Et ce sera justice.

Monsieur CHISAKA Yoshiaki   Tahiti, le 18 avril 2014.
Lot TEPAPA n°1
Mission BP 62323
98713 - PAPEETE
wind@mail.pf Tél: 72 80 30

Tribunal administratif de la Polynésie française
Statuant au contentieux
PAPEETE tadelapolynesiefrancaise@mail.pf

Complément et éléments confortant le rabat demandé.

Affaire n° 13-631 contre : Bruno MARTY ès-signataire de l'arrêté 6719 publié au JOPF.
Audience du 8 avril 2014, affaire mise en délibéré.

La demande de rabat où la question de l'autonomie au regard des pouvoirs de l'Etat français ressortait du jugement n° 13-614 a trouvé ces dernières heures une illustration supplémentaire.

Voici ce que rapporte le site http://www.tahiti-infos.com/Hitia-a-O-Te-Ra-de-nouvelles-elections-municipales-dans-quelques-semaines_a99259.html :

« *HITIA O TE RA, le 17 avril 2014. Il a fallu quelques jours de réflexion, d'analyses juridiques poussées, aussi bien au ministère de l'Intérieur, qu'au ministère des Outre-mer, mais cette fois la conclusion commune est que l'on se dirige vers de nouvelles élections générales sur l'ensemble de la commune de Hitia'a O Te Ra après la démission en début de semaine de 13 conseillers municipaux, dont 10 sur 12 de la commune associée de Papenoo. (…) Les valses hésitations du Haut commissariat ont finalement été levées au cours des dernières heures. Il faut dire que la situation qui se présente ici en Polynésie (…) est inédite. (…) conduisant certains articles de ce code, à, parfois se contredire suivant les interprétations des textes (…).* »

Ou encore l'embrouillamini où le « *Haut conseil censé donner des conseils juridiques au gouvernement sur ses textes législatifs (sic) n'a pas réussi à se sauvegarder lui-même des contentieux* », l'avocat du requérant illuminant le tout d'un « *mille-feuilles immangeable* » ! (voir ci-après)

http://www.tahiti-infos.com/Le-Haut-conseil-de-Polynesie-encore-bouscule-en-justice_a98546.html
« *A la sortie de l'audience, Me Philippe Neuffer défendant les intérêts d'Oscar Temaru a souligné l'incongruité du tribunal administratif à statuer sur la délibération de juillet 2013, dès lors qu'une nouvelle délibération a été adoptée par l'assemblée de Polynésie le 14 mars dernier. Il dénonçait ainsi un «mille-feuilles immangeable». Dans cet acharnement du gouvernement à créer ce Haut conseil coûte que coûte, accumulant Loi du Pays, délibérations et arrêtés successifs on se demande quel en sera le sort final. Car, ce Haut conseil censé donner des conseils juridiques au gouvernement sur ses textes législatifs n'a pas réussi à se sauvegarder lui-même des contentieux et des recours. Il apparait clairement que la nouvelle délibération du 14 mars 2014 sera attaquée également sur sa légalité, d'autant qu'elle n'abroge pas tous les articles de celle de juillet 2013.* »

Enfin, et pour rappel dans le même ordre d'idée, l'arrêt *Monsieur René Hoffer* n° 318628 du conseil d'Etat du 25 novembre 2009 relatif à la délibération n° 2008-5 en son deuxième considérant s'attache à l'illégalité dénoncée en ces termes : « *quand bien même ces délibérations relèveraient, pour certaines de leurs dispositions, du domaine de la loi (sic) et qu'elles n'auraient, de ce fait, pu être adoptées que sous la forme d'une loi du pays (re-sic) il n'appartient pas au Conseil d'Etat d'en connaître en premier et dernier ressort selon la procédure prévue par l'article 176 (…)* » ; en l'espèce il appartient donc au tribunal administratif d'en connaître.

Et ce sera justice.

REPUBLIQUE FRANCAISE

Papeete, le 24/04/2014

**TRIBUNAL ADMINISTRATIF
DE LA POLYNÉSIE FRANÇAISE**
Avenue Pouvanaa a Oopa
BP 4522
98713 PAPEETE - TAHITI
Téléphone : (689) 50.90.25
Télécopie : (689) 45.17.24

1400229-1

Greffe ouvert du lundi au vendredi de
7H30-12H / 12H45-16H* (vendredi à 14 H*)

Monsieur CHISAKA Yoshiaki
BP 62323
98713 Papeete

Dossier n° : 1400229-1
(à rappeler dans toutes correspondances)
Monsieur Yoshiaki CHISAKA c/ POLYNÉSIE
FRANÇAISE
Vos réf. : Courriel : wind@mail.pf
NOTIFICATION D'ORDONNANCE
Lettre recommandée avec avis de réception

Monsieur,

J'ai l'honneur de vous adresser, sous ce pli, l'expédition de l'ordonnance[1] du 23/04/2014 rendue dans l'instance enregistrée sous le numéro mentionné ci-dessus.

La présente notification fait courir le délai d'appel qui est de 3 mois.

Si vous estimez devoir faire appel de l'ordonnance qui vous est notifiée, il vous appartient de saisir la COUR ADMINISTRATIVE D'APPEL DE PARIS, 68, rue François Miron 75004 PARIS d'une requête motivée **en joignant une copie de la présente lettre.**

A peine d'irrecevabilité, la requête en appel doit :
- être assortie d'une **copie de la décision** juridictionnelle contestée.
- être présentée par un avocat.

Enfin, si une demande d'aide juridictionnelle a été déposée, il vous appartient également de justifier de ce dépôt.

Je vous prie de bien vouloir recevoir, Monsieur, l'assurance de ma considération distinguée.

Le Greffier en Chef,
ou par délégation le Greffier,

---

[1] NB ... *(footnote text illegible)*

139

TRIBUNAL ADMINISTRATIF
DE LA POLYNESIE FRANCAISE

RÉPUBLIQUE FRANÇAISE

N° 1400229

M. Yoshiaki Chisaka

AU NOM DU PEUPLE FRANÇAIS

M. Tallec
Président

Le président du tribunal

Ordonnance du 23 avril 2014

Vu la requête enregistrée le 14 avril 2014, au greffe du tribunal administratif de la Polynésie française, sous le n° 1400229, présentée par M. Yoshiaki Chisaka, dont l'adresse postale est BP 62323 à Papeete (98713) ;

M. Chisaka demande au tribunal de « rabattre le délibéré » dans l'instance n°1300631 ;

Il expose notamment que compte tenu du jugement n°1300614 du tribunal de céans en date du 8 avril 2014, il y a lieu d'appeler en cause dans l'instance n°1300631 le haut-commissaire de la République en Polynésie française au sujet des « emplacements réservés » aux taxis;

Vu le jugement n°1300631 du 22 avril 2014 ;

Vu les autres pièces du dossier ;

Vu la loi organique n° 2004-192 du 27 février 2004 modifiée portant statut d'autonomie de la Polynésie française, ensemble la loi n° 2004-193 du 27 février 2004 complétant le statut d'autonomie de la Polynésie française ;

Vu le code de justice administrative ;

1. Considérant qu'aux termes de l'article R. 222-1 du code de justice administrative : « Les présidents de tribunal administratif (...) peuvent, par ordonnance (...) 4° Rejeter les requêtes manifestement irrecevables, lorsque la juridiction n'est pas tenue d'inviter leur auteur à les régulariser ou qu'elles n'ont pas été régularisées à l'expiration du délai imparti par une demande en ce sens » ;

2. Considérant que les écritures de M. Chisaka ont expressément pour titre « requête en rabat » ; qu'une telle dénomination de relève d'aucune catégorie de recours mentionnée par le code de justice administrative ; qu'en outre il est constant que par jugement en date du 22 avril

2014, le tribunal de céans a rejeté la requête n°1300631 de M. Chisaka dirigée contre l'arrêté en date du 4 septembre 2013, par lequel le ministre de l'équipement, de l'urbanisme, des énergies et des transports terrestres et maritimes de la Polynésie française a suspendu sa licence de taxi pour une durée de trois jours ; que si M. Chisaka entend contester ce jugement, il lui appartient, s'il s'y croit recevable et fondé, d'en interjeter appel ; que, dès lors, les conclusions de la présente requête sont entachées d'une irrecevabilité manifeste et ne peuvent qu'être rejetées ;

ORDONNE

Article 1er : La requête n°1400229 de M. Yoshiaki Chisaka est rejetée.

Article 2 : La présente décision sera notifiée à M. Chisaka.

Fait à Papeete, le vingt trois avril deux mille quatorze.

Le président du tribunal,

J.-Y. Tallec

La République mande et ordonne au haut-commissaire de la République en Polynésie française en ce qui le concerne ou à tous huissiers de justice à ce requis en ce qui concerne les voies de droit commun, contre les parties privées, de pourvoir à l'exécution de la présente décision.

Pour expédition conforme,
La greffière en chef,

D. Germain

Recours n° 14-558

Ah, quand la république (française, la cinquième de la série) « *mande et ordonne* » de s'exécuter, au gouverneur des *Etablissements français de l'Océanie*…

Monsieur CHISAKA Yoshiaki　　　　　　　　Tahiti, le 20 septembre 2014.
Lot TEPAPA n°1
Mission
BP 62323
98713 - PAPEETE
wind@mail.pf
Tél: 87 72 80 30

Tribunal administratif de la Polynésie française
Statuant au contentieux
PAPEETE

Recours en abus, excès et détournement de pouvoir :
Annulation du refus implicite opposé par le HC dans l'affaire 1400229-1 et récusations.

Contre : Haut-commissaire Lionel BEFFRE, avenue Pouvana'a a Oopa, PAPEETE.

Par recours gracieux préalable déposé le 18/06/2014 *(PJ01)* j'avais saisi le haut-commissaire de la république française au sein de la république français pour réclamer qu'il refusee d'exécuter l'ordre et le mandement au nom pu peuple français, contenu dans la décision n° 1400229-1, au motif d'une affaire tant imaginaire que putative, ayant émanée d'une déduction présidentielle administrative que Monsieur Jean-Yves TALLEC aura présentée ainsi : « *M. Chisaka demande au tribunal de « rabattre le délibéré » dans l'instance n° 1300631* ».

D'entrée il convient de noter que ledit délibéré n'était, à la date de mes écrits, pas intervenu puisque le jugement 13-631 datera du 22/04/2014, et que ce président aura pris soin même, de rendre l'incroyable ordonnance n° 14-229 donc… le lendemain 23/04/ 2014, une fois le délibéré prononcé.

A cet effet, et alors que d'une part, la seule référence ci-dessus à l'affaire pendante n° 13-631 - expressément relevée dans l'ordonnance -, démontre le lien avec ce-dit dossier 13-631, et d'autre part en ce qu'un rabat introduit une semaine avant le prononcer du jugement dont le rabat, d'après le président, aurait été demandé, NE POUVAIT chronologiquement, voire historiquement, porter sur ce-dit jugement du 22 avril alors… à intervenir.

En d'autres termes, je ne pouvais avant le 22 avril demander utilement, l'eussé-je même envisagé, le rabat du délibéré du 22, puisque ne pouvant connaître la teneur de la décision à la date de l'introduction de mes écritures sur lesquelles figurait par ailleurs comme référence le numéro de dossier « 13-631 » et donc afférent au seul dossier que je connaissais alors : le 13-631 ; avant que je ne découvre celui, 14-229 !

Mais encore, sous la référence 13-631 je précisais après « *Audience du 8 avril 2014* » : « *affaire mise en délibéré.* ».

La deuxième mention du mot délibéré était sur la page deux de mes dernières écritures dans le dossier 13-631 : « *La note en délibéré exposait que la date de départ du délai de prescription est la publication au JOPF le 10 septembre 2013, il convient de rajouter que l'article 3 de l'arrêté 6719 attaqué précise que l'arrêté sera d'abord notifié avant d'être publié, la notification première ne servant que de tremplin à la publication, forcément postérieure et faisant donc tout aussi forcément courir les délais contre l'arrêté (pas contre la notification !).* »

Cette référence à la note en délibéré que j'avais transmise au tribunal précédemment (dans le dossier 13-631 donc), ensemble le reste de la phrase, clairement concernait l'évidence : l'affaire 13-631.

Enfin, la troisième utilisation du mot délibéré était dans le PCM : « *avant dire droit, rabattre le délibéré* ».

Il est clair que la seule référence au délibéré dont il pouvait s'agir était double : celui de la « *mise en* » (voir ci-dessus) délibéré d'une part, et l'expression « *avant dire droit* », ne pouvant que s'adresser à un délibéré matérialisé : celui 13-631 ; etc...

Quiconque n'ayant jamais eu à connaître du dossier 13-631 et ceux, 13-480, et 13-626 périphériques de surcroît, aurait compris que l'appel en cause du haut-commissaire correspondait à la lettre et à l'esprit tant de mes écritures, que de l'entier contexte de ma contestation de la sanction prise à mon égard dans ces affaires.

Mais encore, aucun accuser réception de ce qui est devenu un « recours en rabat » ne m'a été transmis ni aucun numéro SAGACE, avant l'ordonnance du 23 avril, j'aurais le cas échéant immédiatement fait valoir la bévue présidentielle, d'avoir inscrit une affaire fantôme, pour une formulation de recours non prévue de surcroît par le code de justice administrative locale.

Et si j'eus pu deviner qu'un tel détournement de procédure allait être perpétré, j'aurais alors assurément rajouté à « *rabat du délibéré* », en toutes lettres : « *rabat de la mise en délibéré* ».

Il est bien sûr regrettable que le pouvoir inquisitoire du juge administratif l'aura empêché de me contacter pour éventuellement m'inviter à clarifier la demande si elle lui paraissait, à lui, obscure.

A la lumière de la résistance haut-commissariale en matière pénale où il a démontré son refus de notifier un arrêt de cour de cassation (affaire BEFFRE/FLOSSE) en soumission à la ministre de la justice judiciaire, alors même que le procureur général le lui aura transmis sans délai, démontre que le haut-commissaire a le pouvoir souverain d'apprécier de donner suite ou non à une décision définitive, certes judiciaire.

Parallélisme des formes oblige, il avait donc également le pouvoir de s'opposer à l'exécution d'un ordre émis au nom du peuple français, à Tahiti et par le seul président de tribunal administratif local à l'origine personnellement de la fausse ordonnance.

Il ne l'a pas fait ou en tout cas ne m'en aura pas averti comme je le lui avais demandé, d'où le présent recours en annulation du refus implicite qu'il aura ainsi opposé, d'autant plus que je lui avais demandé de déférer l'ordonnance imaginaire à la cour administrative d'appel de Paris, ce qu'il n'aura visiblement pas fait non plus.

Ne m'ayant donc pas répondu dans le délai imparti pour me donner l'assurance de sa non-exécution de la mandation, ni informé de tel ou tel autre moyen qui lui aurait permis de s'abstenir de se conformer à mes demandes, ce refus implicite sera ici annulé.

De la récusation.
La récusation de Monsieur Jean-Yves TALLEC s'impose en ce qu'il ne pouvait ignorer la réalité de la situation, et donc les faits matériels du dossier, notamment en ce que les dossiers n° 13-480 et 13-626, instruits sur les mêmes sujets et de surcroît dans une période juridictionnelle administrative analogue, étaient portés à sa connaissance, lui-même ayant procédé à la « *mise en délibéré* » idoine.

En inventant un recours alors même que le numéro du dossier concerné était porté explicitement sur le corps même de mes écritures, et d'avoir interpréter « *Requête en rabat* » comme un nouveau recours alors qu'il s'agissait à l'évidence au vu du contenu des écrits, d'un mot utilisé dans le sens d'une demande, synonyme populaire de requête que j'ai utilisé du fait de la matière, il semble inopportun que Monsieur Jean-Yves TALLEC puisse statuer ou faire partie de la formation ayant à connaître du présent recours en annulation du refus implicite du haut-commissaire. En fait, étant à l'origine du faux, il ne saurait présider la formation de jugement d'une part, voire rejeter par ordonnance le présent recours – ou à nouveau éventuellement lui attribuer une quelconque autre qualité comme pour l'ordonnance n° 14-229 ? -, mais encore, le refus implicite portant sur son ordre donné au haut-commissaire local par incarnation du peuple français, le rend impropre, voire inapte à statuer sur une décision à venir, destinée à être rendue mêmemen, au nom de ce peuple.

A noter que le rapporteur public Chansérey MUM ne pouvant quant à lui être récusé – sauf à récuser l'ensemble de la juridiction comme dans l'affaire n° 12-40 sous la plume du président Bernard LEPLAT (*René HOFFER, 23 janvier 2012*) : « *Considérant que les demandes de récusation formulées par le requérant doivent être regardées comme visant l'ensemble des membres du tribunal et, par suite, comme une demande de renvoi pour cause de suspicion légitime ; qu'il y a lieu, dès lors, de renvoyer ces conclusions à la cour administrative d'appel de Paris, juridiction immédiatement supérieure au tribunal administratif de la Polynésie française* » -, il convient toutefois de relever qu'à l'audience du 8 avril 2014 (13-631 faut-il le rappeler ?), il avait soulevé la tardiveté ; qu'il ne pourra donc plus décemment se déjuger, en fait prendre des conclusions publiques contraires à sa prise de position initiale, il conviendra donc qu'il se déporte dans ce dossier ?

En fait, au vu des nombreuses autres constatations que j'ai soumises à la cour administrative d'appel de Paris, il semble que l'appel à la cause du haut-commissaire pouvait probablement avoir motivé l'ordonnance putative n° 14-229, la fatalité ayant depuis mis en lumière dans l'affaire BEFFRE/FLOSSE la procédure de notification, au regard certes d'un arrêt de cassation pénal, définitif, *vs* en l'espèce, une remise en main propre d'un arrêté dont la publication était (est) par ailleurs expressément prévue.

En droit, le devoir de s'opposer à un « ordre illégal » étant même reconnu à un simple gendarme et la théorie de l'inexistence de décisions prononcées sur des fondements autres que le droit reconnu par la république française, (voir pour illustration, les décisions rendues par le conseil de l'Etat français sous le gouvernement de Monsieur Philippe PETAIN qui ont toutes été déclarées n'avoir jamais existées), le refus du représentant de l'Etat français local sera annulé au double motif qu'il lui appartient, à l'instar du conseil constitutionnel qui a le contrôle des arrêts du conseil d'Etat lorsqu'ils lui sont soumis, en tant que contrôleur de la légalité, d'une part de contrôler le fondement de la décision (voir par exemple l'ordre de fermeture du « *centre islamique de TAHITI* »), et d'autre part, *ès*-directeur de la réglementation du droit, du devoir comme il apparaît, éventuellement contraint par une autorité supérieur, de résister et de ne pas notifier une décision jusque de cour de cassation.

<u>Par ces motifs</u>, après avoir statué sur la récusation ou le ou les déportement(s), annuler le refus implicite opposé à ma demande ainsi exprimée : « *Je vous demande de n'en rien faire d'une part, et d'autre part, m'informer pour confirmation que vous n'en faites, n'en avez rien fait ou n'en ferez rien. (…) Je profite de ce courrier pour vous suggérer d'intervenir volontaire dans les dossiers déférés à la cour administrative d'appel de Paris (…) En cas de refus de faire droit à ma demande dont je ne pourrais avoir l'assurance que via une réponse de votre part, je vous prie, en cas de réponse négative et/ou donc de refus de m'informer, considérer la présente demande gracieuse comme le préalable à la saisine de la juridiction administrative.* »,

Et m'octroyer la somme de 200 000 francs pour les frais irrépétibles.

Et ce sera justice

<u>Pièce jointe :</u>
01 : Demande gracieuse déposée le 18 juin 2014.

Monsieur CHISAKA Yoshiaki   Tahiti, le 18 juin 2014.
Lot TEPAPA n°1
Mission BP 62323
98713 - PAPEETE
wind@mail.pf Tél: 72 80 30

        Monsieur le haut-commissaire de la république française
        Avenue Pouvana'a a OOPA
        PAPEETE

Objet : Demande de refuser d'exécuter mandement et ordre de la république - par le truchement du président du tribunal administratif de « la Polynésie française » Jean-Yves TALLEC -, n° 1400229-1 du 23 avril 2014.

Monsieur le haut-commissaire de la république française Lionel BEFFRE,

Au nom du peuple français, la république française, en l'espèce le président du tribunal administratif local Jean-Yves TALLEC, vous « *mande et ordonne* » - ainsi qu'à tous huissiers par ailleurs non identifiés et qu'il m'est de ce fait difficile de contacter nommément -, de pourvoir à l'exécution de la décision en objet.

Je vous demande de n'en rien faire d'une part, et d'autre part, m'informer pour confirmation que vous n'en faites, n'en avez rien fait ou n'en ferez rien.

En effet, je n'ai tout simplement pas introduit d'instance n° 1400229 d'une part, mais surtout, que je vous avais appelé à la cause dans l'affaire n° 1300631 à laquelle se réfère l'affaire... n° 14-229... et que donc cette inscription fallacieuse d'une affaire n° 14-229 aura eu comme corollaire que l'affaire n° 13-631 n'aura pas inclus cette demande... écartée *via* celle, putative mais surtout empapaoutée, n° 14-229.

Je vous informe que j'ai interjeté appel des affaires n° 13-480, 13-626, 13-631 et bien évidemment 14-229 se rapportant toutes à ma verbalisation au vu d'un arrêté étatique à l'aéroport international de Faa'a et vous transmets d'ores et déjà copie de ma requête d'appel contre l'ordonnance n° 14-229.

Je profite de ce courrier pour vous suggérer d'intervenir volontaire dans les dossiers déférés à la cour administrative d'appel de Paris où je vous ai néanmoins déjà convié dans ces requêtes introductives.

En cas de refus de faire droit à ma demande dont je ne pourrais avoir l'assurance que via une réponse de votre part, je vous prie, en cas de réponse négative et/ou donc de refus de m'informer, considérer la présente demande gracieuse comme le préalable à la saisine de la juridiction administrative.

Veuillez agréer, Monsieur le haut-commissaire de la république française Lionel BEFFRE, l'expression de mes salutations empressées.

        Monsieur CHISAKA Yoshiaki

Pièce jointe : Appel de l'ordonnance putative n° 14-229 du 23 avril 2014.

REPUBLIQUE FRANCAISE

**TRIBUNAL ADMINISTRATIF
DE LA POLYNÉSIE FRANÇAISE**
Avenue Pouvana'a a Oopa
BP 4522
98713 Papeete - TAHITI
Téléphone : (689) 40509025
Télécopie : (689) 40451724

Greffe ouvert du lundi au vendredi de
7H30-12H / 12H45-16H* (vendredi à 14 H*)

Papeete, le 23/09/2014

1400558-1

Monsieur CHISAKA Yoshiaki
BP 62323
98713 Papeete

Dossier n° : 1400558-1
(à rappeler dans toutes correspondances)
Monsieur Yoshiaki CHISAKA c/ HAUT-
COMMISSARIAT DE LA RÉPUBLIQUE EN
POLYNÉSIE FRANÇAISE
Vos réf. : Courriel : wind@mail.pf
NOTIFICATION D'ORDONNANCE
Lettre recommandée avec avis de réception

Monsieur,

J'ai l'honneur de vous adresser, sous ce pli, l'expédition de l'ordonnance[1] du 23/09/2014 rendue dans l'instance enregistrée sous le numéro mentionné ci-dessus.

La présente notification fait courir le délai d'appel qui est de 3 mois.

Si vous estimez devoir faire appel de l'ordonnance qui vous est notifiée, il vous appartient de saisir la COUR ADMINISTRATIVE D'APPEL DE PARIS, 68, rue François Miron 75004 PARIS d'une requête motivée **en joignant une copie de la présente lettre.**

A peine d'irrecevabilité, la requête en appel doit :
- être assortie d'une **copie de la décision** juridictionnelle contestée.
- être présentée par un avocat.

Enfin, si une demande d'aide juridictionnelle a été déposée, il vous appartient également de justifier de ce dépôt.

Je vous prie de bien vouloir recevoir, Monsieur, l'assurance de ma considération distinguée.

Le Greffier en Chef,
ou par délégation le Greffier

---

[1] NB Dans le seul cas où le jugement rendu vous accorde partiellement ou totalement satisfaction, vous avez la possibilité d'user de la disposition de l'article L. 911-4 du code de justice administrative, aux termes duquel : " En cas d'inexécution d'un jugement définitif, la partie intéressée peut demander au tribunal administratif qui a rendu la décision d'en assurer l'exécution " Toutefois, en cas d'inexécution d'un jugement frappé d'appel, la demande d'exécution est adressée à la juridiction d'appel.

Cette demande, sauf décision explicite de refus d'exécution opposé par l'autorité administrative, ne peut être présentée avant l'expiration d'un délai de 3 mois à compter de la notification du jugement. Toutefois, en ce qui concerne les décisions ordonnant une mesure d'urgence et notamment en matière d'exécution, la demande peut être présentée sans délai.

En application de l'article R. 811-5 du code de justice administrative, les délais supplémentaires de distance prévus à l'article R. 421-7 du même code s'ajoutent aux délais prévus ci-dessus

TRIBUNAL ADMINISTRATIF
DE LA POLYNESIE FRANCAISE

N° 1400558

RÉPUBLIQUE FRANÇAISE

M. Yoshiaki Chisaka

AU NOM DU PEUPLE FRANÇAIS

M. Tallec
Président

Le président du tribunal

Ordonnance du 23 septembre 2014

Vu la requête enregistrée le 22 septembre 2014, au greffe du tribunal administratif de la Polynésie française, sous le n° 1400558, présentée par M. Yoshiaki Chisaka, dont l'adresse postale est BP 62323 à Papeete (98713) ;

M. Chisaka demande au tribunal d'annuler le refus implicite opposé par le haut-commissaire de la République en Polynésie française à sa demande tendant au refus d'exécuter l'ordonnance en date du 23 avril 2014 par laquelle le président du tribunal de céans a rejeté sa requête enregistrée sous le n°1400229 et de condamner l'Etat à lui verser la somme de 200.000 F CFP au titre de l'article L.761-1 du code de justice administrative;

Il expose notamment que sa demande ne pouvait être regardée comme une requête et demande la récusation du président de la juridiction ;

Vu l'ordonnance n°1400229 du 23 avril 2014 ;

Vu les autres pièces du dossier ;

Vu la loi organique n° 2004-192 du 27 février 2004 modifiée portant statut d'autonomie de la Polynésie française, ensemble la loi n° 2004-193 du 27 février 2004 complétant le statut d'autonomie de la Polynésie française ;

Vu le code de justice administrative ;

1. Considérant qu'aux termes de l'article R. 222-1 du code de justice administrative : « *Les présidents de tribunal administratif (...) peuvent, par ordonnance (...) 4° Rejeter les requêtes manifestement irrecevables, lorsque la juridiction n'est pas tenue d'inviter leur auteur à les régulariser ou qu'elles n'ont pas été régularisées à l'expiration du délai imparti par une demande en ce sens* » ; qu'aux termes de l'article R.421-1 du même code : « *Sauf en matière de travaux publics, la juridiction ne peut être saisie que par voie de recours formé contre une décision...* » ;qu'aux termes de l'article R. 751-1 dudit code : « *Les expéditions de la décision délivrées aux parties portent la formule exécutoire suivante : " La République mande et ordonne*

au (indiquer soit le ou les ministres, soit le ou les préfets soit le ou les autres représentants de l'Etat désignés par la décision) en ce qui le (les) concerne ou à tous huissiers de justice à ce requis en ce qui concerne les voies de droit commun contre les parties privées, de pourvoir à l'exécution de la présente décision. " » ;

2.Considérant que la requête de M. Chisaka est dirigée contre l'absence de réponse du haut-commissaire de la République en Polynésie française à sa demande adressée le 18 juin 2014 suite à l'ordonnance en date du 23 avril 2014 par laquelle le président du tribunal de céans a rejeté sa requête enregistrée sous le n°1400229 ; qu'une telle demande, qui n'est en réalité dirigée contre aucune décision administrative, mais s'oppose simplement à la formule exécutoire de l'ordonnance contre laquelle il a au demeurant interjeté appel , est manifestement irrecevable ; qu'elle ne peut dès lors qu'être rejetée ; que, par voie de conséquence, il y a également lieu de rejeter sa demande de récusation, ainsi que ses conclusions présentées au titre de l'article L.761-1 du code de justice administrative;

O R D O N N E

Article 1er : La requête n°1400558 de M. Yoshiaki Chisaka est rejetée.

Article 2 : La présente décision sera notifiée à M. Chisaka.

Fait à Papeete, le vingt trois septembre deux mille quatorze.

Le président du tribunal,

J.-Y. Tallec

La République mande et ordonne au haut-commissaire de la République en Polynésie française en ce qui le concerne ou à tous huissiers de justice à ce requis en ce qui concerne les voies de droit commun, contre les parties privées, de pourvoir à l'exécution de la présente décision.

Pour expédition conforme,
La greffière en chef,

D. Germain

Recours n° 14PA0000…

Sur un air de « *Mais où est donc passée la 7ème compagnie* », pas de trace de ce recours devant la cour administrative d'appel parisienne française…

Monsieur CHISAKA Yoshiaki   Tahiti, le 23 décembre 2014.
Lot TEPAPA n°1 Mission
BP 62323
98713 - PAPEETE
wind@mail.pf Tél: 72 80 30

Cour administrative d'appel de Paris
68, rue François Miron
75004 – PARIS
Tél 01 58 28 90 00
Fax 01 58 28 90 22

Appel de l'ordonnance n° 1400558 du 23 septembre 2014 *(PJ01)*
Et demande de jonction avec l'affaire n° 14PA2928.

Préalablement
Le recours n° 14-558 fait suite à une ordonnance imaginaire n° 1400229 qui fait elle-même l'objet de l'affaire actuellement pendante devant la cour, n° 14PA2928.

De la jonction.
Vu la connexité entre l'ordonnance imaginaire de laquelle appel a été interjeté puisque matérialisée, l'ordonnance déférée ce jour porte donc elle-même sur une décision imaginaire rendue par le même Jean-Yves TALLEC, auteur de « l'ordonnance » sur non-recours, n° 14-229.

En droit.
L'ordonnance n° 14-558 sera censurée au motif que la requête initiale *(PJ02)* portait tant sur la récusation que sur l'annulation du refus opposé.

En effet, en faisant une présentation fallacieuse du recours de la sorte : « *sa demande tendant au refus d'exécuter l'ordonnance (…) par laquelle le président (…) a rejeté sa requête (…) n° 1400229* » tout en relevant qu'était exposé « *que sa demande ne pouvait être regardée comme une requête* », s'agissant en fait d'une non-demande… ayant précisément abouti à l'ordonnance imaginaire n° 140029 (!) ; pour arriver à : « *suite à l'ordonnance en date du 23 avril 2014 par laquelle* » le président Jean-Yves TALLEC dont la récusation a été demandée « *a rejeté sa requête enregistrée sous le n° 1400229* ».

Autrement dit, alors que le refus du Haut-commissaire portait sur le fait qu'il ne saurait exécuter une ordonnance ne reposant sur aucune requête, le président Jean-Yves TALLEC, juge et partie, aura tenté d'auto-justifie son ordonnance n° 1400229.

La cour annulera donc le refus de soumettre à qui de droit la récusation demandée et y fera droit.

Puis, annulant l'ordonnance, renverra la contestation initiale devant tel tribunal qu'il lui plaira, sauf à évoquer l'affaire et statuer directement.

Par ces motifs, constater qu'il y avait lieu à récusation, renvoyer l'affaire à telle juridiction administrative qu'il lui plaira ; à défaut, statuer directement en faveur du soussigné et dans ce cas, joindre le présent recours à celui n° 14PA2928, c'est à dire, réformant l'ordonnance n° 1400558, faire droit à la demande initiale d'annulation du refus opposé par le haut-commissaire, et m'octroyer la somme de 2 500 euros au titre de l'article L.761-1 du CJA.
Et ce sera justice

Production :
01 : Ordonnance 14-558,
02 : Recours initial n° 14-558

REPUBLIQUE FRANCAISE

TRIBUNAL ADMINISTRATIF
DE LA POLYNÉSIE FRANÇAISE
Avenue Pouvana'a a Oopa
BP 4522
98713 Papeete - TAHITI
Téléphone : (689) 40509025
Télécopie : (689) 40451724

Greffe ouvert du lundi au vendredi de
7H30-12H / 12H45-16H* (vendredi à 14 H*)

Papeete, le 23/09/2014

1400558-1

Monsieur CHISAKA Yoshiaki
BP 62323
98713 Papeete

Dossier n° : 1400558-1
(à rappeler dans toutes correspondances)
Monsieur Yoshiaki CHISAKA c/ HAUT-
COMMISSARIAT DE LA RÉPUBLIQUE EN
POLYNÉSIE FRANÇAISE
Vos réf. : Courriel : wind@mail.pf
NOTIFICATION D'ORDONNANCE
Lettre recommandée avec avis de réception

Monsieur,

J'ai l'honneur de vous adresser, sous ce pli, l'expédition de l'ordonnance[1] du 23/09/2014 rendue dans l'instance enregistrée sous le numéro mentionné ci-dessus.

La présente notification fait courir le délai d'appel qui est de 3 mois.

Si vous estimez devoir faire appel de l'ordonnance qui vous est notifiée, il vous appartient de saisir la COUR ADMINISTRATIVE D'APPEL DE PARIS, 68, rue François Miron 75004 PARIS d'une requête motivée **en joignant une copie de la présente lettre**.

A peine d'irrecevabilité, la requête en appel doit :
- être assortie d'une **copie de la décision** juridictionnelle contestée.
- être présentée par un avocat.

Enfin, si une demande d'aide juridictionnelle a été déposée, il vous appartient également de justifier de ce dépôt.

Je vous prie de bien vouloir recevoir, Monsieur, l'assurance de ma considération distinguée.

Le Greffier en Chef,
ou par délégation le Greffier

---

[1] NB.   Dans le seul cas où le jugements rendu vous accorde partiellement ou totalement satisfaction, vous avez la possibilité d'user de la disposition de l'article L. 911-4 du code de justice administrative, aux termes duquel ' En cas d'inexécution d'un jugement définitif, la partie intéressée peut demander ... au tribunal administratif ... qui a rendu la décision d'en assurer l'exécution '. Toutefois, en cas d'inexécution d'un jugement frappé d'appel, la demande d'exécution est adressée à la juridiction d'appel.
Cette demande, sauf décision explicite de refus d'exécution opposé par l'autorité administrative, ne peut être présentée avant l'expiration d'un délai de 3 mois à compter de la notification du jugement. Toutefois, en ce qui concerne les décisions ordonnant une mesure d'urgence, et notamment un sursis à exécution, la demande peut être présentée sans délai.
En application de l'article R. 911-5 du code de justice administrative, les délais supplémentaires de distance prévus à l'article R. 421-7 du même code s'ajoutent aux délais prévus ci-dessus.

156

**TRIBUNAL ADMINISTRATIF
DE LA POLYNESIE FRANCAISE**

N° 1400558

RÉPUBLIQUE FRANÇAISE

M. Yoshiaki Chisaka

AU NOM DU PEUPLE FRANÇAIS

M. Tallec
Président

Le président du tribunal

Ordonnance du 23 septembre 2014

     Vu la requête enregistrée le 22 septembre 2014, au greffe du tribunal administratif de la Polynésie française, sous le n° 1400558, présentée par M. Yoshiaki Chisaka, dont l'adresse postale est BP 62323 à Papeete (98713) ;

     M. Chisaka demande au tribunal d'annuler le refus implicite opposé par le haut-commissaire de la République en Polynésie française à sa demande tendant au refus d'exécuter l'ordonnance en date du 23 avril 2014 par laquelle le président du tribunal de céans a rejeté sa requête enregistrée sous le n°1400229 et de condamner l'Etat à lui verser la somme de 200.000 F CFP au titre de l'article L.761-1 du code de justice administrative;

     Il expose notamment que sa demande ne pouvait être regardée comme une requête et demande la récusation du président de la juridiction ;

     Vu l'ordonnance n°1400229 du 23 avril 2014 ;

     Vu les autres pièces du dossier ;

     Vu la loi organique n° 2004-192 du 27 février 2004 modifiée portant statut d'autonomie de la Polynésie française, ensemble la loi n° 2004-193 du 27 février 2004 complétant le statut d'autonomie de la Polynésie française ;

     Vu le code de justice administrative ;

     1. Considérant qu'aux termes de l'article R. 222-1 du code de justice administrative : « *Les présidents de tribunal administratif (...) peuvent, par ordonnance (...) 4°Rejeter les requêtes manifestement irrecevables, lorsque la juridiction n'est pas tenue d'inviter leur auteur à les régulariser ou qu'elles n'ont pas été régularisées à l'expiration du délai imparti par une demande en ce sens* » ; qu'aux termes de l'article R.421-1 du même code : « *Sauf en matière de travaux publics, la juridiction ne peut être saisie que par voie de recours formé contre une décision...* » ;qu'aux termes de l'article R. 751-1 dudit code : « *Les expéditions de la décision délivrées aux parties portent la formule exécutoire suivante : " La République mande et ordonne*

au (indiquer soit le ou les ministres, soit le ou les préfets soit le ou les autres représentants de l'Etat désignés par la décision) en ce qui le (les) concerne ou à tous huissiers de justice à ce requis en ce qui concerne les voies de droit commun contre les parties privées, de pouvoir à l'exécution de la présente décision. " ;

2. Considérant que la requête de M. Chisaka est dirigée contre l'absence de réponse du haut-commissaire de la République en Polynésie française à sa demande adressée le 18 juin 2014 suite à l'ordonnance en date du 23 avril 2014 par laquelle le président du tribunal de céans a rejeté sa requête enregistrée sous le n°1400229 ; qu'une telle demande, qui n'est en réalité dirigée contre aucune décision administrative, mais s'oppose simplement à la formule exécutoire de l'ordonnance contre laquelle il a au demeurant interjeté appel , est manifestement irrecevable ; qu'elle ne peut dès lors qu'être rejetée ; que, par voie de conséquence, il y a également lieu de rejeter sa demande de récusation, ainsi que ses conclusions présentées au titre de l'article L.761-1 du code de justice administrative;

ORDONNE

Article 1er : La requête n°1400558 de M. Yoshiaki Chisaka est rejetée.

Article 2 : La présente décision sera notifiée à M. Chisaka.

Fait à Papeete, le vingt trois septembre deux mille quatorze.

Le président du tribunal,

J.-Y. Tirec

La République mande et ordonne au haut-commissaire de la République en Polynésie française en ce qui le concerne ou à tous huissiers de justice à ce requis en ce qui concerne les voies de droit commun, contre les parties privées, de pouvoir à l'exécution de la présente décision.

Pour expédition conforme,
La greffière en chef,

D. Germain

RENE HOFFER <rollstahiti@gmail.com>

09/10/2014

À Yoshiaki, ...

Cette ordonnance 14-558 n'est pas mal:
a) Jean-Yves TALLEC a rendu cette ordonnance alors qu'il était récusé...
b) Il écrit que pour l'affaire 14-229 tu avais fait une "demande" (et donc pas un recours ou une requête)
c) Il vise cette ordonnance n° 14-229 comme pour lui donner une consistance alors même qu'on avait soulevé l'inexistence de cette ordonnance 14-229
d) "qu'une telle demande, qui n'est en réalité dirigée contre aucune décision administrative..." = l'ordonnance n° 14-229 n'est pas une "décision administrative" = si elle n'est pas une décision administrative, qu'est-ce qu'elle est? = elle est donc une décision juridictionnelle = c'est exactement ce qu'on conteste: que l'ordonnance n° 14-229 n'est PAS une décision juridictionnelle mais une décision d'administration juridictionnelle et donc une décision administrive.... CQFD
e) "... mais s'oppose simplement à la formule exécutoire de l'ordonnance..." = il qualifie "l'ordonnance" d'ordonnance alors que c'est ce que tu as contesté!
f) "... contre laquelle il a au demeurant interjeté appel" = d'une part, il n'est pas censé lier le recours n° 14-558 à l'appel, en jugeant "par référence", d'autre part le recours contre le refus implicite du haut-commissaire n'a rien à avoir avec l'appel, enfin, par cette constatation, il est "entré dans le sujet" et donc il devait aussi statuer sur sa récusation.

Comme dit, si tu ne comprends rien à mon charabian c'est pas grave, je te préparerai la suite d'ici quelques jours.

A+

René

Yoshiaki Chisaka
<wind@mail.pf>
À : rollstahiti@gmail.com
Répondre | Répondre à tous | Transférer | Imprimer | Supprimer | Afficher l'original
Bonjour René,

J'ai posté les pieces aujourd'hui, le 24 decembre.

J'ai reçu 5-lettres recommendées ci-dessous.

1) Tribunal de grande instance de Paris (bureau d'aide juridictionnelle)
   Numero BAJ : 2014/040469
   Le rejet de la demande
2) Tribunal de grande instance de Paris (bureau d'aide juridictionnelle)
   Numero BAJ : 2014/042383
   Le rejet de la demande
3) Tribunal de grande instance de Paris (bureau d'aide juridictionnelle)
   Numero BAJ : 2014/042394
   Le rejet de la demande
4) Le bureau d'aide juridictionelle pres le conseil d'etat
   No. ref : 1403189
   Constate que les conditions d'octroi de l'aide juridictionnelle ne sont pas remplies et
   rejette la demande d'aide juridictionnelle.
5) Le bureau d'aide juridictionelle pres le conseil d'etat
   No. ref : 1403188
   Constate que les conditions d'octroi de l'aide juridictionnelle ne sont pas remplies et
   rejette la demande d'aide juridictionnelle.

YOSHI

Monsieur CHISAKA Yoshiaki   Tahiti, le 15 mars 2016.
Lot TEPAPA n°1 Mission
BP 62323 - 98713 - PAPEETE
wind@mail.pf

            A
                              Cour administrative d'appel de Paris
                              Monsieur le premier vice-président, président de la 3ème
                              chambre Michel BOULEAU
                              68, rue François Miron
                              75004 – PARIS
                              Tél 01 58 28 90 00
                              Fax 01 58 28 90 22

Monsieur le premier vice-président, président de la 3ème chambre Michel BOULEAU,

Je profite de cet envoi pour me renseigner sur les références *Sagace* de l'affaire n° 14PA01918 (C75-1401918- *(ici il me manque les cinq chiffres)*, dont je suis sans nouvelles, AINSI que du numéro d'enregistrement d'un dossier dont je n'ai pas non plus et *a fortiori*, les références *Sagace* et que j'avais envoyé depuis Tahiti le 24 décembre 2014 et dont je joins la requête pour éventuellement faciliter les recherches ?

Avec mes remerciements anticipés, je vous prie d'agréer, l'expression de mes salutations distinguées.

Recours n° 14PA2926, appel de 13-631

Si quelqu'un suit encore, allez hop : direction la cour administrative d'appel de Paris habilitée à statuer sur les décisions coloniales prises à 18 000 km…

Monsieur CHISAKA Yoshiaki
Lot TEPAPA n°1 Mission
BP 62323 - 98713 - PAPEETE
wind@mail.pf Tél: 72 80 30

Tahiti, le 18 juin 2014.

Cour administrative d'appel de Paris
68, rue François Miron
75004 – PARIS
Tél 01 58 28 90 00
Fax 01 58 28 90 22

Appel de la décision n° 1300631 du 22 avril 2014 *(PJ01)*
avec demande d'aide juridictionnelle
Et appel en cause du haut-commissaire de la république française Lionel BEFFRE
Et demande de jonction avec les recours contre les décisions n° 13-480, 13-626 et 14-229 pour connexité.

La présente demande d'aide juridictionnelle, basée sur la complexité du dossier et de ceux, connexes dont la jonction est réclamée, prospérera en ce que ces décisions portent par ailleurs sur des atteintes au droit fondamental de l'exercice d'une profession librement choisie et des conditions de sa réglementation.

De l'appel à la cause du haut-commissaire français dans la république française.
Le présent appel est lié à d'autres, déférés ce même jour à la cour administrative parisienne, contre les décisions n° 13-626, 13-631 et culminant avec l'ordonnance n° 14-229.

En effet, ayant appelé à la cause le haut-commissaire en cause dans le dossier n° 13-631, le président Jean-Yves TALLEC aura arrêté que « *« rabattre le délibéré » dans l'instance n° 1300631 et « d'appeler en caus dans l'instance n° 1300631 le haut- commissaire de la République en Polynésie française au sujet des « emplacements réservés » aux taxis »*»… relevait d'une requête nouvelle (!), l'enregistrant en tant que telle sous le numéro 1400229 comme il sera développé dans cet appel. A cet effet, j'ai contacté ce jour également ledit haut-commissaire pour l'inciter sous forme de recours gracieux avant saisine de la juridiction idoine en cas de refus ou de non réponse, à refuser mandement et ordre de la république française pour l'exécution de ladite décision 14-229. *(PJ02)*

Rappel des faits et de la procédure ayant aboutis à la décision n° 13-631 attaquée.
La requête initiale du 5 décembre 2013 contre l'arrêté n° 6719MET déposé au greffe le 10/12/2013 exposait : « *Préalablement. Le 21 novembre 2013 je terminais mes conclusions dans l'affaire n° 13-480 en ces termes : « Et rendre la décision sur le siège motif pris que de l'issue du présent jugement dépendra l'introduction ou non de mon recours contre l'arrêt n° 6719/MET dont le délai de recours expirera quelques jours après l'audience du 26 novembre 2013 : le 5 décembre 2013 ». Le 5 décembre 2013 je déférais l'attestation de notification du présent arrêté. Ce 10 décembre 2013 l'affaire n° 13-480 a été mise en délibéré, d'où le présent recours au vu du délai. Sans qu'il ne soit utile de reprendre l'historique ayant abouti à l'arrêté n° 6719 MET, alors que le recours n° 13-480 porte directement sur la validité de l'arrêté ici contesté, affaire n° 13-480 donc actuellemenet encore pendante devant la juridiction administrative, l'arrêté sera purement et simplement annulé, pour abus de pouvoir puisque ne respectant pas la suspension intrinsèque à la saisine du tribunal administratif, de la sanction contestée ; pour excès de pouvoir puisqu'intervenant postérieurement à l'introduction du recours et donc enlevant ses effets utiles à la contestation de la sanction dénoncée, enfin, pour détournement de pouvoir puisque Monsieur Bruno MARTY, président de la commission de discipline des taxis au moment des faits puisque seul décideur de la sanction après avis de la commission, aura pris une décision infra-présidentielle que seul cedit président Gaston FLOSSE sera autorisé à défendre devant la juridiction. (Voir par exemple : Hoffer, TAPF 13-350, 26 novembre 2013). En droit. Outre ce qui précède, l'arrêté sera également annulé en ce qu'il mentionne « portant suspension provisoire », en contradiction avec les termes son article 2 : « La présente décision est exécutoire dès sa notification », laquelle a eu lieu le 5 septembre 2013 et fait l'objet d'un recours distinct du 05/12/13. D'où la jonction de ces deux recours ici demandée. Par ces motifs joindre pour connexité le présent recours avec celui du 5 décembre 2013 contre l'attestation de notification, annuler l'arrêté n° 6719 MET, et m'octroyer la somme de 200 000 francs pour les frais irrépétibles.* »

Le 31 décembre 2013 et alors que l'ordonnance n° 13-626 décidant que la notification ne faisait pas grief et n'était pas un acte administratif de telle catégorie avait été rendue, je concluais : « *Le recours initial du 5 décembre rappelait mes conclusions du 21 novembre dans l'affaire n° 13-480 en ces termes : « Et rendre la décision sur le siège motif pris que de l'issue du présent jugement dépendra l'introduction ou non de mon recours contre l'arrêt n° 6719/MET dont le délai de recours expirera quelques jours après l'audience du 26 novembre 2013 : le 5 décembre 2013 » et que j'avais déférée l'attestation de notification de l'arrêté incriminé, précisant même que le 10 décembre l'affaire n° 13-480 a été mise en délibéré. Le 11 décembre, l'ordonnance n° 13-626 est intervenue en ces termes : « cette simple notification ne peut être regardée comme un acte administratif faisant grief ». J'ai donc, par note en délibéré, demandé le rabat de l'affaire n° 13-480 dont le délibéré n'a pas été rendu à cette date, pour réclamer la jonction avec le présent dossier. En effet, alors que le rapporteur public à l'audience avait estimé devoir « regarder » le recours n° 13-480 comme demandant l'annulation de l'arrêté n° 6719MET, ce n'est bien évidemment pas le cas puisqu'était déjà déposé avant le 10 décembre le recours contre l'acte de notification et qu'était annoncé le dépôt du recours en propre contre l'arrêté dans le délai imparti. En droit, j'écrivais dans la requête initiale : « alors que le recours n° 13-480 porte directement sur la validité de l'arrêté ici contesté » et l'expliquais. J'ajoute aujourd'hui que par « la validité » est bien évidemment celle d'avoir pu matérialiser même le dit arrêté et j'expliquais déjà que « portant suspension provisoire » était en contradiction avec les termes de l'article 2 : « La présente décision est exécutoire dès sa notification » et demandais la jonction du recours n° 13-626 avec le présent. Elément nouveau. La décision n° 13-626 affirmant qu'une notification ne pouvant être regardé comme un acte administratif, l'article 2 sera analysé pareillement par le juge de l'excès de pouvoir, qui censurera donc purement et simplement cet article 2 en ce qu'il donne quelque valeur à la notification de l'arrêté ; jusqu'à en faire dépendre l'exécution de l'arrêté ! Autrement dit, cet article 2 est au mieux de l'esbroufe, au pire un détournement de pouvoir visant à donner force exécutoire à une décision par le truchement d'une notification qui n'est pas même un acte administratif faisant grief au vu de l'ordonnance n° 13-626. Par ces motifs faire droit de plus fort au recours introductif et spécifiquement annuler l'article 2 en ce qu'il contient une mesure présentée à tort par son signataire ès-qualité, comme contraignante.* »

Le 7 mars 2014 je répondais au mémoire 665PR du 7 février 2014, suite à la décision n° 13-480 du 30 décembre 2013 : « *Irrecevabilité du mémoire en défense du fait son auteur. Le recours était dirigé contre le signataire de l'arrêté. Le mémoire en défense émane d'un tiers « Le Président Sénateur Polynésie française », premier mélange institutionnel du fait même que cette dernière n'est pas dotée d'un sénat. A fortiori que ce tiers est compris dans « Les institutions de la Polynésie française » - en sa composante non sénatoriale et donc nationale française - au vu de l'article 5 de la loi organique 2004-192 du 27 février 2004, qui énonce qu'elles « comprennent le président, le gouvernement, l'assemblée et le conseil économique, social et culturel. » ; il convient d'en prononcer l'irrecevabilité pour anti-institutionnalité. Notamment pour substitutionnalisation à l'institution « gouvernement » dont relevait au moment de la signature de l'arrêté litigieux le ministre Bruno MARTY, nommé à cette fonction par les arrêtés n° 388PR et 396PR du 17 mai 2013 visés dans l'arrêté attaqué et ayant porté ce dernier ministre avec les attributions inhérentes, l'institution « président » le plaçant ainsi dans celle « gouvernement ». L'article 5 organique, distinguant ces deux entités, ne saurait manifestement autoriser la substitution de la première, à la deuxième ; ou encore, que celle-ci puisse cumuler les deux !? Et donc déclarer nul, inexistant en droit, le mémoire en défense n° 665/PR pour irrecevabilité du fait de son auteur. Statutairement. Pour mémoire : j'avais exposé par anticipation et en ces termes cette situation que je subodorais au vu d'agissements précédents : « (...) Bruno MARTY, président de la commission de discipline des taxis au moment des faits puisque seul décideur de la sanction après avis de la commission, aura pris une décision infra-présidentielle que seul cedit président Gaston FLOSSE sera autorisé à défendre devant la juridiction » ; le secrétaire général adjoint du « gouvernement Hau no Polynesia farani » comme indiqué sur le sceau, Philippe MACHENEAUD-JACQUIER, rédacteur du mémoire « Pour le Président et par délégation », servant de surcroît et de conserve les première et deuxième entités comme si de rien n'était (!), se sera par ailleurs coupablement gardé de faire la moindre allusion à cette phrase visant à attirer l'attention sur le détournement de pouvoir à venir, par anticipation certes mais à raison et fort a propos De l'inégalité des armes. Le président volant au secours du gouvernement dans ces conditions de non non-séparation internet aux institutions de la Polynésie française me porte assurément préjudice du fait même de cette inégalité des armes où ledit gouvernement au vu du mémoire n° 665, s'oppose(nt) tout entier et comme un seul homme, une seule entité, à mon recours. Mais encore :*
   a) *Le défendeur président/gouvernement se prévaut de la personnalisation de l'entité politique « la Polynésie française » en ces termes : « Ces demandes appellent de part de la Polynésie française les brèves observations qui suivent ».*
Vu ce qui précède, il s'agit là d'un abus, d'un accaparement de l'entité politique « la Polynésie française », mis en avant de façon tant outrageante qu'outragée puisque le sénateur dont la levée de l'immunitaire parlementaire vient de parvenir il y a quelques heures au sénat, n'est pas « la » Polynésie française ; il ne saurait l'incarner au vu de l'article 64 du statut du 27 février 2004 mais uniquement la représenter donc, sous son appellation de président de celle-ci ; il n'est QUE compris dans « Les institutions

de la Polynésie française » et ne saurait se l'accaparer ni même s'en prévaloir autrement que « par représentation »; a fortiori par devant une entité administrative juridictionnelle qui se prévaut dans chaque décision dudit statut 2004-192 et de la petite loi 2004-193.

D'où ma demande de retrait, du bâtonné de l'expression « de la part de la Polynésie française ».

b) Alors qu'il était acquis que le contrôleur routier Teriitoae MARA était <u>en mission</u>, il est écrit qu'il était « <u>en poste </u>». Ceci n'est pas anodin car s'il est en poste, c'est qu'il aura été affecté à ce poste alors que s'il était envoyé en mission, il relève de sa responsabilité de <u>ne pas excéder, territorialement notamment, le cadre de sa mission</u>. A fortirori et comme déjà développé, sur une <u>voie dont nature n'est pas rapportée : voie publique, voie privée, territoriale, nationale, etc... ?</u>
En l'espèce, <u>usant de son pouvoir inquisitoire, le juge administratif réclamera les éléments qui prouveront ou non la matérialisation de ce poste</u>, à défaut, constatera que le contrôleur routier comme son nom l'indique aura agi en dehors de son pouvoir de contrôleur en se mutant en contrôleur parkingniesque et donc excédant sa mission, viciant tant son contrôle, que son rapport, subséquemment nuls.
Ne voulant reprendre ici par le détail ce sujet, <u>l'arrêté n° 226CM du 10 février 2014 « portant délimitation de la zone sous douane de l'aéroport de Tahiti-Faa'a » - avec son quasi-obligé « ERRATUM » illustre la difficulté inhérente liée à cet aéroport français hors de France où tout n'est que concession(s) ? Ou encore, l'arrêté n° 294CM du 24 février 2014 instituant une régie de recettes au bureau des douanes de Faa'a frêt « à la direction régionale des douanes » « en » Polynésie française » est-il d'ailleurs omis... arrêté du « Président de la Polynésie française »... y étant partie (!), qui en son article 2 se voulant exceller en précision : « Cette régie est installée dans les locaux de la douane sis à Faa'a aéroport » mais se gardant bien d'ajouter qu'il n'y aucune douane en propre en dehors de la direction régionale, par convention, mais encore d'affirmer que ces locaux, certes « sis à Faa'a aéroport », font partie ou non dudit territoire français de l'aéroport d'après les Une récentes des médias locaux</u>. Il convient donc dans le cas d'espèce de <u>ne pas négliger et de plus fort, la propension du contrôleur routier à avoir exercé sa mission en dehors du cadre légal. Seul un plan de l'aéroport qu'il m'est impossible de produire mais qui pourra être réclamé au ministre en charge des ports et aéroports attaqué, permettra de contredire mon affirmation : que le contrôleur routier agissait en dehors du cadre, délimité de son serment. Autrement dit, « en poste à l'aéroport de Tahiti », même si cela correspond au parler courant, contient intrinsèquement une erreur de droit, du fait de l'appartenance de cet aéroport à la république française – et donc pas à « Tahiti » - ; le tribunal considèrera ce point capital en lisant en lieu et place, d'une part : « en mission » au lieu de « en poste », et d'autre part « à l'aéroport de France », et non « de Tahiti », - ou « de la république française », mais non de « la Polynésie française » -, et en tirera les évidences en droit et en l'espèce ; dénier au contrôleur routier la capacité d' avoir opéré régulièrement à mon encontre, là.</u>

c) De la première sanction non prononcée et de l'avis donné pour la deuxième.
<u>Le recours n° 13-480 portait sur ce sujet, après une demande gracieuse préalable contenant toutes les explications à laquelle la lettre du 16 août 2013 a fait suite, lettre <u>déférée au tribunal administratif et analysée ainsi par celui-ci</u> : « M. Chisaka demande au tribunal d'annuler la lettre (...) soutient que le ministre a détourné l'objet de son recours gracieux (...) ; qu'en conséquence l'avis émis le 11 juillet 2013 (...) ne constitue pas une décision faisant grief susceptible de faire l'objet d'un recours pour excès de pouvoir (...) », raisonnement en lui-même hautement instructif du fait du distinguo opéré par le tribunal entre les attributions de sanction pour les première et deuxième catégories et d'avis pour la troisième. En effet, il est presque regrettable que la commission n'ait pas prononcé de sanction pour la première « infraction » relevée par le même contrôleur routier puisqu'alors cette première aurait « au moins » été reconnue comme faisant grief !</u> J'avais aussi pris soin de relever - et le tribunal l'a retenu-, que : « « M. Chisaka (...) soutient que le ministre a détourné l'objet de son recours gracieux (...) » ; en effet, en passant sous silence dans sa lettre n° 502 du 16 août 2013 la non-infliction de sanction première pour ne garder que la partie « avis rendu », le tribunal s'est volontairement ou non, fait ou laissé abuser. Heureusement toutefois qu'une affaire n° 13-539 pendante devant le tribunal administratif, d'une collègue entrepreneur de taxi et sanctionnée, elle, pour une ou des infractions ne relevant pas de la troisième catégorie, permettra à celle-ci de prospérer du fait qu'elle fait l'objet d'une sanction faisant grief, <u>ouvrant ici cette nouvelle perspective juridique où une même commission peut, tout de go, et faire grief lorsque statuant dans sa même formation, le même jour, et dans un même lieu et formation, selon qu'elle statue sous couvert de telles poursuites mais en fonction de telles catégories.</u> D'où l'interrogation supra s'il n'eût pas mieux valu – pour pouvoir triompher devant le tribunal administratif - que j'eusse été également sanctionné en catégorie une ou deux, ce qui aurait donc, et vu ci-devant, eu le mérite d'avoir été touché ET par une décision faisant grief ; ET une autre ne le faisant pas et permettant ainsi au tribunal de jurisprudentialiser plus profondément et en détail(s) encore sa décision séparatiste, le comble étant que j'étais poursuivi pour une infraction de première ou de deuxième catégorie mais pas sanctionné !!!

d) Du <u>recours n° 13-480, de l'arrêté, et de sa notification « bien entendu » dès le lendemain</u>.

Le mémoire contesté n° 665/PR expose d'une part : « Le 2 septembre 2013, Monsieur Yoshiaki CHISAKA a formé un recours (…) 1300480-1). Dans le même temps, le Ministre (…), poursuivant la procédure disciplinaire et se conformant à l'avis de la commission de discipline, a prononcé par arrêté n° 6719/MET du 4 septembre 2013 une suspension (…) » et, d'autre part que « Cette décision a bien entendu été notifiée à l'intéressé dès le lendemain ».

Vu la publication au journal officiel local le 10 décembre 2013 de l'arrêté, le tribunal comprendra que d'une part je ne pouvais pas être au courant du contenu de cet arrêté le 5 septembre 2013, et que d'autre part, convoqué par téléphone par et à la direction des transports, je ne pouvais savoir que j'allais tomber dans un guet-apens où allait m'être remis une simple notification que je subodorais n'avoir aucune valeur réelle, ce qu'a confirmé le tribunal dans sa décision n° 13-626 le 11 décembre 2013 en ces termes : « (…) cette simple notification ne peut être regardée comme un acte administratif faisant grief (…) ». En effet, même s'agissant d'un acte individuel, je savais qu'il devait être publié au journal officiel localement, vu les nombreux précédents en la matière, d'où ma signature sans crainte de ce papier comme l'a aussi relevé le juge Jean-Yves TALLEC : « (…) la notification qui lui a été faite, et qu'il a d'ailleurs signée le 5 décembre 2013, de l'arrêté du 4 septembre 2013 », omettant certes, ou passant sous silence, de mettre en lumière le plus important : rajouter « publié postérieurement à cette notification ne faisant pas grief, le 10 décembre 2013 », ou une phrase analogue. A l'évidence, une notification avant publication de l'arrêté ordonnant lui-même en son article 2 ladite notification, ne saurait avoir une quelconque valeur, en droit administratif et même contrairement à la règle fondamentale de droit public du caractère exécutoire des actes administratifs. (CE, 2 juil. 1982, HUGLO, n° 25288 25323, Rec. 257). La décision n° 13-626 l'aura jugé. Le tribunal comprendra mieux, que le « bien entendu » et l'absence de mention de la décision n° 13-626 ne vise qu'à l'introduire en erreur puisque ce serait lui faire renier sa décision n° 13-626 si la notification venait à posteriori à se voir reconnaître une quelconque valeur autre que son support papier, c'est-à-dire que cette « notification » aurait pu faire courir le moindre délai autre que celui courant à partir de la publication le 10 décembre 2013 de l'arrêté n° 6719 MET (et non « PR »).

    e)   Telle est « la » décision attaquée est-il encore raccourci.
Amalgamant l'arrêté avec telle notification pour englober l'ensemble comme étant « la » décision attaquée, il convient de clarifier qu'est attaqué l'arrêté certes, mais aussi et notamment en ce qu'il assène en son article 2 que « La présente décision est exécutoire dès sa notification », laquelle « décision » étant l'arrêté n° 6719 MET. En effet, un arrêté non exécutoire ne serait à l'évidence pas attaquable… puisque ne faisant pas grief et ne portant pas préjudice ! Si par extraordinaire le tribunal poursuivait son raisonnement n° 13-626 un peu plus avant et considérerait que la notification du 5 décembre 2013 ne faisant pas grief mais ayant néanmoins été matérialisée et signée par moi et ayant donc une, certes quelconque valeur, que l'article 2 tombait de lui-même et ne ferait plus grief puisqu'une nouvelle notification ne saurait intervenir vu que la première « bidon » n'avait aucune valeur mais existait néanmoins, le tribunal annulera toutefois cet article 2 en ce que sa publication, postérieurement à la « notification » du 5 décembre 2013 dans une publication officielle locale, m'aura causé préjudice du seul fait d'avoir vu mon nom exposé dans ce journal sans qu'il n'y soit à ce jour retiré sous forme d'erratum ou autre. Pour illustration : la radiation n° 875CM du 22 juin 1999, contre laquelle Monsieur René HOFFER a gagné devant le tribunal administratif le 7 novembre 2000 (TAP n° 99-368), lui aura encore valu les 20 et 21 février 2014 une nouvelle garde à vue pour défaut d'autorisation d'exercer sa profession, les policiers, militaires et juges se refusant à même donner quelque valeur à sa décision n° 99-368 émanant pourtant du tribunal administratif de séant également ! Autrement dit, nonobstant la notification sans valeur, non seulement l'article 2 garde toute sa force de nuisance en matière de publicité négative, mais encore, s'il n'était censuré, laisserait la porte ouverte à une nouvelle notification de retrait provisoire d'autorisation d'exercer ma profession de taxi pour trois autres jours puisque j'avais cessé d'exercer après le 5 décembre pour dûment justifier d'un grief et démontrer par l'absurde — et psychologiquement contraint et forcé puisque dans le doute, avant cette réponse n° 13-626 — les dérives de la direction des transports et donc de son ministre, qui, quelques jours plus tard fera l'objet d'un scandale retentissant : Monsieur Bruno MARTY, en charge de la sécurité routière et ayant reçu avec son bureau le président du tribunal administratif Jean-Yves TALLEC à grand renfort de photos et articles dans les médias — et donc grief d'une caution morale qui n'aura jamais été accordée à d'autres justiciables en l'espèce, membres de la profession des entrepreneurs de taxis, en tout cas à ce jour -, s'est avéré être un délinquant judiciaire dont la justice s'apercevra au lendemain de son accident d'un taux d'alcool dans le sang de 2,4 grammes et qu'il avait fait l'objet à plusieurs reprises de retraits de permis de conduire jamais retirés, et autres délits routiers. Le leurre de la « notification » le 5 décembre ne prospérera pas. Seule la date de publication vaudra.
    f)   Sur la contestation quant à la recevabilité.
Vu ce qui précède, le piège a déjà été déjoué mais en voici une nouvelle démonstration, en fait le prolongement : « La requête (…) attaquant l'arrêté (…) n'a été reçue et enregistrée au greffe (…) le 10 décembre, soit plus de trois mois après la notification du 5 septembre 2013 ». Ainsi serait prise en considération une date d'un acte administratif ne faisant pas grief, au détriment de l'acte

originel opposable à compter de sa publication ! Le tribunal verra cette *grosse ficelle à l'œil nu, sans même à n'avoir faire remarquer que le mémoire se garde bien de se référer à l'ordonnance du président du tribunal Jean-Yves TALLEC n° 13-626. Mais encore, en passant sous silence que l'ordonnance aura été rendu le 11 décembre, - soit le lendemain de l'enregistrement du présent recours -, mais aussi qu'il aura été question de cet arrêté n° 6719 MET dans les recours 13-626 et 13-480 où j'avais à de nombreuses reprises basé le fondement de mes écrits sur l'existence de cet arrêté, démontrant si besoin était que c'est sur lui que reposaient les griefs en sa finalisation ; d'ailleurs la notification « ne faisant pas grief » n'est qu'une démonstration de plus, des agissements fallacieux* de la direction des transport et de l'alors ministre Bruno MARTY.

Plus encore, *même le rapporteur public à l'audience du 10 décembre 2013, Chansérey MUM a dit devoir considérer le recours n° 13-480 comme demandant l'annulation de l'arrêté n° 6719 MET ; à tort certes, puisque le présent recours n'a été introduit qu'une fois l'audience terminée, mais son erreur atteste à tout le moins de ma volonté de me défendre contre cet arrêté par des écritures produites dans les affaires n° 13-480 et 13-626, à renfort même de demandes de jonction de ces deux dossiers 13-480 et 13-626, demandes restées lettre morte, pour finalement introduire ce nouveau recours dans le délai des trois mois impartis, le 10 décembre 2013.*

    g) Sur la légalité externe.

Écrivant que la requête n° 13-480 avait été dirigée contre « un simple avis de la commission de discipline ne lui faisant pas grief », ceci n'est pas tout à fait exact non plus. En effet, c'est le tribunal qui, certes arrêtant que le « simple avis » de la commission ne faisait pas grief, n'a pas pris en considération la validation de cet avis, ce qui avait été critiqué, c'est-à-dire que le tribunal, au lieu de statuer sur le refus du 16 août 2013 qui ne pouvait être annulé, ne serait-ce que du fait qu'il aura donné une quelconque valeur à ce simple avis et empiété sur l'arrêté n° 6719 qui n'avait alors pas encore été pris, n'aura pas annulé LA LETTRE mais se sera basé sur le fait qu'elle portait sur un simple avis ne faisant pas grief alors que le refus contenu dans la lettre faisait bel et bien grief. A fortiori que cette lettre passait sous silence la non-poursuite de l'infraction qui avait été relevée à mon encontre, de première-deuxième catégorie.

Ou encore : ce simple avis de la commission présidée par Ronald TSU en tant que ministre délégué en matière de troisième catégorie + la lettre de refus (antérieurs à l'arrêté du 4 septembre) auront abouti, ensemble, audit arrêté faisant grief. Mais encore, le « bien entendu » de la notification-ne-faisant-pas-grief du 5 septembre avant la publication de l'arrêté pourrait même démontre *que contrairement aux affirmations présidentielles, le recours du 2 septembre aura(it) pu provoquer ce mouvement de « sauve qui peut » : recours déposé le 2 ; arrêté pris le 4 ; notification à fin de distraction le 5... pour une publication uniquement le 10 !?* Dans le même ordre, *la notification « ne faisant pas grief » et rejetée par ordonnance n° 13-626 aura fait grief au moins « négativement» de par l'arrêté n° 6719 MET lui-même, en ce que cet arrêté prévoyant une notification exécutoire pour une interdiction d'exercer ma profession pendant trois jours... aura été rendu exécutoire de par sa publication... 5 jours APRES la « notification » du 5 ... et deux jours après l'exécution de la sentence puisque la notification-qui-ne-fait-pas-grief comportait tout de même la mention de voies de recours d'une part et d'autre part, portait les références de l'arrêté qui m'a été remis ce jour-là, lequel en son article 2 prévoyait l'exécution sur notification ; dans le doute j'ai donc accompli ce qui m'avait été opposé et ai arrêté d'exercer pendant ces trois jours.*
Le préjudice reste donc intact puisqu'en annulant l'arrêté et notamment son article 2 qui annulera par voie de conséquence TOUTE notification *puisque celle du 5 septembre, qui bien qu'existante, en fait, ayant existé mais déclarée ne faisant pas grief, laissera alors les trois jours de suspension à effectuer, ce qui en fera alors six avec ceux déjà « effectués », rendant l'annulation de l'article 2 de l'arrêté n° 6719 MET d'autant plus annulable.* Sauf raisonnement fonctionnarial autre qui m'échapperait ? Enfin, la notification première n'ayant pas fait grief au vu de la décision n° 13-626, une décision ne faisant pas faire grief ne saurait prévaloir sur une décision régulièrement publiée, sa censure sera acquise là aussi.

    h) Du délai d'un mois comme délai raisonnable.

En exposant qu'entre le 11 juillet et le 4 septembre, un délai supérieur d'une vingtaine de jours à celui d'un mois, est un délai raisonnable, la notion d'un mois pour rendre telle décision n'a donc pas été exposée en vain. En fait, ayant adressé ma lettre dès le lendemain de la réunion de la commission c'est-à-dire le *12 juillet 2013, il m'apparaissait qu'un délai d'un mois semblait raisonnable (rapport du 12 juin, convocation du 21 juin, réunion de la commission le 11 juillet soit moins d'un mois pour le tout)* vu notamment que le ministre ne présidait pas la commission, ce qui a déjà été exposé au tribunal dans le recours n° 13-480. Peu importe donc tel délai inférieur ou supérieur à un mois, les faits sont là : *le ministre, certainement incapable de tenir la séance au vu des évènements qui ont fait la Une des médias quelques jours plus tard,* ou pour éventuellement une autre raison, ne la présidait pas et avait donc délégué sa présidence à un tiers, Ronald TSU. Cette délégation de pouvoir réclamée précédemment, *n'a pas été produite et il est ici impossible de savoir s'il a délégué son pouvoir décisionnaire ou non ; et, s'il ne l'a pas délégué, il lui appartenait de prendre la décision en personne à cette occasion (ou de renvoyer l'affaire ou de la mettre en délibéré) sur le siège.*

Autrement dit, l'avis émis par la commission est un avis émis sans sa participation personnelle et donc, a contrario, aura été émis par des tiers dont un le représentant ès-qualité et par délégation. Il convient donc de relever de plus fort que l'avis étant ainsi intrinsèquement vicié du fait du mélange du président de la commission (Ronald TSU) avec les autres membres, Bruno MARTY ne pouvait se baser sur cet avis vu ce qui précède, et que donc il aura pris la sanction tout seul et/ou sur un faux avis, viciant tout autant l'arrêté n° 6719 MET quant à élaboration et de surcroît après sa réponse du 16 août 2013. Enfin, ayant donc pris sa décision postérieurement à sa réponse du 16 août 2013 portant sur le sujet, il ne pouvait plus prendre d'avis impartial doublement : d'une part ne pas désavouer celui à qui il a délégué ses pouvoirs et d'autre part, statuer sur un avis vicié, viciant intrinsèquement l'arrêté. En effet, s'il n'avait pas pris d'arrêté de sanction, il aurait lui-même contrevenu... à sa propre lettre de refus... du 16 août. Ad lib...

    i) Des références à l'affaire n° 13-480 introduite le 2 septembre 2013.

Le même Philippe MACHENEAUD-JACQUIER ayant signé le mémoire n° 6288/PR du 15 octobre 2013, le tribunal estimera qu'il n'est pas utile ici de reprendre l'ensemble des éléments ayant abouti à la décision n° 13-480, d'autant plus que le président Jean-Yves TALLEC aura relevé dans sa décision n° 13-626 la connexité réclamée, recours qu'il n'aura pas même transmis au défendeur puisque rendant sa décision sous forme d'ordonnance de rejet relevant de son pouvoir en propre. Il paraît donc excessif, au vu des deux éléments ci-devant, que ce même signataire de mémoires en défense puisse croire que le présent recours n'aura été exprimé « que par allusions », tout comme l'expression « nouvelle requête », qui est en fait une requête – la seule possible – contre l'arrêté n° 6719 MET puisque la demande exprimée en ces termes dans le recours introductif (et qui aurait éventuellement pu l'éviter), n'a pas été satisfaite : « Le 21 novembre 2013 je terminais mes conclusions dans l'affaire n° 13-480 en ces termes : « Et rendre la décision sur le siège motif pris que de l'issue du présent jugement dépendra l'introduction ou non de mon recours contre l'arrêté n° 6719/MET (…) »».

    j) De la compétence du ministre pour prononcer une sanction.

Ce n'est pas la compétence à prononcer telle sanction qui est critiquée ici, mais celle de la prendre dans les conditions ci-dessus dénoncées. Il s'agit donc bien d'une incompétence en l'espèce, certes doublée d'un abus de pouvoir comme juge et partie, et arbitre partial de par le refus du 16 août de surcroît. D'ailleurs les termes de la délibération n° 2008-5 rapportés énoncent que « le Ministre des transports terrestres, président de la commission de discipline des taxis, est bien l'autorité compétente pour sanctionner les infractions de troisième catégorie », ne l'autorisant pas à statuer pour les première et deuxième catégorie or j'étais aussi poursuivi pour cette partie. Autrement dit le mélange des genres intra-commission + la double casquette de ministre-président pouvant de surcroît déléguer au président de la commission qui lui-même siège pour les trois catégories mais en faisant le distinguo avec la troisième pour un même entrepreneur de taxi mais pour des infractions relevant de catégories différentes, rend assurément l'ensemble et donc Bruno MARTY, a minima juge et partie, et l'ensemble de la procédure quasi abracadabrantesque si une sanction n'avait été émise. Car, n'ayant pas participé aux débats le 11 juillet 2013, il n'aura pu rendre sa décision que sur avis de son pair qu'il avait délégué, renforçant l'ambiguïté où il ne pouvait plus se faire une idée personnelle de la sanction à infliger, sauf à se renier par procuration, à l'évidence tenu à ne pas désavouer celui qu'il avait désigné pour le... représenter !

    k) Sur la légalité interne.

Si la « suite « proposant/proposer/proportionné » ne suffisait en elle-même à déceler l'ineptie, l'embarras, ou la volonté de camouflage y contenue, en voici un petit développement. En écrivant qu'il convient de relever « que le Ministre (…) n'a, en proposant une suspension de trois jours, ni outrepassé ses pouvoirs ni poursuivi un objectif autre que de proposer une sanction (…) », le tribunal comprendra que ce n'est PAS le ministre qui aura proposé la suspension de trois jours et proposé que ces trois jours se transforment en sanction, mais Ronald TSU. L'objet même du recours repose sur cette pantomime. D'ailleurs il n'est plus question dans ce paragraphe de la présidence de la commission de discipline de Bruno MARTY, qu'il avait délégué. Il est donc faux d'affirmer que le ministre aura doublement procédé à une proposition : une suspension de trois jours ET une sanction. D'où la pantomime supplémentaire : lors de la réunion le président de la commission, le non-ministre donc, Ronald TSU avait agité la menace de la prise en compte de la récidive devant les membres présents à cette audience, récidiver par ailleurs non mentionnée dans l'arrêté. En effet, le tribunal cherchera en vain cette motivation première ayant abouti à la sanction de suspension provisoire, faisant là encore apparaître un manque de droit en sus de cette autre particularité de l'arrêté n° 6719 MET : la « suspension provisoire », une suspension étant par nature, même administrative, provisoire, sauf à inventer une suspension définitive qui elle alors ne serait plus une suspension mais un retrait tel que prévu par ailleurs par telle délibération 2008-5 ? Rendant de surcroît l'arrêté inexécutable, voire inexécutoire. C'est-à-dire nul et de nul effet. En droit. Par ces motifs : Déclarer irrecevable le mémoire en défense n° 665PR en ce qu'elle émane de l'entité « président » comprise dans les institutions de la Polynésie française ; en ce qu'elle émane aussi au vu du tampon d'une deuxième entité des mêmes institutions ne pouvant se mélanger, substituer, ou être accaparées l'une, l'autre ; En tout cas prononcer le retrait de l'expression : « de la part de la Polynésie française ». Et faire droit à la requête initiale de plus fort au vu des développements complémentaires supra. »

Le 9 avril 2014 ma note en délibéré exposait toujours sous même chapeau « *Affaire n° 13-631 Contre : Bruno MARTY ès-signataire de l'arrêté publié au JOPF. Audience du 8 avril 2014, affaire mise en délibéré* » : « *Le rapporteur public Chansérey MUM a proposé l'irrecevabilité du recours au motif de la tardiveté. Or, publié au JOPF le 10 septembre 2013, le recours déposé et tamponné le 10 décembre 2013 répond au délai des trois mois impartis. A fortiori que le recours n° 13-626 rejeté par ordonnance constatait que la notification à elle seule ne faisait pas grief. Si la notification du 5 septembre 2013 ne faisait pas grief, avant publication en l'espèce, c'est donc que ladite notification a une valeur inférieure à la publication. Si la publication a une valeur supérieur à la notification mentionnée dans l'arrêté contesté, notamment du fait des délais que fait courir la publication quant à la contestation de l'acte publié, nonobstant une notification sauvage, c'est-à-dire ne faisant pas grief en elle-même, le délai à prendre à considération en l'espèce est donc celui de la publication au journal officiel, la publication tardive prolongeant l'article 2 de cet arrêté, à quoi le fait qu'il soit personnel n'enlève rien au fait qu'il ait été publié et donc à ces implications. En effet, n'ayant pas su qu'il allait être publié au JOPF, je pensais le 5 septembre que c'était la procédure normale en la matière et que donc je pouvais contester la notification en temps et heure. Or cette contestation de la notification s'étant avérée comme ne faisant pas grief, c'est à bon droit que j'ai déféré l'arrêté qui lui fait grief. Le tribunal ne suivra donc pas la demande de rejet du rapporteur public qui me semble, comme dans l'affaire Diémert/Haut-conseil et comme l'a relevé l'avocat Robin QUINQUIS, n'avoir pas pris en considération tous les éléments du dossier : dans le dossier Diémert de façon négative et dans le présent dossier de façon « trop » positive, c'est-à-dire donnant une portée autre à la notification du 5 septembre 2013 que celle, intrinsèque ce jour-là : un acte ne faisant pas grief. Partant, ne faisant pas grief, cette notification ne saurait être considérée a posteriori comme un acte juridique au même titre que la publication. Et faire droit de plus fort à la demande initiale.* »

1) De l'épisode saugrenu de l'invention d'un recours fantôme n° 14-229.

Le 14 avril 2014 j'intitulais « *Requête en rabat suite aux jurisprudences n° 1300614 du 8 avril 2014 et CE 362140 du 31 mars 2014 et appel en cause du haut-commissaire de la république française vu son arrêté du 8 mars 2012* » les écritures dans « *Affaire n° 13-631 contre : Bruno MARTY ès-signataire de l'arrêté 6719 publié au JOPF. Audience du 8 avril 2014, affaire mise en délibéré.* ».

En français facile j'aurais dû écrire « demande, sollicitation, pétition, réclamation, prétention, etc… », bref, tout sauf « requête » ! Car la référence à l'affaire n° 13-631, malgré la mention de Bruno MARTY, de l'arrêté, de sa publication, de la date d'audience passée et de la mention de mise en délibéré, ce mot « requête » aura été le graal pour que ces écritures dans l'affaire n° 13-631 s'alchimise en n° 14-229…

Evidemment l'incrédulité lorsque j'ai reçu cette ordonnance n° 14-229 était telle que je pensais que s'il ne s'agissait pas d'une erreur, il s'agissait d'une esbroufe juridico-administrative de celui qui s'affichait avec le dit ministre local Bruno MARTY quelques mois plus tôt. En effet, n'ayant pas reçu d'accuser de réception de ma requête et donc de numéro Sagace – dont j'ai demandé les 5 chiffres du code ultérieurement (T98-1400229-56764) – où l'on peut lire : « *14/04/2014 Requête nouvelle (…) 18/04/2014 Réception de pièces complémentaires (…)* ».

La cour parisienne à la lecture de ces deux écrits ci-dessous reproduits, les prendra en compte comme il se doit, c'est-à-dire les intègrera pour la première fois en cause d'appel dans le dossier n° 13-631 ici déféré et comme ils auraient dû l'être à Papeete déjà.

Ainsi écrivais sous le chapeau exposé *supra* : « *Nouveauté : De la jurisprudence locale n° 1300614 du 8 avril 2014 (Mme Lowyna OTARE) Le considérant n° 2 met en lumière "d'une part qu'aux termes de l'article II-2 de l'arrêté du haut commissaire de la République du 8 mars 2012 (…) « la zone publique est constituée notamment par … les emplacements réservés aux taxis… » ; que d'autre part (…) la délibération du 10 avril 2008 (…) » Il est clair qu'il s'agit donc d'une zone publique, dont des emplacements sont réservés aux taxis, la notion de « réservé » s'entendant à l'évidence comme réservant ces endroits aux taxis et non comme les y « parquant », bien que dans la pratique c'est le cas au vu des plots en béton et barrières empêchant la liberté de manœuvre. Ce constatant remet également de circonstance qu'en réservant des emplacements aux taxis, l'arrêté du haut-commissaire aurait également pu, voire dû (?), les exclure des parkings payants ! Tel n'est pas le cas et donc l'article 5 de la DDHC de 1789 pourvoit à ce que cela ne puisse être empêché. Par ailleurs il convient de ne pas confondre occupation temporaire avec utilisation normale, par tous. Cette exclusion ne se présumant pas et, en l'espèce, s'appliquant à la verbalisation ayant aboutie à la sanction dénoncée,* __il convient d'appeler en cause le haut-commissaire pour recueillir son avis qui ne se présume ou ne se déduit pas. En droit. En effet la verbalisation concerne le droit du travail et le droit d'entreprendre et d'exercer une profession librement choisie que les articles 2, 4, 16 et 17 de la DDHC de 1789 garantissent.__ *Le considérant n° 3 poursuit : « (…) il résulte de la combinaison (…) appartient à l'Etat, titulaire du pouvoir de police, de réglementer l'emprise civile (…) en tout ce qui concerne le bon ordre ; » Même si l'expression « le bon ordre » a été utilisée dans le jugement du 8 avril 2014 alors que* ce bon ordre relève du droit administratif français et aura été adapté de façon inversée au haut-commissaire : l'ordre public est l'état social idéal caractérisé par « le bon ordre, la sécurité, la salubrité et la tranquillité publique. », le but de la police administrative est d'en prévenir les troubles. *En l'espèce, l'Etat n'est pas intervenu à mon encontre, n'ayant pas dérangé ni l'ordre public, ni le bon ordre en quoi que ce soit. A fortiori, le bon ordre n'est pas de la compétence des agents verbalisateurs a posteriori et qu'il n'aura pas été relevé a priori. En tout cas cette cause ne figure pas au dossier.* Autrement dit : « qu'en vertu de ce pouvoir, le haut commissaire de la République a délimité la zone publique au sein de laquelle ont été prévus les emplacements réservés au stationnement des taxis » n'interdit en rien un stationnement payant. Mais encore, la délimitation des zones publiques ne saurait être qu'un plus pour les taxis et en rien ne les pénaliser lorsque, comme moi, le panneau taxi aura été enlevé et le parking payé. Ne sont donc pas contestés foncièrement tels emplacements autorisés (sic) sauf moyen d'ordre public qui pourra être soulevé pour incompétence le cas échéant, de l' arrêté, du haut-commissaire pour empiètement sur l'autorité du premier magistrat de la commune de Faa'a, le maire. *Pour illustration, dans la commune de Papeete, ne relevant pas de l'Etat français tant qu'elle n'est pas sous tutelle, c'est le* maire de la commune qui autorise « *une mesure temporaire d'occupation des places de stationnement payant dans la contre-allée du boulevard Pomare devant le centre Vaima par les taxis » (arrêté municipal n° 2012-580 DST du 4 décembre 2012), ou encore « Arrêté municipal n° 182-93 du 22 décembre 1993 autorisant la création de cinq emplacements de stationnement supplémentaires réservés aux taxis dasn la contre-allée du boulevard Pomare ». Enfin, le jugement n° 13-614 en révélant ces emplacements réservés aux taxis sans taximètres par le haut-commissaire ; par une autorité française le lie à la délibération locale 2008-5 APF, rendant l'arrêté d'autant et intrinsèquement plus que litigieux. En effet, la loi nationale prévoit que les taxis sont équipés d'un taximètre, ce qui n'est pas le cas hors de France. Or l'arrêté d'Etat pris par le haut-commissaire ne saurait valider des taxis ne répondant pas à la norme française.* __D'où l'intérêt supplémentaire d'attraire le haut-commissaire à la cause,__ *notamment en ce que les Voitures de Tourisme avec Chauffeur (VTC) sont de compétence des fonctionnaires de police sous l'autorité du ministre de l'intérieur de la France même hors de France (voir CE 374524/374554 du 5 février 2014 (Sas Allocab et autres). Autrement dit, des VTC, exerçant la même profession, ne pourraient être verbalisés du seul fait de n'être pas des taxis et dans les mêmes conditions : pas de taximètre, stationnement payant et payé sur un parking, etc…, créant une discrimination non justifiée du fait même du* conflit d'arrêté étatique/délibération insulaire. *Ceci amène à un autre moyen contrevenant au bon ordre, voire un moyen d'ordre public :* __les articles 13, 14, 15, 28 et 38 mis en exergue dans le jugement n° 13-614 seront écartés non seulement du fait du rapport arrêté/délibération mais en ce que « la Polynésie française » empiète dans le domaine des attributions des maires.__ *Ceci est encore évident lorsque, pour les examens ils se déroulent sur l'île de TAHITI et dans la commune de Papeete, mais encore, en ce que les certificats, licences, autorisations sont émis (sur telle ou telle(s) île, dont certaines comportent en outre plusieurs communes, violant les pouvoirs de premier magistrat de dizaines de maires élus au suffrage direct. Nouveauté : De la jurisprudence nationale n° 362140 du 31 mars 2014 (Taxe trottoir) Comme vu supra, la notion toute relative de « taxi », locale, écartée, ma verbalisation aura eu lieu à un endroit répondant à l'usage normal de cet endroit : un parking. Concédé par l'Etat français. Hors « la Polynésie française ». En clair : je n'ai commis aucune infraction permettant qu'il soit porté atteinte à mon droit d'entreprendre et du travail. Ayant abordé les VTC, à l'heure où la Dépêche de TAHITI de dimanche 13 avril 2014 révèle à la Une l'organisation de l'examen du certificat de capacité à la conduite des taxis et des voitures de remise qui s'est tenu dans la semaine, l'arrêté n° 3068 MET du 3 avril 2014 paru au JOPF du 8 avril 2014 page 4911, porte « ouverture au titre de l'année 2014 d'une session d'examen du certificat de capacité professionnelle à la conduite des véhicules affectés aux services de transport de personnes », sans autre(s) indication(s), des VTC notamment (?), précisant même que « certificat de capacité ou carte professionnelle déjà obtenus » peuvent être produits laissant le soin s'immiscer quant aux véhicules qui pourront être conduits avec ce certificat (de certificat(s) ?).* __De l'acquis supplémentaire du rabat.__ *La* __note en délibéré exposait__ *que la date de départ du délai de prescription est la* publication *au JOPF le 10 septembre 2013,* il convient de rajouter que l'article 3 de l'arrêté 6719 attaqué précise que l'arrêté sera d'abord notifié avant d'être publié, la notification première ne servant que de tremplin à la publication, forcément postérieure et faisant donc tout aussi forcément courir les délais contre l'arrêté (pas contre la notification !). *S'il fallait encore distinguer* entre les délais, de notification du 5 septembre vs de publication du 10 septembre 2013, *il conviendra de se rapporter au rapport du sénat sur l'ancien article 176 de la loi orga-nique 2004-192 du 27 février 2014 : « Deux catégories de personnes peuvent déférer les lois du pays au Conseil d'Etat :*

- d'une part, les « institutionnels », c'est-à-dire le président de la Polynésie française, le haut-commissaire de la République, le président de l'assemblée de la Polynésie française ou six représentants à l'assemblée de la Polynésie française, qui disposent d'un délai de quinze jours ;
- d'autre part, les particuliers, ayant un intérêt à agir au sens où on l'entend en matière de recours pour excès de pouvoir, qui disposent d'un délai d'un mois.
Afin que les particuliers soient informés de l'adoption d'une loi du pays, celle-ci doit être publiée au journal officiel de la Polynésie française à la suite de son adoption. » (http://www.senat.fr/rap/l03-107/l03-10724.html) Rapport n° 107 (2003-2004) de M. Lucien LANIER, fait au nom de la commission des lois, déposé le 9 décembre 2003.

En effet, si un distinguo peut être opéré, il ne peut s'agir que de celui entre des institutionnels et des particuliers d'une part et d'autre part, c'est l'information des particuliers par la publication au journal officiel local qui fait courir leur délai, plus long. En l'espèce, la publication d'un acte individuel ne faisant pas courir de délai pour les particuliers autres que l'intéressé puisque les quidam n'ont pas intérêt à attaquer un arrêté individuel, l'intéressé – le particulier donc -, bénéficiant du délai attaché à ladite publication. A contrario, la validité de la notification du 5 septembre 2014 est nulle du fait même qu'elle ne fait grief et comme cela a été jugé par ordonnance n° 13-626, la publication par ailleurs explicitement et expressément prévue par l'article 3, il n'existe pas de restriction aux délais impartis par la publication... le directeur des transports terrestres – notificateur du 5 septembre 2013 – étant lui-même chargé… de la publication ! Ce qui implique une notion supplémentaire de **dévoiement de ses fonctions puisqu'ayant procédé avant publication à la notification.** *Mais aussi de ce que de surcroît l'* **« Attestation de notification » d'une part n'est qu'une attestation, et d'autre part, qu'exécutée par « la direction des transports terrestres » elle ne l'aura pas été par le directeur des transports terrestres, seul habilité par l'article 3 en l'espèce, rendant cette attestation de notification nulle de plein droit, nulle et de nul effet en droit, la frappant d'inexistence et partant laissant intact le délai de recours à compter du 10 septembre 2013.** *Enfin,* **aucune notification régulière n'étant intervenue suite à la publication du 10 septembre 2013, le présent recours est d'autant plus essentiel qu'il empêchera toute notification régulière future, mais encore l'annulation de l'arrêté effacera toute velléité de son utilisation future pour valoir en matière de récidive.** *Le jugement n° 13-614 exposant encore « que c'est dans le cadre de la réglementation de l'activité d'entrepreneur de taxi que la Polynésie française, dont la compétence en la matière n'est pas contestée, a d'une part énoncé les faits constituant des infractions à cette réglementation (…) stationnée dans un emplacement autre que ceux réservés aux taxis alors qu'elle était en cours de prise en charge de clients ; que c'est donc en application strict des dispositions sus rappelées que la commission de discipline, au vu du procès-verbal complètement dressé par un agent assermenté (…) a décidé de la sanctionner d'un avertissement (…) », il n'en va pas de même ici vu ce qui précède : bien sûr qu'est contestée la compétence « de la Polynésie française » ; en la matière notamment ! Par ces motifs et au vu du jugement TAPF n° 13-614 du 8 avril 2014, avant dire droit,* **rabattre le délibéré et appeler en cause le haut-commissaire de la république française** *notamment sur le sujet des parkings « réservés » par opposition à l'occupation en bon ordre d'un parking payant dans les conditions sus-décrites* **et recueillir ses observations quant aux chevauchements de compétences entre d'une part « son » parking réservé pour les taxis et d'autre part, les effets de la délibération non-étatique dans « son » parking, en dehors de toute atteinte au bon ordre relevant des autorités françaises nationales et en particulier l'intervention d'agents verbalisateurs de l'entité Polynésie française dont l'aéroport ne relève pas de l'autonomie de cette entité infra-française. Il sera aussi attrait en ce qu'ayant pris l'arrêté de stationnement des taxis, il n'aura pas veillé au bon ordre ni surtout à l'ordre public en autorisant la délivrance par le concessionnaire, d'accès à ces stationnements à des véhicules non munis de taximètres qu'imposent intrinsèquement son arrêté étatique portant sur les taxis, mais encore, aura failli à interdire explicitement à des taxis l'accès au parking payant, par panneau, permettant à des agents verbalisateurs de taxis-non-munis-de-taximètres de se référer à son arrêté… pour me verbaliser.** *CQFD. Enfin, une fois l'arrêté au regard de la délibération - et vice-versa - éclaircis, il conviendra d'adapter la décision à la « taxe trottoir » au cas d'espèce, à l'utilisation, par un chauffeur d'un véhicule non muni d'un taximètre et sans panneau taxi, de l'emplacement d'une place de parking payante et payée sans porter atteint au bon ordre administratif ni à l'ordre public a fortiori. Et ne pas statuer sur la verbalisation à l'origine de ma sanction puisque celle-ci n'aura pu l'être rationae loci, a fortiori par des agents verbalisateurs non étatiques en matière de taxis, sur cette partie du territoire national relevant du ministère de l'intérieur de la république française : ce-dit parking payant. En fait considérer l'arrêté litigieux. Pas la personne. En tout cas avant ma personne. Et ce sera justice. »*

2) De la persistance dans l'erreur de fait et de droit par erreur de voie aggravée…

Le 18 avril 2014. Mon « ***Complément et éléments confortant le rabat demandé. Affaire n° 13-631 contre :*** *Bruno MARTY ès-signataire de l'arrêté 6719 publié au JOPF.* ***Audience du 8 avril 2014, affaire mise en délibéré*** » ne se rapportait donc pas à une quelconque affaire n° 14-229 dont je n'étais pas au courant de son existence puisqu'aucun accuser de réception ni avis Sagace ne m'était parvenu.

A l'évidence, engagé dans son erreur, feinte et même « construite » comme il apparaît plus bas, mais néanmoins matérialisée, le président du tribunal Jean-Yves TALLEC ne « pouvait » plus faire marche arrière dans son action de diversion qu'il avait lui-même instillée ; et très certainement ne pensait pas que je conclurai encore… quatre jours avant le prononcer du délibéré n° 13-631…

Voici donc ce que j'écrivais et qui, *a minima*, aurait dû le faire revenir sur son erreur au lieu de persévérer diaboliquement : « ***La demande de rabat*** *où la question de l'autonomie au regard des pouvoirs de l'Etat français ressortait du jugement n° 13-614 a trouvé ces dernières heures une illustration supplémentaire. Voici ce que rapporte le site* http://www.tahiti-infos.com/Hitia-a-O-Te-Ra-de-nouvelles-elections-municipales-dans-quelques-semaines_a99259.html : *« HITIA O TE RA, le 17 avril 2014. Il a fallu quelques jours de réflexion, d'analyses juridiques poussées, aussi bien au ministère de l'Intérieur, qu'au ministère des Outre-mer, mais cette fois la conclusion commune est que l'on se dirige vers de nouvelles élections générales sur l'ensemble de la commune de Hitia'a O Te Ra après la démission en début de semaine de 13 conseillers municipaux, dont 10 sur 12 de la commune associée de Papenoo. (…) Les valses hésitations du Haut commissariat ont finalement été levées au cours des dernières heures. Il faut dire que la situation qui se présente ici en Polynésie (…) est inédite. (…) conduisant certains articles de ce code, à, parfois se contredire suivant les interprétations des textes (…). » Ou encore l'embrouillamini où le « Haut conseil censé donner des conseils juridiques au gouvernement sur ses textes législatifs (sic) n'a pas réussi à se sauvegarder lui-même des contentieux », l'avocat du requérant illuminant le tout d'un « mille-feuilles immangeable » !* (voir ci-après)*
http://www.tahiti-infos.com/Le-Haut-conseil-de-Polynesie-encore-bouscule-en-justice_a98546.html* « A la sortie de l'audience, Me Philippe Neuffer défendant les intérêts d'Oscar Temaru a souligné* ***l'incongruité du tribunal administratif à statuer sur la délibération de juillet 2013, dès lors qu'une nouvelle délibération a été adoptée par l'assemblée de Polynésie le 14 mars dernier. Il dénonçait ainsi un «mille-feuilles immangeable».*** *Dans cet acharnement du gouvernement à créer ce Haut conseil coûte que coûte, accumulant Loi du Pays, délibérations et arrêtés successifs on se demande quel en sera le sort final. Car, ce Haut conseil censé donner des conseils juridiques au gouvernement sur ses textes législatifs n'a pas réussi à se sauvegarder lui-même des contentieux et des recours. Il apparait clairement que la nouvelle délibération du 14 mars 2014 sera attaquée également sur sa légalité, d'autant qu'elle n'abroge pas tous les articles de celle de juillet 2013. » Enfin, et pour rappel dans le même ordre d'idée, l'arrêt Monsieur René Hoffer n° 318628 du conseil d'Etat du 25 novembre 2009 relatif à la délibération n° 2008-5 en son deuxième considérant s'attache à l'illégalité dénoncée en ces termes : « quand bien même ces délibérations relèveraient, pour certaines de leurs dispositions, du domaine de la loi (sic) et qu'elles n'auraient, de ce fait, pu être adoptées que sous la forme d'une loi du pays (re-sic), il n'appartient pas au Conseil d'Etat d'en connaître en premier et dernier ressort selon la procédure prévue par l'article 176 (…) » ; en l'espèce il appartient donc au tribunal administratif d'en connaître. »*

Bref, la cour constatera l'erreur de faits et de droit de l'ordonnance 14-229 – critiquée par ailleurs aujourd'hui également par appel distinct – et censurera la décision n° 13-631 du seul fait que les deux écritures ci-dessus n'ont pas été prises en compte, mais écartées du dossier – certainement du fait de l'appel en cause appuyé du haut-commissaire -, alors que ceci est bien évidemment également dénoncé ici, en appel.

Ayant mentionné l'intention délictueuse de cet enregistrement n° 14-229, la cour constatera que déjà l'ordonnance n° 13-626 avait été rendue le lendemain de l'audiencement de l'affaire n° 13-480 et alors que la jonction était demandée, ici, l'ordonnance n° 14-229 du 23 avril 2014 prend prétexte du jugement de la veille… n° 13-631 !

Mais encore, l'ordonnance n° 14-229 relève qu'une dénomination « *requête en rabat* » ne relève d'aucune catégorie de recours mentionnée par le code de justice administrative - quand bien le mot requête ou rabat est utilisé dans le contexte, certes administrativo-juridictionnel et que le pouvoir inquisitoire de la jurisprudence donne toute latitude à un président de juridiction administrative de s'enquérir d'une demande que tout justiciable de bonne foi aura(it) traduit pour ce qu'était tel écrit, sous tel « titre » (sic) plus qu'à tel titre, l'article R741-11 du code ci-dessus prévoit quant àlui que « *Lorsque le président du tribunal administratif (…)constate que la minute d'une décision est entachée d'une erreur ou d'une omission matérielle non susceptible d'avoir exercé une influence sur le jugement de l'affaire, il peut y apporter, par ordonnance rendue dans le délai d'un mois à compter de la notification aux parties, les corrections que la raison commande.* » : là encore, aucune rectification n'est intervenue dans ce délai, justifiant ici la critique de cette décision n° 14-229 dans la présente demande de censure du jugement n° 13-631.

Critique, enfin, de la décision n° 13-631 du 22 avril 2014.
Vu ce qui précède mais aussi au regard des autres recours de ce jour dont la jonction est demandée, il n'est donc pas besoin de démonter point par point les éléments qui auront été basés sur un raisonnement politique plus que juridique, les affaires n° 13-480, 13-626 et notamment 14-229 ici, ne faisant que confirmer cette évidence.

Enfin, et comme cela a été développé dans mes écritures, observations et autres, l'intervention du haut-commissaire de la république française Lionel BEFFRE s'impose au vu des compétences en propre de ce dernier sur lesquelles ont empiété les organismes insulaires et que l'ordonnance n° 14-229 s'est attachée à omettre de statuer poussant l'humour judiciaire jusqu'à m'inviter à interjeter appel contre le jugement… n° 1300631 !!! CQFD.

Par ces motifs, après avoir pris note de ma demande d'aide juridictionnelle, et constaté que l'affaire n° 13-631 aura fait fi de l'obligation de publication quant au délai de recours, opposé à une notification ne faisant pas grief, de surcroît s'agissant de la publication, postérieur à cette dite notification inexistante intrinsèquement en droit administratif, etc…
-	Joindre pour connexité le présent dossier aux appels de conserve de ce jour 13-480/13-626/14-229
-	Faire droit à l'appel en cause du haut-commissaire de la république française,
-	Censurer la décision n° 1300480 et, la réformant, faire droit aux demandes initiales
-	et m'octroyer la somme de 2 500 euros au titre de l'article L.761-1 du CJA.

Et ce sera justice

Monsieur Yoshiaki CHISAKA

Production :
01 : Décision n° 13-631 du 22 avril 2014.
02 : Lettre au haut-commissaire du 18 juin 2014.

**TRIBUNAL ADMINISTRATIF
DE LA POLYNÉSIE FRANÇAISE**

N° 1300631

_____

M. Yoshiaki Chisaka

_____

Mme Lubrano
Rapporteure

_____

M. Mum
Rapporteur public

_____

Audience du 8 avril 2014
Lecture du 22 avril 2014

_____

C
14 01 02 06

RÉPUBLIQUE FRANÇAISE

AU NOM DU PEUPLE FRANÇAIS

Le tribunal administratif
de la Polynésie française

     Vu la requête, enregistrée le 10 décembre 2013, présentée par M. Yoshiaki Chisaka, dont l'adresse postale est BP 62323 à Papeete (98713), qui demande au tribunal d'annuler l'arrêté n° 6719 MET portant suspension provisoire de sa licence de taxi, et de condamner la Polynésie française à lui verser la somme de 200 000F CFP au titre de l'article L 761-1 du code de justice administrative ;

     M. Chisaka soutient que la décision est illégale en ce qu'elle ne respecte pas la suspension inhérente à la saisine du tribunal par une requête contestant les conditions dans lesquelles a été prise la sanction, et donc en ce qu'elle enlève les effets utiles à cette contestation, et en ce qu'elle est entachée de détournement de pouvoir, dès lors qu'elle a été signée par M. Marty, alors que seul le Président de la Polynésie française est compétent pour défendre devant le tribunal ; enfin, elle est entachée d'erreur de droit, en ce qu'elle prévoit une suspension provisoire, en contradiction avec la mention selon laquelle cette suspension est exécutoire de plein droit dès sa notification, avant même que soit jugé un recours introduit le 5 décembre 2013 ;

     Vu l'arrêté attaqué ;

     Vu le mémoire, enregistré le 31 décembre 2013, présenté par M. Chisaka, qui conclut aux mêmes fins, par les mêmes moyens, ajoutant qu'il demande plus précisément l'annulation de l'article 2 de l'arrêté en ce que cet article, qui précise que la décision sera exécutée dès sa notification, est entaché de détournement de pouvoir dès lors qu'une notification ne peut faire naître des effets juridiques ;

     Vu le mémoire en défense, enregistré le 7 février 2014, présenté par la Polynésie française représentée par son président en exercice, qui conclut au rejet de la requête ;

La Polynésie française fait valoir que :

- au principal, la requête est irrecevable comme déposée hors du délai de trois mois suivant la date de notification de la décision, en méconnaissance des prescriptions des articles R 421-1 et R 421-6 du code de justice administrative ;
- subsidiairement, elle est infondée :
o le délai pris par l'autorité compétente pour arrêter la sanction après l'avis de la commission de discipline des taxis a été de trois mois, ce qui est un délai raisonnable, aucun délai n'étant par ailleurs imposé par la règlementation ;
o la saisine du tribunal administratif en date du 2 septembre 2013, contre un acte préparatoire à la sanction ne peut avoir d'effet suspensif contre la sanction elle-même ;
o aux termes de la délibération du 10 avril 2008 portant règlementation de l'activité d'entrepreneur de taxi, le ministre des transports est compétent pour sanctionner les infractions de 3ème catégorie à la réglementation relative à cette activité ;
o le détournement de pouvoir allégué, en ce qui concerne le niveau de la sanction, n'est pas établi ;

Vu, enregistré le 10 mars 2014, le mémoire présenté par M. Chisaka, qui conclut aux mêmes fins par les mêmes moyens que sa requête, et qui soutient en outre que le mémoire en défense est irrecevable compte tenu de ce qu'il émane du « président sénateur », que l'expression « en poste à l'aéroport de Tahiti », s'agissant du contrôleur routier constitue une erreur de droit ; que sa requête est recevable, dès lors que la décision litigieuse n'a été publiée au journal officiel de la Polynésie française que le 10 septembre 2013 ;

Vu les autres pièces du dossier ;

Vu, enregistrée le 10 avril 2014, la note en délibéré présentée par M. Chisaka ;

Vu la loi organique n° 2004-192 du 27 février 2004 modifiée portant statut d'autonomie de la Polynésie française, ensemble la loi n° 2004-193 du 27 février 2004 complétant le statut d'autonomie de la Polynésie française ;

Vu la délibération n° 2008-5 APF du 10 avril 2008 portant réglementation de l'activité d'entrepreneur de taxi ;

Vu le code de justice administrative ;

Les parties ayant été régulièrement averties du jour de l'audience ;

Après avoir entendu au cours de l'audience publique du 8 avril 2014 :
- le rapport de Mme Lubrano, première conseillère,
- les conclusions de M. Mum, rapporteur public,
- les observations de Mme Mallet, représentant la Polynésie française ;

1. Considérant qu'aux termes de l'article R 421-1 du code de justice administrative : « *Sauf en matière de travaux publics, la juridiction ne peut être saisie que par voie de recours formé contre une décision, et ce dans le délai de deux mois à partir de la notification ou de la publication de la décision attaquée... »* ; qu'aux termes de l'article R 421-6 du même code : « *Devant les tribunaux administratifs de Mayotte, de la Polynésie française , de Mata Utu et de Nouvelle-Calédonie, le délai de recours de deux mois prévu à l'article R 421-1 et au deuxième alinéa de l'article R 421-2 est porté à trois mois »* ;

2. Considérant qu'il ressort des pièces du dossier que la décision attaquée est une décision individuelle dont seule la notification est de nature à faire courir le délai de recours contentieux contre son destinataire ; que cette décision a été notifiée à M. Chisaka le 5 septembre 2013 ; que la notification portait la mention des voies et délais de reours ; que la requête n'a toutefois été enregistrée au greffe du tribunal administratif que le 10 décembre 2013, soit plus de trois mois après ladite notification ; qu'elle est en conséquence irrecevable et doit être rejetée pour ce motif ;

Sur les conclusions tendant à l'application de l'article L. 761-1 du code de justice administrative :

3. Considérant que les dispositions de l'article L. 761-1 du code de justice administrative font obstacle à ce que soit mise à la charge de la Polynésie française la somme demandée par M. Chisaka au titre des frais exposés et non compris dans les dépens ;

DÉCIDE :

Article 1er : La requête n° 1300631 de M. Chisaka est rejetée.

Article 2 : Le présent jugement sera notifié à M. Yoshiaki Chisaka et à la Polynésie française.

Délibéré après l'audience du 8 avril 2014, à laquelle siégeaient :

M. Tallec, président,
Mme Lubrano, première conseillère,
M. Reymond-Kellal, conseiller.

Lu en audience publique le vingt deux avril deux mille quatorze.

La rapporteure,

M-C. Lubrano

Le président,

J-Y. Tallec

La greffière,

D. Germain

La République mande et ordonne au haut-commissaire de la République en Polynésie française en ce qui le concerne ou à tous huissiers de justice à ce requis en ce qui concerne les voies de droit commun contre les parties privées, de pourvoir à l'exécution de la présente décision.

Pour expédition,
Un greffier.

Monsieur CHISAKA Yoshiaki   Tahiti, le 18 juin 2014.
Lot TEPAPA n°1
Mission BP 62323
98713 - PAPEETE
wind@mail.pf Tél: 72 80 30

                        Monsieur le haut-commissaire de la république française
                        Avenue Pouvana'a a OOPA
                        PAPEETE

Objet : Demande de refuser d'exécuter mandement et ordre de la république - par le truchement du président du tribunal administratif de « la Polynésie française » Jean-Yves TALLEC -, n° 1400229-1 du 23 avril 2014.

Monsieur le haut-commissaire de la république française Lionel BEFFRE,

Au nom du peuple français, la république française, en l'espèce le président du tribunal administratif local Jean-Yves TALLEC, vous « *mande et ordonne* » - ainsi qu'à tous huissiers par ailleurs non identifiés et qu'il m'est de ce fait difficile de contacter nommément -, de pourvoir à l'exécution de la décision en objet.

Je vous demande de n'en rien faire d'une part, et d'autre part, m'informer pour confirmation que vous n'en faites, n'en avez rien fait ou n'en ferez rien.

En effet, je n'ai tout simplement pas introduit d'instance n° 1400229 d'une part, mais surtout, que je vous avais appelé à la cause dans l'affaire n° 1300631 à laquelle se réfère l'affaire… n° 14-229… et que donc cette inscription fallacieuse d'une affaire n° 14-229 aura eu comme corollaire que l'affaire n° 13-631 n'aura pas inclus cette demande… écartée *via* celle, putative mais surtout empapaoutée, n° 14-229.

Je vous informe que j'ai interjeté appel des affaires n° 13-480, 13-626, 13-631 et bien évidemment 14-229 se rapportant toutes à ma verbalisation au vu d'un arrêté étatique à l'aéroport international de Faa'a et vous transmets d'ores et déjà copie de ma requête d'appel contre l'ordonnance n° 14-229.

Je profite de ce courrier pour vous suggérer d'intervenir volontaire dans les dossiers déférés à la cour administrative d'appel de Paris où je vous ai néanmoins déjà convié dans ces requêtes introductives.

En cas de refus de faire droit à ma demande dont je ne pourrais avoir l'assurance que via une réponse de votre part, je vous prie, en cas de réponse négative et/ou donc de refus de m'informer, considérer la présente demande gracieuse comme le préalable à la saisine de la juridiction administrative.

Veuillez agréer, Monsieur le haut-commissaire de la république française Lionel BEFFRE, l'expression de mes salutations empressées.

                        Monsieur CHISAKA Yoshiaki

Pièce jointe : Appel de l'ordonnance putative n° 14-229 du 23 avril 2014.

Monsieur CHISAKA Yoshiaki   Tahiti, le 25 septembre 2014.
Lot TEPAPA n°1 Mission
BP 62323 - 98713 - PAPEETE
wind@mail.pf

            A

                    Cour administrative d'appel de Paris
                    68, rue François Miron
                    75004 – PARIS
                    Tél 01 58 28 90 00
                    Fax 01 58 28 90 22

                    Conclusions.

AFFAIRE n° 14PA02926 et 14PA02928

Par ordonnances n° 14PA02927 et 14PA02929 du 28 août 2014, le premier vice-président, président de la 3ème chambre de la cour administrative d'appel de Paris J-J. MOREAU aura rejeté ces deux recours.

Ces décisions font l'objet de pourvois près le conseil d'Etat.

Au vu des écritures du pourvoi dont je joins copie *(PJ03 et 04)*, vu la demande de jonction des quatre dossiers 14PA2946 à 14PA2929, la cour surseoira à statuer dans l'attente de l'infirmation par le conseil d'Etat des deux rejets supra.

Par ces motifs, surseoir à statuer dans l'attente des décisions suprêmes sauf à statuer de plus fort en faveur du soussigné.
Et ce sera justice

                    Monsieur Yoshiaki CHISAKA

Production :
03 : Pourvoi contre l'ordonnance n° 14PA2927
04 : Pourvoi contre l'ordonnance n° 14PA2929

Monsieur CHISAKA Yoshiaki
Lot TEPAPA n°1 Mission
BP 62323
98713 - PAPEETE
wind@mail.pf

Tahiti, le 25 septembre 2014.

A

Conseil d'Etat
Section du contentieux
1, place du Palais-Royal
75100 PARIS RP

Pourvoi contre l'ordonnance n° 14PA02927 du 28/08/2014 *(PJ01)* et demande d'aide juridictionnelle

Le présent pourvoi prospèrera en ce que le premier vice-président, président de la 3ème chambre de la cour administrative d'appel de Paris J.-J. MOREAU, aura pris sa décision pour motif de tardiveté en se basant sur une « *requête d'appel* » s'agissant en fait d'un « *appel-nullité* » dont les délais ne sont pas ceux d'un appel classique, c'est à tort donc, qu'il aura rejeté pour tardiveté mon recours.

Mais encore, en rejetant également ma demande d'aide juridictionnelle – me privant de pouvoir bénéficier de l'aide qu'un professionnel du droit qui ne pourra donc plus exposer notamment ce distinguo entre appel et appel-nullité, mais encore, démontrer la pertinence de l'appel-nullité, pour défendre la connexité ci-dessous -, il aura empiété sur la compétence du bureau d'aide juridictionnelle, ne laissant pas à ce dernier l'occasion de pouvoir statuer sur ma demande d'une part, mais encore, comme vu supra, me privant de l'aide juridictionnelle dans ce dossier dont j'avais mis en exergue le lien avec trois autres dossiers connexes, voire plus s'agissant de l'appel en cause du haut-commissaire.

Voici rappelée, l'introduction du recours initialement devant la cour :

« *De l'appel-nullité. Possible en cas d'excès, d'abus ou de détournement de pouvoir le présent appel-nullité prospèrera au vu de la décision n° 13-631 du 22 avril 2013 ayant statué sur l'arrêté n° 6719/MET sur lequel reposait la notification déclarée comme n'étant pas un acte faisant grief, ensemble l'ordonnance n° 14-229 du 23 avril 2014.*
Rappel des faits et de la procédure ayant abouti à la décision n° 13-626 du présent appel-nullité. La requête 13-626 attaquée se réfère à celle n° 13-480 qui fait l'objet ce jour-même d'un appel devant la cour. Certes l'appel se distingue de l'appel-nullité en la forme, mais il n'en demeure pas moins que sur le fond la connexité avec les dossiers 13-480, 13-631, 14-

229, et le présent, 13-626, est patente. » **(PJ02)**
En effet, la requête d'une part demandait la jonction, pour connexité, avec trois autres décisions déférées (n° 13-480, 13-631 et 14-229), et d'autre part, la demande d'aide juridictionnelle était émise sur le fondement de la complexité du dossier, engendrée notamment par l'enregistrement d'une affaire putative (14-229) par le tribunal.

A ce sujet, l'ordonnance de rejet contestée prend soin de ne pas relever cette demande de jonction alors même que l'ordonnance n° 14PA02929 du même jour et du même vice-président J-J. MOREAU qui s'est donc saisi tant de la requête d'appel que de celle de l'appel-nullité, mentionne cette demande de jonction. **(PJ03)**

Mais encore, les recours n° 14PA02926 et 14PA02928 portant respectivement sur les jugements n° 14-631 et 14-480, c'est-à-dire deux de l'ensemble des quatre dossiers connexes, ces deux-là restent actuellement toujours pendants devant la cour administrative à ce jour. En ayant écarté par ordonnance n° 14PA2927 l'un des quatre dossiers mais aussi un deuxième (14PA2929), le juge administratif d'appel aura privé la cour de ces deux dossiers-piliers, pour ne pouvoir statuer que sur les deux restants.

S'agissant de la demande d'aide juridictionnelle relevée dans l'ordonnance comme rejetée mêmement, vu ce qui précède – mais aussi vu que l'aide juridictionnelle peut-être demandée à tout moment -, le conseil d'Etat, en sanctionnant la décision n° 14PA02927, restaurera celle-ci, sauf à évoquer l'affaire et statuer au fond. Aussi, la cour, mais surtout le bureau d'aide juridictionnelle n'ayant pas eu l'occasion de statuer sur l'aide juridictionnelle, celle-ci prospérera ici de plus fort, notamment en ce qu'elle portait sur l'ensemble des 4 dossiers, certes individuellement. **(PJ04)**

Par ces motifs, prendre acte de ma demande d'aide juridictionnelle près le conseil d'Etat, et censurer l'ordonnance n°14PA02927 ayant écarté l'appel-nullité à tort et au profit d'un appel classique mais non introduit, ensemble la demande d'aide juridictionnelle rejetée près la cour par le juge, et m'octroyer la somme de 250 000 francs des colonies françaises du Pacifique au titre de l'article L760-1 du CJA et CAA.

01 : Notification et ordonnance n° 14PA02927 du 28/08/2014.
02 : Recours devant la cour d'appel.
03 : Ordonnance n° 14PA029279, première page, 3°.
04 : Demande d'AJ près la cour (page 4).

Monsieur CHISAKA Yoshiaki
Lot TEPAPA n°1 Mission
BP 62323
98713 - PAPEETE
wind@mail.pf

Tahiti, le 25 septembre 2014.

Conseil d'Etat
75004 – PARIS
Section du contentieux
1, place du Palais-Royal
75100 PARIS RP

Pourvoi contre l'ordonnance n° 14PA02929 du 28 août 2014. *(PJ01 et 02)*
Demande de jonction avec le pourvoi contre 14PA02927,
et demande d'aide juridictionnelle

Le présent pourvoi prospèrera en ce que le premier vice-président, président de la 3ème chambre de la cour administrative d'appel de Paris J-J. MOREAU, aura pris sa décision pour motif de tardiveté de la transmission de l'appel sans même prendre en compte l'illégalité dénoncée de l'article R421-7, *a fortiori* y statuer , qui était exposée ainsi :

> « *Exception d'illégalité de l'article R421-7 du code de justice administrative nationale, ensemble le décret n° 2010-1562 du 14 décembre 2010 et notamment l'article 7.*
> L'article R421-7 prévoit un délai de distance d'un mois entre la France et la colonie des Etablissements français de l'Océanie, dénommés sous appellation d'entité politique et administrative « la Polynésie française », et, avec « l'étranger », de deux mois supplémentaires aux 3 mois de base.
>   a) L'exception d'illégalité de la modification « pour l'outre-mer » contenue dans l'intitulé du décret prospèrera en ce que « l'outre-mer » est actuellement scindé au sein du ministère de l'Intérieur en des outre-mer (sic).
>   b) Le décret ne vise par la loi constitutionnelle n° 2004-192 du 24 février 2004, d'où la deuxième illégalité.
>   c) En classant dans l'outre-mer, l'étranger et en incluant « la Polynésie française » dans le premier, le décret n'a pas tenu compte que cette dernière est à l'étranger. Voir par exemple l'article R151-1 du code monétaire et financier permettant à la France métropolitaine de disposer d'entre les outre-mer, un outre-mer étranger où l'euro, monnaie de la France, n'a pas cours légal ni pouvoir libératoire.
>   d) Enfin, en distinguant entre une France « métropolitaine » et une deuxième France, le décret contrevient à l'article 1er de la Constitution qui prévoit que la France est une

184

république une et indivisible et, partant qu'une république une et indivisible est la France ; que l'article 1ᵉʳ de la loi organique 2004-192 du 27 février 2004 prévoyant un « pays d'outre-mer » au sein de la république française, le distinguo entre France métropolitaine et l'outre-mer contrevient à ces articles 1ers ; que seule une distinction entre la France et l'étranger ne pourra exister.

Par ces motifs, faire droit à ces exceptions d'illégalités et déclarer le présent recours recevable dans les délais octroyés par l'article R421-7 du CJA entre la France et l'étranger, de l'accuser de réception du 31 janvier 2014. »

Plus encore, il aura et n'aura que, visé les articles R751-3 et R811-2 du même code.

Enfin, contrairement à son ordonnance n° 14PA02927 du même jour et objet d'un pourvoi, il aura ici pris soin de relever qu'était demandée la jonction avec d'autres dossiers, empêchant *de facto* cette jonction avec les dossiers 14PA02926 et14PA02928, outre celui n° 14PA02927 rejeté par ordonnance à l'instar du présent, ensemble avec le rejet également de l'aide juridictionnelle alors que dans ces quatre dossiers dont la jonction était préconisée, le regroupement de l'aide juridictionnelle participait également à ce tout quasi-indissociable et comme exposé dans le recours devant la cour. *(PJ03)*

Le présent pourvoi prospérera donc sitôt l'aide juridictionnelle obtenue puisqu'un professionnel du droit saura resituer le contexte en droit notamment de par l'instruction commune de ces quatre dossiers sitôt la cassation acquise, après jonction par le conseil d'Etat du présent pourvoi avec celui contre l'ordonnance n° 14PA02927 introduit ce jour également.

En fait, le présent rejet et celui n° 14-PA02927 apparaissent quasiment comme un plan pour scinder les dossiers et enlever presque toute pertinence aux deux dossiers orphelins encore instruits pas la cour et la BAJ. Voici d'ailleurs comment était présentée la demande d'AJ près la cour *(PJ04)*.

Par ces motifs, joignant le présent pourvoi à celui contre l'ordonnance 14PA02927, censurer ici l'ordonnance n°14PA02929 tant intrinsèquement qu'en ce qu'elle aura aussi rejeté la demande d'aide juridictionnelle en lieu et place du bureau idoine, et m'octroyer la somme de 250 000 francs CFP au titre de l'article L760-1 du CJA et CAA.

01 : Notification n° 14PA02929 du 28/08/2014.

02 : Ordonnance n° 14PA02929.

03 : Recours devant la cour d'appel.

04 : Demande d'AJ près la cour*

**COUR ADMINISTRATIVE
D'APPEL DE PARIS**
68 rue François Miron
75004 PARIS
Tél : 01 58 28 90 00
Fax : 01 58 28 90 22
Greffe ouvert du lundi au vendredi de
09h30 à 12h30 - 13h30 à 16h30

PARIS, le 21/12/2015

Notre réf : N° 14PA02926
(à rappeler dans toutes correspondances)

M. CHISAKA Yoshiaki
Lot TEPAPA n°1 Mission
BP 62323
98713 PAPEETE

Monsieur Yoshiaki CHISAKA c/
GOUVERNEMENT DE LA POLYNESIE
FRANCAISE

NOTIFICATION D'UNE ORDONNANCE
Lettre recommandée avec avis de réception

Monsieur,

J'ai l'honneur de vous adresser, ci-joint, l'expédition d'une ordonnance du 17/12/2015 rendue par la Cour administrative d'appel de Paris dans l'affaire citée en référence sous le n° 14PA02926.

Si vous estimez devoir vous pourvoir en cassation contre cette ordonnance, **votre requête, accompagnée d'une copie de la présente lettre**, devra être introduite dans un délai de 2 mois, devant le Conseil d'Etat, Section du Contentieux, 1 Place du Palais-Royal - 75100 PARIS RP, ou www.telerecours.conseil-etat.fr pour les utilisateurs de Télérecours. Ce délai est ramené à 15 jours pour les ordonnances rejetant les conclusions à fin de sursis à exécution d'une décision juridictionnelle frappée d'appel.

Les délais ci-dessus mentionnés sont augmentés d'un mois pour les personnes demeurant en Guadeloupe, en Guyane, à la Martinique, à La Réunion, à Mayotte, à Saint-Barthélemy, à Saint-Martin, à Saint-Pierre-et-Miquelon, en Polynésie française, dans les îles Wallis et Futuna, en Nouvelle-Calédonie et dans les Terres australes et antarctiques françaises, et de 2 mois pour celles qui demeurent à l'étranger, conformément aux dispositions de l'article 643 du code de procédure civile.

A peine d'irrecevabilité, le pourvoi en cassation doit :
- être assorti d'une **copie de la décision** juridictionnelle contestée ;
- être présenté, **par le ministère d'un avocat au Conseil d'Etat et à la Cour de Cassation.**

Je vous prie de bien vouloir recevoir, Monsieur, l'assurance de ma considération distinguée.

Le Greffier en Chef,
ou par délégation le Greffier,

Marc GUIBLIN

**COUR ADMINISTRATIVE D'APPEL
DE PARIS**

N° 14PA02926

RÉPUBLIQUE FRANÇAISE

M. Yoshiaki CHISAKA

AU NOM DU PEUPLE FRANÇAIS

Ordonnance du 17 décembre 2015

La Cour administrative d'appel de Paris

Le premier vice-président,
président de la 3ᵉᵐᵉ chambre

Vu la requête, enregistrée le 2 juillet 2014, présentée par M. Yoshiaki Chisaka, demeurant Lot Tepapa n°1 Mission, BP 62323 à Papeete (98713) ; M. Chisaka demande à la Cour :

1°) d'annuler le jugement n° 1300631/1 en date du 22 avril 2014 par lequel le Tribunal administratif de la Polynésie Française a rejeté sa demande tendant à l'annulation de l'arrêté n° 6719 MET portant suspension provisoire de sa licence de taxi ;

2°) d'annuler la décision susmentionnée ;

3°) de mettre à la charge de l'Etat la somme de 2 500 euros en application de l'article L. 761-1 du code de justice administrative ;

Vu le jugement et l'arrêté attaqués ;

Vu les autres pièces du dossier ;

Vu le code de l'entrée et du séjour des étrangers et du droit d'asile ;

Vu le code de justice administrative ;

1. Considérant qu'aux termes de l'article R. 222-1 du code de justice administrative : « (...) les présidents de formation de jugement (...) des cours peuvent, par ordonnance : (...) 4° Rejeter les requêtes manifestement irrecevables, lorsque la juridiction n'est pas tenue d'inviter leur auteur à les régulariser ou qu'elles n'ont pas été régularisées à l'expiration du délai imparti par une demande en ce sens ; (...) » ;

2. Considérant qu'aux termes de l'article R. 811-7 du même code : « Les appels ainsi que les mémoires déposés devant la cour administrative d'appel doivent être présentés, à peine d'irrecevabilité, par l'un des mandataires mentionnés à l'article R. 431-2 (...) » ;

3. Considérant que l'article R. 612-1 du code de justice administrative dispose que : « *Lorsque les conclusions sont entachées d'une irrecevabilité susceptible d'être couverte après expiration du délai de recours, la juridiction ne peut les rejeter en relevant d'office cette irrecevabilité qu'après avoir invité leur auteur à les régulariser. Toutefois, la juridiction d'appel (...) peut rejeter de telles conclusions sans demande de régularisation préalable pour les cas d'irrecevabilité tirés de la méconnaissance d'une obligation mentionnée dans la notification de la décision attaquée conformément à l'article R. 751-5* » ; qu'aux termes de cet article : « *(...) Lorsque la décision rendue relève de la cour administrative d'appel et, sauf lorsqu'une disposition particulière a prévu une dispense de ministère d'avocat en appel, la notification mentionne que l'appel ne peut être présenté que par l'un des mandataires mentionnés à l'article R. 431-2 (...)* » ;

4. Considérant que la lettre du 24 avril 2014 notifiant à M. Chisaka le jugement du Tribunal administratif de la Polynésie française, dont il fait appel, mentionne expressément, conformément aux dispositions de l'article R. 751-5 du code de justice administrative, que sa requête d'appel serait rejetée comme irrecevable si elle n'était pas présentée par un avocat ; qu'il ressort des pièces du dossier que M. Chisaka, en la personne de son conseil, a été avisé de la demande de régularisation qui lui a été adressée le 11 septembre 2015 de régulariser sa requête dans le délai qui lui était imparti ; qu'il n'a pas, à ce jour, procédé à cette régularisation ; qu'il en résulte que la requête de M. Chisaka ne peut dès lors qu'être rejetée comme manifestement irrecevable ;

 O R D O N N E :

Article 1er : La requête de M. Chisaka est rejetée.

Article 2 : La présente ordonnance sera notifiée à M. Yoshiaki Chisaka.

Fait à Paris, le 17 décembre 2015.

Pour Expédition Certifiée Conforme
Pour le Greffier en chef
Le Greffier,

Marc GUIBLIN

Le premier vice-président,
président de la 3ème chambre,

Michel BOULEAU

La République mande et ordonne au ministre des outre-mer en ce qui le concerne ou à tous huissiers de justice à ce requis en ce qui concerne les voies de droit commun contre les parties privées, de pourvoir à l'exécution de la présente décision.

Recours en révision bien que non prévu, sur 14PA2926

Eh oui, y'a pas d'raison ! En tout cas *a priori*.

Monsieur CHISAKA Yoshiaki Tahiti, le 15 mars 2016.
Lot TEPAPA n°1 Mission
BP 62323 - 98713 - PAPEETE
wind@mail.pf

Ayant pour avocat Maître Raoul AUREILLE après rejet de l'aide juridictionnelle

A

Cour administrative d'appel de Paris
Monsieur le premier vice-président, président de la 3ème
chambre Michel BOULEAU
68, rue François Miron
75004 – PARIS
Tél 01 58 28 90 00
Fax 01 58 28 90 22

AFFAIRES n° 14PA02926 et 14PA02928 *(PJ01 et 02)*

Recours en rétractation nonobstant l'article R. 834-1 du CJA au vu tant de son exception d'inconventionnalité au regard des article 6-1 et 13 de la Convention européenne des droits de l'Homme, que d'illégalité.

Exception d'inconventionnalité, art. R. 834-1 du code de justice administrative
« *Le recours en révision contre une décision contradictoire du Conseil d'Etat ne peut être présenté que dans trois cas : 1° Si elle a été rendue sur pièces fausses ; 2° Si la partie a été condamnée faute d'avoir produit une pièce décisive qui était retenue par son adversaire ; 3° Si la décision est intervenue sans qu'aient été observées les dispositions du présent code relatives à la composition de la formation de jugement, à la tenue des audiences ainsi qu'à la forme et au prononcé de la décision.* »

En ne prévoyant la possibilité d'un recours en révision que contre une « *décision contradictoire du Conseil d'Etat* », cet article contrevient à l'article 6-1 de la Convention européenne des droits de l'Homme : « *Droit à un procès équitable 1. Toute personne a droit à ce que sa cause soit entendue équitablement (…)* » et 13 : « *Droit à un recours effectif Toute personne dont les droits et libertés reconnus dans la présente Convention ont été violés, a droit à l'octroi d'un recours effectif devant une instance nationale, alors même que la violation aurait été commise par des personnes agissant dans l'exercice de leurs fonctions officielles* ».

Exception d'illégalité de l'article R. 834-1 du CJA
En ne prévoyant d'une part que devant le conseil d'Etat une présentation d'un recours en révision et d'autre part uniquement contre une décision contradictoire, l'article R. 834-1 est également frappé d'illégalité en ce qu'il ne prévoit pas le cas d'un rejet rendu de façon non contradictoire comme en l'espèce, où de surcroît la représentation par avocat est exigée mais sans garantie de l'exécution par celui-ci de cette représentation, par la cour administrative d'appel par exemple.

En effet, rejeté sur la base de l'art R. 222-1 combiné avec celui R. 811-7, le considérant 4 relève « *qu'il ressort des pièces du dossier que M. Chisaka, en la personne de son conseil, a reçu notification (…) de la demande de régularisation qui lui a été adressée (…) de régulariser sa requête dans le délai qui lui était imparti ; qu'il n'a pas, à ce jour, procédé à cette régularisation (…)* ».

Or, juge, partie, mais aussi victime de l'archaïsme des textes en matière de justice administrative puisque directement lié à la hiérarchie le rattachant au conseil de l'Etat français et de son président, le Premier ministre comme le relève en périphérie l'avocat Jean-Sébastien BODA dans sa requête déposée le 23 février 2016 au conseil d'Etat à l'encontre de « l'ordre des avocats au conseil d'Etat » (*https://www.doctrine.fr/monopole-avocats-conseil* : « *On rappellera que l'ordre dont il est question voit son existence remonter vraisemblablement à Saint-Louis (1214-1270), soit les capétiens directs (…) l'Ordonnance du 10 septembre 1817 (…) a été signée sous la Restauration par Louis XVIII, un an avant l'adhésion de la France à la Sainte-Alliance dans le cadre du congrès d'Aix-la-Chapelle (…) Il s'agit, convenons-en, d'un texte politique daté et fort peu républicain (…) La France est le seul pays au monde à maintenir encore en 2015 un dispositif d'origine monarchique* »), la cour administrative d'appel, s'agissant donc de ce lien avec la représentation par avocat au conseil d'Etat dans le cas d'un recours en révision mentionné dans l'article R. 834-1 CJA mais qui n'est pas prévu devant une cour administrative d'appel, *a fortiori* comme en l'espèce suite à une procédure non-contradictoire, crée un déni de justice en ce que, nonobstant la possibilité de faire un pourvoi devant le conseil d'Etat, ce dernier ne pourra pas être saisi d'une requête en révision, sauf dans le cas de l'article R. 834-1 du CJA.

Mais encore, le justiciable ayant pécuniairement du s'engager personnellement suite au rejet de l'aide juridictionnelle, c'est une double peine que de se voir infliger un rejet sur la base d'une obligation d'avocat qui ne se sera éventuellement pas acquitté de son obligation intra-cour administrative d'appel, sans que cette dernière ne veille par exemple à faire respecter l'obligation qu'elle-même impose c'est-à-dire cette-dite représentation obligatoire par avocat.

Autrement dit, la double carence – et donc ma double peine -, d'une part d'une révision non possible devant la cour administrative d'appel vu l'article R. 834-1 CJA car uniquement devant le conseil d'Etat et d'autre part, uniquement dans le cas d'une décision rendue contradictoirement, rend cette disposition illégale intrinsèquement, d'où il sera fait droit à la présente exception d'illégalité.

Il convient de relever ici que déjà le pré-jugement du bureau d'aide juridictionnelle ayant refusé ladite aide juridictionnelle s'est fait sans représentation d'avocat, augmentant d'autant l'injustice qui me frappe aujourd'hui puisque si le bureau d'aide juridictionnelle – en appel également – a déjà statué sur la valeur de mon appel alors même que je n'avais pas l'assistance d'un professionnel du droit pour développer de façon plus adéquate en la matière mon recours, quel autre qualification que déni de justice pour ma situation ? L'exception d'illégalité prospérera de ce moyen de surcroît.

Du déni de justice
Ne pouvant décemment exercer un recours devant le conseil d'Etat comme développé *supra*, et, ne pouvant connaître le sort qui sera réservé au présent recours en révision, toute autre solution qu'un arrêt à intervenir – à défaut un renvoi près le conseil d'Etat ? – aggravera(it) mon déni de justice.

Du comportement de la cour administrative d'appel dans ce dossier
Le site Sagace pour ces deux dossiers ne fait pas apparaître de production de mémoire en défense.

Or mon conseil avait précisé dans sa constitution qu'il répondrait à un tel mémoire sitôt en sa possession. Rien d'autre ne pouvait me laisser supposer qu'un autre acte aurait été requis et/ou n'aurait pas été satisfait. Là encore je serai victime d'un déni de justice s'il n'était fait droit aux présents recours en révision ou toute autre qualification permettant un arrêt contradictoire *in fine*.

Les faits

Ayant introduit le recours initial devant la cour administrative d'appel de Paris de façon complète, avec pièces jointes et force détails, mais non par le ministère d'avocat, j'avais fait une demande d'aide juridictionnelle qui m'a été refusée jusqu'au juge idoine près le conseil d'Etat et comme vu plus haut.

Ne pouvant que me rapprocher d'un avocat, Maître Raoul AUREILLE a accepté de me représenter et je n'ai donc plus eu de contact avec mes dossiers que *via* le site *Sagace* :
C75-1402926-14100 (extrait)

« 07/05/2015	Constitution d'avocat	Maître AUREILLE Raoul	Avocat
11/09/2015	Lettre du greffe	Maître AUREILLE Raoul	Avocat
17/12/2015	Ordonnance du Président de la Chambre		
21/12/2015	Notification d'une ordonnance »		

C75-1402928-13472 (extrait)

« 07/05/2015	Constitution d'avocat	Maître AUREILLE Raoul	Avocat
11/09/2015	Lettre du greffe	Maître AUREILLE Raoul	Avocat
17/12/2015	Ordonnance du Président de la Chambre		
21/12/2015	Notification d'une ordonnance »		

Il est évident que la mention d'une lettre du greffe à l'avocat d'une part ne me concerne pas, n'en ayant pas été destinataire en copie, et d'autre part me laissait croire que l'affaire était bien engagée, d'autant que la partie adverse n'avait pas conclu – et ne conclura jamais comme il apparaît en l'état – et alors même que mon conseil se faisait fort d'adresser à la cour administrative d'appel de Paris « *un mémoire en réponse aux observations que ne manquera pas de faire l'intimée sur ces recours* ». **(PJ03)**

Il ressort qu'alors même que j'avais conclu en détail et dans les délais ; procédé aux demandes d'aide juridictionnelle ; et finalement réussi à me faire représenter : je suis victime aujourd'hui à la fois de l'obligation de représentation, du processus de représentation, de la non-représentation effective, du rejet de mon recours sur cette base et, donc maintenant, d'une impossibilité d'un recours en révision.

La notification le 21 décembre 2015 des ordonnances n° 14PA02926 et 14PA02928 prévoit quant à elle : « *Si vous estimez devoir vous pourvoir en cassation (…) devra être introduite (…) devant le Conseil d'Etat* », le premier vice-président, président de la 3ème chambre, Michel BOULEAU ayant précisée que l'objet du rejet des ordonnances est : « *manifestement irrecevable* ».

Discussion complémentaire

Des ordonnances de rejet sur la base de « *manifestement irrecevable* » n'ayant à l'évidence pas les meilleures chances de prospérer près le conseil d'Etat, ce dernier de surcroît pourrait prononcer une amende, ce qui aggraverait d'autant, et injustement, ma situation.

De la condition de recevabilité du présent recours en révision

Pour permettre au président de la troisième chambre Michel BOULEAU de revenir sur sa décision – ou de reprendre la même -, les conditions suivantes du décret du 22 juillet 1806 initialement seront ici relevées : le présent recours intervient dans le délai des deux mois impartis par la notification, ensemble celui lié à l'éloignement géographique entre Papeete et Paris ; le ministère d'avocat ayant été acquis mais celui-ci n'ayant pas donné suite à une demande de la cour administrative d'appel, le présent recours sera recevable dans l'attente éventuellement d'une demande complémentaire du président de la troisième chambre Michel BOULEAU pour inviter l'avocat Raoul AUREILLE à régulariser le cas échéant ; les décisions n° 14PA2926 et 14PA2928 n'ayant pas été rendues contradictoirement, l'article R. 834-4 pourra également être écarté ; le recours en révision n'étant en principe recevable que si un texte l'a ainsi prévu mais qu'en l'absence de disposition textuelle le prévoyant, le recours en révision ne peut être ouvert aux autres juridictions régies par le CJA, « *Récemment, la Haute juridiction a estimé qu'en vertu d'une règle générale de procédure, un recours en révision pouvait être exercé devant les juridictions administratives ne relevant pas du CJA (CE , sect., 16 mai 2012, Serval, n° 331346 : recours en révision contre une décision de la chambre régionale de discipline des commissaires aux comptes)* » *(cf Marie cochereau Apprentie avocate (à l'EFB) et apprentie blogueuse, mordue de Droit Administratif et de Droit Public)* ; la décision a été rendue sur pièce fausse, l'obligation de représentation par avocat puis les mentions du site Sagace m'ayant induit en erreur puisque je pensais que la procédure au contraire de ce qu'il a été jugé, était parfaitement bien engagée ; que mes recours ont été rejetés de façon non contradictoire, faute d'avoir pu être représenté et donc faute d'avoir pu produire officiellement les pièces décisives du dossier bien que celles-ci avaient été produite lors de mon recours devant la cour administrative d'appel.

Voir par exemple « *CE, 5 avril 1996, Treiber, n°093234, Lebon 122 où le conseil d'État affirme clairement qu'il appartenait au ministre qui était seul à avoir connaissance de l'existence d'une pièce décisive pour la solution du litige de la porter à la connaissance du juge pour qu'il puisse statuer en pleine connaissance de cause. (CE, sect., 5 décembre 1975, Murawa, n°93814, Lebon 634). Cette rétention doit cependant avoir eu un effet décisif sur le sens de la décision, pour que le recours en révision soit admis (Conseil d'État, 12 mars 1982, Ibazizène, n°29107)* » *(idem).*

Ou encore « *La procédure juridictionnelle est entachée d'un vice grave, dû à la non observation des dispositions relatives "à la composition de la formation de jugement, à la tenue des audiences, ainsi qu'à la forme et au prononcé de la décision" (CE, 29 juillet 1998, Esclatine, n°179635 ; CE, 16 février. 2007, Assoc. En Toute Franchise, n° 292114). C'est le cas le plus fréquent. 6/ Enfin, des requérants ne sont recevables à former un recours en révision qu'à l'encontre d'une décision, ou d'une partie de la décision, ne leur ayant pas donné satisfaction (CE 7 avril 2011, Amnesty international section française et Groupe d'information et de soutien des immigrés, n° 343595). * » *(idem)*

En droit
L'exception d'inconventionnalité porte donc sur le fait que l'article R. 834-1 du CJA, en n'autorisant pas un recours en révision contre une décision, de surcroît une ordonnance prise par le seul premier vice-président, président de la 3ème chambre, Michel BOULEAU, à la cour administrative d'appel de Paris, alors que les règles de représentation ne sont pas de mon fait, ni, une fois remplies, la carence éventuelle de mon conseil et autres éléments sur lesquels je n'ai aucune emprise, contrevient au droit à un procès équitable, mais également à la violation de mon droit à un recours effectif.

En effet, mon pourvoi ne pouvant porter que sur le rejet pour irrecevabilité, je suis privé d'un recours au fond au niveau même du double degré de juridiction.

Nonobstant ce qui précède, l'auteur de la décision n° 14PA02926 prendra encore en considération qu'un recours en révision peut tout de même être formé en vertu d'une règle générale de procédure découlant des exigences de la bonne administration de la justice, dans l'hypothèse comme ici, où cette décision a été rendue, « *faute pour la partie perdante d'avoir produit une pièce décisive qui était retenue par son adversaire* », en l'espèce celui qui apparaît dans la procédure comme mon allié alors qu'il ne peut, à moi, être reproché de n'avoir pas accompli toutes les démarches qui m'incombaient près la cour.

Certes le Conseil d'État, Section du Contentieux, 16/05/2012, 331346, Publié au recueil Lebon écrivait : « *En vertu des dispositions des 1° et 2° de l'article R.834-1 du code de justice administrative, le recours en révision n'est ouvert, lorsqu'une décision juridictionnelle a été rendue sur pièces fausses ou qu'une partie a été condamnée faute d'avoir produit une pièce décisive qui était retenue par son adversaire, qu'à l'égard des décisions du Conseil d'Etat. Cette voie particulière de recours ne saurait, en l'absence de texte l'ayant prévue, être étendue aux autres juridictions régies par ce code* », dans un arrêt du 16 mai 2012 il considère par exemple que, s'agissant en revanche des juridictions administratives qui n'en relèvent pas et pour lesquelles aucun texte n'a prévu l'existence d'une telle voie de recours, un tel recours peut être formé, en vertu d'une règle générale de procédure découlant des exigences de la bonne administration de la justice, à l'égard d'une décision passée en force de chose jugée, dans l'hypothèse où cette décision l'a été sur pièces fausses ou si elle l'a été faute pour la partie perdante d'avoir produit une pièce décisive qui était retenue par son adversaire. Cette possibilité est ouverte à toute partie à l'instance, dans un délai de 2 mois courant à compter du jour où la partie a eu connaissance de la cause de révision qu'elle invoque. En confirmant, au motif de l'absence de texte organisant cette voie de recours extraordinaire, la décision par laquelle dans ce cas d'espèce la chambre régionale de discipline des commissaires aux comptes du ressort de la cour d'appel de Paris a déclaré irrecevable le recours en révision sans réserver l'existence des deux cas d'ouverture d'un recours en révision existant même sans texte devant les juridictions administratives ne relevant pas du code de justice administrative ni rechercher si la cause de révision invoquée pouvait se rattacher à l'un de ces cas d'ouverture, le Haut Conseil du commissariat aux comptes avait entaché sa décision d'une erreur de droit.

Enfin, il est rappelé ici la félonie précédemment dispensée sur deux précédentes affaires pour m'éliminer de mon droit à l'accès à une juridiction indépendante et impartiale française pour obtenir un procès équitable, par tel autre premier vice-président, président de la 3ème chambre (J-J MOREAU) et qui portaient sur les affaires n° 14PA02927/295542 (avec rejets complices du BAJ 14-3189 puis 388004) et 14PA0292/295540 (avec rejets complices du BAJ 14-3188 puis 388003).

Par ces motifs, constater que la constitution d'avocat ne m'interdit pas de présenter le présent recours en révision sous l'égide de l'avocat Raoul AUREILLE qui ne s'est pas déconstitué et dans l'attente de sa régularisation le cas échéant si la cour administrative l'exige(ra)(it), admettre le présent recours en révision et déclarer nul et non avenue l'ordonnance n° 14PA02926 et, partant, celle n° 14PA02928 ; à défaut faire droit à l'exception d'inconstitutionnalité au regard des articles 6-1 et 13 de la Convention européenne des droits de l'Homme et à celle, d'illégalité soulevée, et m'octroyer la somme de 2 000 euros au titre de l'article 761-1 du code de justice administrative au titre des frais irrépétibles.

Et ce sera justice

Monsieur Yoshiaki CHISAKA

Pièce jointe :
01 : Ordonnance n° 14PA2926 et sa notification.
02 : Ordonnance n° 14PA2928 et sa notification.
03 : Lettre de constitution de l'avocat Raoul AUREILLE.

6 mai 2015

Monsieur le Conseiller d'Etat, Président de

la Cour Administrative d'Appel de PARIS

par fax 01 58 28 90 22

ACTE DE CONSTITUTION

Rôle n° 14 PA 02926

14 PA 02927

14 PA 02928

14 PA 02929

M. Yoshiaki CHISAKA c/ POLYNESIE FRANCAISE

J'ai l'honneur de vous faire connaître, qu'en dépit du rejet de la demande d'aide juridictionnelle en date du 3 mars 2015, je me constitue pour M. CHISAKA dans les recours formés contre les jugements rendus le 30 décembre 2013 par le Tribunal Administratif de la Polynésie française.

Je vous adresserai ultérieurement un mémoire en réponse aux observations que ne manquera pas de faire l'intimée sur ces recours.

Veuillez recevoir l'expression de ma considération distinguée.

M° Raoul AUREILLE

Avocat à la Cour d'Appel de Papeete

Immeuble Jissang- pont de l'est

BP 21552   98713   Papeete

Tel/fax 00 689 40 43 08 02

aureilleavocat@outlook.com

Sagace : C75-1402926-14100

14PA02926 - Monsieur CHISAKA Yoshiaki / GOUVERNEMENT DE LA POLYNESIE FRANCAISE
- Affectation : 3ème Chambre
Rubrique analyse   Aide analyse
        M. Yoshiaki Chisaka demande à la Cour : 1°) d'annuler le jugement n° 1300631/1 en date du 22 avril 2014 par lequel le Tribunal administratif de la Polynésie Française a rejeté sa demande tendant à l'annulation de l'arrêté n° 6719 MET portant suspension provisoire de sa licence de taxi ; 2°) d'annuler la décision susmentionnée ; 3°) de mettre à la charge de l'Etat la somme de 2 500 euros en application de l'article L. 761-1 du code de justice administrative.

Requérants et défendeurs
Qualité Nom   Mandataire
Requérant   Monsieur CHISAKA Yoshiaki   Maître AUREILLE Raoul
Défendeur   GOUVERNEMENT DE LA POLYNESIE FRANCAISE

Date   Mesure Acteur Qualité Délai
02/07/2014   Requête nouvelle   Monsieur CHISAKA Yoshiaki   Requérant
02/07/2014   Réception demande d'aide juridictionnelle   BUREAU D'AIDE
JURIDICTIONNELLE - TRIBUNAL DE GRANDE INSTANCE   Divers
23/07/2014   Accusé de réception d'une requête   Monsieur CHISAKA Yoshiaki   Requérant
23/07/2014   Demande du dossier de première instance   TRIBUNAL ADMINISTRATIF DE LA
POLYNESIE FRANCAISE   Divers 15 j
04/08/2014   Réception du dossier de première instance   TRIBUNAL ADMINISTRATIF DE LA
POLYNESIE FRANCAISE   Divers
21/08/2014   Lettre du greffe BUREAU D'AIDE JURIDICTIONNELLE - TRIBUNAL DE GRANDE
INSTANCE   Divers
06/11/2014   Réception d'une lettre   Monsieur CHISAKA Yoshiaki   Requérant
16/01/2015   Réception d'une décision du BAJ BUREAU D'AIDE JURIDICTIONNELLE - TRIBUNAL
DE GRANDE INSTANCE   Divers
07/05/2015   Constitution d'avocat   Maître AUREILLE Raoul   Avocat
11/09/2015   Lettre du greffe Maître AUREILLE Raoul   Avocat
17/12/2015   Ordonnance du Président de la Chambre
21/12/2015   Notification d'une ordonnance
21/12/2015
Notification d'une ordonnance
Monsieur CHISAKA Yoshiaki
Requérant
21/12/2015
Notification d'une ordonnance
Maître AUREILLE Raoul
Avocat

Recours n° 14PA2927, appel de 13-626

Pas de panique, ce n'est pas le dernier de la série, et en plus c'est un « appel-nullité » ! Alors bonne continuation de lecture.

Monsieur CHISAKA Yoshiaki
Lot TEPAPA n°1 Mission
BP 62323
98713 - PAPEETE
wind@mail.pf Tél: 72 80 30

Tahiti, le 18 juin 2014.

Cour administrative d'appel de Paris
68, rue François Miron
75004 – PARIS
Tél 01 58 28 90 00
Fax 01 58 28 90 22

Appel-nullité de la décision n° 1300626 du 11 décembre 2013 *(PJ01)* *avec demande d'aide juridictionnelle*
Et demande de jonction avec les recours contre les décisions n° 13-480, 13-631 et 14-229 pour connexité.

Une demande d'aide juridictionnelle a été émise sur le fondement de la complexité du dossier, engendrée notamment par l'enregistrement d'une affaire putative (14-229) par le tribunal, en plus des contorsions précédentes comme en l'espèce, en matière d'atteinte au droit fondamental de l'exercice d'une profession.

De l'appel-nullité.
Possible en cas d'excès, d'abus ou de détournement de pouvoir le présent appel-nullité prospèrera au vu de la décision n° 13-631 du 22 avril 2013 ayant statué sur l'arrêté n° 6719/MET sur lequel reposait la notification déclarée comme n'étant pas un acte faisant grief, ensemble l'ordonnance n° 14-229 du 23 avril 2014.

Rappel des faits et de la procédure ayant aboutie à la décision n° 13-626 du présent appel-nullité.
La requête 13-626 attaquée se réfère à celle n° 13-480 qui fait l'objet ce jour-même d'un appel devant la cour. Certes l'appel se distingue de l'appel-nullité en la forme, mais il n'en demeure pas moins que sur le fond la connexité avec les dossiers 13-480, 13-631, 14-229, et le présent, 13-626, est patente.

En effet, le 5 décembre 2013 j'écrivais : « *Préalablement. Le 21 novembre 2013 je terminais mes conclusions dans l'affaire n° 13-480 en ces termes : « Et rendre la décision sur le siège motif pris que de l'issue du présent jugement dépendra l'introduction ou non de mon recours contre l'arrêt n° 6719/MET dont le délai de recours expirera quelques jours après l'audience du 26 novembre 2013 : le 5 décembre 2013 ». Ce dossier a été repoussé au 10 décembre 2013, d'où le présent recours, non pas contre l'arrêté ci-dessus mais contre sa « notification ». De la connexité. Le présent recours étant connexe à l'affaire ci-dessus, cette dernière sera renvoyée afin qu'elle puisse être jointe à la présente. Les faits. Alors que le recours n° 13-480 portant plus directement qu'indirectement sur l'objet de la notification contestée était – et est à ce jour – pendant devant la juridiction administrative, la notification de tel arrêté n° 6719 sera annulée purement et simplement, pour abus de pouvoir puisque ne respectant pas la suspension intrinsèque à la saisine du tribunal administratif dès le 28 août 2013 ; pour excès de pouvoir puisqu'intervenant postérieurement à l'introduction du recours et donc enlevant ses effets utiles à la contestation de la sanction dénoncée, enfin, pour détournement de pouvoir puisque la direction des transports terrestres se substitue et au ministre des transports et doublement puisque ce dernier sera lui-même relégué par le président, sénateur, ministre de « la Polynésie française ». En droit. Outre ce qui précède, l'attestation de notification sera également annulée en ce qu'elle prévoit par trois « soit », des délais de recours gracieux et des délais de recours contentieux. En effet, en précisant que les délais de recours gracieux et hiérarchique peuvent être faits sans condition de délai et celui, contentieux, dans le délai de trois mois à compter de la notification, la direction des transports terrestres interfère dans une procédure en cours destinée à vouloir m'induire en erreur. D'une part vu le choix proposé. Ensuite, vu les délais ou l'absence de délais selon la formule à choisir, enfin en produisant une règle exceptionnelle (sic) : « Dans les cas très exceptionnels où une décision explicite intervient dans un délai de trois mois après la décision implicite, vous disposerez à nouveau d'un délai franc de trois mois à compter de la notification de cette décision explicite pour former un recours contentieux. », rendant l'ensemble inintelligible. Par ces motifs joindre pour connexité le présent recours avec celui n° 13-480, annuler l'attestation de notification et m'octroyer la somme de 200 000 francs pour les frais irrépétibles.* » ; y était jointe l'attestation de notification mentionnant l'arrêté n° 6719/MET sur lequel était basé la notification.

L'affaire n° 13-480, développée amplement dans l'appel distinct de ce jour portait quant à elle sur une demande d'annulation du refus opposé à mon recours gracieux quant à la commission de discipline des taxis (et non d'annulation d'une lettre quelconque, du 16 août 2013 modifiant la donne).

Critique de l'ordonnance n° 13-626.

Sans qu'il soit besoin de refaire l'historique qui figure dans l'appel de la décision 13-480 en détail, la cour constatera que l'abus de pouvoir du président du tribunal administratif Jean-Yves TALLEC aura consisté à n'avoir pas inscrit au rôle ce dossier n° 13-626 alors même que la connexité avec celui 13-480 était soulevée.

L'excès de pouvoir, en ce qu'il aura détaché du principal, non seulement l'accessoire s'agissant de la notification, mais qu'il se sera servi de cet accessoire pour écluser le principal : que l'arrêté du 4 septembre 2013 aura été pris postérieurement à l'introduction du recours n° 13-480 datant du 28 août 2013.

Mais encore, en excipant des termes « *expressément et exclusivement* » et se mettant donc à nu puisque ces DEUX mots ne figurent PAS dans mon recours sus-rappelé, il aura encore réutilisé « *expressément* » dans sa décision n° 13-480 le 30 décembre 2013, à l'évidence pour se « couvrir » du faux doublé *expressé/exclusive/ment* n° 13-626.

Cet excès caractérise en fait tout autant un détournement de pouvoir : en m'imputant que j'aurais demandé « *expressément et exclusivement* » l'annulation de la notification, c'est faire fi que je demandais dans le recours n° 13-480 l'annulation de l'arrêté, sous quelque forme que ce soit, même en tant que faux pour avoir été pris postérieurement à l'introduction de ce recours n° 13-480 avec lequel la connexité d'avec le présent est ici patente.

En effet, une notification ne pouvant reposer que sur un autre acte, il est évident que demander l'annulation d'une notification n'est pas détachable de l'acte – notifié ou pas - lui-même ; qu'en procédant de façon fallacieuse comme il apparaît tout au long des décisions aujourd'hui transmises, c'est même plus qu'un détournement de pouvoir, une forfaiture juridico-administrative, un *ersatz* de décision de justice visant à l'évidence à faire « tenir » l'ensemble des quatre décisions déférées à la cour aujourd'hui tant en appel qu'en appel-nullité.

Quant à l'excès de pouvoir qui apparait comme la plus vénielle des critiques en l'espèce, c'est d'avoir détaché du principal la notification d'une part, et d'autre part de n'avoir pas statué sur la connexité et donc la jonction avec le dossier n° 13-480 notamment en ce que l'arrêté n° 6719/MET prévoyait outre la notification, la publication.

Enfin, en statuant le 11 décembre 2013 alors que l'arrêté n° 6917/MET avait été publié au JOPF le 10 septembre 2013, n'est pas anodin non plus au regard de la décision n° 13-480 qui avait été mise délibéré… le 10 décembre 2013, approche politique du juge des référés Jean-Yves TALLEC qui avait demandé peu après son arrivée à être reçu par le ministre des transports, au ministère (!?), et donc à rapprocher de l'ordonnance n° 14-229 du 23 avril 2013… rendue le lendemain du rejet n° 13-631 ; toutes ces affaires reposant sur des différents similaires (sic).

En droit.

Ayant pris soin d'évoquer dans mon recours initial 13-626 : « *interfère dans une procédure en cours destinée à vouloir m'induire en erreur* », qu'une « *simple notification ne peut être regardée comme un acte administratif faisant grief susceptible de faire l'objet d'un recours devant le juge de l'excès de pouvoir* » mentionné dans l'ordonnance 13-626 - la première incrédulité quant à ce « raisonnement » passée -, me réconfortait toutefois que je devais attaquer directement l'arrêté n° 6719MTT publié au JOPF le 10/09/2013 puisque la notification n'ayant aucune valeur et ne faisant pas grief, c'est donc bien la publication qui prime ? Ce que je fis le 10/12/2013 (*13-631*), raison pour laquelle je n'ai pas déféré à la cour administrative dans le délai du recours, l'ordonnance 13-626 objet du présent appel-nullité.

Mais c'était sans compter sur une nouvelle esbroufe. En effet, la décision n° 13-631 du 22 avril 2014 aura déjugée celle, n° 13-626 ici déférée en ces termes ressusciteurs de notification déclarée ne faisant pas grief : « *(...) la décision attaquée est une décision individuelle dont seule la notification est de nature à faire courir le délai de recours contentieux contre son destinataire (...)* » ! A noter que le 30 décembre 2013 j'avais également et encore demandé le rabat du délibéré 13-480 après avoir pris connaissance de l'avis du rapporteur public : rejet pour tardiveté alors même que l'arrêté mentionnant l'obligation de publication n'était paru que le 10 septembre 2014. CQFD.

Par ces motifs, et notamment au vu de la décision n° 13-631 *(PJ02)*, faire droit à cet appel-nullité en censurant et réformant l'ordonnance n° 13-626 et m'octroyer la somme de 2 500 euros au titre de l'article L.761-1 du CJA.
Et ce sera justice

Production : 01 : Ordonnance 13-626, 02 : Décision n° 13-631

**TRIBUNAL ADMINISTRATIF
DE LA POLYNESIE FRANCAISE**

N° 1300626

M. Yoshiaki Chisaka

AU NOM DU PEUPLE FRANÇAIS

M. Tallec
Président

Le président du tribunal

Ordonnance du 11 décembre 2013

      Vu la requête enregistrée le 5 décembre 2013, au greffe du tribunal administratif de la Polynésie française, sous le n° 1300626, présentée par M. Yoshiaki Chisaka, demeurant Lot Tepapa n°1, Mission, et dont l'adresse postale est BP 62323 à Papeete (98713) ;

      M. Chisaka demande au tribunal d'annuler l'attestation de notification de l'arrêté n°6719/MET du 4 septembre 2013 et de condamner la Polynésie française à lui verser la somme de 200.000 XFP au titre de l'article L.761-1 du code de justice administrative;

      M. Chisaka soutient que :
- sa requête est connexe à la requête n°1300480 ;
- la notification de l'arrêté susmentionné ne respecte pas la suspension intrinsèque à la saisine du tribunal;
- cette notification, intervenue postérieurement à l'enregistrement de la requête n°1300480, enlève tout effet utile à la contestation de la sanction qui lui a été infligée ;
- elle est entachée de détournement de pouvoir ;
- elle comporte une erreur concernant la mention des délais de recours ;

      Vu l'acte attaqué ;

      Vu les autres pièces du dossier ;

      Vu la loi organique n° 2004-192 du 27 février 2004 modifiée portant statut d'autonomie de la Polynésie française, ensemble la loi n° 2004-193 du 27 février 2004 complétant le statut d'autonomie de la Polynésie française ;

      Vu le code de justice administrative ;

1. Considérant qu'aux termes de l'article R. 222-1 du code de justice administrative : « *Les présidents de tribunal administratif (...) peuvent, par ordonnance (...) 4° Rejeter les requêtes manifestement irrecevables lorsque la juridiction n'est pas tenue d'inviter leur*

auteur à les régulariser ou qu'elles n'ont pas été régularisées à l'expiration du délai imparti par un demande en ce sens... »; qu'aux termes de l'article R. 412-1 du même code : « La requête doit, à peine d'irrecevabilité, être accompagnée, sauf impossibilité justifiée, de la décision attaquée ou, dans le cas mentionné à l'article R. 421-2, de la pièce justifiant de la date du dépôt de la réclamation. » ;

2. Considérant que M. Chisaka demande expressément et exclusivement l'annulation de la notification qui lui a été faite , et qu'il a d'ailleurs signée le 5 septembre 2013, de l'arrêté n°6719/MET du 4 septembre 2013 ; que cette simple notification ne peut être regardée comme un acte administratif faisant grief susceptible de faire l'objet d'un recours devant le juge de l'excès de pouvoir ; qu'il y a dès lors lieu de faire application des dispositions précitées de l'article R. 222-1 du code de justice administrative et de rejeter les conclusions à fin d'annulation de M. Chisaka, ainsi que, par voie de conséquence, ses conclusions présentées au titre de l'article L.761-1 du même code ;

ORDONNE

Article 1er : La requête n° 1300626 présentée par M. Yoshiaki Chisaka est rejetée.

Article 2 : La présente ordonnance sera notifiée à M. Chisaka.

Fait à Papeete, le 11 décembre 2013.

Le président du tribunal,

J.-Y. Tallec

La République mande et ordonne au haut-commissaire de la République en Polynésie française en ce qui le concerne ou à tous huissiers de justice à ce requis en ce qui concerne les voies de droit commun, contre les parties privées, de pourvoir à l'exécution de la présente décision.

Pour expédition conforme,
La greffière en chef,

D. Germain

Dona GERMAIN

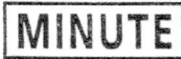

**TRIBUNAL ADMINISTRATIF
DE LA POLYNÉSIE FRANÇAISE**

N° 1300631

_____

M. Yoshiaki Chisaka

_____

Mme Lubrano
Rapporteure

_____

M. Mum
Rapporteur public

_____

Audience du 8 avril 2014
Lecture du 22 avril 2014

_____

C
14 01 02 06

RÉPUBLIQUE FRANÇAISE

AU NOM DU PEUPLE FRANÇAIS

Le tribunal administratif
de la Polynésie française

      Vu la requête, enregistrée le 10 décembre 2013, présentée par M. Yoshiaki Chisaka, dont l'adresse postale est BP 62323 à Papeete (98713), qui demande au tribunal d'annuler l'arrêté n° 6719 MET portant suspension provisoire de sa licence de taxi, et de condamner la Polynésie française à lui verser la somme de 200 000F CFP au titre de l'article L 761-1 du code de justice administrative ;

      M. Chisaka soutient que la décision est illégale en ce qu'elle ne respecte pas la suspension inhérente à la saisine du tribunal par une requête contestant les conditions dans lesquelles a été prise la sanction, et donc en ce qu'elle enlève les effets utiles à cette contestation, et en ce qu'elle est entachée de détournement de pouvoir, dès lors qu'elle a été signée par M. Marty, alors que seul le Président de la Polynésie française est compétent pour défendre devant le tribunal ; enfin, elle est entachée d'erreur de droit, en ce qu'elle prévoit une suspension provisoire, en contradiction avec la mention selon laquelle cette suspension est exécutoire de plein droit dès sa notification, avant même que soit jugé un recours introduit le 5 décembre 2013 ;

      Vu l'arrêté attaqué ;

      Vu le mémoire, enregistré le 31 décembre 2013, présenté par M. Chisaka, qui conclut aux mêmes fins, par les mêmes moyens, ajoutant qu'il demande plus précisément l'annulation de l'article 2 de l'arrêté en ce que cet article, qui précise que la décision sera exécutée dès sa notification, est entaché de détournement de pouvoir dès lors qu'une notification ne peut faire naître des effets juridiques ;

      Vu le mémoire en défense, enregistré le 7 février 2014, présenté par la Polynésie française représentée par son président en exercice, qui conclut au rejet de la requête ;

La Polynésie française fait valoir que :

- au principal, la requête est irrecevable comme déposée hors du délai de trois mois suivant la date de notification de la décision, en méconnaissance des prescriptions des articles R 421-1 et R 421-6 du code de justice administrative ;
- subsidiairement, elle est infondée :
  o le délai pris par l'autorité compétente pour arrêter la sanction après l'avis de la commission de discipline des taxis a été de trois mois, ce qui est un délai raisonnable, aucun délai n'étant par ailleurs imposé par la réglementation ;
  o la saisine du tribunal administratif en date du 2 septembre 2013, contre un acte préparatoire à la sanction ne peut avoir d'effet suspensif contre la sanction elle-même ;
  o aux termes de la délibération du 10 avril 2008 portant règlementation de l'activité d'entrepreneur de taxi, le ministre des transports est compétent pour sanctionner les infractions de 3ème catégorie à la réglementation relative à cette activité ;
  o le détournement de pouvoir allégué, en ce qui concerne le niveau de la sanction, n'est pas établi ;

Vu, enregistré le 10 mars 2014, le mémoire présenté par M. Chisaka, qui conclut aux mêmes fins par les mêmes moyens que sa requête, et qui soutient en outre que le mémoire en défense est irrecevable compte tenu de ce qu'il émane du « président sénateur », que l'expression « en poste à l'aéroport de Tahiti », s'agissant du contrôleur routier constitue une erreur de droit ; que sa requête est recevable, dès lors que la décision litigieuse n'a été publiée au journal officiel de la Polynésie française que le 10 septembre 2013 ;

Vu les autres pièces du dossier ;

Vu, enregistrée le 10 avril 2014, la note en délibéré présentée par M. Chisaka ;

Vu la loi organique n° 2004-192 du 27 février 2004 modifiée portant statut d'autonomie de la Polynésie française, ensemble la loi n° 2004-193 du 27 février 2004 complétant le statut d'autonomie de la Polynésie française ;

Vu la délibération n° 2008-5 APF du 10 avril 2008 portant règlementation de l'activité d'entrepreneur de taxi ;

Vu le code de justice administrative ;

Les parties ayant été régulièrement averties du jour de l'audience ;

Après avoir entendu au cours de l'audience publique du 8 avril 2014 :
- le rapport de Mme Lubrano, première conseillère,
- les conclusions de M. Mum, rapporteur public,
- les observations de Mme Mallet, représentant la Polynésie française ;

1. Considérant qu'aux termes de l'article R 421-1 du code de justice administrative : « Sauf en matière de travaux publics, la juridiction ne peut être saisie que par voie de recours formé contre une décision, et ce dans le délai de deux mois à partir de la notification ou de la publication de la décision attaquée... » ; qu'aux termes de l'article R 421-6 du même code : « Devant les tribunaux administratifs de Mayotte, de la Polynésie française , de Mata Utu et de Nouvelle-Calédonie, le délai de recours de deux mois prévu à l'article R 421-1 et au deuxième alinéa de l'article R 421-2 est porté à trois mois. » ;

2. Considérant qu'il ressort des pièces du dossier que la décision attaquée est une décision individuelle dont seule la notification est de nature à faire courir le délai de recours contentieux contre son destinataire ; que cette décision a été notifiée à M. Chisaka le 5 septembre 2013 ; que la notification portait la mention des voies et délais de recours ; que la requête n'a toutefois été enregistrée au greffe du tribunal administratif que le 10 décembre 2013, soit plus de trois mois après ladite notification ; qu'elle est en conséquence irrecevable et doit être rejetée pour ce motif ;

Sur les conclusions tendant à l'application de l'article L. 761-1 du code de justice administrative :

3. Considérant que les dispositions de l'article L. 761-1 du code de justice administrative font obstacle à ce que soit mise à la charge de la Polynésie française la somme demandée par M. Chisaka au titre des frais exposés et non compris dans les dépens ;

DÉCIDE :

Article 1er : La requête n° 1300631 de M. Chisaka est rejetée.

Article 2 : Le présent jugement sera notifié à M. Yoshiaki Chisaka et à la Polynésie française.

Délibéré après l'audience du 8 avril 2014, à laquelle siégeaient :

M. Tallec, président,
Mme Lubrano, première conseillère,
M. Reymond-Kellal, conseiller.

Lu en audience publique le vingt deux avril deux mille quatorze.

La rapporteure,

M-C. Lubrano

Le président,

J-Y. Tallec

La greffière,

D. Germain

La République mande et ordonne au haut-commissaire de la République en Polynésie française en ce qui le concerne ou à tous huissiers de justice à ce requis en ce qui concerne les voies de droit commun contre les parties privées, de pourvoir à l'exécution de la présente décision.

Pour expédition,
Un greffier,

Dona GERMAIN

68 rue François Miron
75004 PARIS
Tél : 01 58 28 90 00
Fax : 01 58 28 90 22
Greffe ouvert du lundi au vendredi de
09h30 à 12h30 - 13h30 à 16h30

Paris, le 23/07/2014

M. CHISAKA Yoshiaki
Lot TEPAPA n°1 Mission
BP 62323
98713 PAPEETE

Notre réf : N° 14PA02927
(à rappeler dans toutes correspondances)

Monsieur Yoshiaki CHISAKA c/

ACCUSE DE RECEPTION D'UNE REQUETE

Monsieur,

J'ai l'honneur de vous faire connaître que l'affaire citée en référence et ci-dessous analysée a été enregistrée au greffe de la Cour administrative d'appel de Paris le 02/07/2014 :

M. Yoshiaki Chisaka demande à la Cour :
1°) d'annuler l'ordonnance n° 1309626/1 en date du 11 décembre 2013 par laquelle le président du Tribunal administratif de la Polynésie française a rejeté sa demande tendant à l'annulation de l'attestation de notification de l'arrêté n° 6719/MET du 4 septembre 2013 ;
2°) d'annuler la décision susmentionnée ;
3°) de mettre à la charge de l'Etat la somme de 2 500 euros en application de l'article L. 761-1 du code de justice administrative.

Je vous rappelle qu'aux termes de l'article R. 411-1 du code de justice administrative : "La requête indique les noms et domicile des parties. Elle contient l'exposé des faits et moyens, ainsi que l'énoncé des conclusions soumises au juge. L'auteur d'une requête ne contenant l'exposé d'aucun moyen ne peut la régulariser par le dépôt d'un mémoire exposant un ou plusieurs moyens que jusqu'à l'expiration du délai de recours".

Je saisis cette occasion pour vous adresser les recommandations suivantes :

- afin de permettre le rattachement de vos courriers à votre dossier, veuillez mentionner le numéro d'enregistrement qui figure en tête de la présente lettre sur toutes les pièces ou correspondances relatives à cette affaire ;
- ne manquez pas, jusqu'à l'issue de la procédure, d'informer le greffe de la cour de vos éventuels changements d'adresse. Par ailleurs, pour permettre de vous joindre plus facilement, en cas de nécessité, vous pouvez communiquer au greffe vos numéros de téléphone et de télécopie ;
- enfin, si vous avez besoin d'explications ou de renseignements complémentaires, vous pouvez écrire à la cour administrative d'appel ou téléphoner au numéro susmentionné en tête du présent courrier aux heures indiquées.

L'état de l'instruction de ce dossier peut être consulté avec le code d'accès confidentiel C75 - 1402927 - 56770 sur le site internet *http://sagace.juradm.fr.*

Je vous prie de bien vouloir recevoir, Monsieur, l'assurance de ma considération distinguée.

Le Greffier en Chef,
ou par délégation le Greffier,

CHRISTINE RENE-MINE

COUR ADMINISTRATIVE
D'APPEL DE PARIS

68 rue François Miron
75004 PARIS
Tél : 01 58 28 90 90
Fax : 01 58 28 90 22
Greffe ouvert du lundi au vendredi de
09h30 à 12h30 - 13h30 à 16h30

Paris, le 28/08/2014

M. CHISAKA Yoshiaki
Lot TEPAPA n°1 Mission
BP 62323
98713 PAPEETE

Notre réf : N° 14PA02927
(à rappeler dans toutes correspondances)

Monsieur Yoshiaki CHISAKA c/
GOUVERNEMENT DE LA POLYNESIE
FRANCAISE

NOTIFICATION D'UNE ORDONNANCE
Lettre recommandée avec avis de réception

Monsieur,

J'ai l'honneur de vous adresser, ci-joint, l'expédition d'une ordonnance du 28/08/2014 rendue par la Cour administrative d'appel de Paris dans l'affaire citée en référence sous le n° 14PA02927.

Si vous estimez devoir vous pourvoir en cassation contre cette ordonnance, **votre requête, accompagnée d'une copie de la présente lettre**, devra être introduite dans un délai de 2 mois, devant le Conseil d'Etat, Section du Contentieux, 1 Place du Palais-Royal - 75100 PARIS RP, ou www.telerecours.conseil-etat.fr pour les utilisateurs de Télérecours. Ce délai est ramené à 15 jours pour les ordonnances rejetant les conclusions à fin de sursis à exécution d'une décision juridictionnelle frappée d'appel.

Les délais ci-dessus mentionnés sont augmentés d'un mois pour les personnes demeurant en Guadeloupe, en Guyane, à la Martinique, à La Réunion, à Mayotte, à Saint-Barthélemy, à Saint-Martin, à Saint-Pierre-et-Miquelon, en Polynésie française, dans les îles Wallis et Futuna, en Nouvelle-Calédonie et dans les Terres australes et antarctiques françaises, et de 2 mois pour celles qui demeurent à l'étranger, conformément aux dispositions de l'article 643 du code de procédure civile.

A peine d'irrecevabilité, le pourvoi en cassation doit :
- être assorti d'une **copie de la décision** juridictionnelle contestée ;
- être présenté, **par le ministère d'un avocat au Conseil d'Etat et à la Cour de Cassation**.

Je vous prie de bien vouloir recevoir, Monsieur, l'assurance de ma considération distinguée.

Le Greffier en Chef,
ou par délégation le Greffier,

Marc GUIBLIN

RÉPUBLIQUE FRANÇAISE

N° 14PA02927

M. Yoshiaki CHISAKA

AU NOM DU PEUPLE FRANÇAIS

La Cour administrative d'appel de Paris

Ordonnance du 28 août 2014

Le premier vice-président,
président de la 3ème chambre

Vu la requête, enregistrée le 2 juillet 2014, présentée par M. Yoshiaki Chisaka, demeurant lot Tepapa n°1, Mission, BP 62323 à Papeete (98713) ; M. Chisaka demande à la Cour :

1°) d'annuler l'ordonnance n° 1300626/1 en date du 11 décembre 2013 par laquelle le président du Tribunal administratif de la Polynésie française a rejeté sa demande tendant à l'annulation de l'attestation de notification de l'arrêté n° 6719/MET du 4 septembre 2013 ;

2°) d'annuler la décision susmentionnée ;

3°) de mettre à la charge de l'Etat la somme de 2 500 euros en application de l'article L. 761-1 du code de justice administrative ;

Vu l'ordonnance attaquée ;

Vu les autres pièces du dossier ;

Vu la loi n° 91-647 du 10 juillet 1991 modifiée et le décret n° 91-1266 du 19 décembre 1991 modifié ;

Vu le code de justice administrative ;

1. Considérant qu'aux termes de l'article R. 222-1 du code de justice administrative : « (...) les présidents de formation de jugement des tribunaux et des cours peuvent, par ordonnance (...) 4° Rejeter les requêtes manifestement irrecevables, lorsque la juridiction n'est pas tenue d'inviter leur auteur à les régulariser ou qu'elles n'ont pas été régularisées à l'expiration du délai imparti par une demande en ce sens » ; qu'aux termes de l'article R. 811-2 : « Sauf disposition contraire, le délai d'appel est de deux mois. Il court contre toute partie à l'instance à compter du jour où la notification a été faite à cette partie dans les conditions prévues aux articles R. 751-3 et R. 751-4 » ;

2. Considérant qu'aux termes de l'article R. 811-4 du code de justice administrative : « A Mayotte, en Polynésie française et en Nouvelle Calédonie, le délai d'appel de deux mois est porté à trois mois » ; qu'aux termes de l'article R. 811-5 du même code : « Les délais

supplémentaires de distance prévus à l'article R. 421-7 s'ajoutent aux délais normalement impartis » ;

3. Considérant qu'il ressort des pièces du dossier que l'ordonnance attaquée du Tribunal administratif de la Polynésie française a été notifiée à M. Chisaka dans les conditions prévues à l'article R. 751-3 du code de justice administrative, au plus tard le 23 décembre 2013 ; que la requête d'appel présentée par M. Chisaka contre cette ordonnance n'a été enregistrée au greffe de la Cour que le 2 juillet 2014, soit après l'expiration du délai de quatre mois résultant des dispositions précitées du code de justice administrative ; que si M. Chisaka demande l'aide juridictionnelle dans sa requête, cette demande est également tardive pour avoir été présentée après l'expiration du délai de recours contentieux et n'est pas de nature à interrompre ou à proroger ce délai ; que, par suite, la requête est tardive et entachée d'une irrecevabilité manifeste qui n'est pas susceptible d'être régularisée ; qu'elle ne peut ainsi qu'être rejetée ;

ORDONNE :

Article 1er : La requête de M. Chisaka est rejetée.

Article 2 : La présente ordonnance sera notifiée à M. Yoshiaki Chisaka.

Fait à Paris, le 28 août 2014.

Le premier vice-président,
président de la 3ème chambre

Pour Expédition Certifiée Conforme
Pour le Greffier en chef
Le Greffier,

J-J. MOREAU

Marc GUIBLIN

C75-1402927-56770

14PA02927 - Monsieur CHISAKA Yoshiaki / GOUVERNEMENT DE LA POLYNESIE
FRANCAISE
- Affectation : 3ème Chambre

M. Yoshiaki Chisaka demande à la Cour : 1°) d'annuler l'ordonnance n° 1300626/1 en date
du 11 décembre 2013 par laquelle le président du Tribunal administratif de la Polynésie française a
rejeté sa demande tendant à l'annulation de l'attestation de notification de l'arrêté n° 6719/MET du 4
septembre 2013 ; 2°) d'annuler la décision susmentionnée ; 3°) de mettre à la charge de l'Etat la
somme de 2 500 euros en application de l'article L. 761-1 du code de justice administrative.

Requérants et défendeurs
Qualité Nom   Mandataire
Requérant   Monsieur CHISAKA Yoshiaki
Défendeur   GOUVERNEMENT DE LA POLYNESIE FRANCAISE

Date   Mesure Acteur Qualité Délai
02/07/2014   Requête nouvelle   Monsieur CHISAKA Yoshiaki   Requérant
23/07/2014   Accusé de réception d'une requête   Monsieur CHISAKA Yoshiaki
    Requérant
23/07/2014   Demande du dossier de première instance   TRIBUNAL ADMINISTRATIF DE
POLYNESIE FRANCAISE Divers 15 j
04/08/2014   Réception du dossier de première instance   TRIBUNAL ADMINISTRATIF DE
POLYNESIE FRANCAISE Divers
28/08/2014   Ordonnance du Président de la Chambre
28/08/2014   Notification d'une ordonnance
28/08/2014
Notification d'une ordonnance

Monsieur CHISAKA Yoshiaki

Requérant

28/08/2014
Notification d'une ordonnance

TRIBUNAL ADMINISTRATIF DE POLYNESIE FRANCAISE

Divers

Recours n° 14PA2928, appel de 14-229

Tiens, c'en est presque marrant ces numéros 14PA2926, 2927, 2928 et bientôt le 2929 qui se suivent…

Monsieur CHISAKA Yoshiaki
Lot TEPAPA n°1 Mission
BP 62323 - 98713 - PAPEETE
wind@mail.pf Tél: 72 80 30

Tahiti, le 18 juin 2014.

Cour administrative d'appel de Paris
68, rue François Miron
75004 – PARIS
Tél 01 58 28 90 00 Fax 01 58 28 90 22

Appel de la décision n° 14-229 du 23 avril 2014 *(PJ01)*
avec demande d'aide juridictionnelle
Et demande de jonction avec les recours contre les décisions n° 13-480, 13-626 et 14-631 pour connexité.

La présente demande d'aide juridictionnelle, basée sur la complexité du dossier et de ceux, connexes dont la jonction est réclamée, prospérera en ce que ces décisions portent par ailleurs sur des atteintes au droit fondamental de l'exercice d'une profession librement choisie et des conditions de sa réglementation.

Rappel des faits et de la procédure ayant aboutie à la décision n° 14-229 attaquée.
L'ordonnance n° 14-229 repose sur l'apostasie qu'une dénomination « *requête en rabat* » « *de* (sic) *relève d'aucune catégorie de recours mentionnée par le code de justice administrative* ».

Fermé. Le ban ?

Que nenni : « *qu'en outre il est constant que par jugement en date du 22 avril 2014 le tribunal de céans a rejeté la requête n° 1300631 de M. CHISAKA dirigée contre l'arrêté en date du 4 septembre 2013 (…)* », occultant fort *a propo…* sa publication le 10 septembre 2013 (voir l'appel de ce jour contre cette décision n° 13-631).

Critique de l'ordonnance n° 14-229 déférée à la cour.
Comme exposé dans l'appel contre le jugement n° 13-631, le mot « *requête* » devant « *en rabat* » n'était pas à distinguer de l'affaire n° 13-631 démontrant que ces écrits faisaient bien partie de ce dossier, mais encore, le « *Par ces motifs* » mentionne bien et même en souligné : « *rabattre le délibéré* ».

Un esprit quelque peu éclairé aura constaté l'évidence : il n'y a pas d'affaire 14-229 et donc je ne saurais présenter d'autre moyen ici qu'en demandant la jonction avec l'appel n° 13-631 puisque les écrits détournés par le président Jean-Yves TALLEC aura eu pour effet direct de priver l'affaire n° 13-631 de ces éléments des 14-18 avril 2014 comme il apparaît sur le site sagace de l'ordonnance (T98-1400229-56764).

Si la cour n'était fondé du faux grossier élaboré par le président Jean-Yves TALLEC, sa persistance apparait à l'évidence au vu de ces écritures complémentaires du 18 avril contenant bien évidemment encore d'autres éléments où il pouvait très bien voir sa bévue première, si à ce moment-là il s'agissait réellement d'une bévue ?

Par ces motifs, après avoir pris note de ma demande d'aide juridictionnelle, et constaté l'enchevêtrement avec l'appel du jugement n° 13-631 :
- Joindre pour connexité le présent dossier aux appels de conserve de ce jour 13-480/13-626/14-631
- Prononcer l'inexistence en droit de l'ordonnance n° 14-229 au regard de celle n° 13-631
- et m'octroyer la somme de 2 500 euros au titre de l'article L.761-1 du CJA.

Et ce sera justice

Production : 01 : Décision ne reposant sur aucun recours en propre, n° 14-229 du 23 avril 2014.

TRIBUNAL ADMINISTRATIF
DE LA POLYNÉSIE FRANCAISE

RÉPUBLIQUE FRANÇAISE

N° 1400229

M. Yoshiaki Chisaka

AU NOM DU PEUPLE FRANÇAIS

M. Tallec
Président

Le président du tribunal

Ordonnance du 23 avril 2014

Vu la requête enregistrée le 14 avril 2014, au greffe du tribunal administratif de la Polynésie française, sous le n° 1400229, présentée par M. Yoshiaki Chisaka, dont l'adresse postale est BP 62323 à Papeete (98713) ;

M. Chisaka demande au tribunal de « rabattre le délibéré » dans l'instance n°1300631 ;

Il expose notamment que compte tenu du jugement n°1300614 du tribunal de céans en date du 8 avril 2014, il y a lieu d'appeler en cause dans l'instance n°1300631 le haut-commissaire de la République en Polynésie française au sujet des « emplacements réservés » aux taxis;

Vu le jugement n°1300631 du 22 avril 2014 ;

Vu les autres pièces du dossier ;

Vu la loi organique n° 2004-192 du 27 février 2004 modifiée portant statut d'autonomie de la Polynésie française, ensemble la loi n° 2004-193 du 27 février 2004 complétant le statut d'autonomie de la Polynésie française ;

Vu le code de justice administrative ;

1. Considérant qu'aux termes de l'article R. 222-1 du code de justice administrative : « *Les présidents de tribunal administratif (...) peuvent, par ordonnance (...) 4° Rejeter les requêtes manifestement irrecevables, lorsque la juridiction n'est pas tenue d'inviter leur auteur à les régulariser ou qu'elles n'ont pas été régularisées à l'expiration du délai imparti par une demande en ce sens* » ;

2. Considérant que les écritures de M. Chisaka ont expressément pour titre « requête en rabat » ; qu'une telle dénomination ne relève d'aucune catégorie de recours mentionnée par le code de justice administrative ; qu'en outre il est constant que par jugement en date du 22 avril

2014 , le tribunal de céans a rejeté la requête n°1300631 de M. Chisaka dirigée contre l'arrêté en date du 4 septembre 2013, par lequel le ministre de l'équipement, de l'urbanisme, des énergies et des transports terrestres et maritimes de la Polynésie française a suspendu sa licence de taxi pour une durée de trois jours ; que si M. Chisaka entend contester ce jugement, il lui appartient, s'il s'y croit recevable et fondé, d'en interjeter appel ; que, dès lors, les conclusions de la présente requête sont entachées d'une irrecevabilité manifeste et ne peuvent qu'être rejetées ;

O R D O N N E

Article 1er : La requête n°1400229 de M. Yoshiaki Chisaka est rejetée.

Article 2 : La présente décision sera notifiée à M. Chisaka.

Fait à Papeete, le vingt trois avril deux mille quatorze.

Le président du tribunal,

J.-Y. Tullec

La République mande et ordonne au haut-commissaire de la République en Polynésie française en ce qui le concerne ou à tous huissiers de justice à ce requis en ce qui concerne les voies de droit commun, contre les parties privées, de pourvoir à l'exécution de la présente décision.

Pour expédition conforme,
La greffière en chef,

D. Germain

Monsieur CHISAKA Yoshiaki   Tahiti, le 25 septembre 2014.
Lot TEPAPA n°1 Mission
BP 62323 - 98713 - PAPEETE
wind@mail.pf

                         A

                         Cour administrative d'appel de Paris
                         68, rue François Miron
                         75004 – PARIS
                         Tél 01 58 28 90 00
                         Fax 01 58 28 90 22

                         Conclusions.

AFFAIRE n° 14PA02926 et 14PA02928

Par ordonnances n° 14PA02927 et 14PA02929 du 28 août 2014, le premier vice-président, président de la 3ème chambre de la cour administrative d'appel de Paris J-J. MOREAU aura rejeté ces deux recours.

Ces décisions font l'objet de pourvois près le conseil d'Etat.

Au vu des écritures du pourvoi dont je joins copie *(PJ03 et 04)*, vu la demande de jonction des quatre dossiers 14PA2946 à 14PA2929, la cour surseoira à statuer dans l'attente de l'infirmation par le conseil d'Etat des deux rejets supra.

Par ces motifs, surseoir à statuer dans l'attente des décisions suprêmes sauf à statuer de plus fort en faveur du soussigné.
Et ce sera justice

                         Monsieur Yoshiaki CHISAKA

Production :
03 : Pourvoi contre l'ordonnance n° 14PA2927
04 : Pourvoi contre l'ordonnance n° 14PA2929

Monsieur CHISAKA Yoshiaki Tahiti, le 25 septembre 2014.
Lot TEPAPA n°1 Mission
BP 62323
98713 - PAPEETE
wind@mail.pf

A

Conseil d'Etat
Section du contentieux
1, place du Palais-Royal
75100 PARIS RP

Pourvoi contre l'ordonnance n° 14PA02927 du 28/08/2014 *(PJ01)* et demande d'aide juridictionnelle

Le présent pourvoi prospèrera en ce que le premier vice-président, président de la 3ème chambre de la cour administrative d'appel de Paris J-J. MOREAU, aura pris sa décision pour motif de tardiveté en se basant sur une « *requête d'appel* » s'agissant en fait d'un « *appel-nullité* » dont les délais ne sont pas ceux d'un appel classique, c'est à tort donc, qu'il aura rejeté pour tardiveté mon recours.

Mais encore, en rejetant également ma demande d'aide juridictionnelle – me privant de pouvoir bénéficier de l'aide qu'un professionnel du droit qui ne pourra donc plus exposer notamment ce distinguo entre appel et appel-nullité, mais encore, démontrer la pertinence de l'appel-nullité, pour défendre la connexité ci-dessous -, il aura empiété sur la compétence du bureau d'aide juridictionnelle, ne laissant pas à ce dernier l'occasion de pouvoir statuer sur ma demande d'une part, mais encore, comme vu supra, me privant de l'aide juridictionnelle dans ce dossier dont j'avais mis en exergue le lien avec trois autres dossiers connexes, voire plus s'agissant de l'appel en cause du haut-commissaire.

Voici rappelée, l'introduction du recours initialement devant la cour :
> « *De l'appel-nullité. Possible en cas d'excès, d'abus ou de détournement de pouvoir le présent appel-nullité prospèrera au vu de la décision n° 13-631 du 22 avril 2013 ayant statué sur l'arrêté n° 6719/MET sur lequel reposait la notification déclarée comme n'étant pas un acte faisant grief, ensemble l'ordonnance n° 14-229 du 23 avril 2014.*
> *Rappel des faits et de la procédure ayant abouti à la décision n° 13-626 du présent appel-nullité. La requête 13-626 attaquée se réfère à celle n° 13-480 qui fait l'objet ce jour-même d'un appel devant la cour. Certes l'appel se distingue de l'appel-nullité en la forme, mais il n'en demeure pas moins que sur le fond la connexité avec les dossiers 13-480, 13-631, 14-229, et le présent, 13-626, est patente.* » **(PJ02)**

En effet, la requête d'une part demandait la jonction, pour connexité, avec trois autres décisions déférées (n° 13-480, 13-631 et 14-229), et d'autre part, la demande d'aide juridictionnelle était émise sur le fondement de la complexité du dossier, engendrée notamment par l'enregistrement d'une affaire putative (14-229) par le tribunal.

A ce sujet, l'ordonnance de rejet contestée prend soin de ne pas relever cette demande de jonction alors même que l'ordonnance n° 14PA02929 du même jour et du même vice-président J-J. MOREAU qui s'est donc saisi tant de la requête d'appel que de celle de l'appel-nullité, mentionne cette demande de jonction. *(PJ03)*

Mais encore, les recours n° 14PA02926 et 14PA02928 portant respectivement sur les jugements n° 14-631 et 14-480, c'est-à-dire deux de l'ensemble des quatre dossiers connexes, ces deux-là restent actuellement toujours pendants devant la cour administrative à ce jour. En ayant écarté par ordonnance n° 14PA2927 l'un des quatre dossiers mais aussi un deuxième (14PA2929), le juge administratif d'appel aura privé la cour de ces deux dossiers-piliers, pour ne pouvoir statuer que sur les deux restants.

S'agissant de la demande d'aide juridictionnelle relevée dans l'ordonnance comme rejetée mêmement, vu ce qui précède – mais aussi vu que l'aide juridictionnelle peut-être demandée à tout moment -, le conseil d'Etat, en sanctionnant la décision n° 14PA02927, restaurera celle-ci, sauf à évoquer l'affaire et statuer au fond. Aussi, la cour, mais surtout le bureau d'aide juridictionnelle n'ayant pas eu l'occasion de statuer sur l'aide juridictionnelle, celle-ci prospérera ici de plus fort, notamment en ce qu'elle portait sur l'ensemble des 4 dossiers, certes individuellement. *(PJ04)*

Par ces motifs, prendre acte de ma demande d'aide juridictionnelle près le conseil d'Etat, et censurer l'ordonnance n°14PA02927 ayant écarté l'appel-nullité à tort et au profit d'un appel classique mais non introduit, ensemble la demande d'aide juridictionnelle rejetée près la cour par le juge, et m'octroyer la somme de 250 000 francs des colonies françaises du Pacifique au titre de l'article L760-1 du CJA et CAA.

01 : Notification et ordonnance n° 14PA02927 du 28/08/2014.
02 : Recours devant la cour d'appel.
03 : Ordonnance n° 14PA029279, première page, 3°.
04 : Demande d'AJ près la cour (page 4).

Monsieur CHISAKA Yoshiaki   Tahiti, le 25 septembre 2014.
Lot TEPAPA n°1 Mission
BP 62323
98713 - PAPEETE
wind@mail.pf

> Conseil d'Etat
> 75004 – PARIS
> Section du contentieux
> 1, place du Palais-Royal
> 75100 PARIS RP

Pourvoi contre l'ordonnance n° 14PA02929 du 28 août 2014. *(PJ01 et 02)* Demande de jonction avec le pourvoi contre 14PA02927, et demande d'aide juridictionnelle

Le présent pourvoi prospèrera en ce que le premier vice-président, président de la 3ème chambre de la cour administrative d'appel de Paris J.-J. MOREAU, aura pris sa décision pour motif de tardiveté de la transmission de l'appel sans même prendre en compte l'illégalité dénoncée de l'article R421-7, *a fortiori* y statuer , qui était exposée ainsi :

> « *Exception d'illégalité de l'article R421-7 du code de justice administrative nationale, ensemble le décret n° 2010-1562 du 14 décembre 2010 et notamment l'article 7.*
> *L'article R421-7 prévoit un délai de distance d'un mois entre la France et la colonie des Etablissements français de l'Océanie, dénommés sous appellation d'entité politique et administrative « la Polynésie française », et, avec « l'étranger », de deux mois supplémentaires aux 3 mois de base.*
>> *e) L'exception d'illégalité de la modification « pour l'outre-mer » contenue dans l'intitulé du décret prospérera en ce que « l'outre-mer » est actuellement scindé au sein du ministère de l'Intérieur en des outre-mer (sic).*
>> *f) Le décret ne vise par la loi constitutionnelle n° 2004-192 du 24 février 2004, d'où la deuxième illégalité.*
>> *g) En classant dans l'outre-mer, l'étranger et en incluant « la Polynésie française » dans le premier, le décret n'a pas tenu compte que cette dernière est à l'étranger. Voir par exemple l'article R151-1 du code monétaire et financier permettant à la France métropolitaine de disposer d'entre les outre-mer, un outre-mer étranger où l'euro, monnaie de la France, n'a pas cours légal ni pouvoir libératoire.*
>> *h) Enfin, en distinguant entre une France « métropolitaine » et une deuxième France, le décret contrevient à l'article 1ᵉʳ de la Constitution qui prévoit que la France est une république une et indivisible et, partant qu'une république une et indivisible est la*

France ; que l'article 1er de la loi organique 2004-192 du 27 février 2004 prévoyant
un « pays d'outre-mer » au sein de la république française, le distinguo entre France
métropolitaine et l'outre-mer contrevient à ces articles 1ers ; que seule une distinction
entre la France et l'étranger ne pourra exister.
Par ces motifs, faire droit à ces exceptions d'illégalités et déclarer le présent recours recevable
dans les délais octroyés par l'article R421-7 du CJA entre la France et l'étranger, de l'accuser
de réception du 31 janvier 2014. »

Plus encore, il aura et n'aura que, visé les articles R751-3 et R811-2 du même code.

Enfin, contrairement à son ordonnance n° 14PA02927 du même jour et objet d'un pourvoi, il aura ici pris soin de relever qu'était demandée la jonction avec d'autres dossiers, empêchant *de facto* cette jonction avec les dossiers 14PA02926 et14PA02928, outre celui n° 14PA02927 rejeté par ordonnance à l'instar du présent, ensemble avec le rejet également de l'aide juridictionnelle alors que dans ces quatre dossiers dont la jonction était préconisée, le regroupement de l'aide juridictionnelle participait également à ce tout quasi-indissociable et comme exposé dans le recours devant la cour. *(PJ03)*

Le présent pourvoi prospérera donc sitôt l'aide juridictionnelle obtenue puisqu'un professionnel du droit saura restituer le contexte en droit notamment de par l'instruction commune de ces quatre dossiers sitôt la cassation acquise, après jonction par le conseil d'Etat du présent pourvoi avec celui contre l'ordonnance n° 14PA02927 introduit ce jour également.

En fait, le présent rejet et celui n° 14-PA02927 apparaissent quasiment comme un plan pour scinder les dossiers et enlever presque toute pertinence aux deux dossiers orphelins encore instruits pas la cour et la BAJ. Voici d'ailleurs comment était présentée la demande d'AJ près la cour *(PJ04)*.

Par ces motifs, joignant le présent pourvoi à celui contre l'ordonnance 14PA02927, censurer ici l'ordonnance n°14PA02929 tant intrinsèquement qu'en ce qu'elle aura aussi rejeté la demande d'aide juridictionnelle en lieu et place du bureau idoine, et m'octroyer la somme de 250 000 francs CFP au titre de l'article L760-1 du CJA et CAA.

01 : Notification n° 14PA02929 du 28/08/2014.

02 : Ordonnance n° 14PA02929.

03 : Recours devant la cour d'appel.

04 : Demande d'AJ près la cour·

COUR ADMINISTRATIVE D'APPEL
DE PARIS

RÉPUBLIQUE FRANÇAISE

N° 14PA02928

AU NOM DU PEUPLE FRANÇAIS

M. Yoshiaki CHISAKA

Ordonnance du 17 décembre 2015

La Cour administrative d'appel de Paris

Le premier vice-président,
président de la 3ème chambre

Vu la requête, enregistrée le 2 juillet 2014, présentée par M. Yoshiaki Chisaka, demeurant Lot Tepapa n°1 Mission, BP 62323 à Papeete (98713) ; M. Chisaka demande à la Cour :

1°) d'annuler l'ordonnance n° 1400229/1 en date du 23 avril 2014 par laquelle le président du Tribunal administratif de la Polynésie française a rejeté sa demande tendant à "rabattre le délibéré" dans l'instance n° 1300631 ;

2°) d'ordonner la jonction pour connexité des dossiers n° 14PA02926, n° 14PA02927, n° 14PA02928, n° 14PA02929 ;

3°) de mettre à la charge de l'Etat la somme de 2 500 euros en application de l'article L. 761-1 du code de justice administrative ;

Vu l'ordonnance attaquée ;

Vu les autres pièces du dossier ;

Vu le code de l'entrée et du séjour des étrangers et du droit d'asile ;

Vu le code de justice administrative ;

1. Considérant qu'aux termes de l'article R. 222-1 du code de justice administrative : « (...) les présidents de formation de jugement (...) des cours peuvent, par ordonnance : (...) 4° Rejeter les requêtes manifestement irrecevables, lorsque la juridiction n'est pas tenue d'inviter leur auteur à les régulariser ou qu'elles n'ont pas été régularisées à l'expiration du délai imparti par une demande en ce sens ; (...) » ;

2. Considérant qu'aux termes de l'article R. 811-7 du même code : « Les appels ainsi que les mémoires déposés devant la cour administrative d'appel doivent être présentés, à peine d'irrecevabilité, par l'un des mandataires mentionnés à l'article R. 431-2 (...) » ;

3. Considérant que l'article R. 612-1 du code de justice administrative dispose que : « *Lorsque les conclusions sont entachées d'une irrecevabilité susceptible d'être couverte après expiration du délai de recours, la juridiction ne peut les rejeter en relevant d'office cette irrecevabilité qu'après avoir invité leur auteur à les régulariser. Toutefois, la juridiction d'appel (...) peut rejeter de telles conclusions sans demande de régularisation préalable pour les cas d'irrecevabilité tirés de la méconnaissance d'une obligation mentionnée dans la notification de la décision attaquée conformément à l'article R. 751-5* » ; qu'aux termes de cet article : « *(...) Lorsque la décision rendue relève de la cour administrative d'appel et, sauf lorsqu'une disposition particulière a prévu une dispense de ministère d'avocat en appel, la notification mentionne que l'appel ne peut être présenté que par l'un des mandataires mentionnés à l'article R. 431-2 (...)* » ;

4. Considérant que la lettre du 24 avril 2014 notifiant à M. Chisaka l'ordonnance du Tribunal administratif de la Polynésie française, dont il fait appel, mentionne expressément, conformément aux dispositions de l'article R. 751-5 du code de justice administrative, que sa requête d'appel serait rejetée comme irrecevable si elle n'était pas présentée par un avocat ; qu'il ressort des pièces du dossier que M. Chisaka, en la personne de son conseil, a reçu notification le 26 octobre 2015 de la demande de régularisation qui lui a été adressée le 11 septembre 2015 de régulariser sa requête dans le délai qui lui était imparti ; qu'il n'a pas, à ce jour, procédé à cette régularisation ; qu'il en résulte que la requête de M. Chisaka ne peut dès lors qu'être rejetée comme manifestement irrecevable ;

ORDONNE :

Article 1er : La requête de M. Chisaka est rejetée.

Article 2 : La présente ordonnance sera notifiée à M. Yoshiaki Chisaka.

Fait à Paris, le 17 décembre 2015.

Pour expédition Certifiée Conforme
Pour le Greffier en chef

Le Greffier,

Marc GUIBLIN

Le premier vice-président,
président de la 3ème chambre,

Michel BOULEAU

La République mande et ordonne au ministre des outre-mer en ce qui le concerne ou à tous huissiers de justice à ce requis en ce qui concerne les voies de droit commun contre les parties privées, de pourvoir à l'exécution de la présente décision.

Recours en révision bien que non prévu, sur 14PA2928

BIS : Eh oui, y'a pas d'raison ! En tout cas *a priori*.

Monsieur CHISAKA Yoshiaki   Tahiti, le 15 mars 2016.
Lot TEPAPA n°1 Mission
BP 62323 - 98713 - PAPEETE
wind@mail.pf

Ayant pour avocat Maître Raoul AUREILLE après rejet de l'aide juridictionnelle

        A

                Cour administrative d'appel de Paris
                Monsieur le premier vice-président, président de la 3ème
                chambre Michel BOULEAU
                68, rue François Miron
                75004 – PARIS
                Tél 01 58 28 90 00
                Fax 01 58 28 90 22

AFFAIRES n° 14PA02926 et 14PA02928 *(PJ01 et 02)*

Recours en rétractation nonobstant l'article R. 834-1 du CJA au vu tant de son exception d'inconventionnalité au regard des article 6-1 et 13 de la Convention européenne des droits de l'Homme, que d'illégalité.

Exception d'inconventionnalité, art. R. 834-1 du code de justice administrative
« Le recours en révision contre une décision contradictoire du Conseil d'Etat ne peut être présenté que dans trois cas : 1° Si elle a été rendue sur pièces fausses ; 2° Si la partie a été condamnée faute d'avoir produit une pièce décisive qui était retenue par son adversaire ; 3° Si la décision est intervenue sans qu'aient été observées les dispositions du présent code relatives à la composition de la formation de jugement, à la tenue des audiences ainsi qu'à la forme et au prononcé de la décision. »

En ne prévoyant la possibilité d'un recours en révision que contre une « *décision contradictoire du Conseil d'Etat* », cet article contrevient à l'article 6-1 de la Convention européenne des droits de l'Homme : « *Droit à un procès équitable 1. Toute personne a droit à ce que sa cause soit entendue équitablement (…)* » et 13 : « *Droit à un recours effectif Toute personne dont les droits et libertés reconnus dans la présente Convention ont été violés, a droit à l'octroi d'un recours effectif devant une instance nationale, alors même que la violation aurait été commise par des personnes agissant dans l'exercice de leurs fonctions officielles* ».

Exception d'illégalité de l'article R. 834-1 du CJA
En ne prévoyant d'une part que devant le conseil d'Etat une présentation d'un recours en révision et d'autre part uniquement contre une décision contradictoire, l'article R. 834-1 est également frappé d'illégalité en ce qu'il ne prévoit pas le cas d'un rejet rendu de façon non contradictoire comme en l'espèce, où de surcroît la représentation par avocat est exigée mais sans garantie de l'exécution par celui-ci de cette représentation, par la cour administrative d'appel par exemple.

En effet, rejeté sur la base de l'art R. 222-1 combiné avec celui R. 811-7, le considérant 4 relève « *qu'il ressort des pièces du dossier que M. Chisaka, en la personne de son conseil, a reçu notification (…) de la demande de régularisation qui lui a été adressée (…) de régulariser sa requête dans le délai qui lui était imparti ; qu'il n'a pas, à ce jour, procédé à cette régularisation (…)* ».

Or, juge, partie, mais aussi victime de l'archaïsme des textes en matière de justice administrative puisque directement lié à la hiérarchie le rattachant au conseil de l'Etat français et de son président, le Premier ministre comme le relève en périphérie l'avocat Jean-Sébastien BODA dans sa requête déposée le 23 février 2016 au conseil d'Etat à l'encontre de « l'ordre des avocats au conseil d'Etat » (*https://www.doctrine.fr/monopole-avocats-conseil* : « *On rappellera que l'ordre dont il est question voit son existence remonter vraisemblablement à Saint-Louis (1214-1270), soit les capétiens directs (…) l'Ordonnance du 10 septembre 1817 (…) a été signée sous la Restauration par Louis XVIII, un an avant l'adhésion de la France à la Sainte-Alliance dans le cadre du congrès d'Aix-la-Chapelle (…) Il s'agit, convenons-en, d'un texte politique daté et fort peu républicain (…) La France est le seul pays au monde à maintenir encore en 2015 un dispositif d'origine monarchique* »), la cour administrative d'appel, s'agissant donc de ce lien avec la représentation par avocat au conseil d'Etat dans le cas d'un recours en révision mentionné dans l'article R. 834-1 CJA mais qui n'est pas prévu devant une cour administrative d'appel, *a fortiori* comme en l'espèce suite à une procédure non-contradictoire, crée un déni de justice en ce que, nonobstant la possibilité de faire un pourvoi devant le conseil d'Etat, ce dernier ne pourra pas être saisi d'une requête en révision, sauf dans le cas de l'article R. 834-1 du CJA.

Mais encore, le justiciable ayant pécuniairement du s'engager personnellement suite au rejet de l'aide juridictionnelle, c'est une double peine que de se voir infliger un rejet sur la base d'une obligation d'avocat qui ne se sera éventuellement pas acquitté de son obligation intra-cour administrative d'appel, sans que cette dernière ne veille par exemple à faire respecter l'obligation qu'elle-même impose c'est-à-dire cette-dite représentation obligatoire par avocat.

Autrement dit, la double carence – et donc ma double peine -, d'une part d'une révision non possible devant la cour administrative d'appel vu l'article R. 834-1 CJA car uniquement devant le conseil d'Etat et d'autre part, uniquement dans le cas d'une décision rendue contradictoirement, rend cette disposition illégale intrinsèquement, d'où il sera fait droit à la présente exception d'illégalité.

Il convient de relever ici que déjà le pré-jugement du bureau d'aide juridictionnelle ayant refusé ladite aide juridictionnelle s'est fait sans représentation d'avocat, augmentant d'autant l'injustice qui me frappe aujourd'hui puisque si le bureau d'aide juridictionnelle – en appel également – a déjà statué sur la valeur de mon appel alors même que je n'avais pas l'assistance d'un professionnel du droit pour développer de façon plus adéquate en la matière mon recours, quel autre qualification que déni de justice pour ma situation ? L'exception d'illégalité prospérera de ce moyen de surcroît.

Du déni de justice
Ne pouvant décemment exercer un recours devant le conseil d'Etat comme développé *supra*, et, ne pouvant connaître le sort qui sera réservé au présent recours en révision, toute autre solution qu'un arrêt à intervenir – à défaut un renvoi près le conseil d'Etat ? – aggravera(it) mon déni de justice.

Du comportement de la cour administrative d'appel dans ce dossier
Le site Sagace pour ces deux dossiers ne fait pas apparaître de production de mémoire en défense.

Or mon conseil avait précisé dans sa constitution qu'il répondrait à un tel mémoire sitôt en sa possession. Rien d'autre ne pouvait me laisser supposer qu'un autre acte aurait été requis et/ou n'aurait pas été satisfait. Là encore je serai victime d'un déni de justice s'il n'était fait droit aux présents recours en révision ou toute autre qualification permettant un arrêt contradictoire *in fine*.

Les faits

Ayant introduit le recours initial devant la cour administrative d'appel de Paris de façon complète, avec pièces jointes et force détails, mais non par le ministère d'avocat, j'avais fait une demande d'aide juridictionnelle qui m'a été refusée jusqu'au juge idoine près le conseil d'Etat et comme vu plus haut.

Ne pouvant que me rapprocher d'un avocat, Maître Raoul AUREILLE a accepté de me représenter et je n'ai donc plus eu de contact avec mes dossiers que *via* le site *Sagace* :
C75-1402926-14100 (extrait)

« *07/05/2015*	*Constitution d'avocat*	*Maître AUREILLE Raoul*	*Avocat*
11/09/2015	*Lettre du greffe*	*Maître AUREILLE Raoul*	*Avocat*
17/12/2015	*Ordonnance du Président de la Chambre*		
21/12/2015	*Notification d'une ordonnance* »		

C75-1402928-13472 (extrait)

« *07/05/2015*	*Constitution d'avocat*	*Maître AUREILLE Raoul*	*Avocat*
11/09/2015	*Lettre du greffe*	*Maître AUREILLE Raoul*	*Avocat*
17/12/2015	*Ordonnance du Président de la Chambre*		
21/12/2015	*Notification d'une ordonnance* »		

Il est évident que la mention d'une lettre du greffe à l'avocat d'une part ne me concerne pas, n'en ayant pas été destinataire en copie, et d'autre part me laissait croire que l'affaire était bien engagée, d'autant que la partie adverse n'avait pas conclu – et ne conclura jamais comme il apparaît en l'état – et alors même que mon conseil se faisait fort d'adresser à la cour administrative d'appel de Paris « *un mémoire en réponse aux observations que ne manquera pas de faire l'intimée sur ces recours* ». **(PJ03)**

Il ressort qu'alors même que j'avais conclu en détail et dans les délais ; procédé aux demandes d'aide juridictionnelle ; et finalement réussi à me faire représenter : je suis victime aujourd'hui à la fois de l'obligation de représentation, du processus de représentation, de la non-représentation effective, du rejet de mon recours sur cette base et, donc maintenant, d'une impossibilité d'un recours en révision.

La notification le 21 décembre 2015 des ordonnances n° 14PA02926 et 14PA02928 prévoit quant à elle : « *Si vous estimez devoir vous pourvoir en cassation (…) devra être introduite (…) devant le Conseil d'Etat* », le premier vice-président, président de la 3ème chambre, Michel BOULEAU ayant précisée que l'objet du rejet des ordonnances est : « *manifestement irrecevable* ».

Discussion complémentaire

Des ordonnances de rejet sur la base de « *manifestement irrecevable* » n'ayant à l'évidence pas les meilleures chances de prospérer près le conseil d'Etat, ce dernier de surcroît pourrait prononcer une amende, ce qui aggraverait d'autant, et injustement, ma situation.

De la condition de recevabilité du présent recours en révision

Pour permettre au président de la troisième chambre Michel BOULEAU de revenir sur sa décision – ou de reprendre la même -, les conditions suivantes du décret du 22 juillet 1806 initialement seront ici relevées : le présent recours intervient dans le délai des deux mois impartis par la notification, ensemble celui lié à l'éloignement géographique entre Papeete et Paris ; le ministère d'avocat ayant été acquis mais celui-ci n'ayant pas donné suite à une demande de la cour administrative d'appel, le présent recours sera recevable dans l'attente éventuellement d'une demande complémentaire du président de la troisième chambre Michel BOULEAU pour inviter l'avocat Raoul AUREILLE à régulariser le cas échéant ; les décisions n° 14PA2926 et 14PA2928 n'ayant pas été rendues contradictoirement, l'article R. 834-4 pourra également être écarté ; le recours en révision n'étant en principe recevable que si un texte l'a ainsi prévu mais qu'en l'absence de disposition textuelle le prévoyant, le recours en révision ne peut être ouvert aux autres juridictions régies par le CJA, « *Récemment, la Haute juridiction a estimé qu'en vertu d'une règle générale de procédure, un recours en révision pouvait être exercé devant les juridictions administratives ne relevant pas du CJA (CE , sect., 16 mai 2012, Serval, n° 331346 : recours en révision contre une décision de la chambre régionale de discipline des commissaires aux comptes)* » *(cf Marie cochereau Apprentie avocate (à l'EFB) et apprentie blogueuse, mordue de Droit Administratif et de Droit Public) ;* la décision a été rendue sur pièce fausse, l'obligation de représentation par avocat puis les mentions du site Sagace m'ayant induit en erreur puisque je pensais que la procédure au contraire de ce qu'il a été jugé, était parfaitement bien engagée ; que mes recours ont été rejetés de façon non contradictoire, faute d'avoir pu être représenté et donc faute d'avoir pu produire officiellement les pièces décisives du dossier bien que celles-ci avaient été produite lors de mon recours devant la cour administrative d'appel.

Voir par exemple « *CE, 5 avril 1996, Treiber, n°093234, Lebon 122 où le conseil d'État affirme clairement qu'il appartenait au ministre qui était seul à avoir connaissance de l'existence d'une pièce décisive pour la solution du litige de la porter à la connaissance du juge pour qu'il puisse statuer en pleine connaissance de cause. (CE, sect., 5 décembre 1975, Murawa, n°93814, Lebon 634). Cette rétention doit cependant avoir eu un effet décisif sur le sens de la décision, pour que le recours en révision soit admis (Conseil d'État, 12 mars 1982, Ibazizène, n°29107)* » *(idem)*.

Ou encore « *La procédure juridictionnelle est entachée d'un vice grave, dû à la non observation des dispositions relatives "à la composition de la formation de jugement, à la tenue des audiences, ainsi qu'à la forme et au prononcé de la décision" (CE, 29 juillet 1998, Esclatine, n°179635 ; CE, 16 février. 2007, Assoc. En Toute Franchise, n° 292114). C'est le cas le plus fréquent. 6/ Enfin, des requérants ne sont recevables à former un recours en révision qu'à l'encontre d'une décision, ou d'une partie de la décision, ne leur ayant pas donné satisfaction (CE 7 avril 2011, Amnesty international section française et Groupe d'information et de soutien des immigrés, n° 343595).* » *(idem)*

En droit
L'exception d'inconventionnalité porte donc sur le fait que l'article R. 834-1 du CJA, en n'autorisant pas un recours en révision contre une décision, de surcroît une ordonnance prise par le seul premier vice-président, président de la 3ème chambre, Michel BOULEAU, à la cour administrative d'appel de Paris, alors que les règles de représentation ne sont pas de mon fait, ni, une fois remplies, la carence éventuelle de mon conseil et autres éléments sur lesquels je n'ai aucune emprise, contrevient au droit à un procès équitable, mais également à la violation de mon droit à un recours effectif.

En effet, mon pourvoi ne pouvant porter que sur le rejet pour irrecevabilité, je suis privé d'un recours au fond au niveau même du double degré de juridiction.

Nonobstant ce qui précède, l'auteur de la décision n° 14PA02926 prendra encore en considération qu'un recours en révision peut tout de même être formé en vertu d'une règle générale de procédure découlant des exigences de la bonne administration de la justice, dans l'hypothèse comme ici, où cette décision a été rendue, « *faute pour la partie perdante d'avoir produit une pièce décisive qui était retenue par son adversaire* », en l'espèce celui qui apparaît dans la procédure comme mon allié alors qu'il ne peut, à moi, être reproché de n'avoir pas accompli toutes les démarches qui m'incombaient près la cour.

Certes le Conseil d'État, Section du Contentieux, 16/05/2012, 331346, Publié au recueil Lebon écrivait : « *En vertu des dispositions des 1° et 2° de l'article R.834-1 du code de justice administrative, le recours en révision n'est ouvert, lorsqu'une décision juridictionnelle a été rendue sur pièces fausses ou qu'une partie a été condamnée faute d'avoir produit une pièce décisive qui était retenue par son adversaire, qu'à l'égard des décisions du Conseil d'Etat. Cette voie particulière de recours ne saurait, en l'absence de texte l'ayant prévue, être étendue aux autres juridictions régies par ce code* », dans un arrêt du 16 mai 2012 il considère par exemple que, s'agissant en revanche des juridictions administratives qui n'en relèvent pas et pour lesquelles aucun texte n'a prévu l'existence d'une telle voie de recours, un tel recours peut être formé, en vertu d'une règle générale de procédure découlant des exigences de la bonne administration de la justice, à l'égard d'une décision passée en force de chose jugée, dans l'hypothèse où cette décision l'a été sur pièces fausses ou si elle l'a été faute pour la partie perdante d'avoir produit une pièce décisive qui était retenue par son adversaire. Cette possibilité est ouverte à toute partie à l'instance, dans un délai de 2 mois courant à compter du jour où la partie a eu connaissance de la cause de révision qu'elle invoque. En confirmant, au motif de l'absence de texte organisant cette voie de recours extraordinaire, la décision par laquelle dans ce cas d'espèce la chambre régionale de discipline des commissaires aux comptes du ressort de la cour d'appel de Paris a déclaré irrecevable le recours en révision sans réserver l'existence des deux cas d'ouverture d'un recours en révision existant même sans texte devant les juridictions administratives ne relevant pas du code de justice administrative ni rechercher si la cause de révision invoquée pouvait se rattacher à l'un de ces cas d'ouverture, le Haut Conseil du commissariat aux comptes avait entaché sa décision d'une erreur de droit.

Enfin, il est rappelé ici la félonie précédemment dispensée sur deux précédentes affaires pour m'éliminer de mon droit à l'accès à une juridiction indépendante et impartiale française pour obtenir un procès équitable, par tel autre premier vice-président, président de la 3ème chambre (J-J MOREAU) et qui portaient sur les affaires n° 14PA02927/295542 (avec rejets complices du BAJ 14-3189 puis 388004) et 14PA0292/295540 (avec rejets complices du BAJ 14-3188 puis 388003).

Par ces motifs, constater que la constitution d'avocat ne m'interdit pas de présenter le présent recours en révision sous l'égide de l'avocat Raoul AUREILLE qui ne s'est pas déconstitué et dans l'attente de sa régularisation le cas échéant si la cour administrative l'exige(ra)(it), admettre le présent recours en révision et déclarer nul et non avenue l'ordonnance n° 14PA02926 et, partant, celle n° 14PA02928 ; à défaut faire droit à l'exception d'inconstitutionnalité au regard des articles 6-1 et 13 de la Convention européenne des droits de l'Homme et à celle, d'illégalité soulevée, et m'octroyer la somme de 2 000 euros au titre de l'article 761-1 du code de justice administrative au titre des frais irrépétibles.

Et ce sera justice

Monsieur Yoshiaki CHISAKA

Pièce jointe :
01 : Ordonnance n° 14PA2926 et sa notification.
02 : Ordonnance n° 14PA2928 et sa notification.
03 : Lettre de constitution de l'avocat Raoul AUREILLE.

6 mai 2015

Monsieur le Conseiller d'Etat, Président de

la Cour Administrative d'Appel de PARIS

par fax 01 58 28 90 22

ACTE DE CONSTITUTION

Rôle n° 14 PA 02926

14 PA 02927

14 PA 02928

14 PA 02929

M. Yoshiaki CHISAKA c/ POLYNESIE FRANCAISE

J'ai l'honneur de vous faire connaître, qu'en dépit du rejet de la demande d'aide juridictionnelle en date du 3 mars 2015, je me constitue pour M. CHISAKA dans les recours formés contre les jugements rendus le 30 décembre 2013 par le Tribunal Administratif de la Polynésie française. *d'autres*

Je vous adresserai ultérieurement un mémoire en réponse aux observations que ne manquera pas de faire l'intimée sur ces recours.

Veuillez recevoir l'expression de ma considération distinguée.

M° Raoul AUREILLE

Avocat à la Cour d'Appel de Papeete

Immeuble Jissang- pont de l'est

BP 21552   98713 Papeete

Tel/fax 00 689 40 43 08 02

aureilleavocat@outlook.com

234

C75-1402928-13472

14PA02928 - Monsieur CHISAKA Yoshiaki / GOUVERNEMENT DE LA POLYNESIE FRANCAISE
- Affectation : 3ème Chambre

Rubrique analyse   Aide analyse
    M. Yoshiaki Chisaka demande à la Cour : 1°) d'annuler l'ordonnance n° 1400229/1 en date du 23 avril
2014 par laquelle le président du Tribunal administratif de la Polynésie française a rejeté sa demande tendant à
"rabattre le délibéré" dans l'instance n°1300631 ; 2°) d'ordonner la jonction pour connexité des dossiers
n°14PA02926, n°14PA02927, n°14PA02928, n°14PA02929 ; 3°) de mettre à la charge de l'Etat la somme de 2
500 euros en application de l'article L. 761-1 du code de justice administrative.

Requérants et défendeurs
Qualité Nom   Mandataire
Requérant   Monsieur CHISAKA Yoshiaki   Maître AUREILLE Raoul
Défendeur   GOUVERNEMENT DE LA POLYNESIE FRANCAISE

Date   Mesure Acteur Qualité Délai
25/06/2014   Réception demande d'aide juridictionnelle   BUREAU D'AIDE
JURIDICTIONNELLE - TRIBUNAL DE GRANDE INSTANCE   Divers
02/07/2014   Requête nouvelle   Monsieur CHISAKA Yoshiaki   Requérant
23/07/2014   Accusé de réception d'une requête   Monsieur CHISAKA Yoshiaki   Requérant
23/07/2014   Demande du dossier de première instance   TRIBUNAL ADMINISTRATIF DE LA
POLYNESIE FRANCAISE   Divers 15 j
04/08/2014   Réception du dossier de première instance   TRIBUNAL ADMINISTRATIF DE LA
POLYNESIE FRANCAISE   Divers
21/08/2014   Lettre du greffe BUREAU D'AIDE JURIDICTIONNELLE - TRIBUNAL DE GRANDE
INSTANCE   Divers
06/11/2014   Réception d'une lettre   Monsieur CHISAKA Yoshiaki   Requérant
27/01/2015   Réception d'un recours - aide juridictionnelle -   Monsieur CHISAKA Yoshiaki   Requérant

07/05/2015   Constitution d'avocat   Maître AUREILLE Raoul   Avocat
11/09/2015   Lettre du greffe Maître AUREILLE Raoul   Avocat
17/12/2015   Ordonnance du Président de la Chambre
21/12/2015   Notification d'une ordonnance
21/12/2015
Notification d'une ordonnance
Monsieur CHISAKA Yoshiaki
Requérant
21/12/2015
Notification d'une ordonnance
Maître AUREILLE Raoul
Avocat

Recours n° 14PA2929, appel de 13-480

Là je crois qu'il y a même un petit flottement léger qui est intervenu dans les copier-coller à force de cliquer, mais bon, le lecteur, la lectrice, corrigera au besoin…

Monsieur CHISAKA Yoshiaki
Lot TEPAPA n°1 Mission
BP 62323
98713 - PAPEETE
wind@mail.pf Tél: 72 80 30

Tahiti, le 18 juin 2014.

Cour administrative d'appel de Paris
68, rue François Miron
75004 – PARIS
Tél 01 58 28 90 00
Fax 01 58 28 90 22

Appel de la décision n° 1300480 du 30 décembre 2013 *(PJ01)*
avec demande d'aide juridictionnelle
Et appel en cause du haut-commissaire de la république française Lionel BEFFRE
Et demande de jonction avec les recours contre les décisions n° 13-626, 13-631 et 14-229 pour connexité.

La présente demande d'aide juridictionnelle, basée sur la complexité du dossier et de ceux, connexes dont la jonction est réclamée, prospérera en ce que ces décisions portent par ailleurs sur des atteintes au droit fondamental de l'exercice d'une profession librement choisie et des conditions de sa réglementation.

Exception d'illégalité de l'article R421-7 du code de justice administrative nationale, ensemble le décret n° 2010-1562 du 14 décembre 2010 et notamment l'article 7.

L'article R421-7 prévoit un délai de distance d'un mois entre la France et la colonie des Etablissements français de l'Océanie, dénommés sous appellation d'entité politique et administrative « *la Polynésie française* », et, avec « l'étranger », de deux mois supplémentaires aux 3 mois de base.

i) L'exception d'illégalité de la modification « *pour l'outre-mer* » contenue dans l'intitulé du décret prospérera en ce que « l'outre-mer » est actuellement scindé au sein du ministère de l'Intérieur en des outre-mer (sic).

j) Le décret ne vise par la loi constitutionnelle n° 2004-192 du 24 février 2004, d'où la deuxième illégalité.

k) En classant dans l'outre-mer, l'étranger et en incluant « *la Polynésie française* » dans le premier, le décret n'a pas tenu compte que cette dernière est à l'étranger. Voir par exemple l'article R151-1 du code monétaire et financier permettant à la France métropolitaine de disposer d'entre les outre-mer, un outre-mer étranger où l'euro, monnaie de la France, n'a pas cours légal ni pouvoir libératoire.

l) Enfin, en distinguant entre une France « métropolitaine » et une deuxième France, le décret contrevient à l'article 1er de la Constitution qui prévoit que la France est une république une et indivisible et, partant qu'une république une et indivisible est la France ; que l'article 1er de la loi organique 2004-192 du 27 février 2004 prévoyant un « pays d'outre-mer » au sein de la république française, le distinguo entre France métropolitaine et l'outre-mer contrevient à ces articles 1ers ; que seule une distinction entre la France et l'étranger ne pourra exister.

Par ces motifs, faire droit à ces exceptions d'illégalités et déclarer le présent recours recevable dans les délais octroyés par l'article R421-7 du CJA entre la France et l'étranger, de l'accuser de réception du 31 janvier 2014.

De l'appel à la cause du haut-commissaire français dans la république française.

Le présent appel est lié à d'autres, déférés ce même jour à la cour administrative parisienne, contre les décisions n° 13-626, 13-631 et culminant avec l'ordonnance n° 14-229.

En effet, ayant appelé à la cause l'haut-commis dans le dossier n° 13-631, le président Jean-Yves TALLEC aura arrêté qu'il s'agit d'une requête nouvelle, l'enregistrant en tant que telle. A cet effet, j'ai contacté ce jour également ledit haut-commissaire de France pour l'inciter sous forme de recours gracieux avant saisine de la juridiction idoine à refuser mandement et ordre de la république française pour l'exécution de la décision 14-229.

239

Rappel des faits et de la procédure ayant aboutis à la décision n° 13-480 attaquée.

La requête initiale exposait que le 12 juillet 2013 j'avais saisi le président de la commission de discipline des taxis d'un recours gracieux résumé ainsi : « *Ma convocation devant la commission de discipline des taxis portait sur deux types de poursuites: de 1ère catégorie où il appartenait à la commission de prononcer une sanction ou non, et de troisième catégorie, d'émettre un avis, ou non. Après délibération, aucune sanction n'a été notifiée ni même prononcée sur la première catégorie de poursuites (...)*
Quant à l'avis irrégulièrement prononcé pour une supputée infraction de 3ème catégorie, l'infraction première n'ayant pas été sanctionnée, cet avis n'a donc plus de base légale ni réglementaire puisqu'il reposait sur l'infraction première alléguée qui aurait été renouvelée, "en récidive". Aucune sanction n'ayant été prononcée sur ce point, toute "récidive" tombe donc également. Et donc l'avis lui-même ne repose sur aucun fondement en droit et en faits. (...) », la réponse négative se résumant quant à elle à : « *Je ne peux que vous confirmer que toutes les règles (...) ont été respectées (...) Je ne manquerai pas de vous faire connaître la décision qui sera prise à votre encontre dans les tous prochains jours.* ».

Je demandais au tribunal administratif, au vu de la confirmation ministérielle, doublée de l'annonce d'une décision à intervenir, que cette réponse le conduise à relever le refus opposé à la demande gracieuse et l'annuler.

Je développais plus amplement, qu'en détournant à deux reprises dans sa réponse l'objet du recours gracieux qui dénonçait certes – et bien obligatoirement - les faits reposant sur la contestation de l'avis exprimé par la commission le 11 juillet 2013, le recours gracieux ne réclamait cependant rien de moins que « *l'arrêt des poursuites à mon encontre* » ; que le tribunal ne retiendra pas le subterfuge consistant à exposer qu'aurait été émis un « *recours gracieux contre l'avis rendu par la commission de discipline des taxis* » une fois, et la deuxième, un « *recours gracieux contre l'avis rendu par la commission de discipline des taxis le 11 juillet dernier* » ; que le détournement de pouvoir du président de la commission des taxis est donc avéré et que l'abus de pouvoir est dans l'annonce d'une décision à intervenir et qui donc n'était pas intervenue au moment de la saisine de la juridiction locale.

Et de prédire - bien avant que le ministre des transports terrestres ne soit acculé à la démission suite à un accident où en tant que conducteur du véhicule et de surcroît sous l'empire d'une annulation de son permis de conduire, le responsable de la sécurité routière tombera dans un ravin avec un taux d'alcool dans le sang par litre de 2,4 grammes - que l'excès de pouvoir, en tant que ministre et président de la commission, Monsieur Bruno MARTY rompait l'égalité des armes en prenant la défense de celui – Monsieur Ronald TSU, qui démissionnera d'ailleurs le 10 avril 2014 (arrêté n° 730CM) et qui représentait l'ex-ministre comme président de la commission.

Enfin, ledit Ronald TSU comme président de la commission, après avoir opposé un refus à la transmission d'une pièce essentielle du dossier (la lettre n° 2098) après saisine de la Cada et avant son jugement à intervenir le 12 septembre 2013, avait finalement produit ladite lettre, qu'il n'a par ailleurs pas manquée d'altérer, et alors même que le comique de situation aura fait que la CADA sera partie « dans les choux », pensant que la pièce réclamée faisait partie d'un dossier disciplinaire concernant un agent là où je demandais que soit produite la lettre n° 2098… qui aura été produite, altérée, comme vu *supra* !

Prémonitoirement comme il apparaîtra avec la décision n° 13-631/14-229 plus tard, j'avais aussi écrit : « *Quant à la phrase « (...) la décision qui sera prise à votre encontre dans les tous prochains jours », l'expression « à l'encontre » comporte en elle-même, sinon une menace plus une tentative d'intimidation puisque chaque jour qui passe, je ne peux que m'attendre à une sanction - forcément puisque le recours gracieux a été refusé -, alors même que les 30 jours sont révolus, et cette « ouverture » pouvait même viser à m'inciter à ne pas saisir la juridiction, par exemple si une autre manœuvre avait été envisagée, telle ne pas prononcer de sanction sous couvert de bienveillance ou d'indulgence alors que je ne réclame que l'application du droit et aucune mesure de faveur si telle pouvait être la suite envisagée. En effet, soit il fallait faire droit au recours gracieux, soit prononcer une sanction faisant alors l'objet d'un seul recours devant le tribunal alors que le présent précédera quasi obligatoirement le prochain, chargeant bien inutilement le tribunal par ailleurs mais surtout m'occasionnant d'autres écritures encore, à produire.* »

Et j'ai donc demandé l'annulation du refus opposé.

Par conclusions du 6 septembre 2013, j'alertais de plus fort le juge administratif en ces termes : « *Hier 5 septembre 2013 le service des transports m'a téléphoné pour me demander de m'y rendre. Là ils m'ont remis l'arrêté ci-joint. Ce procédé confirme la méthode dénoncée puisque m'a été remis alors un arrêté d'interdiction « provisoire » (sic) d'exercer sur la base ci-dessus dénoncée. Cet avis n'étant pas signé, bien que n'ayant aucune valeur donc, j'ai donc arrêté d'exercer à partir du moment de la notification et pour le temps arrêté ma profession car ne pouvant prendre le risque de me faire justice administrativement « à moi-même » malgré l'évidence de mon bon droit, (…) En effet, celui qui répondait encore il y a quelque jours : « Je ne peux que vous confirmer que toutes les règles (…) ont été respectées (…) » ne saurait revenir sur la décision qu'il aura prise postérieurement à ma mise en avant de l'irrégularité de ces-dites règles. Enfin, ayant annoncé sa décision en dehors du délai qui lui était imparti et donc l'ayant prise en toute connaissance de cause, le risque de le voir à nouveau outre-passer ses droits si j'exerçais normalement, ne me permet pas de me défendre utilement autrement qu'en rajoutant cette pièce à la présente procédure. « Le détournement de pouvoir du président de la commission des taxis est donc avéré » était-il aussi exposé dans la requête d'août ; il est aujourd'hui aggravé. Tout comme l'abus et l'excès de pouvoir puisqu'il aura mis sa menace à exécution : « (…) la décision qui sera prise à votre encontre dans les tous prochains jours », Pire, les voies de recours alambiquées de la notification les rendent inintelligibles.* ».

Et je rajoutais alors : « *faire droit de plus fort au recours au vu encore des pièces produites : arrêté et notification* ».

Le 20 novembre 2013 je donnais mandat spécial à Monsieur René HOFFER pour me représenter à l'audience du 26 novembre 2013 en mon absence de TAHITI, précisant que Monsieur René HOFFER m'avait assisté depuis le début des poursuites et demandais donc à ce qu'il puisse également m'assister en me représentant devant le tribunal administratif qui est le prolongement de la procédure initiale.

Le 21 novembre 2013 je produisais mes observations suite au mémoire 6288/PR et y développais que :
10) Je demandais le rejet de l'intervention de l'entité politique « *la Polynésie française* » (« *Représentée par son Président, Monsieur Gaston FLOSSE* ») faisant valoir que mon recours le 28 août 2013 exposait que « *j'avais saisi le président de la commission de discipline des taxis d'un recours gracieux* » ; que donc tout naturellement c'est ce président Bruno MARTY qui m'aura personnellement répondu, signant même son écrit et endossant à la première personne ses actes : « *Je ne peux que vous confirmer que toutes les règles (…) ont été respectées (…) Je ne manquerai pas de vous faire connaître la décision qui sera prise à votre encontre dans les tous prochains jours.* ».

Qu'il convenait maintenant, au vu de l'intervention de « *la Polynésie française* » d'ajouter un élément de droit complémentaire relatif à la portée du refus opposé, c'est-à-dire ajouter l'abus, à l'excès de pouvoir ministériel, mais également de reconsidérer la portée de la lettre n° 502 du ministre, de son affirmation, si d'aventure sa décision relevait de la seule compétence de « *la Polynésie française* » - voire relevait d'une compétence partagée – dont le représentant auto-représenté Gaston Utato FLOSSE n'est cependant pas le président… de ladite commission de discipline des taxis contrairement au ministre d'alors, Bruno MARTY que l'actualité m'aura permis d'expliciter encore plus suite à l'accident de l'alcoolique ministre des transports, délinquant conduisait malgré un retrait de permis et plusieurs verbalisations, relaté ci-dessus : « *Qu'en effet, ce ministre démissionnaire aura dû présenter sa démission, tant en tant que ministre que de président de la commission de discipline des taxis au président de la Polynésie française qui pendant plusieurs jours ne l'a pas acceptée, c'est-à-dire laissant ces deux charges audit Bruno MARTY. A contrario, Monsieur Gaston Utato FLOSSE n'était pendant ces quatre jours pas ministre des transports ni président de la commission de discipline des taxis avant qu'il n'occupe le poste durant un week-end. Autrement dit : le 15 octobre 2013 « la Polynésie française » (Gaston Utato FLOSSE) n'était ce ministre des transports et ne pouvait ni le suppléer, ni l'écarter, ni le remplacer, ni intervenir en défense à sa place. Le refus opposé par le président de la commission et ministre Bruno MARTY à mon recours gracieux et qui lui avait été adressé nommément et ès-qualité, sera donc annulé, outre pour les motifs juridiques mis en avant, également en ce que ce refus, comme il apparaît aujourd'hui, aura été décidé par une entité incompétente au regard du défendeur du 15 octobre 2013 dans le cas où le tribunal agréait l'intervention de « la Polynésie française ». Dans le cas contraire, si le tribunal administratif rejetait la substitution de l'entité politique « la Polynésie française » visant à supplanter non seulement le ministre mais en plus sa dignité de président de la commission de discipline des taxis qu'il détient « en propre » de la délibération n° 2008-5, ce sont alors ces écritures du 15 octobre 2013 que le tribunal administratif - de cette même entité « la*

Polynésie française » -, censurera comme étant produites abusivement et par une entité non partie à la procédure, pour sanctionner de plus fort le refus déféré au vu de mes seules contestations puisque le défendeur réel n'aura pas soutenu son refus face à ma critique en droit. »

Que plus simplement encore, « *le mémoire en défense même conforte, intrinsèquement, les pouvoirs ministériels distincts et personnels en ces termes (page 2/6, 1., 3ème paragraphe) « La commission de discipline des taxis dispose d'un pouvoir décisionnel pour les infractions de première et deuxième catégories et a un rôle consultatif pour les infractions de troisième catégorie, <u>la décision définitive appartenant alors au ministre chargé des transports terrestres selon les articles 18 et 28</u> de la délibération précitée.* »

Et je continuais : « *si les articles 18 et 28 donnent pouvoir à tel ministre, le « pays d'outre-mer » (sic) « la Polynésie française » à l'origine de cette attribution de compétence par le truchement d'une de ses délibérations, ne saurait la reprendre ou la retirer. Son mémoire en défense du 15 octobre 2013 sera écarté de plus fort encore, frappé d'inexistence pour abus, excès et détournement de pouvoir(s) en ce qu'en attribuant à tel ministre tel pouvoir décisionnel définitif, elle ne saurait, une fois sa décision prise, interférer dans son domaine. Ni s'accaparer de sa compétence. Et pas même la reprendre, sans avoir préalablement annulé son transfert de pouvoir par délibération 2008-5 initial* », retranscrivant même l'article 197 II.- de la loi organique 2004-192 du 27/02/ 2004 : « *II. - Le président du gouvernement, les membres du gouvernement et les membres de l'assemblée de la Polynésie française en fonction à la date de la promulgation de la présente loi organique deviennent de plein droit, respectivement, président de la Polynésie française, membres du gouvernement de la Polynésie française (…)* », terminant par : « *Ayant demandé l'annulation du refus opposé par celui qui m'avait répondu le 16 août 2013 c'est-à-dire le ministre des transports également président de la commission de discipline, un tel ministre est à l'évidence, en droit organique, (l')un des « membres du gouvernement » de l'article 197. A contrario, le « président de la Polynésie française », sénateur ou pas sénateur, ne fait pas partie des membres du gouvernement à en croire ce même article 197 - sauf à en faire partie en dehors de la loi organique, de façon sauvage, par pure forfaiture, nostalgie, ou autres us et coutumes politiques passés et qui feraient résurgence où il passerait de nouveau à président du gouvernement de la Polynésie française (sic) -, voire à tantôt se complaire dans l'une des catégories (président de la Polynésie française), tantôt dans l'autre (membre(s) du gouvernement de la Polynésie française) ? Et/ ou les deux à la fois ? ».* Et même de citer un exemple : « *Une situation similaire s'était déjà passée dans un autre dossier (Hoffer, n° 13-369) où était intervenu un « vice-président » en défense… avant que la réplique sur l'irrecevabilité de cette entité… n'aura été compensée par l'intervention du défendeur en titre, la principale intéressée (Madame Brigitte GIRARDIN) ayant quant à elle opté de faire la morte malgré une injonction de conclure de la part du tribunal de séant. ».*

Mieux, j'expliquais que l'article 197 II.- *tire son essence d'avant la loi organique 2004-192 quand existait un « président du gouvernement » (sic), c'est-à-dire une hybride institutionnelle franco-colonialo-française entre président et premier ministre (sic) – un peu comme un ersatz de minister-praesident comme dans l'état fédéral d'Allemagne par analogie – ; à l'époque où le chef du territoire était un gouverneur avant le changement, là aussi de cette appellation en « haut-commissaire ».* En intervenant comme il le fait, Monsieur Gaston Utato FLOSSE *contrevient à l'évidence à l'article 197 en ce qu'il abandonne « sa casquette » statutaire actuelle de président de la Polynésie française pour remonter dans l'avant 27 février 2004 et endosser en 2013, par reflexe apparemment, le costume suranné, naphtaliné vu que plus de 9 ans se sont déjà écoulés depuis, de président du gouvernement de la Polynésie française lorsqu'il était effectivement le chef statutaire de ses pairs. Sauf à violer l'article organique n° 197, ses écritures et son intervention en défense ne pourront qu'être frappés d'inexistence, dénoncés pour forfaiture pour avoir voulu conduire le tribunal à faire fi de l'art.197. Ironie du sort ou malédiction juridico-statutaire : après la démission du ministre Bruno MARTY que la justice répressive pointilleuse sur la sécurité routière savait ironiquement être un délinquant récidiviste, ledit Gaston Utato FLOSSE était pendant quelques heures ces derniers jours… le ministre-président de la Polynésie française des transports ! Que n'a-t-il alors repris ses écritures du 15 octobre 2013 pour les régulariser auprès du tribunal administratif, sous sa férule ministérielle et sur papier à entête de ce ministère ? C'eût eu le mérite de clarifier que c'est sur la base des articles 18 et 28 ci-dessus qu'il aurait alors agi. Plus simplement encore : ayant déféré, c'est à dire ayant attaqué le refus ministériel, c'est une défense présidentio-sénatoriale qui m'est opposée, laissant de surcroît penser que cette mise en avant d'une fonction élective nationale se voudrait de renforcer une, locale ! En d'autres termes, même si le président du parti politique Tahoeraa Huiraatira pense aujourd'hui encore pouvoir faire fi de l'article 197 comme à l'époque d'avant le 27 février 2004 en se prévalant, en plus de président de la Polynésie française, d'en être aussi le président du gouvernement, le tribunal ne se laissera pas abuser par la similitude du mot « président » qui vaut aussi pour le ministre pour la partie président de la commission de discipline des taxis et fera le distinguo entre un ministre des transports terrestres-président (de la commission de discipline des taxis) à l'époque des faits et un président de la Polynésie française/ président du gouvernement (…), dont celui des transports terrestres durant quelques*

242

heures en novembre 2013. En effet, l'article 3 de la loi organique ne permet qu'au haut-commissaire et pour la seule représentation républicaine nationale un tel degré de concentration de tous les pouvoirs de la république française, y compris pour celle qu'elle contient en son sein et défini par l'article 1er de la loi organique 2004-192. ».

11) Que « *L'entité politique « la Polynésie française », si ses écritures n'étaient par extraordinaire pas écartées, se trompe d'entrée aussi en détournant la demande originelle en annulation de la lettre n° 502 du 16 août alors qu'il s'agit tout simplement d'une requête en annulation de refus. En effet, <u>cette lettre n'eût-elle jamais existée que j'aurais introduit mon recours contre le refus</u> qui alors aurait été implicite passé le délai de deux mois* », ajoutant : « <u>*Le tribunal ne se laissera ici non plus, abuser.*</u> ».

12) Je répondais ensuite qu'en « *son « 1. », « la Polynésie française » se réfère à sa délibération n° 2008-5 - postérieure à la loi organique de 2004 -, de transmission du pouvoir décisionnel pour telles infractions. Celle-ci, dès les écritures du 11 juillet 2013 déposée devant la commission, était critiquée jusqu'à son intitulé relatif à la commission de discipline des taxis en ces termes:*
« *1) De l'intitulé de "la commission de discipline des taxis".*
L'article de la délibération 2008-5, dernier alinéa précise que "L'appellation taxi est exclusivement réservée aux véhicules (...). Toute juxtaposition de cette appellation avec d'autres vocables est interdite.
Plus qu'un simple vocable juxtaposé, la juxtaposition de la locution "commission de discipline des" (taxis) contrevient ainsi à cet article 2.
De ce seul moyen la commission ne saurait se prévaloir de statuer en matière de discipline "des taxis" pour des personnes, lesquelles ne sont pas des taxis puisque n'étant pas des véhicules automobiles comme le prévoit expressément ce même article 2 en son premier alinéa qui relève que "L'appellation "taxi" (bien noter les guillemets qui font de ce mot, une appellation contrôlée, une marque de fabrique, un quasi-nom propre, en tout cas lui donne une valeur intrinsèque) s'applique à tout véhicule automobile".
Il ressort de ce qui précède qu'en me convoquant devant votre commission mais ne répondant moi-même pas à la définition qu'englobe l'intitulé de la commission puisqu'étant une personne et non un véhicule automobile, un taxi, les présentes poursuites ne sauraient prospérer, la commission "des taxis" ne pouvant statuer que sur les seuls véhicules automobiles, les "taxis". Pas les personnes; non taxies.
2) Au cas où par extraordinaire vous outre-passiez cependant l'esprit et la lettre de l'article 2, il convient alors de mettre cette délibération elle-même en cause. En effet, malgré l'affirmation présentée en défense dans le dossier René HOFFER n° 08-429 au tribunal administratif le paragraphe "1 - Sur la nécessité d'une loi du Pays (...) La Polynésie française tient à affirmer que l'ensemble des dispositions sur lesquelles le requérant entend porter grief, sont bel et bien de nature réglementaire", l'arrêt n° 318628, inédit au recueil Lebon, 10ème et 9ème sous-sections du conseil d'Etat réunies n'est pas aussi catégorique, certes en mode de cette rédaction sibyline: " (...) quand bien même ces délibérations relèveraient, pour certaines de leurs disposition, du domaine de la loi et qu'elles n'auraient, de ce fait, pu être adoptées que sous la forme d'une loi du pays", il n'appartenait certes alors pas au conseil d'Etat d'en connaître en premier et dernier ressort selon la procédure prévue par l'article 176 de la loi du 27 février 2004.
Autrement dit, est ici soulevé l'exception d'illégalité de la délibération 2008-5 en ce qu'elle comporte des articles relevant d'une "loi du pays". Voir par exemple la "Loi du Pays n° 2013-17 du 10 mai 2013 portant modification de la délibération n° 95-215AT..." (JOPF n° 17NS du 10/05/2013, page 977 pour illustration).
Les poursuites à mon encontre seront donc aussi levées en ce qu'elles sont basées sur une délibération dont la normativité est ici contestée au regard de dispositions relevant d'une "loi du pays", et plus particulièrement pour la partie "sanctions" de l'article 28 soulevé mais également et pour parfaite illustration, de l'article 39 qui mentionne l'article 433-17 du code pénal (français) avec refus d'attribution d'autorisation pendant cinq ans, cette dernière assénation étant elle-même contraire au droit constitutionnel sanctionné par QPC en décembre 2010 puisque ne respectant ni la proportionnalité de la faute, ni ne permettant "au juge" de moduler la peine, etc.. » et je résumais : « *Comme déjà réclamé devant la commission, est ici soulevée l'exception d'illégalité de la délibération n° 2008-5 en ce que seule une « loi du pays » (sic) saurait éventuellement intervenir pour les faits qui me sont reprochés et qui touchent à la liberté du travail, droit fondamental constitutionnel et garanti par la convention européenne des droits de l'Homme et garantie par la déclaration des droits de l'Homme et du citoyen, à l'instar par exemple de la QPC 2013-352 du 15 novembre 2013 (Mara, Julien SIU) où, après avoir visé la loi organique 2004-192 le conseil constitutionnel aura néanmoins élevé au niveau de l'article 16 de la DDHC de 1789 une liberté fondamentale à laquelle il avait été porté atteinte par le code de*

commerce, faisant fi de son applicabilité spécifique dans le « pays d'outre-mer » de « la Polynésie française », statutairement autonome au sein de la république française donc, censurant néanmoins le pouvoir en propre dont avait abusé la juridiction commerciale locale, de décider sans en avoir été saisie par un tiers – comme juge et partie – d'une mise en redressement judiciaire ou d'une mise en liquidation judiciaire, action pourtant présentée comme favorable à leur(s) bénéficiaire(s)… »

13) Là étaient défendus les faits : « Le « rappel des faits d'espèce » mérite également contradiction et notamment concernant les pièces jointes que je découvre pour certaines. La production de la pièce jointe n° 2, d'entrée est éloquente car elle permet le raccourci : « (…) CHISAKA stationnait en attente de clientèle en dehors des emplacements réservé aux taxis » et « la commission de discipline des taxis a pourtant déjà prononcé un avertissement (…) le 16 juillet 2012 (…) ». Alors que le rapport de contrôle du 8 juin 2013 fait apparaître plus une traque ou un coup monté, qu'un contrôle : (à 20h17) « Nous constatons le véhicule (…) déjà à l'arrêt (…) », ce « déjà » étant lui-même renforcé par la surveillance, en cachette, de la personne à bord, en l'espèce moi, en tant que chauffeur… En effet, le « déjà » trahit l'intention de trouver une infraction plus que d'en constater une ; car pourquoi l'assermenté MARA Teriitoae ne m'a-t-il pas verbalisé pour mon arrêt sur l'arrêt-minute ? Car de 20h17 à 20h51, 33 minutes illégales se sont écoulées ! Il se devait de me verbaliser – éventuellement 32 fois puisque la première minute n'est pas sanctionnable – pour cette infraction puisqu'à l'évidence c'en est une du fait même qu'il aura relevé dans son rapport cet arrêt entre 20h17 et 20h51 ? -, ce qui aurait alors rendu toute nouvelle infraction impossible puisque bien évidemment je lui aurai a minima demandé « où » je pouvais me garer ET si je pouvais me garer sur le parking payant du fret-aéroport et éventuellement m'enquérir auprès de lui si son assermentation valait sur un domaine privé concédé à un organisme de statut public et/ou inversement ? Mais encore, dès le rapport du 8 juin 2013 le contrôleur mentionne la récidive dont seule la commission de discipline peut connaître ; pas un contrôleur. De surcroît assermenté. L'exception d'illégalité du rapport du 8 juin est donc ici aussi soulevée, en ce que la commission aura enclenché ses poursuites sur cette base. Mais l'assermenté contrôleur aura assurément aussi dédié l'exercice de la commission d'emploi d'agent assermenté à ma seule personne – à preuve du contraire – puisqu'il m'aura épié de 20h17 à 21h45 soit pendant une heure et demie, ce qui bien sûr est son droit mais néanmoins, combiné avec la mention de « récidive » et le « déjà », permettra au tribunal d'en être persuadé également : sa surveillance était dirigée, contrevenant par là à sa fonction de contrôleur, pervertie en « traqueur »… Quant au « défaut du chapeau taxi » passible du retrait de la licence et/ou du certificat de capacité ou des deux, il se garde bien d'informer que durant l'arrêt le chapeau était bien sur le taxi et qu'il n'a été enlevé qu'une fois sur le parking privé/payant, pour justement ne pas encourir le risque d'induire en erreur, voire décevoir un éventuel client qui aurait pu penser, à tort, que mon taxi était « libre ».

Tel un Louis de Funès dans « Le gendarme à Saint-Tropez », cette opération « chapeau » a dû réjouir le contrôleur qui n'en demandait certainement pas tant : le passage de chapeau sur l'arrêt-minute à pas-chapeau sur un parking payant ! Mais fatalitas, fatalitis : d'une part la mise en avant de « récidive » pouvant me faire passer pour un « dangereux récidiviste » m'aura ironiquement attiré l'indulgence de la commission de discipline - que je n'avais nullement sollicitée puisque j'aurai déféré toute condamnation injustifiée – l'indulgence supputée et/ou supposée ne permettant pas de contester utilement une condamnation, c'est-à-dire que toute non-condamnation paraît être traduite par de l'indulgence dans le milieu fonctionnarial des transports terrestres alors qu'en ce qui me concerne cela ne relevait pas d'une demande d'indulgence mais d'une contradiction de poursuites indûment entreprises -, d'autre part le contrôleur aura occulté dans son rapport que j'avais le chapeau taxi bien en place sur la voie publique et ne me l'ai enlevé que sur le parking payant, son assermentation de pouvoir opérer sur un parking payant étant ici dénoncée puisqu'il ne mentionne même pas avoir agi sur commission rogatoire du procureur de la république française par exemple. En effet, cette façon de procéder est à rapprocher de deux arrêts du 22 octobre 2013 de la cour de cassation relatifs à la « géolocalisation » sur la base d'une ingérence dans la vie privée même suite à un ordre émanant d'un procureur de la république (…). »

Et je demandais au tribunal de retirer « du mémoire le mot « récidive » ainsi que la locution « Etant précisé que la commission de discipline des taxis a pourtant déjà prononcé un avertissement à l'encontre de Monsieur CHISAKA le 16 juillet 2012, pour une infraction du même type (P.J. n° 3)) » en ce que d'une part aucune récidive n'aura été prise en compte, par l'artifice de l'indulgence, ou tout autre moyen important peu, la faisant tomber ladite récidive de facto, puis constatera que loin de s'agir d'un simple contrôle, l'assermenté MARA Teriitoae aura orienté son « contrôle » qui logiquement se devait de s'arrêter à la constatation de l'arrêt sur l'arrêt-minute de mon taxi avec le chapeau sur le toit, ce que le contrôleur avait jugé conforme aux réglementations pour lesquelles il a prêté serment ; ensuite qu'il n'appartenait pas au contrôleur de faire un rapport unique, ET de conformité ET de non-conformité, les deux éléments n'étant d'une part pas liés, et d'autre part, qu'un contrôleur n'a pas vocation à faire des contrôles, dissimulé. Etc ... S'agissant de la mise en avant de la supputée indulgence, celle-ci est aussi contredite par la pièce jointe n° 5, page 20 sur 29, qui, après avoir pertinemment relevé que « (...) M. HOFFER intervient et déclare que l'infraction pour stationnement en dehors des emplacements réservés aux taxis n'a pas lieu d'être car le parking où était garé M. CHISAKA étant une *voie publique non soumise à une autorisation de stationnement*, les contrôleurs n'ont pas le droit d'y contrevenir », assène, « à huis clos » : « *M. TSU propose aux membres de la commission de ne pas retenir la récidive pour l'infraction de la 1ère catégorie relevée à l'encontre de M. CHISAKA car ce dernier a commis une infraction de la 3ème catégorie qui est beaucoup plus grave.* ».

Je ne saurais mieux, en le paraphrasant, exposer l'original que j'écrivais le 21 novembre 2013 : « *Le tribunal relèvera ici encore le modus operandi employé: l'orientation et la sélectivité des poursuites mais aussi les sous-entendus et les non-dits : proposer aux membres de ne pas retenir la récidive puis de s'en prévaloir en défense le 15 octobre 2013 relève de la malhonnêteté intellectuelle; mettre en avant « l'indulgence » pour une opération concertée tombe sous le coup de la mauvaise foi ; et de passer sous silence qu'il ne s'agit en tout et pour tout que d'une seule et même verbalisation, sur un parking privé de surcroît – et donc occulter l'illégalité formelle de la constatation et du rapport entraînant l'entière nullité de toutes les poursuites, chapeau inclus -, est une violation que sanctionnera le tribunal administratif. D'autant plus qu'à la base il n'appartenait bien évidemment pas au contrôleur assermenté, sur un même rapport et donc sur un procès-verbal, de mélanger deux constatations dont la première ne prêtait pas à sanction, et confondre domaine public et domaine relevant d'une concession aéroportuaire en l'espèce. En clair, le rapport et subséquemment les poursuites devant la commission de discipline, est vicié en ce qu'il n'aura pas statué favorablement sur la première partie de son rapport, c'est-à-dire que son contrôle à 20h17 ne donnait lieu à aucune verbalisation, mais qu'il était non pas dans l'exécution de sa mission de contrôle mais à l'affût de la moindre infraction, fusse-t-elle non caractérisée. S'agissant de la notion « en attente de clientèle » dont la subjectivité n'échappera pas non plus aux juges, ni ses possibilités d'interprétation notamment en l'espèce, le tribunal remarquera là encore que l'agent de constatation n'aura pas relevé si de 20h17 à 20h51 mon taxi était ou non « en attente de clientèle », renforçant si besoin était la preuve de l'orientation de son contrôle. Son obligation de résultat ? Mais là encore, inutile de développer puisque la nullité du contrôle effectué en dehors du champ opérationnel fait également tomber cette partie subjective et sujette à de multiples interprétations par le défendeur : en prenant lecture de la lettre n° 2098 produite en pièces jointes n° 8/2 le 15 octobre 2013, le tribunal comprendra aussi que si des autorisations de stationner à tel endroit auront été concédées par le directeur de l'aéroport... dont le ministre des transports est par ailleurs « en charge » (!!!), tant le contrôleur que les membres de la commission auraient dû dissiper toutes poursuites à mon encontre au vu de cet élément supplémentaire : le paiement d'une redevance au concessionnaire génératrice... de droits. La production de la pièce jointe n° 5 fait apparaître : « M. Bruno MARTY (...) Appelé vers d'autres obligations, il s'excuse de devoir s'absenter et donne procuration à son chef de cabinet, monsieur Raymond CHIN FOO, aux fins de le représenter pour présider la présente séance » M. Ronald TSU, agissant comme secrétaire de séance, avant même la lecture de l'ordre du jour, donne le ton, oriente la séance par ces propos : « (...) sur les 40 dossiers à examiner, il y a quelques cas de récidive et particulièrement des infractions relevant de la 3ème catégorie » L'allusion est suffisamment claire me concernant, que mon dossier figurait dès avant la présentation de ma défense à partir de 11h52, dans cette catégorie sur laquelle avait attiré l'attention tout particulièrement le secrétaire de séance Ronald TSU à 08h05, le rendant en tant que membre de la commission, coupable de partialité d'une part, mais aussi en sa qualité de secrétaire de séance, d'agent d'influence d'autre part. C'est en effet lui qui dirigeait les débats et procédait à mon interrogatoire, etc... Autrement dit, avec une telle introduction de la part du secrétaire de séance, il n'allait pas non plus se « déjuger » : son « particulièrement » ne laissant aucune place au doute. Il allait en faire son affaire !*

Aujourd'hui encore, le motif de l'absence ministérielle qui même le 8 août 2013, soit presqu'un mois après la tenue de la commission, n'était curieusement pas précisé et donc pas motivé ; il n'est pas exclu au vu de l'actualité de ce mois de novembre, qu'il fût de caractère extra-professionnel suite à la découverte, après son accident de la route avec 2,4g/l de sang de l'addiction à l'alcool avec un comportement criminel dudit ministre en charge de la sécurité routière Bruno MARTY, Si un motif extra-professionnel et/ou fallacieux aura provoqué le départ de la présidence du ministre, la composition le 11 juillet 2013 de la commission de discipline est donc ici critiqué de plus fort et la nullité de sa tenue mise en avant. Enfin, la composition de la commission est également viciée en ce que la copie de la procuration n'est pas au dossier, alors même que le ministre-président avait ouvert la séance. Et qu'il y a eu substitution de président au profit du chef de cabinet que ne saurait autoriser les articles 18 et 28 de la délibération 2008-5 de par ce simple adoubement. (...) Le procès-verbal n° 160/MET/DTT/cdtx est nul et non avenu et sera tout simplement écarté de la procédure à mon endroit, en ce qu'il date du 8 août 2013, c'est-à-dire après l'introduction de mon recours gracieux le 12 juillet 2013 comportant des éléments qui auront pu être pris en compte ou écartés dans mon dossier – pour insincérité donc -, après la tenue de la séance disciplinaire, c'est-à-dire au vu de mon recours du même jour auprès de la CADA et celui, gracieux du 12 juillet 2013. »

14) La réponse à la critique quant à « *L'auteur d'une requête ne contenant l'exposé d'aucun moyen ne peut la régulariser par le dépôt d'un mémoire exposant un ou plusieurs moyens que jusqu'à l'expiration du délai de recours.* » conserve ici toute sa pertinence en appel : « *Cette condition ne s'appliquant pas à mon dossier, il est inutile d'en débattre sauf à repréciser que la demande d'annulation du refus opposé implique bien évidemment la prise en compte de tous les éléments présentés au soutien du recours gracieux, évidence confirmée par la production en défense de ces pièces remontant au rapport du 8 juin 2013 – voire au dossier de 2012 -, etc… »*

15) Avec le recul de la décision n° 13-480 critiquée, ce point six prend toute sa saveur puisqu'il porte « *Sur l'absence de décision faisant grief.* » que je défend(ais)s ainsi : « *Monsieur Gaston Utato FLOSSE tente encore de faire diversion en prétendant notamment qu'une verbalisation ou un contrôle, par un agent <u>assermenté, en dehors de son champ d'action</u> et sans commission rogatoire <u>portant son action devant telle commission ne me ferait pas grief !?</u> Le tribunal, constatant les moult griefs déjà exposés, fera droit de plus fort à ma requête, ne serait-ce qu'en constatant depuis l'arrêté n° 6719/MET du 4 septembre 2013 produit par voie de conclusions la sanction qui m'aura été infligée, exécutoire dès signification, des trois jours de suspension que j'ai effectivement <u>dû exécuter</u>.* ».

16) Ici il convient de rappeler, au vu de la décision litigieuse comment les faits avaient été contestés par devant la commission dès le 11 juillet 2013, écrits dûment enregistrés, « *actes non détachables de la présente procédure puisqu'en étant le fondement des contrôle/convocation/contestation devant la commission/recours gracieux/refus/recours contentieux :*

« (…) il convient encore de relever <u>l'imprécision des poursuites; contrôle "à l'aéroport", stationnement en dehors des emplacements réservés aux taxis, puis absence d'équipement de panneau taxi mais encore l'absence au dossier d'un arrêté interdisant aux taxis l'accès et le stationnement payant sur le(s) parking(s) de et à l'aéroport.</u>

<u>"A l'aéroport", s'agissant de l'aérodrome de TAHITI Faa'a relève des actes réglementaires du haut-commissaire de la république française au vu par exemple de l'arrêté n° 231 AC.DIR/NTAA du 15 avril 1997 délimitant trois zones et dont le titre III se rapporte à la circulation et stationnement des véhicules où l'article 9 mentionne entre autres les taxis.</u>

*<u>Cette seule mention de "taxis" dans cet arrêté démontre a minima qu'il y a chevauchement de</u> **compétences entre les services du haut-commissariat et ceux des transports terrestres locaux,** <u>au pire une le contrôle effectué l'aura été incomplètement, le rendant intrinsèquement nul et de nul effet.</u>*

<u>Il apparaît donc clairement en l'état, que les agents auront outre-passé leurs prérogatives rationae loci, d'où éventuellement le manque de précision soulevé sur le lieu exact.</u>

<u>Mais encore, la verbalisation a été effectuée sur un parking payant pour lequel le montant aura été réglé</u> conformément au(x) tarif(s) en vigueur. <u>Plus encore; aucun panneau "Interdit aux taxis" n'est matérialisé à l'entrée dudit parking;</u> les poursuites à l'instar de celles n° 875 et 887 du 2 juin 1997 du tribunal de simple police au l'arrêt de la cour d'appel de la chambre correctionnelle de Papeete n° 330-168 du 21 août 1996 concernant 12 (douze) PV - et "en dépit des interventions réitérées des forces de l'ordre" - (!!) de stationnement, rendus au pénal dans des conditions similaires de stationnement à l'aéroport persuaderont la commission, à l'instar de ces instance judiciaires, de me "relaxer" pour : "... que l'élément légal des infractions reprochées n'est pas établi en l'espèce... aux termes de l'article 57 du code de la route, "les dispositions réglementaires prises par les autorités compétentes et qui ... doivent faire l'objet de signalisation, ne sont applicables aux usagers que si ces mesures ont été prises, ...", ou encore, pour le tribunal de simple police: "Attendu qu'il ne résulte pas du dossier, preuve contre le prévenu des faits qui lui sont reprochés; qu'il y a lieu de le relaxer de ces chefs" étant précisé que ces verbalisations elles avaient été effectuées par des policiers nationaux français. N'ayant par ailleurs pas mis de panneau sur mon véhicule pour bien indiquer que lui et moi n'étions pas - contrairement à ce qui est allégué -, en attente de clientèle, ce n'est qu'une fois accompagné de mes clients - dont l'expression "en attente" ne peut pas s'appliquer mais plutôt "ayant attendu puis réceptionné mes clients qui avaient réservé mon taxi préalablement par internet -, que nous nous sommes dirigés vers mon véhicule pour reprendre du service "taxi", c'est à dire passant du statut de véhicule garé sur un emplacement payant (et payé), à "taxi". Sitôt en marche, le véhicule automobile remplissait dès lors son office de taxi. (…) <u>Vu donc l'imprécision de "à l'aéroport" et subséquemment l'incompétence rationae loci soulevée, vu qu'en "attente de clientèle" ne saurait caractériser un véhicule garé sur un parking payant dont j'avais pris soins d'enlever le panneau taxi pour bien montrer que je n'étais pas en attente de clientèle mais que j'avais une réservation de la part de clients,</u> il convient encore d'éclairer la commission des véhicules automobiles "taxis" sur le fait que l'expression "en dehors des emplacements réservés aux taxis" englobe... tous les emplacement non réservés au taxis (…)

<u>Il est affirmé de plus fort ici qu'aucun panneau de circulation interdisant à un véhicule désigné, voire à un taxi avec ou sans panneau de stationner sur un parking payant dont le péage aura été dûment réglé ne saurait aboutir à une quelconque sanction mais encore qu'aucune constatation de présence ou d'absence de panneau ne saurait être relevée dans ces conditions surtout pouvant aboutir à une</u>

peine de privation d'exercice d'une profession librement choisie et régulièrement exercée. De surcroît que la peine peut, cumulée, porter tant sur la privation d'exercer une profession ET la privation de pouvoir exploiter une entreprise et donc portant une atteinte grave et manifestement illégale au code du commerce français ou à celui du travail local ou les deux.
La commission statuant sur les taxis ne franchira pas non plus cet interdit constitutionnel et garanti par la convention européenne des droits de l'Homme.

Quant à la récidive - non pénale et ne répondant donc pas à telles implications légales -, je soulève ici l'exception d'illégalité et subséquemment la nullité de l'avertissement n° 37/MET/DTT/cdtx infligé en ce que d'une part il est signé de la main du précédent ministre des transports terrestres James SALMON tout comme sa réponse n° 2277 du 14 août 2012, le rendant "juge et partie"; pour avoir infligé la sanction et avoir statué sur le recours gracieux (…) »
« (…) Il conviendra de ne pas occulter les éléments du dossier pris en son ensemble (…). »

17) A nouveau l'importance de l'arrêté n° 6719/MET et du délai de recours ne m'aura pas échappé, étant alors à mille lieues de penser qu'un rejet n° 13-626 interviendrait au motif que cet arrêté ne fait pas grief ! « *La contradiction « Sur la légalité externe » n'a plus lieu d'être intégrée au présent dossier. En effet, par arrêté n° 6719/MET du 4 septembre 2013, cette décision, à ce jour déférable encore au tribunal administratif dans le délai de 3 mois pourra alors y être discutée le cas échéant.* »

18) Ce dernier point (« *Sur la légalité interne* », détournement et abus de pouvoir) était défendu ainsi :
« *Essayant à nouveau de détourner le sujet, Monsieur Gaston Utato FLOSSE prétend que je n'apporterais « aucun argument (…) qui établirait que l'administration a utilisé sa compétence en matière disciplinaire dans une autre fin que celle prévue par la délibération n° 2008-5 (…) ».*
Il lui ai ici répondu à nouveau qu'est contestée la délibération qu'il met en avant et comme déjà développé.
Poursuivant, il détourne également la prise de décision de la commission s'agissant de sa seule proposition de suspension de trois jours de mon exploitation alors que d'une part la récidive n'a pas été retenue, rendant nulles les poursuites de 3ème catégorie et d'autre part le remplacement du ministre comme président de la commission vicie intrinsèquement jusqu'à la proposition de sanction puisque dans l'hypothèse normale où le ministre préside la séance — et ne l'ouvre pas uniquement -, les pouvoirs de la commission et ceux du président se chevauchent, etc…
Quant à la réalité et même la supputée gravité mise en avant d'un défaut de chapeau sur un parking privé — toute relative par rapport à un ministre alcoolique délinquant primaire récidiviste me semble-t-il ? -, elle a bel et bien aussi été contestée et comme rappelé supra.
S'agissant de l'indulgence, le tribunal aura à ce stade compris que l'indulgence est de la même facture que tout le reste : Monsieur Gaston Utato FLOSSE en décide unilatéralement alors que je suis en droit de m'y opposer et qu'il ne saurait me le reprocher. En effet, à aucun moment je ne l'ai demandé. D'ailleurs je n'en veux point et suis donc en droit de la contester.
A ce sujet, l'indulgence sélective, contrairement aux écritures de Monsieur Gaston Utato FLOSSE, vicie l'impartialité de la commission qui a choisi de faire valoir son indulgence pour ne pas sanctionner le « plus haute qualification pour sanctionner le requérant » au détriment des moins hautes, démontrant bien que l'objectif annoncé à 08h05 par le secrétaire de séance Ronald TSU était prémédité. A tel point « la Polynésie française » n'a de cesse de continuer à vouloir se justifier : « (…) il paraît utile de préciser ici que le défaut de « dispositif extérieur, lumineux la nuit, portant la mention « taxi » » est objectivement une infraction plus grave que le non-respect des règles de stationnement des taxis car elle occulte, pour la clientèle, les obligations auxquelles sont tenus les entrepreneurs, notamment en matière de tarification ».
A nouveau, je pense personnellement plus utile de préciser en réponse que conduire en état d'ivresse pour le responsable de la sécurité routière et ministre des transports Bruno MARTY, sous le coup d'un retrait du permis de conduire suite à récidive en matière de contrôles d'alcoolémie au volant et non maîtrise de son véhicule avec basculement dans un ravin est objectivement « plus grave (…) que l'absence de panneau taxi par un chauffeur à jeun, ayant régulièrement garé son véhicule sur un parking payant où il s'est acquitté du montant de son temps de stationnement !?
Monsieur Gaston Utato FLOSSE s'offusque encore de ma contestation de n'avoir pas eu accès à l'intégralité de mon dossier, m'opposant le fait que j'avais pu le consulter sur place soulevant le fait que j'avais demandé la transmission de la lettre n° 2098 du 22 mai 2012, pour, sautant du coq à l'âne exposer qu'il y a été fait droit le 12 août 2013 après ma saisine de la CADA, pour justifier que j'aurais eu communication de l'entier dossier.
Or en produisant des pièces jointes qui m'étaient inconnues, tel le rapport du contrôleur ou encore le procès-verbal du 8 août 2013 de la réunion… à huis clos du 11 juillet 2013, Monsieur Gaston Utato FLOSSE lui-même et au contraire, confirme que bien d'autres éléments n'auront pas été portés à ma connaissance, viciant la tenue de ma comparution devant la commission.
Pour terminer j'ajouterai que par décisions Hoffer n° 99-368 et 08-371 par exemple, le tribunal administratif de séant avait

déjà eu à connaître d'agissements similaires, lui ayant toutefois donné gain de cause nonobstant des défenses invariablement basées sur le même modèle que celles du 15/10/13. »

Le lendemain est intervenue une manipulation éventuellement suspecte sur SAGACE T98-1300480-13488.

22/11/2013	Réception d'une lettre
22/11/2013	Réception d'un mémoire
22/11/2013	Information réception mémoire ou pièce (affaire enrôlé)
22/11/2013	**Mise en ligne du sens** des conclusions
22/11/2013	**Modification et mise enligne du sens** des conclusions du rapporteur public
22/11/2013	Mise au rôle

Ce même 22 novembre 2013, en application des articles R. 431-1 à 431-3, le greffier en chef a informé Monsieur René HOFFER qu'il ne pouvait être mon mandataire.

Le 5 décembre 2013 par « *Conclusions suite au retrait du rôle et au rejet du mandat* » de représentation par le greffier en chef, j'informais la juridiction que je faisais miennes les écritures où apparaîtraient le nom de Monsieur René HOFFER et les maintenais tout en contestant la lettre du greffier du 22 novembre 2011 adressée à Monsieur René HOFFER en ce que l'article R.431-2 prévoit notamment : « *Les requêtes et les mémoires doivent, à peine d'irrecevabilité, être présentés soit par un avocat, soit par un avocat au Conseil d'Etat et à la Cour de cassation, lorsque les conclusions de la demande tendent au paiement d'une somme d'argent, à la décharge ou à la réduction de sommes dont le paiement est réclamé au requérant ou à la solution d'un litige né d'un contrat* », au motif d'une part que devant le tribunal administratif « *de la Polynésie française* », le ministère d'avocat n'est pas requis pour déposer requête et mémoires et d'autre part, au vu de l'article R. 431-3 en ce que les dispositions du 1er alinéa de l'article R.431-2 ne sont pas applicables aux « *5° Aux litiges dans lesquels le défendeur est une collectivité territoriale* ».

A fortiori et qu'a contrario, le greffier en chef n'a pas statué sur l'intervention contestée de « *la Polynésie française* », contestation qui était développée sitôt le mandat donné à Monsieur René HOFFER exposé ainsi : « *Mais dès à présent, les brèves observations de « la Polynésie française » en appellent de plus longues : 1) A commencer par le rejet de l'intervention de l'entité politique « la Polynésie française » (« Représentée par son Président, Monsieur Gaston FLOSSE »), (…) mon recours le 28 août 2013 exposait que « j'avais saisi le président de la commission de discipline des taxis d'un recours gracieux » (…) qui a délibéré d'une part ; tout en rendant un avis d'autre part (…) impliquant de facto l'arrêt de poursuites. Et c'est donc tout naturellement que ce président Bruno MARTY m'aura personnellement répondu, signant même son écrit et endossant à la première personne du singulier ses actes : « Je ne peux que vous confirmer (…) Je ne manquerai pas de vous (…) ». Il convient ici, au vu de l'intervention de « la Polynésie française » d'ajouter un élément de droit complémentaire relatif à la portée du refus opposé, c'est-à-dire ajouter l'abus, à l'excès de pouvoir ministériel, mais également de reconsidérer la portée de la lettre n° 502 du ministre, de son affirmation, si d'aventure sa décision relevait de la seule compétence de « la Polynésie française » - voire relevait d'une compétence partagée – dont le représentant auto-représenté Gaston Utato FLOSSE n'est cependant pas le président… de ladite commission de discipline des taxis contrairement au ministre d'alors, Bruno MARTY. »*

Et je demandais, avant dire droit, que soit écarter l'élément nouveau contenu dans le refus opposé par le greffier en chef au vu de l'article R. 431-3, 5° d'une part et d'autre part pour n'avoir pas non plus rejeté un autre tiers intervenant sous sa triple casquette sénatoriale, ministérielle et présidentielle. Et donc rejeter de plus fort l'intervention de l'entité politique « *la Polynésie française* » au profit de son ministre, dans le présent dossier. A défaut renvoyer la question au conseil d'Etat à l'instar de la décision sur les pouvoirs en propre de telle entité en Nouvelle-Calédonie française (Harold MARTIN) dans le dossier Stéphanie BOITEUX : « *Le rapporteur public a tout simplement rappelé que les membres du gouvernement calédoniens ne sont pas des ministres. Contrairement à leurs homologues nationaux, la loi organique ne leur donne pas autorité sur la direction et les services qu'ils animent (…)* » *www.nouvellecaledonie.la1ere.fr/2013/08/29/tribunal-administratif-vers-un-rebondissement-dans-l-affaire-boiteux-59947.html*

Pour parfaite information, le 5 décembre également, Monsieur René HOFFER, suite au rejet de mon mandat d'assistance sera intervenu volontairement à l'appui de mes demandes bien évidemment ; récusant le président du tribunal administratif Jean-Yves TALLEC.

Il relevait entre autres qu'en ne statuant pas sur la partie « assistance » mentionnée dans le mandat en ces termes : « *Monsieur René HOFFER m'ayant assisté depuis le début des poursuites (…) je demande à ce qu'il puisse également m'assister en me représentant devant le tribunal administratif qui est le prolongement de la procédure initiale* », dans le doute de ne pouvoir m'assister, il présentait ainsi une intervention volontaire « *pour pallier toute mise à l'écart préjudiciable au dossier.* ».

Mais encore, que le greffier en chef n'avait pas statué sur l'intervention contestée de « *la Polynésie française* », développée dans mes conclusions du 21 novembre 2013, « laissant présager une nouvelle décision comme celle n° 13-369 rendue le 26 novembre 2013 où ont été salmigondés vice-président et président pour l'entité politique « *la Polynésie française* ». » au sujet de laquelle il avait remis une lettre ouverte au président Jean-Yves TALLEC où il exposait qu'il avait statué « *« en politique » ou en droit maçon-nique* », ignorant totalement ses arguments. (*dixit*)

Il avait en outre soulevé la récusation du président Jean-Yves TALLEC « *au motif de l'impartialité et l'illégalité prouvées dans l'affaire n° 13-369 notamment mais aussi en ce qu'il n'aura pas ordonné au greffier en chef, à l'instar du rejet de mon mandat, à ce que l'intervention contestée dans le dossier, de « la Polynésie française » soit écartée* » par exemple, ou encore du fait que le 28 août 2013, à grand renfort d'images médiatiques, le président Jean-Yves TALLEC s'était rendu – et à sa demande -, au ministère des transports terrestres local pour y rencontrer non seulement l'alors ministre Bruno MARTY, mais également ses collaborateurs, dont Ronald TSU au vu des reportages publiés.

Mais Monsieur René HOFFER apportait également un élément d'actualité à mon dossier :
« *S'agissant d'une loi orga-nique qu'il ne manquera pas de prendre comme base pour rendre sa décision si la récusation ne prospérait, il conviendra alors de transmettre une question au conseil d'Etat à l'instar de la décision sur les pouvoirs en propre de telle entité en Nouvelle-Calédonie française (Harold MARTIN) dans le dossier Stéphanie BOITEUX : « Le rapporteur public a tout simplement rappelé que les membres du gouvernement calédoniens ne sont pas des ministres. Contrairement à leurs homologues nationaux, la loi organique ne leur donne pas autorité sur la direction et les services qu'ils animent (…) » (http://nouvellecaledonie.la1ere.fr/2013/08/29/tribunal-administratif-vers-un-rebondissement-dans-l-affaire-boiteux-59947.html)* », que donc si une loi organique concernant l'outre-mer, voire les outre-mer est obscure, il convient, pour le tribunal administratif, de poser telle question au conseil d'Etat, pour avis, avant de statuer.

« *En l'espèce – et ne pouvant avant le délai d'un an avoir accès à l'avis du conseil d'Etat et donc ne pouvant que présager de sa réponse -, et dans le doute donc, il convient de poser la question préjudicielle dans le présent dossier suivante : « Vu l'avis du conseil d'Etat rendu il y a quelques jours suite à l'exposé du rapporteur public du tribunal administratif de la Nouvelle-Calédonie française dans le dossier Stéphanie BOITEUX où Harold MARTIN où était soulevé l'illégalité des membres de tel gouvernement outremerdeux ne pouvant être des ministres contrairement aux ministres nationaux, cet avis est-il transposable ou non pour l'entité politique outremerdeuse « la Polynésie française » ? Et, en cas de non transposabilité, a contrario, un ministre de « la Polynésie française » a-t-il les pouvoirs d'un ministre national (sic) ? Et si oui, un ministre national pouvant donc cumuler sa fonction avec celle de président, le président, sénateur, ministre Gaston Utato FLOSSE peut-il à ce moment-là intervenir en lieu et place dans le présent dossier, d'un ministre, certes alcoolique et délinquant judiciaire, ayant toutefois et le cas échéant, les pouvoirs d'un ministre national ? »* »

Première particularité et étrangeté : l'ordonnance 13-626.

Cette ordonnance faisant aujourd'hui l'objet d'un appel-nullité au vu notamment de la décision n° 13-631 du 22 avril 2014 notamment, il convient toutefois d'exposer ici les éléments se rapportant, voire se raccrochant au recours de base n° 13-480 objet du présent appel.

En effet, le 5 décembre 2013 – c'est-à-dire que j'ai attendu le dernier jour des trois mois alloués, à compter du 5 septembre 2013, date de la notification de l'arrêté « provisoire » d'interdiction d'exercer, tellement j'espérais alors avoir obtenu le jugement n° 13-480 initialement inscrit à l'audience du 26 novembre avant d'être renvoyé à celle du 10 décembre, avant ces trois mois -, j'introduisais le recours n° 13-626 en ces termes : « *Le 21 novembre 2013 je terminais mes conclusions dans l'affaire n° 13-480 en ces termes : « Et rendre la décision sur le siège motif pris que de l'issue du présent jugement dépendra l'introduction ou non de mon recours contre l'arrêt n° 6719/MET dont le délai de recours expirera quelques jours après l'audience du 26 novembre 2013 : le 5 décembre 2013 ». Ce dossier a été repoussé au 10 décembre 2013, d'où le présent recours, non pas contre l'arrêté ci-dessus mais contre sa « notification ». ».*

Note : En effet, je me réservais le privilège d'attaquer l'arrêté distinctement, sachant pertinemment que la notification allait être annulée tellement les illégalités étaient flagrantes. C'était sans compter sur la perfidie judico-administrative de l'ordonnance n° 13-626 arrêtant par ordonnance le lendemain de l'audience du 10 décembre 2013 que la notification ne faisait pas grief, selon un rite qui sera renouvelé le lendemain du jugement de l'affaire n° 13-631 dans le recours factice n° 14-229 dont les appels sont demandés à être joints au présent.

Je poursuivais dans mon recours du 5 décembre 2013 sur la connexité d'avec le recours n° 13-480 ici déféré à la cour et y exposais les faits : « *Le présent recours étant connexe à l'affaire ci-dessus, cette dernière sera renvoyée afin qu'elle puisse être jointe à la présente. Les faits. Alors que le recours n° 13-480 portant plus directement qu'indirectement sur l'objet de la notification contestée était – et est à ce jour – pendant devant la juridiction administrative, la notification de tel arrêté n° 6719 sera annulée purement et simplement, pour abus de pouvoir puisque ne respectant pas la suspension intrinsèque à la saisine du tribunal administratif dès le 28 août 2013 ; pour excès de pouvoir puisqu'intervenant postérieurement à l'introduction du recours et donc enlevant ses effets utiles à la contestation de la sanction dénoncée, enfin, pour détournement de pouvoir puisque la direction des transports terrestres se substitue et au ministre des transports et doublement puisque ce dernier sera lui-même relégué par le président, sénateur, ministre de « la Polynésie française ». En droit. Outre ce qui précède, l'attestation de notification sera également annulée en ce qu'elle prévoit par trois « soit », des délais de recours gracieux et des délais de recours contentieux. En effet, en précisant que les délais de recours gracieux et hiérarchique peuvent être faits sans condition de délai et celui, contentieux, dans le délai de trois mois à compter de la notification, la direction des transports terrestres interfère dans une procédure en cours destinée à vouloir m'induire en erreur. D'une part vu le choix proposé. Ensuite, vu les délais ou l'absence de délais selon la formule à choisir, enfin en produisant une règle exceptionnelle (sic) : « Dans les cas très exceptionnels où une décision explicite intervient dans un délai de trois mois après la décision implicite, vous disposerez à nouveau d'un délai franc de trois mois à compter de la notification de cette décision explicite pour former un recours contentieux. », rendant l'ensemble inintelligible. Par ces motifs joindre pour connexité le présent recours avec celui n° 13-480, annuler l'attestation de notification et m'octroyer la somme de 200 000 francs pour les frais irrépétibles. Et ce sera justice* »

Ces quelques précisions en aparté sur le recours n° 13-626 éclaireront la cour sur ce qui suit : ma demande de rabat de délibéré et réinscription du dossier 13-480 du 30/12/ 2013 – jour-même où il apparaîtra ultérieurement que le jugement aura été rendu –, relevait déjà que l'ordonnance du 11 décembre 2013 n° 1300626, initiée d'une part avant le 10 décembre 2013 (date de l'audience n° 13-480 où l'affaire a été mise en délibéré sans indication, de date notamment), et d'autre part rendue au lendemain 11 décembre 2013 – c'est-à-dire que je ne pouvais en avoir connaissance le 10 décembre alors que la notification avait été dénoncée dès après le 5 septembre 2013 -, cette demande de rabat donc, comportait juste ces quelques phrases, mais essentielles :
« *Le 10 décembre 2013 le présent dossier a été mis en délibéré, non rendu à ce jour. Le 11 décembre a été rendue l'ordonnance n° 1300626 initiée avant le 10 décembre 2013 et qui précise : « M. Chisaka soutien que : sa requête est connexe à la requête n° 1300480 ». Le 10 décembre a été déposé le recours contre l'arrêté n° 6719/MET du 4 septembre 2013 lié et objet de ces trois recours. Le rejet n° 13-626 expose que la « simple notification ne peut être regardée comme un acte administratif faisant grief ». *»

En fait, le recours initial qui comportait donc les éléments *supra* ici rappelés et dont certains ont été repris sommairement par l'ordonnance 1300626 :
- *Le présent recours étant connexe à l'affaire ci-dessus*
- *cette dernière sera renvoyée afin qu'elle puisse être jointe à la présente*
- *Alors que le recours n° 13-480 portant plus directement qu'indirectement sur l'objet de la notification contestée*
- *était – et est à ce jour – pendant devant la juridiction administrative*
- *la notification de tel arrêté n° 6719 sera annulée purement et simplement*
- *pour abus de pouvoir puisque ne respectant pas la suspension intrinsèque à la saisine du tribunal administratif dès le 28 août 2013*

- pour excès de pouvoir puisqu'intervenant postérieurement à l'introduction du recours et donc enlevant ses effets utiles à la contestation de la sanction dénoncée
- pour détournement de pouvoir puisque la direction des transports terrestres se substitue et au ministre des transports et doublement
- l'attestation de notification sera également annulée en ce qu'elle prévoit par trois « soit », des délais de recours gracieux et des délais de recours contentieux
- En effet, en précisant que les délais de recours gracieux et hiérarchique peuvent être faits sans condition de délai et celui, contentieux, dans le délai de trois mois à compter de la notification, la direction des transports terrestres interfère dans une procédure en cours destinée à vouloir m'induire en erreur
- rendant l'ensemble inintelligible.
auront conduit le juge à déduire que « *M. CHISAKA demande expressément et exclusivement l'annulation de la notification qui lui a été faite, et qu'il a d'ailleurs signée le 5 septembre 2013, de l'arrêté n° 6719/MET du 4 septembre 2013, que cette simple notification ne peut être regardée comme un acte administratif faisant grief, susceptible de faire l'objet d'un recours devant le juge (…)* ».

Ceci est bien sûr bien loin de la réalité.

D'une part en ce que les mots « *expressément et exclusivement* » inventés par le président du tribunal Jean-Yves TALLEC pour lui permettre d'arriver à ses fins, ne figurent bien évidemment pas dans mon recours n° 1300626 du 5 décembre 2013. D'autre part en ce qu'au contraire, mes propos : « *la direction des transports terrestres interfère dans une procédure en cours destinée à vouloir m'induire en erreur* » et/ou « *joindre pour connexité le présent recours avec celui n° 13-480, annuler l'attestation de notification* », sont bien loin d'avoir voulu isoler cette notification en dehors de l'arrêté sur laquelle elle est basée.

En effet, le ridicule ne tuant point, le président administratif Jean-Yves TALLEC aurait donc considéré la notification distincte de tout acte tel l'arrêté n° 6719/MET ? Ou il n'aurait pas compris qu'une demande de connexité repose sur deux affaires ayant des points en commun ? Etc…

En fait, en plus du choc du rejet de cette ordonnance et de ses « moyens », ces deux mots trahissent le montage qui sera donc intervenu dans la décision n° 13-631 du 22 avril 2014 où le recours contre l'arrêté n° 6719/MET aura été rejeté pour tardiveté alors qu'il était déposé dans le délai de trois mois à compter de sa publication… et alors même que sa notification aura été déclarée comme ne faisant pas intrinsèquement grief !

Mais encore, « *expressément et exclusivement* » à l'évidence se voulaient sans appel (sic), peut-être même pour le juge, se rassurer et « bétonner » ce qu'il savait relever d'un dossier composé de plusieurs recours et où de nombreuses écritures auront été indispensables – mais bien inutiles au vu du résultat -, pour exposer l'évidence…

Critique, enfin, de la décision n° 13-480 du 30 décembre 2013 notifiée le 31 janvier 2014.
D'entrée la décision affirme que « *M. Chisaka demande au tribunal d'annuler la lettre du 16 août 2013* » alors que la requête initiale du 28 août 2013 énonçait dans « Par ces motifs » : « *Annuler le refus opposé* ».

Ce n'est bien sûr pas pareil.

D'ailleurs la décision litigieuse l'a bien noté dans le paragraphe suivant : « *M. Chisaka soutient que le ministre a détourné l'objet du recours gracieux qui réclamait l'arrêt des poursuites* ».

En statuant « *Sur les conclusions tendant à l'annulation de la lettre du ministre de l'équipement, de l'urbanisme, des énergies et des transports terrestres et maritimes du 16 août 2013* », pour arriver à : « *qu'il en résulte que les conclusions du requérant, exclusivement dirigées contre la lettre ministérielle du 16 août 2013 (…) sont irrecevables (…)* », la cour constatera que le mot « *exclusivement* » est là encore invoqué pour arriver aux fins de rejet « expressément »…

En clair, la décision a statué sur une requête redirigée par le tribunal et non sur ma requête et autres écritures, notamment le « Par ces motifs » contenu dans mes conclusions du 6 septembre 2013 (« *faire droit de plus fort au recours au vu encore des pièces produites : arrêté et notification* », et mes observations du 21 novembre 2013 commençant par « *Au regard de l'article 197 (…)* » jusqu'à « *(…) 5 décembre 2013.* ».

Il n'est donc pas besoin de démonter point par point les éléments qui auront été basés sur un raisonnement politique plus que juridique, les affaires n° 13-626, 13-631 et 14-229 ne faisant que confirmer cette évidence.

Enfin, et comme cela a été développé dans mes écritures, observations et autres, l'intervention du haut-commissaire de la république française Lionel BEFFRE s'impose au vu des compétences en propre de ce dernier sur lesquelles ont empiétées les organismes insulaires.

Par ces motifs, et après avoir pris note de ma demande d'aide juridictionnelle,
- faire droit aux exceptions d'illégalités du décret n° 2010-1562 du 14 décembre 2010 en ce qu'il modifie d'une part le code de justice administrative « *pour l'outre-mer* » là où aujourd'hui cet outre-mer a été démultiplié en des outre-mer au sein du ministère de l'Intérieur de la France ;
- d'autre part en ce qu'il ne vise par la loi organique 2004-192 créant – contrairement à l'évidence exposée dans la note secrète du conseil d'Etat n° 369253 du 9 octobre 2003 – un « pays d'outre-mer » au sein de la république française dont la Constitution n'en prévoit pas mêmes les caractéristiques avec les guillemets, ces derniers ayant fait long feu ;
- enfin, en ce que le code monétaire et financier situe « *la Polynésie française* » à l'étranger, tout comme en matière d'exclusion du droit au revenu de solidarité active national.
- S'agissant de l'article R421-7 du CJA, l'exception d'illégalité prospérera en ce que d'une part il ne prévoit qu'un outre-mer là où actuellement il y en a plusieurs, mais encore en ce que cet/ces outre-mer se distingue(nt) d'une « France métropolitaine » que l'article 1er de la Constitution ne prévoit pas autrement qu'une et indivisible.
- et donc déclarer et recevoir le présent recours dans les délais octroyés par l'article R421-7 du CJA entre la France et l'étranger,
- joindre pour connexité l'ensemble des dossiers déférés ce jour : 13-480, 13-626, 13-631 et 14-229,
- faire droit à l'appel en cause du haut-commissaire de la république française,
- censurer la décision n° 1300480 et, la réformant, faire droit aux demandes initiales
- et m'octroyer la somme de 2 500 euros au titre de l'article L.761-1 du CJA.

Et ce sera justice

Monsieur Yoshiaki CHISAKA

Production :
01 : Décision n° 13-480 du 30 décembre 2013.

**TRIBUNAL ADMINISTRATIF
DE LA POLYNÉSIE FRANÇAISE**

N° 1300480

_____

M. Yoshiaki Chisaka

_____

Mme Lubrano
Rapporteure

_____

M. Mum
Rapporteur public

_____

Audience du 10 décembre 2013
Lecture du 30 décembre 2013

_____

C
14 01 02 06

RÉPUBLIQUE FRANÇAISE

AU NOM DU PEUPLE FRANÇAIS

Le tribunal administratif
de la Polynésie française

Vu la requête, enregistrée le 2 septembre 2013, présentée par M. Yoshiaki Chisaka, dont l'adresse postale est BP 62323 à Papeete (98713) ;

M. Chisaka demande au tribunal d'annuler la lettre du 16 août 2013 du ministre de l'équipement, de l'urbanisme, des énergies et des transports terrestres et maritimes prise en réponse à son recours gracieux, et de lui octroyer la somme de 200 000 F CFP au titre des frais irrépétibles ;

M. Chisaka soutient que le ministre a détourné l'objet du recours gracieux, qui réclamait l'arrêt des poursuites ; qu'en outre, l'avis de la commission de discipline manque de base légale dès lors que l'absence de sanction prise pour la première infraction de 1ère catégorie interdisait à la commission de statuer sur la seconde infraction de 3ème catégorie ; que de plus, l'égalité des armes est rompue dans la mesure où le président de la commission de discipline a pris la défense de la personne qui le représentait dans la commission ;

Vu le courrier du ministre en charge des transports terrestres en date du 16 août 2013 ;

Vu le mémoire en défense, enregistré le 15 octobre 2013, présenté par la Polynésie française représentée par son président en exercice, qui conclut au rejet de la requête ;

La Polynésie française fait valoir à titre principal que la requête est irrecevable pour méconnaissance des dispositions de l'article R 411-1 du code de justice administrative en l'absence de moyens de fait et de droit discernables et pour absence de décision faisant grief ; subsidiairement, la requête est infondée, dès lors que la réglementation n'impartit aucun délai pour sanctionner une infraction, que le détournement ou l'abus de pouvoir ne sont pas établis, et que la sanction a été proportionnée à l'infraction ;

Vu, enregistré le 22 novembre 2013, le mémoire en réplique présenté par M. Chisaka, qui conclut aux mêmes fins, par les mêmes moyens, et qui ajoute qu'il soulève une exception d'illégalité à l'encontre de la délibération n° 2008-5 APF du 10 avril 2008 portant réglementation de l'activité d'entrepreneur de taxi en ce que seule une loi du pays peut porter atteinte à la liberté du travail ; en outre, le rapport du contrôleur mentionne une récidive dont le contrôleur ne devait pas connaître ; en outre encore, il n'a pas eu connaissance de son dossier complet, n'ayant pas pu avoir le procès-verbal de la réunion de la commission de discipline des taxis ; enfin, la composition de la commission est viciée en ce que le président n'a pas communiqué la procuration qu'il a donnée à son suppléant ;

Vu, enregistré le 5 décembre 2013, le mémoire en intervention présenté par M. Hoffer, à l'appui des prétentions du demandeur, et qui récuse le président du tribunal ;

Vu, enregistré le 30 décembre 2013, la note en délibéré présentée par M. Chisaka ;

Vu les autres pièces du dossier ;

Vu la loi organique n° 2004-192 du 27 février 2004 modifiée portant statut d'autonomie de la Polynésie française, ensemble la loi n° 2004-193 du 27 février 2004 complétant le statut d'autonomie de la Polynésie française ;

Vu la délibération n° 2008-5 APF du 10 avril 2008 portant réglementation de l'activité d'entrepreneur de taxi ;

Vu le code de justice administrative ;

Les parties ayant été régulièrement averties du jour de l'audience ;

Après avoir entendu au cours de l'audience publique du 10 décembre 2013 :

- le rapport de Mme Lubrano, première conseillère,
- les conclusions de M. Mum, rapporteur public,
- les observations de M. Hoffer et celles de M. Lebon, représentant la Polynésie française ;

Sur l'intervention de M. Hoffer :

1. Considérant que ni la qualité de membre de la profession des transporteurs terrestres ni la circonstance qu'il ait assisté M. Chisaka devant la commission de discipline des taxis réunie le 21 juin 2013 ne sont de nature à conférer à M. Hoffer un intérêt à agir contre l'acte attaqué ; que son intervention n'est pas recevable ; que par suite, sa demande de récusation ne peut qu'être rejetée ;

Sur les conclusions tendant à l'annulation de la lettre du ministre de l'équipement, de l'urbanisme, des énergies et des transports terrestres et maritimes du 16 août 2013 :

2. Considérant qu'il ressort des pièces du dossier que M. Chisaka est titulaire depuis 2010 d'une autorisation d'exercer la profession d'entrepreneur de taxi et d'une licence d'exploitation du véhicule immatriculé 210716-P ; qu'un agent de la direction des transports terrestres a constaté, dans le cadre d'un contrôle effectué à l'aéroport de Faa'a Tahiti le 8 juin

2013, que ledit véhicule stationnait en attente de clientèle, en dehors des emplacements réservés aux taxis, et qu'il n'était pas équipé du dispositif lumineux la nuit portant la mention « taxi » ; que par lettre en date du 21 juin 2013, M. Chisaka a été informé qu'à raison de ces faits, il pouvait faire l'objet de sanctions disciplinaires et a été convoqué à la réunion de la commission de discipline des taxis ; que lors de sa réunion du 11 juillet 2013, ladite commission a décidé de ne pas prononcer de sanction concernant la première infraction relevée, et a émis un avis favorable à ce que le ministre prononce la suspension de la licence de taxi de M. Chisaka pour une durée de trois jours à raison de la deuxième infraction relevée ; que par lettre en date du 12 juillet 2013, l'intéressé a saisi le ministre, président de la commission des taxis, d'un « recours gracieux » contre cet avis ; que par lettre en date du 16 août 2013, le ministre de l'équipement, de l'urbanisme, des énergies et des transports terrestres et maritimes a rejeté ce recours et indiqué à M. Chisaka qu'il serait rapidement informé de la décision qu'il rendrait à la suite de l'avis de la commission ; que par arrêté en date du 4 septembre 2013, le ministre de l'équipement, de l'urbanisme, des énergies et des transports terrestres et maritimes a suspendu pour une durée de trois jours la licence de taxi de M. Chisaka ;

3. Considérant qu'il résulte des dispositions de l'article 28 de la délibération n° 2008-5 APF du 10 avril 2008 portant réglementation de l'activité d'entrepreneur de taxi que si la commission de discipline des taxis est compétente pour infliger une sanction concernant les infractions relevant de la première et de la deuxième catégories, elle ne peut émettre qu'un avis sur une proposition de sanction afférente à une infraction relevant, comme en l'espèce, de la troisième catégorie , seul le ministre ayant le pouvoir d'infliger la sanction en cause ; qu'en conséquence l'avis émis le 11 juillet 2013 par ladite commission sur la sanction à infliger à M. Chisaka à raison de l'infraction de troisième catégorie constatée ne constitue pas une décision faisant grief susceptible de faire l'objet d'un recours pour excès de pouvoir ; qu'il en résulte que les conclusions du requérant, exclusivement dirigées contre la lettre ministérielle du 16 août 2013 ayant rejeté son recours contre ledit avis sont irrecevables et ne peuvent qu'être rejetées ;

<u>Sur les conclusions tendant à l'application de l'article L. 761-1 du code de justice administrative</u>

4. Considérant que les dispositions de l'article L. 761-1 du code de justice administrative font obstacle à ce que soit mise à la charge de la Polynésie française, qui n'est pas la partie perdante dans la présente instance, la somme demandée par M. Chisaka au titre des frais exposés et non compris dans les dépens ;

DÉCIDE :

<u>Article 1er</u> : L'intervention de M. René Hoffer n'est pas admise.

<u>Article 2 :</u> La requête n° 1300480 de M. Chisaka est rejetée.

<u>Article 3</u> : Le présent jugement sera notifié à M. Yoshiaki Chisaka, à la Polynésie française et à M. René Hoffer.

Délibéré après l'audience du 10 décembre 2013, à laquelle siégeaient :

M. Tallec, président,

Mme Lubrano, première conseillère,
M. Reymond-Kellal, conseiller.

Lu en audience publique le 30 décembre 2013.

La rapporteure,

M-C. Lubrano

Le président,

J-Y. Tallec

La greffière,

D. Germain

    La République mande et ordonne au haut-commissaire de la République en Polynésie française en ce qui le concerne ou à tous huissiers de justice à ce requis en ce qui concerne les voies de droit commun contre les parties privées, de pourvoir à l'exécution de la présente décision.

Pour expédition,
Un greffier,

COUR ADMINISTRATIVE
D'APPEL DE PARIS
68 rue François Miron
75004 PARIS
Tél : 01 58 28 90 00
Fax : 01 58 28 90 22
Greffe ouvert du lundi au vendredi de
09h30 à 12h30 - 13h30 à 16h30

Paris, le 23/07/2014

M. CHISAKA Yoshiaki
Lot TEPAPA n°1 Mission
BP 62323
98713 PAPEETE

Notre réf : N° 14PA02929
(à rappeler dans toutes correspondances)

Monsieur Yoshiaki CHISAKA c/

ACCUSE DE RECEPTION D'UNE REQUETE

Monsieur,

J'ai l'honneur de vous faire connaître que l'affaire citée en référence et ci-dessous analysée a été enregistrée au greffe de la Cour administrative d'appel de Paris le 02/07/2014 :

M. Yoshiaki Chisaka demande à la Cour :
1°) d'annuler le jugement n° 1300480/1 en date du 30 décembre 2013 par lequel le Tribunal administratif de la Polynésie française a rejeté sa demande tendant à l'annulation de la lettre du 16 août 2013 du ministre de l'équipement, de l'urbanisme, des énergies et des transports terrestres et maritimes prise en réponse à son recours gracieux ;
2°) d'annuler la décision susmentionnée ;
3°) d'ordonner la jonction pour connexité des dossiers n°14PA02926, n°14PA02927, n°14PA02928, n°14PA02929 ;
4°) de mettre à la charge de l'Etat la somme de 2 500 euros en application de l'article L. 761-1 du code de justice administrative.

Je vous rappelle qu'aux termes de l'article R. 411-1 du code de justice administrative : "La requête indique les noms et domicile des parties. Elle contient l'exposé des faits et moyens, ainsi que l'énoncé des conclusions soumises au juge. L'auteur d'une requête ne contenant l'exposé d'aucun moyen ne peut la régulariser par le dépôt d'un mémoire exposant un ou plusieurs moyens que jusqu'à l'expiration du délai de recours".

Je saisis cette occasion pour vous adresser les recommandations suivantes :

- afin de permettre le rattachement de vos courriers à votre dossier, veuillez mentionner le numéro d'enregistrement qui figure en tête de la présente lettre sur toutes les pièces ou correspondances relatives à cette affaire ;
- ne manquez pas, jusqu'à l'issue de la procédure, d'informer le greffe de la cour de vos éventuels changements d'adresse. Par ailleurs, pour permettre de vous joindre plus facilement, en cas de nécessité, vous pouvez communiquer au greffe vos numéros de téléphone et de télécopie ;
- enfin, si vous avez besoin d'explications ou de renseignements complémentaires, vous pouvez écrire à la cour administrative d'appel ou téléphoner au numéro susmentionné en tête du présent courrier aux heures indiquées.

L'état de l'instruction de ce dossier peut être consulté avec le code d'accès confidentiel C75 - 1402929 - 50005 sur le site internet *http://sagace.juradm.fr.*

Je vous prie de bien vouloir recevoir, Monsieur, l'assurance de ma considération distinguée.

Le Greffier en Chef,
ou par délégation le Greffier,

CHRISTINE RENE-MINE

**COUR ADMINISTRATIVE
D'APPEL DE PARIS**

68 rue François Miron
75004 PARIS
Tél : 01 58 28 90 00
Fax : 01 58 28 90 22
Greffe ouvert du lundi au vendredi de
09h30 à 12h30 - 13h30 à 16h30

Paris, le 28/08/2014

Notre réf : N° 14PA02929
(à rappeler dans toutes correspondances)

M. CHISAKA Yoshiaki
Lot TEPAPA n°1 Mission
BP 62323
98713 PAPEETE

Monsieur Yoshiaki CHISAKA c/

NOTIFICATION D'UNE ORDONNANCE
Lettre recommandée avec avis de réception

Monsieur,

J'ai l'honneur de vous adresser, ci-joint, l'expédition d'une ordonnance du 28/08/2014 rendue par la Cour administrative d'appel de Paris dans l'affaire citée en référence sous le n° 14PA02929.

Si vous estimez devoir vous pourvoir en cassation contre cette ordonnance, **votre requête, accompagnée d'une copie de la présente lettre**, devra être introduite dans un délai de 2 mois, devant le Conseil d'Etat, Section du Contentieux, 1 Place du Palais-Royal - 75100 PARIS RP, ou www.telerecours.conseil-etat.fr pour les utilisateurs de Télérecours. Ce délai est ramené à 15 jours pour les ordonnances rejetant les conclusions à fin de sursis à exécution d'une décision juridictionnelle frappée d'appel.

Les délais ci-dessus mentionnés sont augmentés d'un mois pour les personnes demeurant en Guadeloupe, en Guyane, à la Martinique, à La Réunion, à Mayotte, à Saint-Barthélemy, à Saint-Martin, à Saint-Pierre-et-Miquelon, en Polynésie française, dans les îles Wallis et Futuna, en Nouvelle-Calédonie et dans les Terres australes et antarctiques françaises, et de 2 mois pour celles qui demeurent à l'étranger, conformément aux dispositions de l'article 643 du code de procédure civile.

A peine d'irrecevabilité, le pourvoi en cassation doit :
- être assorti d'une **copie de la décision** juridictionnelle contestée ;
- être présenté, **par le ministère d'un avocat au Conseil d'Etat et à la Cour de Cassation**.

Je vous prie de bien vouloir recevoir, Monsieur, l'assurance de ma considération distinguée.

Le Greffier en Chef,
ou par délégation le Greffier.

Marc GUIBLIN

259

**COUR ADMINISTRATIVE D'APPEL
DE PARIS**

N° 14PA02929

M. Yoshiaki CHISAKA

Ordonnance du 28 août 2014

AU NOM DU PEUPLE FRANÇAIS

La Cour administrative d'appel de Paris

Le premier vice-président,
président de la 3ème chambre

Vu la requête, enregistrée le 2 juillet 2014, présentée par M. Yoshiaki Chisaka, demeurant lot Tepapa n°1, Mission, BP 62323 à Papeete (98713) ; M. Chisaka demande à la Cour :

1°) d'annuler le jugement n° 1300480/1 en date du 30 décembre 2013 par lequel le Tribunal administratif de la Polynésie française a rejeté sa demande tendant à l'annulation de la lettre du 16 août 2013 du ministre de l'équipement, de l'urbanisme, des énergies et des transports terrestres et maritimes prise en réponse à son recours gracieux ;

2°) d'annuler la décision susmentionnée ;

3°) d'ordonner la jonction pour connexité des dossiers n° 14PA02926, n° 14PA02927, n° 14PA02928 et n° 14PA02929 ;

4°) de mettre à la charge de l'Etat la somme de 2 500 euros en application de l'article L. 761-1 du code de justice administrative ;

Vu l'ordonnance attaquée ;

Vu les autres pièces du dossier ;

Vu la loi n° 91-647 du 10 juillet 1991 modifiée et le décret n° 91-1266 du 19 décembre 1991 modifié ;

Vu le code de justice administrative ;

1. Considérant qu'aux termes de l'article R. 222-1 du code de justice administrative : *« (...) les présidents de formation de jugement des tribunaux et des cours peuvent, par ordonnance (...) 4° Rejeter les requêtes manifestement irrecevables, lorsque la juridiction n'est pas tenue d'inviter leur auteur à les régulariser ou qu'elles n'ont pas été régularisées à l'expiration du délai imparti par une demande en ce sens »* ; qu'aux termes de l'article R. 811-2 : *« Sauf disposition contraire, le délai d'appel est de deux mois. Il court contre toute partie à l'instance à compter du jour où la notification a été faite à cette partie dans les conditions prévues aux articles R. 751-3 et R. 751-4 »* ;

2. Considérant qu'aux termes de l'article R. 811-4 du code de justice administrative : *« A Mayotte, en Polynésie française et en Nouvelle Calédonie, le délai d'appel de deux mois est porté à trois mois »* ; qu'aux termes de l'article R. 811-5 du même code : *« Les délais supplémentaires de distance prévus à l'article R. 421-7 s'ajoutent aux délais normalement impartis »* ;

3. Considérant qu'il ressort des pièces du dossier que le jugement attaqué du Tribunal administratif de la Polynésie française a été notifié à M. Chisaka dans les conditions prévues à l'article R. 751-3 du code de justice administrative, au plus tard le 31 janvier 2014 ; que la requête d'appel présentée par M. Chisaka contre ce jugement n'a été enregistrée au greffe de la Cour que le 2 juillet 2014, soit après l'expiration du délai de quatre mois résultant des dispositions précitées du code de justice administrative ; que si M. Chisaka demande l'aide juridictionnelle dans sa requête, cette demande est également tardive pour avoir été présentée après l'expiration du délai de recours contentieux et n'est pas de nature à interrompre ou à proroger ce délai ; que, par suite, la requête est tardive et entachée d'une irrecevabilité manifeste qui n'est pas susceptible d'être régularisée ; qu'elle ne peut ainsi qu'être rejetée ;

O R D O N N E :

Article 1er : La requête de M. Chisaka est rejetée.

Article 2 : La présente ordonnance sera notifiée à M. Yoshiaki Chisaka.

Fait à Paris, le 28 août 2014.

. Le premier vice-président,
président de la 3ème chambre

Pour Expédition Certifiée Conforme
Pour le Greffier en chef
Le Greffier,

J-J. MOREAU

Marc GUIBLIN

C75-1402929-50005

14PA02929 - Monsieur CHISAKA Yoshiaki /
- Affectation : 3ème Chambre

    M. Yoshiaki Chisaka demande à la Cour : 1°) d'annuler le jugement n° 1300480/1 en date du 30 décembre 2013 par lequel le Tribunal administratif de la Polynésie française a rejeté sa demande tendant à l'annulation de la lettre du 16 août 2013 du ministre de l'équipement, de l'urbanisme, des énergies et des transports terrestres et maritimes prise en réponse à son recours gracieux ; 2°) d'annuler la décision susmentionnée ; 3°) d'ordonner la jonction pour connexité des dossiers n°14PA02926, n°14PA02927, n°14PA02928, n°14PA02929 ; 4°) de mettre à la charge de l'Etat la somme de 2 500 euros en application de l'article L. 761-1 du code de justice administrative.

Requérants et défendeurs
Qualité Nom   Mandataire
Requérant   Monsieur CHISAKA Yoshiaki

Date   Mesure Acteur Qualité Délai
02/07/2014   Requête nouvelle   Monsieur CHISAKA Yoshiaki   Requérant
23/07/2014   Accusé de réception d'une requête   Monsieur CHISAKA Yoshiaki
        Requérant
23/07/2014   Demande du dossier de première instance   TRIBUNAL ADMINISTRATIF DE POLYNESIE FRANCAISE Divers 15 j
04/08/2014   Réception du dossier de première instance   TRIBUNAL ADMINISTRATIF DE POLYNESIE FRANCAISE Divers
28/08/2014   Ordonnance du Président de la Chambre
28/08/2014   Notification d'une ordonnance
28/08/2014
Notification d'une ordonnance
Monsieur CHISAKA Yoshiaki
Requérant

28/08/2014
Notification d'une ordonnance

TRIBUNAL ADMINISTRATIF DE POLYNESIE FRANCAISE
Divers

16/01/2015   Réception d'une décision du BAJ   BUREAU D'AIDE JURIDICTIONNELLE - TRIBUNAL DE GRANDE INSTANCE   Divers
27/01/2015   Réception d'un recours - aide juridictionnelle -   Monsieur CHISAKA Yoshiaki
        Requérant
17/06/2015   Réception demande du dossier d'appel

Recours n° 385540 de 14PA2929, BAJ 14-3188 puis 388003, de 13-480

Simple, non ? Pour rappel, la situation de départ concerne une sanction contestée, d'avoir été verbalisé sur une place de parking, sanction ayant aboutie à trois jours d'interdiction d'exercer...

Et bien sûr : « *Le numéro 13-480 gagne le numéro 14-3188 qui lui gagne le numéro 388003 au tirage n° 14PA2929 ayant tiré du chapeau le numéro 385540 qui lui ne gagne rien !* »

Monsieur CHISAKA Yoshiaki   Tahiti, le 25 septembre 2014.
Lot TEPAPA n°1 Mission
BP 62323
98713 - PAPEETE
wind@mail.pf

> Conseil d'Etat
> 75004 – PARIS
> Section du contentieux
> 1, place du Palais-Royal
> 75100 PARIS RP

**Pourvoi contre l'ordonnance n° 14PA02929 du 28 août 2014. *(PJ01 et 02)*
Demande de jonction avec le pourvoi contre 14PA02927,
et demande d'aide juridictionnelle**

Le présent pourvoi prospèrera en ce que le premier vice-président, président de la 3ème chambre de la cour administrative d'appel de Paris J-J. MOREAU, aura pris sa décision pour motif de tardiveté de la transmission de l'appel sans même prendre en compte l'illégalité dénoncée de l'article R421-7, *a fortiori* y statuer , qui était exposée ainsi :

> « *Exception d'illégalité de l'article R421-7 du code de justice administrative nationale, ensemble le décret n° 2010-1562 du 14 décembre 2010 et notamment l'article 7.*
> *L'article R421-7 prévoit un délai de distance d'un mois entre la France et la colonie des Etablissements français de l'Océanie, dénommés sous appellation d'entité politique et administrative « la Polynésie française », et, avec « l'étranger », de deux mois supplémentaires aux 3 mois de base.*
>> *m) L'exception d'illégalité de la modification « pour l'outre-mer » contenue dans l'intitulé du décret prospérera en ce que « l'outre-mer » est actuellement scindé au sein du ministère de l'Intérieur en des outre-mer (sic).*
>> *n) Le décret ne vise par la loi constitutionnelle n° 2004-192 du 24 février 2004, d'où la deuxième illégalité.*
>> *o) En classant dans l'outre-mer, l'étranger et en incluant « la Polynésie française » dans le premier, le décret n'a pas tenu compte que cette dernière est à l'étranger. Voir par exemple l'article R151-1 du code monétaire et financier permettant à la France métropolitaine de disposer d'entre les outre-mer, un outre-mer étranger où l'euro, monnaie de la France, n'a pas cours légal ni pouvoir libératoire.*
>> *p) Enfin, en distinguant entre une France « métropolitaine » et une deuxième France, le décret contrevient à l'article 1er de la Constitution qui prévoit que la France est une république une et indivisible et, partant qu'une république une et indivisible est la*

France ; que l'article 1er de la loi organique 2004-192 du 27 février 2004 prévoyant un « pays d'outre-mer » au sein de la république française, le distinguo entre France métropolitaine et l'outre-mer contrevient à ces articles 1ers ; que seule une distinction entre la France et l'étranger ne pourra exister.

Par ces motifs, faire droit à ces exceptions d'illégalités et déclarer le présent recours recevable dans les délais octroyés par l'article R421-7 du CJA entre la France et l'étranger, de l'accuser de réception du 31 janvier 2014. »

Plus encore, il aura et n'aura que, visé les articles R751-3 et R811-2 du même code.

Enfin, contrairement à son ordonnance n° 14PA02927 du même jour et objet d'un pourvoi, il aura ici pris soin de relever qu'était demandée la jonction avec d'autres dossiers, empêchant *de facto* cette jonction avec les dossiers 14PA02926 et14PA02928, outre celui n° 14PA02927 rejeté par ordonnance à l'instar du présent, ensemble avec le rejet également de l'aide juridictionnelle alors que dans ces quatre dossiers dont la jonction était préconisée, le regroupement de l'aide juridictionnelle participait également à ce tout quasi-indissociable et comme exposé dans le recours devant la cour. *(PJ03)*

Le présent pourvoi prospérera donc sitôt l'aide juridictionnelle obtenue puisqu'un professionnel du droit saura resituer le contexte en droit notamment de par l'instruction commune de ces quatre dossiers sitôt la cassation acquise, après jonction par le conseil d'Etat du présent pourvoi avec celui contre l'ordonnance n° 14PA02927 introduit ce jour également.

En fait, le présent rejet et celui n° 14-PA02927 apparaissent quasiment comme un plan pour scinder les dossiers et enlever presque toute pertinence aux deux dossiers orphelins encore instruits pas la cour et la BAJ. Voici d'ailleurs comment était présentée la demande d'AJ près la cour *(PJ04)*.

Par ces motifs, joignant le présent pourvoi à celui contre l'ordonnance 14PA02927, censurer ici l'ordonnance n°14PA02929 tant intrinsèquement qu'en ce qu'elle aura aussi rejeté la demande d'aide juridictionnelle en lieu et place du bureau idoine, et m'octroyer la somme de 250 000 francs CFP au titre de l'article L760-1 du CJA et CAA.

01 : Notification n° 14PA02929 du 28/08/2014.

02 : Ordonnance n° 14PA02929.

03 : Recours devant la cour d'appel.

04 : Demande d'AJ près la cour·

COUR ADMINISTRATIVE
D'APPEL DE PARIS

68 rue François Miron
75004 PARIS
Tél : 01 58 28 90 00
Fax : 01 58 28 90 22
Greffe ouvert du lundi au vendredi de
09h30 à 12h30 - 13h30 à 16h30

Paris, le 28/08/2014

M. CHISAKA Yoshiaki
Lot TEPAPA n°1 Mission
BP 62323
98713 PAPEETE

Notre réf : N° 14PA02929
(à rappeler dans toutes correspondances)

Monsieur Yoshiaki CHISAKA c/

NOTIFICATION D'UNE ORDONNANCE
Lettre recommandée avec avis de réception

Monsieur,

J'ai l'honneur de vous adresser, ci-joint, l'expédition d'une ordonnance du 28/08/2014 rendue par la Cour administrative d'appel de Paris dans l'affaire citée en référence sous le n° 14PA02929.

Si vous estimez devoir vous pourvoir en cassation contre cette ordonnance, **votre requête, accompagnée d'une copie de la présente lettre**, devra être introduite dans un délai de 2 mois, devant le Conseil d'Etat, Section du Contentieux, 1 Place du Palais-Royal - 75100 PARIS RP, ou www.telerecours.conseil-etat.fr pour les utilisateurs de Télérecours. Ce délai est ramené à 15 jours pour les ordonnances rejetant les conclusions à fin de sursis à exécution d'une décision juridictionnelle frappée d'appel.

Les délais ci-dessus mentionnés sont augmentés d'un mois pour les personnes demeurant en Guadeloupe, en Guyane, à la Martinique, à La Réunion, à Mayotte, à Saint-Barthélemy, à Saint-Martin, à Saint-Pierre-et-Miquelon, en Polynésie française, dans les îles Wallis et Futuna, en Nouvelle-Calédonie et dans les Terres australes et antarctiques françaises, et de 2 mois pour celles qui demeurent à l'étranger, conformément aux dispositions de l'article 643 du code de procédure civile.

A peine d'irrecevabilité, le pourvoi en cassation doit :
- être assorti d'une **copie de la décision** juridictionnelle contestée ;
- être présenté, **par le ministère d'un avocat au Conseil d'Etat et à la Cour de Cassation.**

Je vous prie de bien vouloir recevoir, Monsieur, l'assurance de ma considération distinguée.

Le Greffier en Chef,
ou par délégation le Greffier,

Marc GUIBLIN

267

COUR ADMINISTRATIVE D'APPEL
DE PARIS

RÉPUBLIQUE FRANÇAISE

N° 14PA02929

M. Yoshiaki CHISAKA

AU NOM DU PEUPLE FRANÇAIS

La Cour administrative d'appel de Paris

Ordonnance du 28 août 2014

Le premier vice-président,
président de la 3ème chambre

Vu la requête, enregistrée le 2 juillet 2014, présentée par M. Yoshiaki Chisaka, demeurant lot Tepapa n°1, Mission, BP 62323 à Papeete (98713) ; M. Chisaka demande à la Cour :

1°) d'annuler le jugement n° 1300480/1 en date du 30 décembre 2013 par lequel le Tribunal administratif de la Polynésie française a rejeté sa demande tendant à l'annulation de la lettre du 16 août 2013 du ministre de l'équipement, de l'urbanisme, des énergies et des transports terrestres et maritimes prise en réponse à son recours gracieux ;

2°) d'annuler la décision susmentionnée ;

3°) d'ordonner la jonction pour connexité des dossiers n° 14PA02926, n° 14PA02927, n° 14PA02928 et n° 14PA02929 ;

4°) de mettre à la charge de l'Etat la somme de 2 500 euros en application de l'article L. 761-1 du code de justice administrative ;

Vu l'ordonnance attaquée ;

Vu les autres pièces du dossier ;

Vu la loi n° 91-647 du 10 juillet 1991 modifiée et le décret n° 91-1266 du 19 décembre 1991 modifié ;

Vu le code de justice administrative ;

1. Considérant qu'aux termes de l'article R. 222-1 du code de justice administrative : *« (...) les présidents de formation de jugement des tribunaux et des cours peuvent, par ordonnance (...) 4° Rejeter les requêtes manifestement irrecevables, lorsque la juridiction n'est pas tenue d'inviter leur auteur à les régulariser ou qu'elles n'ont pas été régularisées à l'expiration du délai imparti par une demande en ce sens »* ; qu'aux termes de l'article R. 811-2 : *« Sauf disposition contraire, le délai d'appel est de deux mois. Il court contre toute partie à l'instance à compter du jour où la notification a été faite à cette partie dans les conditions prévues aux articles R. 751-3 et R. 751-4 »* ;

2. Considérant qu'aux termes de l'article R. 811-4 du code de justice administrative : « *A Mayotte, en Polynésie française et en Nouvelle Calédonie, le délai d'appel de deux mois est porté à trois mois* » ; qu'aux termes de l'article R. 811-5 du même code : « *Les délais supplémentaires de distance prévus à l'article R. 421-7 s'ajoutent aux délais normalement impartis* » ;

3. Considérant qu'il ressort des pièces du dossier que le jugement attaqué du Tribunal administratif de la Polynésie française a été notifié à M. Chisaka dans les conditions prévues à l'article R. 751-3 du code de justice administrative, au plus tard le 31 janvier 2014 ; que la requête d'appel présentée par M. Chisaka contre ce jugement n'a été enregistrée au greffe de la Cour que le 2 juillet 2014, soit après l'expiration du délai de quatre mois résultant des dispositions précitées du code de justice administrative ; que si M. Chisaka demande l'aide juridictionnelle dans sa requête, cette demande est également tardive pour avoir été présentée après l'expiration du délai de recours contentieux et n'est pas de nature à interrompre ou à proroger ce délai ; que, par suite, la requête est tardive et entachée d'une irrecevabilité manifeste qui n'est pas susceptible d'être régularisée ; qu'elle ne peut ainsi qu'être rejetée ;

O R D O N N E :

Article 1er : La requête de M. Chisaka est rejetée.

Article 2 : La présente ordonnance sera notifiée à M. Yoshiaki Chisaka.

Fait à Paris, le 28 août 2014.

Le premier vice-président,
président de la 3ème chambre

Pour Expédition Certifiée Conforme
Pour le Greffier en chef
Le Greffier,

Marc GUIBLIN

J-J. MOREAU

Monsieur CHISAKA Yoshiaki
Lot TEPAPA n°1 Mission
BP 62323
98713 - PAPEETE
wind@mail.pf Tél: 72 80 30

Tahiti, le 18 juin 2014.

Cour administrative d'appel de Paris
68, rue François Miron
75004 – PARIS
Tél 01 58 28 90 00
Fax 01 58 28 90 22

Appel de la décision n° 1300480 du 30 décembre 2013 *(PJ01)*
avec demande d'aide juridictionnelle
Et appel en cause du haut-commissaire de la république française Lionel BEFFRE
Et demande de jonction avec les recours contre les décisions n° 13-626, 13-631 et 14-229 pour connexité.

La présente demande d'aide juridictionnelle, basée sur la complexité du dossier et de ceux, connexes dont la jonction est réclamée, prospérera en ce que ces décisions portent par ailleurs sur des atteintes au droit fondamental de l'exercice d'une profession librement choisie et des conditions de sa réglementation.

Exception d'illégalité de l'article R421-7 du code de justice administrative nationale, ensemble le décret n° 2010-1562 du 14 décembre 2010 et notamment l'article 7.

L'article R421-7 prévoit un délai de distance d'un mois entre la France et la colonie des Etablissements français de l'Océanie, dénommés sous appellation d'entité politique et administrative « *la Polynésie française* », et, avec « l'étranger », de deux mois supplémentaires aux 3 mois de base.

q) L'exception d'illégalité de la modification « *pour l'outre-mer* » contenue dans l'intitulé du décret prospérera en ce que « l'outre-mer » est actuellement scindé au sein du ministère de l'Intérieur en des outre-mer (sic).

r) Le décret ne vise par la loi constitutionnelle n° 2004-192 du 24 février 2004, d'où la deuxième illégalité.

s) En classant dans l'outre-mer, l'étranger et en incluant « *la Polynésie française* » dans le premier, le décret n'a pas tenu compte que cette dernière est à l'étranger. Voir par exemple l'article R151-1 du code monétaire et financier permettant à la France métropolitaine de disposer d'entre les outre-mer, un outre-mer étranger où l'euro, monnaie de la France, n'a pas cours légal ni pouvoir libératoire.

t) Enfin, en distinguant entre une France « métropolitaine » et une deuxième France, le décret contrevient à l'article 1er de la Constitution qui prévoit que la France est une république une et indivisible, et partant qu'une république une et indivisible est la France ; que l'article 1er de la loi organique 2004-192 du 27 février 2004 prévoyant un « pays d'outre-mer » au sein de la république française, le distinguo entre France métropolitaine et l'outre-mer contrevient à ces articles 1ers ; que seule une distinction entre la France et l'étranger ne pourra exister.

Par ces motifs, faire droit à ces exceptions d'illégalités et déclarer le présent recours recevable dans les délais octroyés par l'article R421-7 du CJA entre la France et l'étranger, de l'accuser de réception du 31 janvier 2014.

De l'appel à la cause du haut-commissaire français dans la république française.

Le présent appel est lié à d'autres, déférés ce même jour à la cour administrative parisienne, contre les décisions n° 13-626, 13-631 et culminant avec l'ordonnance n° 14-229.

En effet, ayant appelé à la cause l'haut-commis dans le dossier n° 13-631, le président Jean-Yves TALLEC aura arrêté qu'il s'agit d'une requête nouvelle, l'enregistrant en tant que telle. A cet effet, j'ai contacté ce jour également ledit haut-commissaire de France pour l'inciter sous forme de recours gracieux avant saisine de la juridiction idoine à refuser mandement et ordre de la république française pour l'exécution de la décision 14-229.

Rappel des faits et de la procédure ayant aboutis à la décision n° 13-480 attaquée.

La requête initiale exposait que le 12 juillet 2013 j'avais saisi le président de la commission de discipline des taxis d'un recours gracieux résumé ainsi : « *Ma convocation devant la commission de discipline des taxis portait sur deux types de poursuites: de 1ère catégorie où il appartenait à la commission de prononcer une sanction ou non, et de troisième catégorie, d'émettre un avis, ou non. Après délibération, aucune sanction n'a été notifiée ni même prononcée sur la première catégorie de poursuites (…)*

Quant à l'avis irrégulièrement prononcé pour une supputée infraction de 3ème catégorie, l'infraction première n'ayant pas été sanctionnée, cet avis n'a donc plus de base légale ni réglementaire puisqu'il reposait sur l'infraction première alléguée qui aurait été renouvelée, "en récidive". Aucune sanction n'ayant été prononcée sur ce point, toute "récidive" tombe donc également. Et donc l'avis lui-même ne repose sur aucun fondement en droit et en faits. (…) », la réponse négative se résumant quant à elle à : « *Je ne peux que vous confirmer que toutes les règles (…) ont été respectées (…) Je ne manquerai pas de vous faire connaître la décision qui sera prise à votre encontre dans les tous prochains jours.* ».

Je demandais au tribunal administratif, au vu de la confirmation ministérielle, doublée de l'annonce d'une décision à intervenir, que cette réponse le conduise à relever le refus opposé à la demande gracieuse et l'annuler.

Je développais plus amplement, qu'en détournant à deux reprises dans sa réponse l'objet du recours gracieux qui dénonçait certes – et bien obligatoirement - les faits reposant sur la contestation de l'avis exprimé par la commission le 11 juillet 2013, le recours gracieux ne réclamait cependant rien de moins que « *l'arrêt des poursuites à mon encontre* » ; que le tribunal ne retiendra pas le subterfuge consistant à exposer qu'aurait été émis un « *recours gracieux contre l'avis rendu par la commission de discipline des taxis* » une fois, et la deuxième, un « *recours gracieux contre l'avis rendu par la commission de discipline des taxis le 11 juillet dernier* » ; que le détournement de pouvoir du président de la commission des taxis est donc avéré et que l'abus de pouvoir est dans l'annonce d'une décision à intervenir et qui donc n'était pas intervenue au moment de la saisine de la juridiction locale.

Et de prédire - bien avant que le ministre des transports terrestres ne soit acculé à la démission suite à un accident où en tant que conducteur du véhicule et de surcroît sous l'empire d'une annulation de son permis de conduire, le responsable de la sécurité routière tombera dans un ravin avec un taux d'alcool dans le sang par litre de 2,4 grammes - que l'excès de pouvoir, en tant que ministre et président de la commission, Monsieur Bruno MARTY rompait l'égalité des armes en prenant la défense de celui – Monsieur Ronald TSU, qui démissionnera d'ailleurs le 10 avril 2014 (arrêté n° 730CM) et qui représentait l'ex-ministre comme président de la commission.

Enfin, ledit Ronald TSU comme président de la commission, après avoir opposé un refus à la transmission d'une pièce essentielle du dossier (la lettre n° 2098) après saisine de la Cada et avant son jugement à intervenir le 12 septembre 2013, avait finalement produit ladite lettre, qu'il n'a par ailleurs pas manqué d'altérer, et alors même que le comique de situation aura fait que la CADA sera partie « dans les choux », pensant que la pièce réclamée faisait partie d'un dossier disciplinaire concernant un agent là où je demandais que soit produite la lettre n° 2098… qui aura été produite, altérée, comme vu *supra* !

Prémonitoirement comme il apparaîtra avec la décision n° 13-631/14-229 plus tard, j'avais aussi écrit : « *Quant à la phrase « (…) la décision qui sera prise à votre encontre dans les tous prochains jours », l'expression « à l'encontre » comporte en elle-même, sinon une menace plus une tentative d'intimidation puisque chaque jour qui passe, je ne peux que m'attendre à une sanction - forcément puisque le recours gracieux a été refusé -, alors même que les 30 jours sont révolus, et cette « ouverture » pouvait même viser à m'inciter à ne pas saisir la juridiction, par exemple si une autre manœuvre avait été envisagée, telle ne pas prononcer de sanction sous couvert de bienveillance ou d'indulgence alors que je ne réclame que l'application du droit et aucune mesure de faveur si tel pouvait être la suite envisagée. En effet, soit il fallait faire droit au recours gracieux, soit prononcer une sanction faisant alors l'objet d'un seul recours devant le tribunal alors que le présent précèdera quasi obligatoirement le prochain, chargeant bien inutilement le tribunal par ailleurs mais surtout m'occasionnant d'autres écritures encore, à produire.* »

Et j'ai donc demandé l'annulation du refus opposé.

Par conclusions du 6 septembre 2013, j'alertais de plus fort le juge administratif en ces termes : « *Hier 5 septembre 2013 le service des transports m'a téléphoné pour me demander de m'y rendre. Là ils m'ont remis l'arrêté ci-joint. Ce procédé confirme la méthode dénoncée puisque m'a été remis alors un arrêté d'interdiction « provisoire » (sic) d'exercer sur la base ci-dessus dénoncée. Cet avis n'étant pas signé, bien que n'ayant aucune valeur donc, j'ai donc arrêté d'exercer à partir du moment de la notification et pour le temps arrêté ma profession car ne pouvant prendre le risque de me faire justice administrativement « à moi-même » malgré l'évidence de mon bon droit, (…) En effet, celui qui répondait encore il y a quelque jours : « Je ne peux que vous confirmer que toutes les règles (…) ont été respectées (…) » ne saurait revenir sur la décision qu'il aura prise postérieurement à ma mise en avant de l'irrégularité de ces-dites règles. Enfin, ayant annoncé sa décision en dehors du délai qui lui était imparti et donc l'ayant prise en toute connaissance de cause, le risque de le voir à nouveau outre-passer ses droits si j'exerçais normalement, ne me permet pas de me défendre utilement autrement qu'en rajoutant cette pièce à la présente procédure. « Le détournement de pouvoir du président de la commission des taxis est donc avéré » était-il aussi exposé dans la requête d'août ; il est aujourd'hui aggravé. Tout comme l'abus et l'excès de pouvoir puisqu'il aura mis sa menace à exécution : « (…) la décision qui sera prise à votre encontre dans les tous prochains jours », Pire, les voies de recours alambiquées de la notification les rendent inintelligibles.* ».

Et je rajoutais alors : « *faire droit de plus fort au recours au vu encore des pièces produites : arrêté et notification* ».

Le 20 novembre 2013 je donnais mandat spécial à Monsieur René HOFFER pour me représenter à l'audience du 26 novembre 2013 en mon absence de TAHITI, précisant que Monsieur René HOFFER m'avait assisté depuis le début des poursuites et demandais donc à ce qu'il puisse également m'assister en me représentant devant le tribunal administratif qui est le prolongement de la procédure initiale.

Le 21 novembre 2013 je produisais mes observations suite au mémoire 6288/PR et y développais que :
19) Je demandais le rejet de l'intervention de l'entité politique « *la Polynésie française* » (« *Représentée par son Président, Monsieur Gaston FLOSSE* ») faisant valoir que mon recours le 28 août 2013 exposait que « *j'avais saisi le président de la commission de discipline des taxis d'un recours gracieux* » ; que donc tout naturellement c'est ce président Bruno MARTY qui m'aura personnellement répondu, signant même son écrit et endossant à la première personne ses actes : « *Je ne peux que vous confirmer que toutes les règles (…) ont été respectées (…) Je ne manquerai pas de vous faire connaître la décision qui sera prise à votre encontre dans les tous prochains jours.* ».

Qu'il convenait maintenant, au vu de l'intervention de « *la Polynésie française* » d'ajouter un élément de droit complémentaire relatif à la portée du refus opposé, c'est-à-dire ajouter l'abus, à l'excès de pouvoir ministériel, mais également de reconsidérer la portée de la lettre n° 502 du ministre, de son affirmation, si d'aventure sa décision relevait de la seule compétence de « *la Polynésie française* » - voire relevait d'une compétence partagée – dont le représentant auto-représenté Gaston Utato FLOSSE n'est cependant pas le président… de ladite commission de discipline des taxis contrairement au ministre d'alors, Bruno MARTY que l'actualité m'aura permis d'expliciter encore plus suite à l'accident de l'alcoolique ministre des transports, délinquant conduisant malgré un retrait de permis et plusieurs verbalisations, relaté ci-dessus : « *Qu'en effet, ce ministre démissionnaire aura dû présenter sa démission, tant en tant que ministre que de président de la commission de discipline des taxis au président de la Polynésie française qui pendant plusieurs jours ne l'a pas acceptée, c'est-à-dire laissant ces deux charges audit Bruno MARTY. A contrario, Monsieur Gaston Utato FLOSSE n'était pendant ces quatre jours pas ministre des transports ni président de la commission de discipline des taxis avant qu'il n'occupe le poste durant un week-end. Autrement dit : le 15 octobre 2013 « la Polynésie française » (Gaston Utato FLOSSE) n'était pas ce ministre et ne pouvait ni le suppléer, ni l'écarter, ni le remplacer, ni intervenir en défense à sa place. Le refus opposé par le président de la commission et ministre Bruno MARTY à mon recours gracieux et qui lui avait été adressé nommément et ès-qualité, sera donc annulé, outre pour les motifs juridiques mis en avant, également en ce que ce refus, comme il apparait aujourd'hui, aura été décidé par une entité incompétente au regard du défendeur du 15 octobre 2013 dans le cas où le tribunal agréait l'intervention de « la Polynésie française ». Dans le cas contraire, si le tribunal administratif rejetait la substitution de l'entité politique « la Polynésie française » à supplanter non seulement le ministre mais en plus sa dignité de président de la commission de discipline des taxis qu'il détient « en propre » de la délibération n° 2008-5, ce sont alors ces écritures du 15 octobre 2013 que le tribunal administratif - de cette même entité « la Polynésie française » -, censurera comme étant produites abusivement et par une entité non partie à la procédure, pour sanctionner de plus fort le refus déféré au vu de mes seules contestations puisque le défendeur réel n'aura pas soutenu son refus face à ma critique en droit.* »

Que plus simplement encore, « *le mémoire en défense même conforte, intrinsèquement, les pouvoirs ministériels distincts et personnels en ces termes (page 2/6, 1., 3ème paragraphe)* « *La commission de discipline des taxis dispose d'un pouvoir décisionnel pour les infractions de première et deuxième catégories et a un rôle consultatif pour les infractions de troisième catégorie, <u>la décision définitive appartenant alors au ministre</u> chargé des transports terrestres <u>selon les articles 18 et 28</u> de la délibération précitée.* »

Et je continuais : « *si les articles 18 et 28 donnent pouvoir à tel ministre, le* « *pays d'outre-mer* » *(sic)* « *la Polynésie française* » *à l'origine de cette attribution de compétence par le truchement d'une de ses délibérations, ne saurait la reprendre ou la retirer. Son mémoire en défense du 15 octobre 2013 sera écarté de plus fort encore, frappé d'inexistence pour abus, excès et détournement de pouvoir(s) en ce qu'en attribuant à tel ministre tel pouvoir décisionnel définitif, elle ne saurait, une fois sa décision prise, interférer dans son domaine. Ni s'accaparer de sa compétence. Et pas même la reprendre, sans avoir préalablement annulé son transfert de pouvoir par délibération 2008-5 initial* », retranscrivant même l'article 197 II.- de la loi organique 2004-192 du 27/02/ 2004 : « *II. - Le président du gouvernement, les membres du gouvernement et les membres de l'assemblée de la Polynésie française en fonction à la date de la promulgation de la présente loi organique deviennent de plein droit, respectivement, président de la Polynésie française, membres du gouvernement de la Polynésie française (…)* », terminant par : « *Ayant demandé l'annulation du refus opposé par celui qui m'avait répondu le 16 août 2013 c'est-à-dire le ministre des transports également président de la commission de discipline, un tel ministre est à l'évidence, en droit organique, (l')un des* « *membres du gouvernement* » *de l'article 197. A contrario, le* « *président de la Polynésie française* », *sénateur ou pas sénateur, ne fait pas partie des membres du gouvernement à en croire ce même article 197 - sauf à en faire partie en dehors de la loi organique, de façon sauvage, par pure forfaiture, nostalgie, ou autres us et coutumes politiques passés et qui feraient résurgence où il passerait de nouveau à président du gouvernement de la Polynésie française (sic) -, voire à tantôt se complaire dans l'une des catégories (président de la Polynésie française), tantôt dans l'autre (membre(s) du gouvernement de la Polynésie française) ? Et/ou les deux à la fois ?* ». Et même de citer un exemple : « *Une situation similaire s'était déjà passée dans un autre dossier (Hoffer, n° 13-369) où était intervenu un* « *vice-président* » *en défense… avant que la réplique sur l'irrecevabilité de cette entité… n'aura été compensée par l'intervention du défendeur en titre, la principale intéressée (Madame Brigitte GIRARDIN) ayant quant à elle opté de faire la morte malgré une injonction de conclure de la part du tribunal de séant.* ».

Mieux, j'expliquais que l'article 197 II.- « *tire son essence d'avant la loi organique 2004-192 quand existait un* « *président du gouvernement* » *(sic), c'est-à-dire une hybride institutionnelle franco-colonialo-française entre président et premier ministre (sic) – un peu comme un erstaz de minister-praesident comme dans l'état fédéral d'Allemagne par analogie – ; à l'époque ou le chef du territoire était un gouverneur avant le changement, là aussi de cette appellation en* « *haut-commissaire* »*. En intervenant comme il le fait, Monsieur Gaston Utato FLOSSE contrevient à l'évidence à l'article 197 en ce qu'il abandonne* « *sa casquette* » *statutaire actuelle de président de la Polynésie française pour remonter dans l'avant 27 février 2004 et endosser en 2013, par reflexe apparemment, le costume suranné, naphtaliné vu que plus de 9 ans se sont déjà écoulés depuis, de président du gouvernement de la Polynésie française lorsqu'il était effectivement le chef statutaire de ses pairs. Sauf à violer l'article organique n° 197, ses écritures et son intervention en défense ne pourront qu'être frappés d'inexistence, dénoncés pour forfaiture pour avoir voulu conduire le tribunal à faire fi de l'art.197. Ironie du sort ou malédiction juridico-statutaire : après la démission du ministre Bruno MARTY que la justice répressive pointilleuse sur la sécurité routière savait ironiquement être un délinquant récidiviste, ledit Gaston Utato FLOSSE était pendant quelques heures ces derniers jours… le ministre-président de la Polynésie française des transports ! Que n'a-t-il alors repris ses écritures du 15 octobre 2013 pour les régulariser auprès du tribunal administratif, sous sa férule ministérielle et sur papier à entête de ce ministère ? C'eût eu le mérite de clarifier que c'est sur la base des articles 18 et 28 ci-dessus qu'il aurait alors agi. Plus simplement encore : ayant déféré, c'est à dire ayant attaqué le refus ministériel, c'est une défense présidentio-sénatoriale qui m'est opposée, laissant de surcroît penser que cette mise en avant d'une fonction élective nationale se voudrait de renforcer une, locale ! En d'autres termes, même si le président du parti politique Tahoeraa Huiraatiraa pense aujourd'hui encore pouvoir faire fi de l'article 197 comme à l'époque d'avant le 27 février 2004 en se prévalant, en plus de président de la Polynésie française, d'en être aussi le président du gouvernement, le tribunal ne se laissera pas abuser par la similitude du mot* « *président* » *qui vaut aussi pour le ministre (partie président de la commission de discipline des taxis et fera le distinguo entre un ministre des transports terrestres-président (de la commission de discipline des taxis) à l'époque des faits et un président de la Polynésie française/ président du gouvernement (…), dont celui des transports terrestres durant quelques heures en novembre 2013. En effet, l'article 3 de la loi organique ne permet qu'au haut-commissaire et pour la seule* *représentation républicaine nationale un tel degré de concentration de tous les pouvoirs de la république française, y compris pour celle qu'elle contient en son sein et défini par l'article 1ᵉʳ de la loi organique 2004-192. ».*

20) Que « *L'entité politique « la Polynésie française », si ses écritures n'étaient par extraordinaire pas écartées, se trompe d'entrée aussi en détournant la demande originelle en annulation de la lettre n° 502 du 16 août alors qu'il s'agit tout simplement d'une requête en annulation de refus. En effet, <u>cette lettre n'eût-elle jamais existée que j'aurais introduit mon recours contre le refus</u> qui alors aurait été implicite passé le délai de deux mois* », ajoutant : « <u>*Le tribunal ne se laissera ici non plus, abuser.*</u> ».

21) Je répondais ensuite qu'en « *son « 1. », « la Polynésie française » se réfère à sa délibération n° 2008-5 - postérieure à la loi organique de 2004 -, de transmission du pouvoir décisionnel pour telles infractions. Celle-ci, dès les écritures du 11 juillet 2013 déposée devant la commission, était critiquée jusqu'à son l'intitulé relatif à la commission de discipline des taxis en ces termes:*
« *1) De l'intitulé de "la commission de discipline des taxis".*
L'article de la délibération 2008-5, dernier alinéa précise que "L'appellation taxi est exclusivement réservée aux véhicules (...). Toute juxtaposition de cette appellation avec d'autres vocables est interdite.
Plus qu'un simple vocable juxtaposé, la juxtaposition de la locution "commission de discipline des" (taxis) contrevient ainsi à cet article 2.
De ce seul moyen la commission ne saurait se prévaloir de statuer en matière de discipline "des taxis" pour des personnes, lesquelles ne sont pas des taxis puisque n'étant pas des véhicules automobiles comme le prévoit expressément ce même article 2 en son premier alinéa qui relève que "L'appellation "taxi" (bien noter les guillemets qui font de ce mot, une appellation contrôlée, une marque de fabrique, un quasi-nom propre, en tout cas lui donne une valeur intrinsèque) s'applique à tout véhicule automobile".
Il ressort de ce qui précède qu'en me convoquant devant votre commission mais ne répondant moi-même pas à la définition qu'englobe l'intitulé de la commission puisqu'étant une personne et non un véhicule automobile, un taxi, les présentes poursuites ne sauraient prospérer, la commission "des taxis" ne pouvant statuer que sur les seuls véhicules automobiles, les "taxis". Pas les personnes; non taxies.
2) Au cas où par extraordinaire vous outre-passiez cependant l'esprit et la lettre de l'article 2, il convient alors de mettre cette délibération elle-même en cause. En effet, malgré l'affirmation présentée en défense dans le dossier René HOFFER n° 08-429 au tribunal administratif dans le paragraphe "1 - Sur la nécessité d'une loi du Pays (...) La Polynésie française tient à affirmer que l'ensemble des dispositions sur lesquelles le requérant entend porter grief, sont bel et bien de nature réglementaire", l'arrêt n° 318628, inédit au recueil Lebon, 10ème et 9ème sous-sections du conseil d'Etat réunies n'est pas aussi catégorique, certes en mode de cette rédaction sybiline: " (...) quand bien même ces délibérations relèveraient, pour certaines de leurs disposition, du domaine de la loi et qu'elles n'auraient, de ce fait, pu être adoptées que sous la forme d'une loi du pays", il n'appartenait certes alors pas au conseil d'Etat d'en connaître en premier et dernier ressort selon la procédure prévue par l'article 176 de la loi du 27 février 2004.
Autrement dit, est ici soulevé l'exception d'illégalité de la délibération 2008-5 en ce qu'elle comporte des articles relevant d'une "loi du pays". Voir par exemple la "Loi du Pays n° 2013-17 du 10 mai 2013 portant modification de la délibération n° 95-215AT..." (JOPF n° 17NS du 10/05/2013, page 977 pour illustration).
Les poursuites à mon encontre seront donc aussi levées en ce qu'elles sont basées sur une délibération dont la normativité est ici contestée au regard de dispositions relevant d'une "loi du pays", et plus particulièrement pour la partie "sanctions" de l'article 28 soulevé mais également et pour parfaite illustration, de l'article 39 qui mentionne l'article 433-17 du code pénal (français) avec refus d'attribution d'autorisation pendant cinq ans, cette dernière asséneation étant elle-même contraire au droit constitutionnel sanctionné par QPC en décembre 2010 puisque ne respectant ni la proportionnalité de la faute, ni ne permettant "au juge" de moduler la peine, etc.. » et je résumais : « *Comme déjà réclamé devant la commission, est ici soulevée l'exception d'illégalité de la délibération n° 2008-5 en ce que seule une « loi du pays » (sic) saurait éventuellement intervenir pour les faits qui me sont reprochés et qui touchent à la liberté du travail, droit fondamental constitutionnel et garanti par la convention européenne des droits de l'Homme et garantie par la déclaration des droits de l'Homme et du citoyen, à l'instar par exemple de la QPC 2013-352 du 15 novembre 2013 (Mara, Julien SIU) où, après avoir visé la loi organique 2004-192 le conseil constitutionnel aura néanmoins élevé au niveau de l'article 16 de la DDHC de 1789 une liberté fondamentale à laquelle il avait été porté atteinte par le code de commerce, faisant fi de son applicabilité spécifique dans le « pays d'outre-mer » de « la Polynésie française »,*

statutairement autonome au sein de la république française donc, censurant néanmoins le pouvoir en propre dont avait abusé la juridiction commerciale locale, de décider sans en avoir été saisie par un tiers — comme juge et partie — d'une mise en redressement judiciaire ou d'une mise en liquidation judiciaire, action pourtant présentée comme favorable à leur(s) bénéficiaire(s)… »

22) Là étaient défendus les faits : « *Le « rappel des faits d'espèce » mérite également contradiction et notamment concernant les pièces jointes que je découvre pour certaines. La production de la pièce jointe n° 2, d'entrée est éloquente car elle permet le raccourci : « (…) CHISAKA stationnait en attente de clientèle en dehors des emplacements réservé aux taxis » et « la commission de discipline des taxis a pourtant déjà prononcé un avertissement (…) le 16 juillet 2012 (…) ». Alors que le rapport de contrôle du 8 juin 2013 fait apparaître plus une traque ou un coup monté, qu'un contrôle : (à 20h17) « Nous constatons le véhicule (…) déjà à l'arrêt (…) », ce « déjà » étant lui-même renforcé par la surveillance, en cachette, de la personne à bord, en l'espèce moi, en tant que chauffeur… En effet, le « déjà » trahit l'intention de trouver une infraction plus que d'en constater une ; car pourquoi l'assermenté MARA Teriitoae ne m'a-t-il pas verbalisé pour mon arrêt sur l'arrêt-minute ? Car de 20h17 à 20h51, 33 minutes illégales se sont écoulées ! Il se devait de me verbaliser — éventuellement 32 fois puisque la première minute n'est pas sanctionnable — pour cette infraction puisqu'à l'évidence c'en est une du fait même qu'il aura relevé dans son rapport cet arrêt entre 20h17 et 20h51 ? -, ce qui aurait alors rendu toute nouvelle infraction impossible puisque bien évidemment je lui aurai a minima demandé « où » je pouvais me garer ET si je pouvais me garer sur la parking payant du fret-aéroport et éventuellement m'enquérir auprès de lui si son assermentation valait sur un domaine privé concédé à un organisme de statut public et/ou inversement ? Mais encore, dès le rapport du 8 juin 2013 le contrôleur mentionne la récidive dont seule la commission de discipline peut connaître ; pas un contrôleur. De surcroît assermenté. L'exception d'illégalité du rapport du 8 juin est donc ici aussi soulevée, en ce que la commission aura enclenché ses poursuites sur cette base. Mais l'assermenté contrôleur aura assurément aussi dédié l'exercice de la commission d'emploi d'agent assermenté à ma seule personne — à preuve du contraire — puisqu'il m'aura épié de 20h17 à 21h45 soit pendant une heure et demie, ce qui bien sûr est son droit mais néanmoins, combiné avec la mention de « récidive » et le « déjà », permettra au tribunal d'en être persuadé également : sa surveillance était dirigée, contrevenant par là à sa fonction de contrôleur, pervertie en « traqueur »… Quant au « défaut du chapeau taxi » passible du retrait de la licence et/ou du certificat de capacité ou des deux, il se garde bien d'informer que durant l'arrêt le chapeau était bien sur le taxi et qu'il n'a été enlevé qu'une fois sur le parking privé/payant, pour justement ne pas encourir le risque d'induire en erreur, voire décevoir un éventuel client qui aurait pu penser, à tort, que mon taxi était « libre ».*

Tel un Louis de Funès dans « Le gendarme à Saint-Tropez », cette opération « chapeau » a dû réjouir le contrôleur qui n'en demandait certainement pas tant : le passage de chapeau sur l'arrêt-minute à pas-chapeau sur un parking payant ! Mais fatalitas, fatalitis : d'une part la mise en avant de « récidive » pouvant me faire passer pour un « dangereux récidiviste » m'aura ironiquement attiré l'indulgence de la commission de discipline - que je n'avais nullement sollicitée puisque j'aurais déféré toute condamnation injustifiée — l'indulgence supputée ou non supposée ne permettant pas de contester utilement une condamnation, c'est-à-dire que toute non-condamnation paraît être traduite par de l'indulgence dans le milieu fonctionnarial des transports terrestres alors qu'en ce qui me concerne cela ne relevait pas d'une demande d'indulgence mais d'une contradiction de poursuites indûment entreprises -, d'autre part le contrôleur aura occulté dans son rapport que j'avais le chapeau taxi bien en place sur la voie publique et ne l'ai enlevé que sur le parking payant, son assermentation de pouvoir opérer sur un parking payant étant ici dénoncée puisqu'il ne mentionne même pas sur quelle commission rogatoire du procureur de la république française par exemple. En effet, cette façon de procéder est à rapprocher de deux arrêts du 22 octobre 2013 de la cour de cassation relatifs à la « géolocalisation » sur la base d'une ingérence dans la vie privée même suite à un ordre émanant d'un procureur de la république (…). »

Et je demandais au tribunal de retirer « *du mémoire le mot « récidive » ainsi que la locution « Etant précisé que la commission de discipline des taxis a pourtant déjà prononcé un avertissement à l'encontre de Monsieur CHISAKA le 16 juillet 2012, pour une infraction du même type (P.J. n° 3)) » en ce que d'une part <u>aucune récidive n'aura été prise en compte</u>, par l'artifice de l'indulgence, ou tout autre moyen important peu, la <u>faisant tomber ladite récidive de facto</u>, puis constatera que loin de s'agir d'un simple contrôle, l'assermenté MARA Teriitoae aura orienté son « contrôle » qui logiquement se devait de s'arrêter à la constatation de l'arrêt sur l'arrêt-minute de mon taxi sans le chapeau sur le toit, ce que le contrôleur avait jugé conforme aux réglementations pour lesquelles il a prêté serment ; ensuite qu'il n'appartenait pas au contrôleur de faire un rapport unique, ET de conformité ET de non-conformité, les deux éléments n'étant d'une part pas liés, et d'autre part, qu'un contrôleur n'a pas vocation* à faire des contrôles, dissimulé. Etc … S'agissant de la mise en avant de la supputée indulgence, celle-ci est aussi contredite par la pièce jointe n° 5, page 20 sur 29, qui, après avoir pertinemment relevé que « (…) M. HOFFER intervient et déclare que l'infraction pour stationnement en dehors des emplacements réservés aux taxis n'a pas lieu d'être car le parking où était garé M. CHISAKA étant une *voie publique non soumise à une autorisation de stationnement*, les contrôleurs n'ont pas le droit d'y contrevenir », assène, « à huis clos » : « *M. TSU propose aux membres de la commission de ne pas retenir la récidive pour l'infraction de la 1ère catégorie relevée à l'encontre de M. CHISAKA car ce dernier a commis une infraction de la 3ème catégorie qui est beaucoup plus grave.* ».

Je ne saurais mieux, en le paraphrasant, exposer l'original que j'écrivais le 21 novembre 2013 : « *Le tribunal relèvera ici encore le modus operandi employé: l'orientation et la sélectivité des poursuites mais aussi les sous-entendus et les non-dits : proposer aux membres de ne pas retenir la récidive puis de s'en prévaloir en défense le 15 octobre 2013 relève de la malhonnêteté intellectuelle;* mettre en avant « l'indulgence » pour une opération concertée tombe sous le coup de la mauvaise foi ; et de passer sous silence qu'il ne s'agit en tout et pour tout que d'une seule et même verbalisation, sur un parking privé de surcroît – et donc occulter l'illégalité formelle de la constatation et du rapport entraînant l'entière nullité de toutes les poursuites, chapeau inclus -, est une violation que sanctionnera le tribunal administratif. D'autant plus qu'à la base il n'appartenait bien évidemment pas au contrôleur assermenté, sur un même rapport et donc sur son procès-verbal, de mélanger deux constatations dont la première ne prêtait pas à sanction, *et confondre domaine public et domaine relevant d'une concession aéroportuaire* en l'espèce. En clair, le rapport et subséquemment les poursuites devant la commission de discipline, est vicié en ce qu'il n'aura pas statué favorablement sur la première partie de son rapport, c'est-à-dire que son contrôle à 20h17 ne donnait lieu à aucune verbalisation, mais qu'il était non pas dans l'exécution de sa mission de contrôle mais à l'affût de la moindre infraction, fusse-t-elle non caractérisée. S'agissant de la notion « en attente de clientèle » dont la subjectivité n'échappera pas non plus aux juges, ni ses possibilités d'interprétation notamment en l'espèce, le tribunal remarquera là encore que l'agent de constatation n'aura pas relevé si de 20h17 à 20h51 mon taxi était ou non « en attente de clientèle », renforçant si besoin était la preuve de l'orientation de son contrôle. Son obligation de résultat ? Mais là encore, inutile de développer puisque la *nullité du contrôle effectué en dehors du champ opérationnel fait également tomber cette partie subjective et sujette à de multiples interprétations par le défendeur :* en prenant lecture de la lettre n° 2098 produite en pièces jointes n° 8/2 le 15 octobre 2013, *le tribunal comprendra aussi que si des autorisations de stationner à tel endroit auront été concédées par le directeur de l'aéroport… dont le ministre des transports est par ailleurs « en charge » (!!!), tant le contrôleur que les membres de la commission auraient dû dissiper toutes poursuites à mon encontre au vu de cet élément supplémentaire : le paiement d'une redevance au concessionnaire génératrice… de droits. La production de la pièce jointe n° 5 fait apparaître :* « M. Bruno MARTY (…) Appelé vers d'autres obligations, il s'excuse de devoir s'absenter et donne procuration à son chef de cabinet, monsieur Raymond CHIN FOO, aux fins de le représenter pour présider la présente séance » M. Ronald TSU, agissant comme secrétaire de séance, avant même la lecture de l'ordre du jour, donne le ton, oriente la séance par ces propos : « (…) sur les 40 dossiers à examiner, il y a quelques cas de récidive et particulièrement des infractions relevant de la 3ème catégorie ». *L'allusion est suffisamment claire me concernant, que mon dossier figurait dès avant la présentation de ma défense à partir de 11h52, dans cette catégorie sur laquelle avait attiré l'attention tout particulièrement le secrétaire de séance Ronald TSU à 08h05, le rendant en tant que membre de la commission, coupable de partialité d'une part, mais aussi en sa qualité de secrétaire de séance, d'agent d'influence d'autre part. C'est en effet lui qui dirigeait les débats et procédait à mon interrogatoire, etc…* Autrement dit, avec une telle introduction de la part du secrétaire de séance, *il n'allait pas non plus se « déjuger » :* son « particulièrement » ne laissant aucune place au doute. Il allait en faire son affaire !

Aujourd'hui encore, le motif de l'absence ministérielle qui même le 8 août 2013, soit presqu'un mois après la tenue de la commission, n'était curieusement pas précisé et donc pas motivé ; il n'est pas exclu au vu de l'actualité de ce mois de novembre, qu'il fût de caractère extra-professionnel suite à la découverte, après son accident de la route avec 2,4g/l de sang de l'addiction à l'alcool avec un comportement criminel dudit ministre en charge de la sécurité routière Bruno MARTY, Si un motif extra-professionnel et/ou fallacieux aura provoqué le départ de la présidence du ministre, la composition le 11 juillet 2013 de la commission de discipline est donc ici critiqué de plus fort et la nullité de sa tenue mise en avant. Enfin, la composition de la commission est également viciée en ce que la copie de la procuration n'est pas au dossier, alors même que le ministre-président avait ouvert la séance. Et qu'il y a eu substitution de président au profit de son chef de cabinet que ne saurait autoriser les articles 18 et 28 de la délibération 2008-5 de par ce simple adoubement. (…) *Le procès-verbal n° 160/MET/DTT/cdtx est nul et non avenu et sera tout simplement écarté de la procédure à mon endroit, en ce qu'il date du 8 août 2013, c'est-à-dire après l'introduction de mon recours gracieux le 12 juillet 2013 comportant des éléments qui auront pu être pris en compte ou écartés dans mon dossier – pour insincérité donc -, après la tenue de la séance disciplinaire, c'est-à-dire au vu de mon recours du même jour auprès de la CADA et celui, gracieux du 12 juillet 2013.* »

23) La réponse à la critique quant à « *L'auteur d'une requête ne contenant l'exposé d'aucun moyen ne peut la régulariser par le dépôt d'un mémoire exposant un ou plusieurs moyens que jusqu'à l'expiration du délai de recours.* » conserve ici toute sa pertinence en appel : « *Cette condition ne s'appliquant pas à mon dossier, il est inutile d'en débattre sauf à repréciser que la demande d'annulation du refus opposé implique bien évidemment la prise en compte de tous les éléments présentés au soutien du recours gracieux, évidence confirmée par la production en défense de ces pièces remontant au rapport du 8 juin 2013 – voire au dossier de 2012 -, etc… »*

24) Avec le recul de la décision n° 13-480 critiquée, ce point six prend toute sa saveur puisqu'il porte « *Sur l'absence de décision faisant grief.* » que je défend(ais)s ainsi : « *Monsieur Gaston Utato FLOSSE tente encore de faire diversion en prétendant notamment qu'une verbalisation ou un contrôle, par un agent_assermenté, en dehors de son champ d'action_ et sans commission rogatoire _portant son action devant telle commission ne me ferait pas grief !?_ Le tribunal, constatant les moult griefs déjà exposés, fera droit de plus fort à ma requête, ne serait-ce qu'en constatant depuis l'arrêté n° 6719/MET du 4 septembre 2013 produit par voie de conclusions la sanction qui m'aura été infligée, exécutoire dès signification, des trois jours de suspension que j'ai effectivement _dû exécuter_.* ».

25) Ici il convient de rappeler, au vu de la décision litigieuse comment les faits avaient été contestés par devant la commission dès le 11 juillet 2013, écrits dûment enregistrés, « *actes non détachables de la présente procédure puisqu'en étant le fondement des contrôle/convocation/contestation devant la commission/recours gracieux/refus/recours contentieux :*

« *(…) il convient encore de relever _l'imprécision des poursuites; contrôle "à l'aéroport", stationnement en dehors des emplacements réservés aux taxis, puis absence d'équipement de panneau taxi mais encore l'absence au dossier d'un arrêté interdisant aux taxis l'accès et le stationnement payant sur le(s) parking(s) et à l'aéroport._*

"A l'aéroport", s'agissant de l'aérodrome de TAHITI Faa'a relève des actes réglementaires du haut-commissaire de la république française au vu par exemple de l'arrêté n° 231 AC.DIR/NTAA du 15 avril 1997 délimitant trois zones et dont le _titre III se rapporte à la circulation et stationnement des véhicules où l'article 9 mentionne entre autres les taxis._

Cette seule mention de "taxis" dans cet arrêté démontre a minima qu'il y a chevauchement de **compétences entre les services du haut-commissariat et ceux des transports terrestres locaux**, *au pire que le contrôle effectué l'aura été incompétemment, le rendant intrinsèquement nul et de nul effet.*

Il apparaît donc clairement en l'état, que les agents auront outre-passé leurs prérogatives ratione loci, d'où éventuellement le manque de précision soulevé sur le lieu exact.

Mais encore, la verbalisation a été effectuée sur un parking payant pour lequel le montant aura été réglé conformément au(x) tarif(s) en vigueur. Plus encore; aucun panneau "Interdit aux taxis" n'est matérialisé à l'entrée dudit parking; les poursuites à l'instar de celles n° 875 et 887 du 2 juin 1997 du tribunal de simple police ou l'arrêt de la cour d'appel de la chambre correctionnelle de Papeete n° 330-168 du 21 août 1996 concernant 12 (douze) PV - et "en dépit des interventions réitérées des forces de l'ordre" - (!!) de stationnement, rendus au pénal dans des conditions similaires de stationnement à l'aéroport persuaderont la commission, à l'instar de ces instance judiciaires, de me "relaxer" pour : "... que l'élément légal des infractions reprochés n'est pas établi en l'espèce... aux termes de l'article 57 du code de la route, "les dispositions règlementaires prises par les autorités compétentes et qui ... doivent faire l'objet de signalisation, ne sont pas applicables aux usagers que si ces mesures ont été prises, ...", ou encore, pour le tribunal de simple police: "Attendu qu'il ne résulte pas du dossier, preuve contre le prévenu des faits qui lui sont reprochés; qu'il y a lieu de le relaxer de ces chefs" étant précisé que dans ces verbalisations elles avaient été effectuées par des policiers nationaux français. N'ayant par ailleurs pas mis de panneau sur mon véhicule pour bien indiquer que lui et moi n'étions pas - contrairement à ce qui est allégué -, en attente de clientèle, ce n'est qu'une fois accompagné mes clients - dont l'expression "en attente" ne peut pas s'appliquer mais plutôt "ayant attendu puis réceptionné mes clients qui avaient réservé mon taxi préalablement par internet -, que nous nous sommes librement dirigés vers mon véhicule pour reprendre du service "taxi", c'est à dire passant du statut de véhicule garé sur un emplacement payant (et payé), à "taxi". Sitôt en marche, le véhicule automobile remplissait dès lors son office de taxi. (…) Vu donc l'imprécision de "à l'aéroport" et subséquemment l'incompétence ratione loci soulevée, vu qu'en "attente de clientèle" ne saurait caractériser un véhicule garé sur un parking payant dont j'avais pris soin d'enlever le panneau taxi pour bien montrer que je n'étais pas en attente de clientèle mais que j'avais une réservation de la part de clients, il convient encore d'éclairer la commission des véhicules automobiles "taxis" sur le fait que l'expression "en dehors des emplacements réservés aux taxis" englobe... tous les emplacement non réservés au taxis (…)

Il est affirmé de plus fort ici qu'aucun panneau de circulation interdisant à un véhicule désigné, voire à un taxi avec ou sans panneau de stationner sur un parking payant dont le péage aura été dûment réglé ne saurait aboutir à une quelconque sanction mais encore qu'aucune constatation de présence ou d'absence de panneau ne saurait être relevée dans ces conditions surtout pouvant aboutir à une peine de privation d'exercice d'une profession librement choisie et régulièrement exercée. De surcroît que la peine peut, cumulée, porter tant sur la privation d'exercer une profession ET la privation de pouvoir exploiter une entreprise et donc portant une atteinte grave et manifestement illégale au code du commerce français ou à celui du travail local ou les deux.

La commission statuant sur les taxis ne franchira pas non plus cet interdit constitutionnel et garanti par la convention européenne des droits de l'Homme.

Quant à la récidive - non pénale et ne répondant donc pas à telles implications légales -, je soulève ici l'exception d'illégalité et subséquemment la nullité de l'avertissement n° 37/MET/DTT/cdtx infligé en ce que d'une part il est signé de la main du précédent ministre des transports terrestres James SALMON tout comme sa réponse n° 2277 du 14 août 2012, le rendant "juge et partie"; pour avoir infligé la sanction et avoir statué sur le recours gracieux (…) »

« (…) Il conviendra de ne pas occulter les éléments du dossier pris en son ensemble (…). »

26) A nouveau l'importance de l'arrêté n° 6719/MET et du délai de recours ne m'aura pas échappé, étant alors à mille lieues de penser qu'un rejet n° 13-626 interviendrait au motif que cet arrêté ne fait pas grief ! « *La contradiction « Sur la légalité externe » n'a plus lieu d'être intégrée au présent dossier. En effet, par arrêté n° 6719/MET du 4 septembre 2013, cette décision, à ce jour déférable encore au tribunal administratif dans le délai de 3 mois pourra alors y être discutée le cas échéant.* »

27) Ce dernier point (« *Sur la légalité interne* », détournement et abus de pouvoir) était défendu ainsi :
« *Essayant à nouveau de détourner le sujet, Monsieur Gaston Utato FLOSSE prétend que je n'apporterais « aucun argument (…) qui établirait que l'administration a utilisé sa compétence en matière disciplinaire dans une autre fin que celle prévue par la délibération n° 2008-5 (…) ».*

Il lui ici répondu à nouveau qu'est contestée la délibération qu'il met en avant et comme déjà développé.

Poursuivant, il détourne également la prise de décision de la commission s'agissant de sa seule proposition de suspension de trois jours de mon exploitation alors que d'une part la récidive n'a pas été retenue, rendant nulles les poursuites de 3ème catégorie et d'autre part le remplacement du ministre comme président de la commission vicie intrinsèquement jusqu'à la proposition de sanction puisque dans l'hypothèse normale où le ministre préside la séance – et ne l'ouvre pas uniquement -, les pouvoirs de la commission et ceux du président se chevauchent, etc…

Quant à la réalité et même la supputée gravité mise en avant d'un défaut de chapeau sur un parking privé – toute relative par rapport à un ministre alcoolique délinquant primaire récidiviste me semble-t-il ? -, elle a bel et bien aussi été contestée et comme rappelé supra.

S'agissant de l'indulgence, le tribunal aura à ce stade compris que l'indulgence est de la même facture que tout le reste : Monsieur Gaston Utato FLOSSE en décide unilatéralement alors que je suis en droit de m'y opposer et qu'il ne saurait me le reprocher. En effet, à aucun moment je ne l'ai demandé. D'ailleurs je n'en veux point et suis donc en droit de la contester.

A ce sujet, l'indulgence sélective, contrairement aux écritures de Monsieur Gaston Utato FLOSSE, vicie l'impartialité de la commission qui a choisi de faire valoir son indulgence pour ne pas sanctionner la « plus haute qualification pour sanctionner le requérant » au détriment des moins hautes, démontrant bien que l'objectif annoncé à 08h05 par le secrétaire de séance Ronald TSU était prémédité. A tel point « la Polynésie française » n'a de cesse de continuer à vouloir se justifier : « (…) il paraît utile de préciser ici que le défaut de « dispositif extérieur, lumineux la nuit, portant la mention « taxi » » est objectivement une infraction plus grave que le non-respect des règles de stationnement des taxis car elle occulte, pour la clientèle, les obligations auxquelles sont tenus les entrepreneurs, notamment en matière de tarification ».

A nouveau, je pense personnellement plus utile de préciser en réponse que conduire en état d'ivresse pour le responsable de la sécurité routière et ministre des transports Bruno MARTY, sous le coup d'un retrait du permis de conduire suite à récidive en matière de contrôles d'alcoolémie au volant et non maîtrise de son véhicule avec basculement dans un ravin est objectivement « plus grave (…) que l'absence de panneau taxi par un chauffeur à jeun, ayant régulièrement garé son véhicule sur un parking payant où il s'est acquitté du montant de son temps de stationnement !?

Monsieur Gaston Utato FLOSSE s'offusque encore de ma contestation de n'avoir pas eu accès à l'intégralité de mon dossier, m'opposant le fait que j'avais pu le consulter sur place soulevant le fait que j'avais demandé la transmission de la lettre n° 2098 du 22 mai 2012, pour, sautant du coq à l'âne exposer qu'il y a été fait droit le 12 août 2013 après ma saisine de la CADA, pour justifier que j'aurais eu communication de l'entier dossier.

Or en produisant des pièces jointes qui m'étaient inconnues, tel le rapport du contrôleur ou encore le procès-verbal du 8 août 2013 de la réunion… à huis clos du 11 juillet 2013, Monsieur Gaston Utato FLOSSE lui-même et au contraire, confirme que bien d'autres éléments n'auront pas été portés à ma connaissance, viciant la tenue de ma comparution devant la commission.

Pour terminer j'ajouterai que par décisions Hoffer n° 99-368 et 08-371 par exemple, le tribunal administratif de séant avait déjà eu à connaître d'agissements similaires, lui ayant toutefois donné gain de cause nonobstant des défenses invariablement basées sur le même modèle que celles du 15/10/13. »

Le lendemain est intervenue une manipulation éventuellement suspecte sur SAGACE T98-1300480-13488.

22/11/2013	Réception d'une lettre
22/11/2013	Réception d'un mémoire
22/11/2013	Information réception mémoire ou pièce (affaire enrôlé)
22/11/2013	**Mise en ligne du sens** des conclusions
22/11/2013	**Modification et mise enligne du sens** des conclusions du rapporteur public
22/11/2013	Mise au rôle

Ce même 22 novembre 2013, en application des articles R. 431-1 à 431-3, le greffier en chef a informé Monsieur René HOFFER qu'il ne pouvait être mon mandataire.

Le 5 décembre 2013 par « *Conclusions suite au retrait du rôle et au rejet du mandat* » de représentation par le greffier en chef, j'informais la juridiction que je faisais miennes les écritures où apparaîtraient le nom de Monsieur René HOFFER et les maintenais tout en contestant la lettre du greffier du 22 novembre 2011 adressée à Monsieur René HOFFER en ce que l'article R.431-2 prévoit notamment : « *Les requêtes et les mémoires doivent, à peine d'irrecevabilité, être présentés soit par un avocat, soit par un avocat au Conseil d'Etat et à la Cour de cassation, lorsque les conclusions de la demande tendent au paiement d'une somme d'argent, à la décharge ou à la réduction de sommes dont le paiement est réclamé au requérant ou à la solution d'un litige né d'un contrat* », au motif d'une part que devant le tribunal administratif « *de la Polynésie française* », le ministère d'avocat n'est pas requis pour déposer requête et mémoires et d'autre part, au vu de l'article R. 431-3 en ce que les dispositions du 1er alinéa de l'article R.431-2 ne sont pas applicables aux « *5° Aux litiges dans lesquels le défendeur est une collectivité territoriale* ».

A fortiori et qu'*a contrario*, le greffier en chef n'a pas statué sur l'intervention contestée de « *la Polynésie française* », contestation qui était développée sitôt le mandat donné à Monsieur René HOFFER exposé ainsi : « *Mais dès à présent, les brèves observations de « la Polynésie française » en appellent de plus longues : 1) A commencer par le rejet de l'intervention de l'entité politique « la Polynésie française » (« Représentée par son Président, Monsieur Gaston FLOSSE »), (…) mon recours le 28 août 2013 exposait que « j'avais saisi le président de la commission de discipline des taxis d'un recours gracieux » (…) qui a délibéré d'une part ; tout en rendant un avis d'autre part (…) impliquant de facto l'arrêt de poursuites. Et c'est donc tout naturellement que ce président Bruno MARTY m'aura personnellement répondu, signant même son écrit et endossant à la première personne du singulier ses actes : « Je ne peux que vous confirmer (…) Je ne manquerai pas de vous (…) ». Il convient ici, au vu de l'intervention de « la Polynésie française » d'ajouter un élément de droit complémentaire relatif à la portée du refus opposé, c'est-à-dire ajouter l'abus, à l'excès de pouvoir ministériel, mais également de reconsidérer la portée de la lettre n° 502 du ministre, de son affirmation, si d'aventure sa décision relevait de la seule compétence de « la Polynésie française » - voire relevait d'une compétence partagée – dont le représentant auto-représenté Gaston Utato FLOSSE n'est cependant pas le président… de ladite commission de discipline des taxis contrairement au ministre d'alors, Bruno MARTY.* »

Et je demandais, avant dire droit, que soit écarter l'élément nouveau contenu dans le refus opposé par le greffier en chef au vu de l'article R. 431-3, 5° d'une part et d'autre part pour n'avoir pas non plus rejeté un autre tiers intervenant sous sa triple casquette sénatoriale, ministérielle et présidentielle. Et donc rejeter de plus fort l'intervention de l'entité politique « *la Polynésie française* » au profit de son ministre, dans le présent dossier. A défaut renvoyer la question au conseil d'Etat à l'instar de la décision sur les pouvoirs en propre de telle entité en Nouvelle-Calédonie française (Harold MARTIN) dans le dossier Stéphanie BOITEUX : « *Le rapporteur public a tout simplement rappelé que les membres du gouvernement calédoniens ne sont pas des ministres. Contrairement à leurs homologues nationaux, la loi organique ne leur donne pas autorité sur la direction et les services qu'ils animent (…)* » www.nouvellecaledonie.la1ere.fr/2013/08/29/tribunal-administratif-vers-un-rebondissement-dans-l-affaire-boiteux-59947.html

Pour parfaite information, le 5 décembre également, Monsieur René HOFFER, suite au rejet de mon mandat d'assistance sera intervenu volontairement à l'appui de mes demandes bien évidemment ; récusant le président du tribunal administratif Jean-Yves TALLEC.

Il relevait entre autres qu'en ne statuant pas sur la partie « assistance » mentionnée dans le mandat en ces termes : « *Monsieur René HOFFER m'ayant assisté depuis le début des poursuites (…) je demande à ce qu'il puisse également m'assister en me représentant devant le tribunal administratif qui est le prolongement de la procédure initiale* », dans le doute de ne pouvoir m'assister, il présentait ainsi une intervention volontaire « *pour pallier toute mise à l'écart préjudiciable au dossier.* ».

Mais encore, que le greffier en chef n'avait pas statué sur l'intervention contestée de « *la Polynésie française* », développée dans mes conclusions du 21 novembre 2013, « laissant présager une nouvelle décision comme celle n° 13-369 rendue le 26 novembre 2013 où ont été salmigondés vice-président et président pour l'entité politique « *la Polynésie française* ». » au sujet de laquelle il avait remis une lettre ouverte au président Jean-Yves TALLEC où il exposait qu'il avait statué « *« en politique » ou en droit maçon-nique* », ignorant totalement ses arguments. (*dixit*)

Il avait en outre soulevé la récusation du président Jean-Yves TALLEC « *au motif de l'impartialité et l'illégalité prouvées dans l'affaire n° 13-369 notamment mais aussi en ce qu'il n'aura pas ordonné au greffier en chef, à l'instar du rejet de mon mandat, à ce que l'intervention contestée dans le dossier, de « la Polynésie française » soit écartée* » par exemple, ou encore du fait que le 28 août 2013, à grand renfort d'images médiatiques, le président Jean-Yves TALLEC s'était rendu – et à sa demande -, au ministère des transports terrestres local pour y rencontrer non seulement l'alors ministre Bruno MARTY, mais également ses collaborateurs, dont Ronald TSU au vu des reportages publiés.

Mais Monsieur René HOFFER apportait également un élément d'actualité à mon dossier :
« *S'agissant d'une loi orga-nique qu'il ne manquera pas de prendre comme base pour rendre sa décision si la récusation ne prospérait, il conviendra alors de transmettre une question au conseil d'Etat à l'instar de la décision sur les pouvoirs en propre de telle entité en Nouvelle-Calédonie française (Harold MARTIN) dans le dossier Stéphanie BOITEUX : « Le rapporteur public a tout simplement rappelé que les membres du gouvernement calédoniens ne sont pas des ministres. Contrairement à leurs homologues nationaux, la loi organique ne leur donne pas autorité sur la direction et les services qu'ils animent (…) »* (http://nouvellecaledonie.la1ere.fr/2013/08/29/tribunal-administratif-vers-un-rebondissement-dans-l-affaire-boiteux-59947.html) », que donc si une loi organique concernant l'outre-mer, voire les outre-mer est obscure, il convient, pour le tribunal administratif, de poser telle question au conseil d'Etat, pour avis, avant de statuer.

« *En l'espèce – et ne pouvant avant le délai d'un an avoir accès à l'avis du conseil d'Etat et donc ne pouvant que présager de sa réponse -, et dans le doute donc, il convient de poser la question préjudicielle dans le présent dossier suivante : « Vu l'avis du conseil d'Etat rendu il y a quelques jours suite à l'exposé du rapporteur public du tribunal administratif de la Nouvelle-Calédonie française dans le dossier Stéphanie BOITEUX c/ Harold MARTIN où était soulevé l'illégalité des membres de tel gouvernement outremerdeux ne pouvant être des ministres contrairement aux ministres nationaux, cet avis est-il transposable ou non pour l'entité politique outremerdeuse « la Polynésie française » ? Et, en cas de non transposabilité, a contrario, un ministre de « la Polynésie française » a-t-il les pouvoirs d'un ministre national (sic) ? Et si oui, un ministre national pouvant donc cumuler sa fonction avec celle de président, le président, sénateur, ministre Gaston Utato FLOSSE peut-il à ce moment-là intervenir en lieu et place dans le présent dossier, d'un ministre, certes alcoolique et délinquant judiciaire, ayant toutefois et le cas échéant, les pouvoirs d'un ministre national ? » »*

Première particularité et étrangeté : l'ordonnance 13-626.
Cette ordonnance faisant aujourd'hui l'objet d'un appel-nullité au vu notamment de la décision n° 13-631 du 22 avril 2014 notamment, il convient toutefois d'exposer ici les éléments se rapportant, voire se raccrochant au recours de base n° 13-480 objet du présent appel.

En effet, le 5 décembre 2013 – c'est-à-dire que j'ai attendu le dernier jour des trois mois alloués, à compter du 5 septembre 2013, date de la notification de l'arrêté « provisoire » d'interdiction d'exercer, tellement j'espérais alors avoir obtenu le jugement n° 13-480 initialement inscrit à l'audience du 26 novembre avant d'être renvoyé à celle du 10 décembre, avant ces trois mois -, j'introduisais le recours n° 13-626 en ces termes : « *Le 21 novembre 2013 je terminais mes conclusions dans l'affaire n° 13-480 en ces termes : « Et rendre la décision sur le siège motif pris que de l'issue du présent jugement dépendra l'introduction ou non de mon recours contre l'arrêt n° 6719/MET dont le délai de recours expirera quelques jours après l'audience du 26 novembre 2013 : le 5 décembre 2013 ». Ce dossier a été repoussé au 10 décembre 2013, d'où le présent recours, non pas contre l'arrêté ci-dessus mais contre sa « notification ». ».*

Note : En effet, je me réservais le privilège d'attaquer l'arrêté distinctement, sachant pertinemment que la notification allait être annulée tellement les illégalités étaient flagrantes. C'était sans compter sur la perfidie judico-administrative de l'ordonnance n° 13-626 arrêtant par ordonnance le lendemain de l'audience du 10 décembre 2013 que la notification ne faisait pas grief, selon un rite qui sera renouvelé le lendemain du jugement de l'affaire n° 13-631 dans les recours factice n° 14-229 dont les appels sont demandés à être joints au présent.

Je poursuivais dans mon recours du 5 décembre 2013 sur la connexité d'avec le recours n° 13-480 ici déféré à la cour et y exposais les faits : « *Le présent recours étant connexe à l'affaire ci-dessus, cette dernière sera renvoyée afin qu'elle puisse être jointe à la présente. Les faits. Alors que le recours n° 13-480 portant plus directement qu'indirectement sur l'objet de la notification contestée était – et est à ce jour – pendant devant la juridiction administrative, la notification de tel arrêté n° 6719 sera annulée purement et simplement, pour abus de pouvoir puisque ne respectant pas la suspension intrinsèque à la saisine du tribunal administratif dès le 28 août 2013 ; pour excès de pouvoir puisqu'intervenant postérieurement à l'introduction du recours et donc enlevant ses effets utiles à la contestation de la sanction dénoncée, enfin, pour détournement de pouvoir puisque la direction des transports terrestres se substitue et au ministre des transports et doublement puisque ce dernier sera lui-même relégué par le président, sénateur, ministre de « la Polynésie française ». En droit. Outre ce qui précède, l'attestation de notification sera également annulée en ce qu'elle prévoit par trois « soit », des délais de recours gracieux et des délais de recours contentieux. En effet, en précisant que les délais de recours gracieux et hiérarchique peuvent être faits sans condition de délai et celui, contentieux, dans le délai de trois mois à compter de la notification, <u>la direction des transports terrestres interfère dans une procédure en cours destinée à vouloir m'induire en erreur. D'une part vu le choix proposé. Ensuite, vu les délais ou l'absence de délais selon la formule à choisir, enfin en produisant une règle exceptionnelle (sic) : « Dans les cas très exceptionnels où une décision explicite intervient dans un délai de trois mois après la décision implicite, vous disposerez à nouveau d'un délai franc de trois mois à compter de la notification de cette décision explicite pour former un recours contentieux. », rendant l'ensemble inintelligible.</u> Par ces motifs joindre pour connexité le présent recours avec celui n° 13-480, annuler l'attestation de notification et m'octroyer la somme de 200 000 francs pour les frais irrépétibles. Et ce sera justice »*

Ces quelques précisions en aparté sur le recours n° 13-626 éclaireront la cour sur ce qui suit : <u>ma demande de rabat de délibéré et réinscription du dossier</u> 13-480 du 30/12/ 2013 – jour-même où il apparaîtra ultérieurement que le jugement aura été rendu –, relevait déjà que l'ordonnance du 11 décembre 2013 n° 1300626, <u>initiée d'une part</u> avant le 10 décembre 2013 (date de l'audience n° 13-480 où l'affaire a été mise en délibéré sans autre indication, de date notamment), et <u>d'autre part rendue au lendemain</u> 11 décembre 2013 – c'est-à-dire que je ne pouvais en avoir connaissance le 10 décembre alors que la notification avait été dénoncée dès après le 5 septembre 2013 -, cette demande de rabat donc, comportait juste ces quelques phrases, mais essentielles :

« *Le 10 décembre 2013 le présent dossier a été mis en délibéré, non rendu à ce jour. Le 11 décembre a été rendue <u>l'ordonnance n° 1300626 initiée avant le 10 décembre 2013 et qui précise :</u> « M. Chisaka soutien que : sa requête est connexe à la requête n° 1300480 ». Le <u>10 décembre a été déposé le recours contre l'arrêté n° 6719/MET du 4 septembre 2013</u> lié et objet de ces trois recours. Le rejet n° 13-626 expose que la « <u>simple notification ne peut être regardée comme un acte administratif faisant grief</u> ». »*

En fait, le recours initial qui comportait donc les éléments *supra* ici rappelés et dont certains ont été repris sommairement par l'ordonnance 1300626 :
- *Le présent recours étant connexe à l'affaire ci-dessus*
- *cette dernière sera renvoyée afin qu'elle puisse être jointe à la présente*
- *Alors que le recours n° 13-480 portant plus directement qu'indirectement sur l'objet de la notification contestée*
- *était – et est à ce jour – pendant devant la juridiction administrative*
- *la notification de tel arrêté n° 6719 sera annulée purement et simplement*
- *pour abus de pouvoir puisque ne respectant pas la suspension intrinsèque à la saisine du tribunal administratif dès le 28 août 2013*

- pour excès de pouvoir puisqu'intervenant postérieurement à l'introduction du recours et donc enlevant ses effets utiles à la contestation de la sanction dénoncée
- pour détournement de pouvoir puisque la direction des transports terrestres se substitue et au ministre des transports et doublement
- l'attestation de notification sera également annulée en ce qu'elle prévoit par trois « soit », des délais de recours gracieux et des délais de recours contentieux
- En effet, en précisant que les délais de recours gracieux et hiérarchique peuvent être faits sans condition de délai et celui, contentieux, dans le délai de trois mois à compter de la notification, la direction des transports terrestres interfère dans une procédure en cours destinée à vouloir m'induire en erreur
- rendant l'ensemble inintelligible.

auront conduit le juge à déduire que « *M. CHISAKA demande expressément et exclusivement l'annulation de la notification qui lui a été faite, et qu'il a d'ailleurs signée le 5 septembre 2013, de l'arrêté n° 6719/MET du 4 septembre 2013, que cette simple notification ne peut être regardée comme un acte administratif faisant grief, susceptible de faire l'objet d'un recours devant le juge (…)* ».

Ceci est bien sûr bien loin de la réalité.

D'une part en ce que les mots « *expressément et exclusivement* » inventés par le président du tribunal Jean-Yves TALLEC pour lui permettre d'arriver à ses fins, ne figurent bien évidemment pas dans mon recours n° 1300626 du 5 décembre 2013. D'autre part en ce qu'au contraire, mes propos : « *la direction des transports terrestres interfère dans une procédure en cours destinée à vouloir m'induire en erreur* » et/ou « *joindre pour connexité le présent recours avec celui n° 13-480, annuler l'attestation de notification* », sont bien loin d'avoir voulu isoler cette notification en dehors de l'arrêté sur laquelle elle est basée.

En effet, le ridicule ne tuant point, le président administratif Jean-Yves TALLEC aurait donc considéré la notification distincte de tout acte tel l'arrêté n° 6719/MET ? Ou il n'aurait pas compris qu'une demande de connexité repose sur deux affaires ayant des points en commun ? Etc…

En fait, en plus du choc du rejet de cette ordonnance et de ses « moyens », ces deux mots trahissent le montage qui sera donc intervenu dans la décision n° 13-631 du 22 avril 2014 où le recours contre l'arrêté n° 6719/MET aura été rejeté pour tardiveté alors qu'il était déposé dans le délai de trois mois à compter de sa publication… et alors même que sa notification aura été déclarée comme ne faisant pas intrinsèquement grief !

Mais encore, « *expressément et exclusivement* » à l'évidence se voulaient sans appel (sic), peut-être même pour le juge, se rassurer et « bétonner » ce qu'il savait relever d'un dossier composé de plusieurs recours et où de nombreuses écritures auront été indispensables – mais bien inutiles au vu du résultat -, pour exposer l'évidence…

Critique, enfin, de la décision n° 13-480 du 30 décembre 2013 notifiée le 31 janvier 2014.

D'entrée la décision affirme que « *M. Chisaka demande au tribunal d'annuler la lettre du 16 août 2013* » alors que la requête initiale du 28 août 2013 énonçait dans « Par ces motifs » : « *Annuler le refus opposé* ».

Ce n'est bien sûr pas pareil.

D'ailleurs la décision litigieuse l'a bien noté dans le paragraphe suivant : « *M. Chisaka soutient que le ministre a détourné l'objet du recours gracieux qui réclamait l'arrêt des poursuites* ».

En statuant « *Sur les conclusions tendant à l'annulation de la lettre du ministre de l'équipement, de l'urbanisme, des énergies et des transports terrestres et maritimes du 16 août 2013* », pour arriver à : « *qu'il en résulte que les conclusions du requérant, exclusivement dirigées contre la lettre ministérielle du 16 août 2013 (…) sont irrecevables (…)* », la cour constatera que le mot « *exclusivement* » est là encore invoqué pour arriver aux fins de rejet « *expressément* »…

En clair, la décision a statué sur une requête redirigée par le tribunal et non sur ma requête et autres écritures, notamment le « Par ces motifs » contenu dans mes conclusions du 6 septembre 2013 (« *faire droit de plus fort au recours au vu encore des pièces produites : arrêté et notification* », et mes observations du 21 novembre 2013 commençant par « *Au regard de l'article 197 (…)* » jusqu'à « *(…) 5 décembre 2013.* ».

Il n'est donc pas besoin de démonter point par point les éléments qui auront été basés sur un raisonnement politique plus que juridique, les affaires n° 13-626, 13-631 et 14-229 ne faisant que confirmer cette évidence.

Enfin, et comme cela a été développé dans mes écritures, observations et autres, l'intervention du haut-commissaire de la république française Lionel BEFFRE s'impose au vu des compétences en propre de ce dernier sur lesquelles ont empiétées les organismes insulaires.

Par ces motifs, et après avoir pris note de ma demande d'aide juridictionnelle,
- faire droit aux exceptions d'illégalités du décret n° 2010-1562 du 14 décembre 2010 en ce qu'il modifie d'une part le code de justice administrative « *pour l'outre-mer* » là où aujourd'hui cet outre-mer a été démultiplié en des outre-mer au sein du ministère de l'Intérieur de la France ;
- d'autre part en ce qu'il ne vise par la loi organique 2004-192 créant – contrairement à l'évidence exposée dans la note secrète du conseil d'Etat n° 369253 du 9 octobre 2003 – un « pays d'outre-mer » au sein de la république française dont la Constitution n'en prévoit pas mêmes les caractéristiques avec les guillemets, ces derniers ayant fait long feu ;
- enfin, en ce que le code monétaire et financier situe « *la Polynésie française* » à l'étranger, tout comme en matière d'exclusion du droit au revenu de solidarité active national.
- S'agissant de l'article R421-7 du CJA, l'exception d'illégalité prospérera en ce que d'une part il ne prévoit qu'un outre-mer là où actuellement il y en a plusieurs, mais encore en ce que cet/ces outre-mer se distingue(nt) d'une « France métropolitaine » que l'article 1er de la Constitution ne prévoit pas autrement qu'une et indivisible.
- et donc déclarer et recevoir le présent recours dans les délais octroyés par l'article R421-7 du CJA entre la France et l'étranger,
- joindre pour connexité l'ensemble des dossiers déférés ce jour : 13-480, 13-626, 13-631 et 14-229,
- faire droit à l'appel en cause du haut-commissaire de la république française,
- censurer la décision n° 1300480 et, la réformant, faire droit aux demandes initiales
- et m'octroiyer la somme de 2 500 euros au titre de l'article L.761-1 du CJA.

Et ce sera justice

Monsieur Yoshiaki CHISAKA

Production :
01 : Décision n° 13-480 du 30 décembre 2013.

Demande d'aide juridictionnelle

(Loi n°91-647 du 10 juillet 1991 et décret n° 91-1266 du 19 décembre 1991)

Vous souhaitez apporter des informations complémentaires sur votre situation :

L'aide juridictionnelles est ici justifiée de façon principale du fait qu'il s'agit de 4 affaires qui auront dû être initiées alors qu'il s'agit d'une seule et même situation. J'ai demandé la jonction des 4 dossiers mais ça dépend de la décision de la cour. L'avocat Raoul AVREILLE accepte soit les 4 affaires réunies, soit individuellement. A noter que l'affaire 14/229 est issue de nulle part. Merci de prendre cette incroyable situation en compte pour l'aide juridictionnelle.

Important :

Même si vous avez obtenu l'aide juridictionnelle, le juge peut, dans certains cas, vous condamner à payer les frais du procès engagés par votre adversaire.

Si votre action en justice est déclarée abusive par le juge, ou si vos ressources ont beaucoup augmenté depuis le moment où vous avez fait votre demande, ou en cas de fausse déclaration, l'aide juridictionnelle peut vous être retirée. Vous devrez alors rembourser tout ou partie des dépenses avancées par l'Etat.

Attestation sur l'honneur

Je soussigné(e) certifie sur l'honneur que les renseignements portés sur cette demande d'aide juridictionnelle sont exacts :

Date : 25 06 2014

Signature du demandeur :

La loi rend passible d'une peine de quatre ans d'emprisonnement et/ou de 9000 euros d'amende toute personne qui aura fourni, en connaissance de cause, des renseignements inexacts ou incomplets dans la présente demande d'aide juridictionnelle (article 22 - II de la loi n°68-690 du 31 juillet 1968).

La loi n°78-17 du 6 janvier 1978 relative à l'informatique, aux fichiers et aux libertés vous garantit un droit d'accès et de rectification des données auprès des organismes destinataires de ce formulaire.

▶▶ *Vous avez rempli votre demande d'aide juridictionnelle. Pour que votre dossier soit complet, vous devez fournir les pièces indiquées au dos de la notice jointe.*

CONSEIL D'ETAT

Section du Contentieux
1, place du Palais-Royal
75100 PARIS CEDEX 01

Tél : 01 40 20 80 83
Fax : 01 40 20 80 98

Notre réf : N° 385540
(à rappeler dans toutes correspondances)

Monsieur Yoshiaki CHISAKA c/
Affaire suivie par : Mme Plantard

Paris, le 12/12/2014

M. CHISAKA Yoshiaki
Lot Tepapa n° 1
Mission
BP 62323
98713 Papeete

ACCUSE DE RECEPTION DE LA REQUETE

Monsieur,

Conformément aux dispositions de l'article R. 413-6 du code de justice administrative j'ai l'honneur de vous certifier que le pourvoi dont l'objet est brièvement rappelé ci-dessous a été enregistré sous le numéro cité en référence au greffe du Secrétariat de la Section du Contentieux le 06/11/2014 :

Pourvoi par lequel M. Yoshiaki Chisaka demande au Conseil d'Etat 1°) d'annuler l'ordonnance n° 14PA02929 du 28 août 2014 par laquelle le premier vice-président président de la 3ème chambre de la cour administrative d'appel de Paris a, pour tardiveté, rejeté sa requête tendant à l'annulation du jugement n° 1300480/1 du 30 décembre 2013 du tribunal administratif de la Polynésie française rejetant sa demande tendant à l'annulation de la lettre du 16 août 2013 du ministre de l'équipement, de l'urbanisme, des énergies et des transports terrestres et maritimes prise en réponse à son recours gracieux, 2°) de mettre à la charge de l'Etat le versement de la somme de 250 000 francs CFP au titre des dispositions de l'article L. 761-1 du code de justice administrative.

Il vous appartient, jusqu'à l'issue de la procédure, d'informer le Conseil d'Etat de vos changements d'adresse. Par ailleurs, pour permettre de vous joindre plus facilement, en cas de nécessité, vous pouvez communiquer au secrétariat vos numéros de téléphone et de télécopie.

Ce dossier est accessible sur le site internet *http://sagace.conseil-etat.fr* à l'aide des codes d'accès suivants : identifiant : 385540-t96, mot de passe : qoa240

J'attire votre attention sur le fait que si un avocat au Conseil d'Etat et à la Cour de cassation se constitue pour vous représenter, ces codes seront désactivés et seul cet avocat aura accès au dossier.

Je vous prie de bien vouloir recevoir, Monsieur, l'assurance de ma considération distinguée.

P/ *Le secrétaire de la 10ème sous-section*

CONSEIL D'ETAT
Section du Contentieux
1, place du Palais-Royal
75100 PARIS CEDEX 01

Tél : 01 40 20 80 83
Fax : 01 40 20 80 08

Notre réf : N° 385540
(à rappeler dans toutes correspondances)

M. CHISAKA Yoshiaki
Lot Tepapa n°1
Mission
BP 62323
98713 Papeete

Monsieur Yoshiaki CHISAKA c/
Affaire suivie par : Mme Nahoum

NOTIFICATION D'UNE DECISION
Lettre recommandée avec avis de réception

Monsieur,

Conformément aux dispositions du titre V du livre VII du code de justice administrative, j'ai l'honneur de vous adresser ci-joint l'ordonnance rendue le 11 juin 2015 dans l'affaire citée en référence.

Je vous prie de bien vouloir recevoir, Monsieur, l'assurance de ma considération distinguée.

Le secrétaire de la 10ème sous-section

Agnès Micalowa

287

CONSEIL D'ETAT
statuant
au contentieux

N° 385540

——————

M. CHISAKA

——————

REPUBLIQUE FRANÇAISE

AU NOM DU PEUPLE FRANÇAIS

le président de la 10ème sous-section
de la Section du contentieux

Vu la procédure suivante :

Procédure contentieuse antérieure

M. Yoshiaki Chisaka a demandé au tribunal administratif de la Polynésie française d'annuler la lettre du 16 août 2013 du ministre de l'équipement, de l'urbanisme, des énergies et des transports terrestres et maritimes. Par une ordonnance n° 1300480/1 du 30 décembre 2013, le président du tribunal administratif de la Polynésie française a rejeté la demande présentée par M. Chisaka.

Par une ordonnance n° 14PA02929 du 28 août 2014, le premier vice-président, président de la 3ème chambre de la cour administrative d'appel de Paris a rejeté son appel pour tardiveté.

Procédure devant le Conseil d'Etat

Par un pourvoi enregistré le 6 novembre 2014 au secrétariat du contentieux du Conseil d'Etat, M. Chisaka demande au Conseil d'Etat :

1°) d'annuler cette ordonnance n° 14PA02929 du 28 août 2014 du premier vice-président, président de la 3ème chambre de la cour administrative d'appel de Paris ;

2°) réglant l'affaire au fond, de faire droit à son appel ;

3°) de mettre à la charge de l'Etat la somme de 250 000 francs CFP au titre de l'article L. 761-1 du code de justice administrative.

Par une ordonnance du 12 novembre 2014, notifiée le 24 décembre 2014, le bureau d'aide juridictionnelle a rejeté la demande d'aide juridictionnelle de M. Chisaka.

Par une ordonnance du 2 mars 2015, le président de la section du contentieux a confirmé ce refus d'aide juridictionnelle.

Vu les autres pièces du dossier ;

Vu :
-   le code de justice administrative ;

Considérant ce qui suit :

1. Aux termes de l'article L. 822-1 du code de justice administrative : « *Le pourvoi en cassation devant le Conseil d'Etat fait l'objet d'une procédure préalable d'admission. L'admission est refusée par décision juridictionnelle si le pourvoi est irrecevable ou n'est fondé sur aucun moyen sérieux* ».

2. Aux termes du troisième alinéa de l'article R. 822-5 de ce même code : « *Lorsque le pourvoi est irrecevable pour défaut de ministère d'avocat (...), le président de la sous-section peut décider par ordonnance de ne pas l'admettre* ». Cette procédure ne nécessite ni instruction contradictoire préalable, ni audience publique.

3. En vertu de l'article R. 821-3 du code de justice administrative, il est obligatoire d'être représenté par un avocat au Conseil d'Etat et à la Cour de cassation pour introduire, devant le Conseil d'Etat, un recours en cassation, sauf lorsque ce recours est dirigé contre une décision de la commission centrale d'aide sociale ou d'une juridiction de pension.

4. Selon le deuxième alinéa de l'article R. 612-1 du code de justice administrative, le Conseil d'Etat, juge de cassation, peut rejeter, sans demande de régularisation préalable, un pourvoi qui n'a pas été présenté par un avocat au Conseil d'Etat et à la Cour de cassation, lorsque l'obligation de représentation a été mentionnée dans la notification de la décision attaquée.

5. Le pourvoi de M. Chisaka ne fait pas partie de ceux que l'article R. 821-3 du code de justice administrative dispense de l'obligation de représentation par un avocat au Conseil d'Etat et à la Cour de cassation. Il n'a pas été présenté par un avocat au Conseil d'Etat et à la Cour de cassation alors que la notification de l'ordonnance attaquée faisait mention de cette obligation.

6. M. Chisaka n'a pas régularisé son pourvoi à la suite du rejet de sa demande d'aide juridictionnelle par une ordonnance du bureau d'aide juridictionnelle du 12 novembre 2014, notifiée le 24 décembre 2014, confirmée par une ordonnance du président de la section du contentieux du 2 mars 2015. Le pourvoi n'est donc pas recevable et ne peut, dès lors, être admis.

ORDONNE :

Article 1er : Le pourvoi de M. Chisaka n'est pas admis.

<u>Article 2</u>: La présente ordonnance sera notifiée à M. Yoshiaki Chisaka.
Copie en sera adressée pour information au ministre de l'intérieur.

Fait à Paris, le **1 1 JUIN 2015**

Le président : Th. Tuot

La République mande et ordonne au ministre l'intérieur en ce qui le concerne ou à tous huissiers de justice à ce requis en ce qui concerne les voies de droit commun contre les parties privées, de pourvoir à l'exécution de la présente décision.

Pour expédition conforme,

La secrétaire : Mme Agnès Micalowa

Recours n° 385542 de 14PA2927, BAJ 14-3189 puis 388004, de 13-626

Et donc comme dit : « *Le numéro 13-626 gagne le numéro 14-3189 qui lui gagne le numéro 388004 au tirage n° 14PA2927 ayant tiré du chapeau le numéro 385542 qui lui ne gagne rien non plus !* »

Monsieur CHISAKA Yoshiaki   Tahiti, le 25 septembre 2014.
Lot TEPAPA n°1 Mission
BP 62323
98713 - PAPEETE
wind@mail.pf

                    A

                              Conseil d'Etat
                              Section du contentieux
                              1, place du Palais-Royal
                              75100 PARIS RP

Pourvoi contre l'ordonnance n° 14PA02927 du 28/08/2014 *(PJ01)* et demande d'aide juridictionnelle

Le présent pourvoi prospèrera en ce que le premier vice-président, président de la 3ème chambre de la cour administrative d'appel de Paris J-J. MOREAU, aura pris sa décision pour motif de tardiveté en se basant sur une « *requête d'appel* » s'agissant en fait d'un « *appel-nullité* » dont les délais ne sont pas ceux d'un appel classique, c'est à tort donc, qu'il aura rejeté pour tardiveté mon recours.

Mais encore, en rejetant également ma demande d'aide juridictionnelle – me privant de pouvoir bénéficier de l'aide qu'un professionnel du droit qui ne pourra donc plus exposer notamment ce distinguo entre appel et appel-nullité, mais encore, démontrer la pertinence de l'appel-nullité, pour défendre la connexité ci-dessous -, il aura empiété sur la compétence du bureau d'aide juridictionnelle, ne laissant pas à ce dernier l'occasion de pouvoir statuer sur ma demande d'une part, mais encore, comme vu supra, me privant de l'aide juridictionnelle dans ce dossier dont j'avais mis en exergue le lien avec trois autres dossiers connexes, voire plus s'agissant de l'appel en cause du haut-commissaire.

Voici rappelée, l'introduction du recours initialement devant la cour :
> « *De l'appel-nullité. Possible en cas d'excès, d'abus ou de détournement de pouvoir le présent appel-nullité prospérera au vu de la décision n° 13-631 du 22 avril 2013 ayant statué sur l'arrêté n° 6719/MET sur lequel reposait la notification déclarée comme n'étant pas un acte faisant grief, ensemble l'ordonnance n° 14-229 du 23 avril 2014.*
> *Rappel des faits et de la procédure ayant abouti à la décision n° 13-626 du présent appel-nullité. La requête 13-626 attaquée se réfère à celle n° 13-480 qui fait l'objet ce jour-même d'un appel devant la cour. Certes l'appel se distingue de l'appel-nullité en la forme, mais il n'en demeure pas moins que sur le fond la connexité avec les dossiers 13-480, 13-631, 14-*

229, et le présent, 13-626, est patente. » **(PJ02)**

En effet, la requête d'une part demandait la jonction, pour connexité, avec trois autres décisions déférées (n° 13-480, 13-631 et 14-229), et d'autre part, la demande d'aide juridictionnelle était émise sur le fondement de la complexité du dossier, engendrée notamment par l'enregistrement d'une affaire putative (14-229) par le tribunal.

A ce sujet, l'ordonnance de rejet contestée prend soin de ne pas relever cette demande de jonction alors même que l'ordonnance n° 14PA02929 du même jour et du même vice-président J-J. MOREAU qui s'est donc saisi tant de la requête d'appel que de celle de l'appel-nullité, mentionne cette demande de jonction. **(PJ03)**

Mais encore, les recours n° 14PA02926 et 14PA02928 portant respectivement sur les jugements n° 14-631 et 14-480, c'est-à-dire deux de l'ensemble des quatre dossiers connexes, ces deux-là restent actuellement toujours pendants devant la cour administrative à ce jour. En ayant écarté par ordonnance n° 14PA2927 l'un des quatre dossiers mais aussi un deuxième (14PA2929), le juge administratif d'appel aura privé la cour de ces deux dossiers-piliers, pour ne pouvoir statuer que sur les deux restants.

S'agissant de la demande d'aide juridictionnelle relevée dans l'ordonnance comme rejetée mêmement, vu ce qui précède – mais aussi vu que l'aide juridictionnelle peut-être demandée à tout moment -, le conseil d'Etat, en sanctionnant la décision n° 14PA02927, restaurera celle-ci, sauf à évoquer l'affaire et statuer au fond. Aussi, la cour, mais surtout le bureau d'aide juridictionnelle n'ayant pas eu l'occasion de statuer sur l'aide juridictionnelle, celle-ci prospérera ici de plus fort, notamment en ce qu'elle portait sur l'ensemble des 4 dossiers, certes individuellement. **(PJ04)**

Par ces motifs, prendre acte de ma demande d'aide juridictionnelle près le conseil d'Etat, et censurer l'ordonnance n°14PA02927 ayant écarté l'appel-nullité à tort et au profit d'un appel classique mais non introduit, ensemble la demande d'aide juridictionnelle rejetée près la cour par le juge, et m'octroyer la somme de 250 000 francs des colonies françaises du Pacifique au titre de l'article L760-1 du CJA et CAA.

01 : Notification et ordonnance n° 14PA02927 du 28/08/2014.
02 : Recours devant la cour d'appel.
03 : Ordonnance n° 14PA029279, première page, 3°.
04 : Demande d'AJ près la cour (page 4).

COUR ADMINISTRATIVE
D'APPEL DE PARIS
68 rue François Miron
75004 PARIS
Tél : 01 58 28 90 00
Fax : 01 58 28 90 22
Greffe ouvert du lundi au vendredi de
09h30 à 12h30 - 13h30 à 16h30

Paris, le 28/08/2014

Notre réf : N° 14PA02927
(à rappeler dans toutes correspondances)

M. CHISAKA Yoshiaki
Lot TEPAPA n°1 Mission
BP 62323
98713 PAPEETE

Monsieur Yoshiaki CHISAKA c/
GOUVERNEMENT DE LA POLYNESIE
FRANCAISE

NOTIFICATION D'UNE ORDONNANCE
Lettre recommandée avec avis de réception

Monsieur,

J'ai l'honneur de vous adresser, ci-joint, l'expédition d'une ordonnance du 28/08/2014 rendue par la Cour administrative d'appel de Paris dans l'affaire citée en référence sous le n° 14PA02927.

Si vous estimez devoir vous pourvoir en cassation contre cette ordonnance, **votre requête, accompagnée d'une copie de la présente lettre**, devra être introduite dans un délai de 2 mois, devant le Conseil d'Etat, Section du Contentieux, 1 Place du Palais-Royal - 75100 PARIS RP, ou www.telerecours.conseil-etat.fr pour les utilisateurs de Télérecours. Ce délai est ramené à 15 jours pour les ordonnances rejetant les conclusions à fin de sursis à exécution d'une décision juridictionnelle frappée d'appel.

Les délais ci-dessus mentionnés sont augmentés d'un mois pour les personnes demeurant en Guadeloupe, en Guyane, à la Martinique, à La Réunion, à Mayotte, à Saint-Barthélemy, à Saint-Martin, à Saint-Pierre-et-Miquelon, en Polynésie française, dans les îles Wallis et Futuna, en Nouvelle-Calédonie et dans les Terres australes et antarctiques françaises, et de 2 mois pour celles qui demeurent à l'étranger, conformément aux dispositions de l'article 643 du code de procédure civile.

A peine d'irrecevabilité, le pourvoi en cassation doit :
- être assorti d'une **copie de la décision** juridictionnelle contestée ;
- être présenté, **par le ministère d'un avocat au Conseil d'Etat et à la Cour de Cassation**.

Je vous prie de bien vouloir recevoir, Monsieur, l'assurance de ma considération distinguée.

Le Greffier en Chef,
ou par délégation le Greffier.

Marc GUIBLIN

295

COUR ADMINISTRATIVE D'APPEL
DE PARIS

RÉPUBLIQUE FRANÇAISE

N° 14PA02927

AU NOM DU PEUPLE FRANÇAIS

M. Yoshiaki CHISAKA

La Cour administrative d'appel de Paris

Ordonnance du 28 août 2014

Le premier vice-président,
président de la 3ᵉᵐᵉ chambre

Vu la requête, enregistrée le 2 juillet 2014, présentée par M. Yoshiaki Chisaka, demeurant lot Tepapa n°1, Mission, BP 62323 à Papeete (98713) ; M. Chisaka demande à la Cour :

1°) d'annuler l'ordonnance n° 1300626/1 en date du 11 décembre 2013 par laquelle le président du Tribunal administratif de la Polynésie française a rejeté sa demande tendant à l'annulation de l'attestation de notification de l'arrêté n° 6719/MET du 4 septembre 2013 ;

2°) d'annuler la décision susmentionnée ;

3°) de mettre à la charge de l'Etat la somme de 2 500 euros en application de l'article L. 761-1 du code de justice administrative ;

Vu l'ordonnance attaquée ;

Vu les autres pièces du dossier ;

Vu la loi n° 91-647 du 10 juillet 1991 modifiée et le décret n° 91-1266 du 19 décembre 1991 modifié ;

Vu le code de justice administrative ;

1. Considérant qu'aux termes de l'article R. 222-1 du code de justice administrative : « (...) les présidents de formation de jugement des tribunaux et des cours peuvent, par ordonnance (...) 4° Rejeter les requêtes manifestement irrecevables, lorsque la juridiction n'est pas tenue d'inviter leur auteur à les régulariser ou qu'elles n'ont pas été régularisées à l'expiration du délai imparti par une demande en ce sens » ; qu'aux termes de l'article R. 811-2 : « Sauf disposition contraire, le délai d'appel est de deux mois. Il court contre toute partie à l'instance à compter du jour où la notification a été faite à cette partie dans les conditions prévues aux articles R. 751-3 et R. 751-4 » ;

2. Considérant qu'aux termes de l'article R. 811-4 du code de justice administrative : « A Mayotte, en Polynésie française et en Nouvelle Calédonie, le délai d'appel de deux mois est porté à trois mois » ; qu'aux termes de l'article R. 811-5 du même code : « Les délais

supplémentaires de distance prévus à l'article R. 421-7 s'ajoutent aux délais normalement impartis » ;

    3. Considérant qu'il ressort des pièces du dossier que l'ordonnance attaquée du Tribunal administratif de la Polynésie française a été notifiée à M. Chisaka dans les conditions prévues à l'article R. 751-3 du code de justice administrative, au plus tard le 23 décembre 2013 ; que la requête d'appel présentée par M. Chisaka contre cette ordonnance n'a été enregistrée au greffe de la Cour que le 2 juillet 2014, soit après l'expiration du délai de quatre mois résultant des dispositions précitées du code de justice administrative ; que si M. Chisaka demande l'aide juridictionnelle dans sa requête, cette demande est également tardive pour avoir été présentée après l'expiration du délai de recours contentieux et n'est pas de nature à interrompre ou à proroger ce délai ; que, par suite, la requête est tardive et entachée d'une irrecevabilité manifeste qui n'est pas susceptible d'être régularisée ; qu'elle ne peut ainsi qu'être rejetée ;

O R D O N N E :

Article 1er : La requête de M. Chisaka est rejetée.

Article 2 : La présente ordonnance sera notifiée à M. Yoshiaki Chisaka.

Fait à Paris, le 28 août 2014.

                     Le premier vice-président,
                     président de la 3ème chambre

Pour Expédition Certifiée Conforme
       Pour le Greffier en chef
          Le Greffier,

                          J-J. MOREAU

Marc GUIBLIN

Monsieur CHISAKA Yoshiaki
Lot TEPAPA n°1 Mission
BP 62323
98713 - PAPEETE
wind@mail.pf Tél: 72 80 30

Tahiti, le 18 juin 2014.

Cour administrative d'appel de Paris
68, rue François Miron
75004 – PARIS
Tél 01 58 28 90 00
Fax 01 58 28 90 22

Appel-nullité de la décision n° 1300626 du 11 décembre 2013 *(PJ01)*
avec demande d'aide juridictionnelle
Et demande de jonction avec les recours contre les décisions n° 13-480, 13-631 et 14-229 pour connexité.

Une demande d'aide juridictionnelle a été émise sur le fondement de la complexité du dossier, engendrée notamment par l'enregistrement d'une affaire putative (14-229) par le tribunal, en plus des contorsions précédentes comme en l'espèce, en matière d'atteinte au droit fondamental de l'exercice d'une profession.

De l'appel-nullité.
Possible en cas d'excès, d'abus ou de détournement de pouvoir le présent appel-nullité prospérera au vu de la décision n° 13-631 du 22 avril 2013 ayant statué sur l'arrêté n° 6719/MET sur lequel reposait la notification déclarée comme n'étant pas un acte faisant grief, ensemble l'ordonnance n° 14-229 du 23 avril 2014.

Rappel des faits et de la procédure ayant aboutie à la décision n° 13-626 du présent appel-nullité.
La requête 13-626 attaquée se réfère à celle n° 13-480 qui fait l'objet ce jour-même d'un appel devant la cour. Certes l'appel se distingue de l'appel-nullité dans la forme, mais il n'en demeure pas moins que sur le fond la connexité avec les dossiers 13-480, 13-631, 14-229, et le présent, 13-626, est patente.

En effet, le 5 décembre 2013 j'écrivais : « *Préalablement. Le 21 novembre 2013 je terminais mes conclusions dans l'affaire n° 13-480 en ces termes : « Et rendre la décision sur le siège motif pris que de l'issue du présent jugement dépendra l'introduction ou non de mon recours contre l'arrêt n° 6719/MET dont le délai de recours expirera quelques jours après l'audience du 26 novembre 2013 : le 5 décembre 2013 ». Ce dossier a été repoussé au 10 décembre 2013, d'où le présent recours, non pas contre l'arrêté ci-dessus mais contre sa « notification ». De la connexité. Le présent recours étant connexe à l'affaire ci-dessus, cette dernière sera renvoyée afin qu'elle puisse être jointe à la présente. Les faits. Alors que le recours n° 13-480 portant plus directement qu'indirectement sur l'objet de la notification contestée était – et est à ce jour – pendant devant la juridiction administrative, la notification de tel arrêté n° 6719 sera annulée purement et simplement, pour abus de pouvoir puisque ne respectant pas la suspension intrinsèque à la saisine du tribunal administratif dès le 28 août 2013 ; pour excès de pouvoir puisqu'intervenant postérieurement à l'introduction du recours et donc enlevant ses effets utiles à la contestation de la sanction dénoncée, enfin, pour détournement de pouvoir puisque la direction des transports terrestres se substitue et au ministre des transports et doublement puisque ce dernier sera lui-même relégué par le président, sénateur, ministre de « la Polynésie française ». En droit. Outre ce qui précède, l'attestation de notification sera également annulée en ce qu'elle prévoit par trois « soit », des délais de recours gracieux et des délais de recours contentieux. En effet, en précisant que les délais de recours gracieux et hiérarchique peuvent être faits sans condition de délai et celui, contentieux, dans le délai de trois mois à compter de la notification, la direction des transports terrestres interfère dans une procédure en cours destinée à vouloir m'induire en erreur. D'une part vu le choix proposé. Ensuite, vu les délais ou l'absence de délais selon la formule à choisir, enfin en produisant une règle exceptionnelle (sic) : « Dans les cas très exceptionnels où une décision explicite intervient dans un délai de trois mois après la décision implicite, vous disposerez à nouveau d'un délai franc de trois mois à compter de la notification de cette décision explicite pour former un recours contentieux. », rendant l'ensemble inintelligible. Par ces motifs joindre pour connexité le présent recours avec celui n° 13-480, annuler l'attestation de notification et m'octroyer la somme de 200 000 francs pour les frais irrépétibles.* » ; y était jointe l'attestation de notification mentionnant l'arrêté n° 6719/MET sur lequel était basé la notification.

L'affaire n° 13-480, développée amplement dans l'appel distinct de ce jour portait quant à elle sur une demande d'annulation du refus opposé à mon recours gracieux quant à la commission de discipline des taxis (et non d'annulation d'une lettre quelconque, du 16 août 2013 modifiant la donne).

Critique de l'ordonnance n° 13-626.

Sans qu'il soit besoin de refaire l'historique qui figure dans l'appel de la décision 13-480 en détail, la cour constatera que l'abus de pouvoir du président du tribunal administratif Jean-Yves TALLEC aura consisté à n'avoir pas inscrit au rôle ce dossier n° 13-626 alors même que la connexité avec celui 13-480 était soulevée.

L'excès de pouvoir, en ce qu'il aura détaché du principal, non seulement l'accessoire s'agissant de la notification, mais qu'il se sera servi de cet accessoire pour écluser le principal : que <u>l'arrêté du 4 septembre 2013</u> aura été <u>pris postérieurement à l'introduction du recours</u> n° 13-480 datant du <u>28 août 2013</u>.

Mais encore, en excipant des termes « *expressément et exclusivement* » et se mettant donc à nu puisque ces DEUX mots <u>ne figurent PAS</u> dans mon recours sus-rappelé, il aura encore réutilisé « *expressément* » dans sa décision n° 13-480 le 30 décembre 2013, à l'évidence pour se « couvrir » du faux doublé *expressé/exclusive/ment* n° 13-626.

Cet excès caractérise en fait tout autant un détournement de pouvoir : en m'imputant <u>que j'aurais demandé</u> « *expressément et exclusivement* » l'annulation de la notification, <u>c'est faire fi que je demandais dans le recours n° 13-480 l'annulation de l'arrêté, sous quelque forme que ce soit</u>, même en tant que faux pour avoir été pris postérieurement à l'introduction de ce recours n° 13-480 avec lequel la connexité d'avec le présent est ici patente.

En effet, une notification ne pouvant reposer que sur un autre acte, il est évident que demander l'annulation d'une notification n'est <u>pas détachable de l'acte</u> – notifié ou pas - lui-même ; qu'en procédant de façon fallacieuse comme il apparaît tout au long des décisions aujourd'hui transmises, c'est même plus qu'un détournement de pouvoir, une forfaiture juridico-administrative, un *ersatz* de décision de justice visant à l'évidence à faire « tenir » l'ensemble des quatre décisions déférées à la cour aujourd'hui tant en appel qu'en appel-nullité.

Quant à l'excès de pouvoir qui apparait comme la plus vénielle des critiques en l'espèce, c'est d'avoir détaché du principal la notification d'une part, et d'autre part de n'avoir pas statué sur la connexité et donc la jonction avec le dossier n° 13-480 notamment en ce que l'arrêté n° 6719/MET prévoyait outre la notification, <u>la publication</u>.

Enfin, en statuant le 11 décembre 2013 alors que l'arrêté n° 6917/MET avait été publié au JOPF le 10 septembre 2013, n'est pas anodin non plus au regard de la décision n° 13-480 qui avait été mise délibéré… le 10 décembre 2013, approche politique du juge des référés Jean-Yves TALLEC qui avait demandé peu après son arrivée à être reçu par le ministre des transports, au ministère (!?), et donc à rapprocher de l'ordonnance n° 14-229 du 23 avril 2013… rendue le lendemain du rejet n° 13-631 ; toutes ces affaires reposant sur des différents similaires (sic).

En droit.

Ayant pris soin d'évoquer dans mon recours initial 13-626 : « *interfère dans une procédure en cours destinée à vouloir m'induire en erreur* », qu'une « *simple notification ne peut être regardée comme un acte administratif faisant grief susceptible de faire l'objet d'un recours devant le juge de l'excès de pouvoir* » mentionné dans l'ordonnance 13-626 - la première incrédulité quant à ce « raisonnement » passée -, me réconfortait toutefois que je devais attaquer directement l'arrêté n° 6719MTT publié au JOPF le 10/09/2013 puisque la notification n'ayant aucune valeur et ne faisant pas grief, <u>c'est donc bien la publication qui prime</u> ? Ce que je fis le 10/12/2013 (*13-631*), raison pour laquelle je n'ai pas déféré à la cour administrative dans le délai du recours, l'ordonnance 13-626 objet du présent appel-nullité.

Mais c'était sans compter sur une nouvelle esbroufe. En effet, la décision n° 13-631 du 22 avril 2014 aura déjugée celle, n° 13-626 ici déférée en ces <u>termes ressusciteurs de notification déclarée ne faisant pas</u> grief : « *(…) la décision attaquée est une décision individuelle dont seule la notification est de nature à faire courir le délai de recours contentieux contre son destinataire (…)* » ! A noter que le 30 décembre 2013 j'avais <u>également et encore demandé le rabat du délibéré 13-480 après avoir</u> pris connaissance de l'avis du rapporteur public : rejet <u>pour tardiveté</u> alors même que l'arrêté mentionnant l'obligation de publication n'était paru que le 10 septembre 2014. CQFD.

Par ces motifs, et notamment au vu de la décision n° 13-631 *(PJ02)*, faire droit à cet appel-nullité en censurant et réformant l'ordonnance n° 13-626 et m'octroyer la somme de 2 500 euros au titre de l'article L.761-1 du CJA.
Et ce sera justice

<u>Production :</u> 01 : Ordonnance 13-626, 02 : Décision n° 13-631

**COUR ADMINISTRATIVE D'APPEL
DE PARIS**

RÉPUBLIQUE FRANÇAISE

N° 14PA02929

_____

AU NOM DU PEUPLE FRANÇAIS

M. Yoshiaki CHISAKA

_____

La Cour administrative d'appel de Paris

Ordonnance du 28 août 2014

_____

Le premier vice-président,
président de la 3ème chambre

Vu la requête, enregistrée le 2 juillet 2014, présentée par M. Yoshiaki Chisaka, demeurant lot Tepapa n°1, Mission, BP 62323 à Papeete (98713) ; M. Chisaka demande à la Cour :

1°) d'annuler le jugement n° 1300480/1 en date du 30 décembre 2013 par lequel le Tribunal administratif de la Polynésie française a rejeté sa demande tendant à l'annulation de la lettre du 16 août 2013 du ministre de l'équipement, de l'urbanisme, des énergies et des transports terrestres et maritimes prise en réponse à son recours gracieux ;

2°) d'annuler la décision susmentionnée ;

3°) d'ordonner la jonction pour connexité des dossiers n° 14PA02926, n° 14PA02927, n° 14PA02928 et n° 14PA02929 ;

4°) de mettre à la charge de l'Etat la somme de 2 500 euros en application de l'article L. 761-1 du code de justice administrative ;

Vu l'ordonnance attaquée ;

Vu les autres pièces du dossier ;

Vu la loi n° 91-647 du 10 juillet 1991 modifiée et le décret n° 91-1266 du 19 décembre 1991 modifié ;

Vu le code de justice administrative ;

1. Considérant qu'aux termes de l'article R. 222-1 du code de justice administrative : *« (...) les présidents de formation de jugement des tribunaux et des cours peuvent, par ordonnance (...) 4° Rejeter les requêtes manifestement irrecevables, lorsque la juridiction n'est pas tenue d'inviter leur auteur à les régulariser ou qu'elles n'ont pas été régularisées à l'expiration du délai imparti par une demande en ce sens »* ; qu'aux termes de l'article R. 811-2 : *« Sauf disposition contraire, le délai d'appel est de deux mois. Il court contre toute partie à l'instance à compter du jour où la notification a été faite à cette partie dans les conditions prévues aux articles R. 751-3 et R. 751-4 »* ;

Vous souhaitez apporter des informations complémentaires sur votre situation :

L'aide juridictionnelles est ici justifiée de façon principale du fait qu'il s'agit de 4 affaires qui auront dû être initiées alors qu'il s'agit d'une seule et même situation. J'ai demandé la jonction des 4 dossiers mais ça dépend de la décision de la cour. L'avocat Raoul AVREILLE accepte soit les 4 affaires réunies, soit individuellement. À noter que l'affaire 14/229 est issue de nulle part. Merci de prendre cette incroyable situation en compte pour l'aide juridictionnelle.

Important :

Même si vous avez obtenu l'aide juridictionnelle, le juge peut, dans certains cas, vous condamner à payer les frais du procès engagés par votre adversaire.

Si votre action en justice est déclarée abusive par le juge, ou si vos ressources ont beaucoup augmenté depuis le moment où vous avez fait votre demande, ou en cas de fausse déclaration, l'aide juridictionnelle peut vous être retirée. Vous devrez alors rembourser tout ou partie des dépenses avancées par l'Etat.

Attestation sur l'honneur

Je soussigné(e) certifie sur l'honneur que les renseignements portés sur cette demande d'aide juridictionnelle sont exacts :

Date : 25 · 06 2014

Signature du demandeur :

La loi rend passible d'une peine de quatre ans d'emprisonnement et/ou de 9000 euros d'amende toute personne qui aura fourni, en connaissance de cause, des renseignements inexacts ou incomplets dans la présente demande d'aide juridictionnelle (article 22 - II de la loi n°68-690 du 31 juillet 1968).

La loi n°78-17 du 6 janvier 1978 relative à l'informatique, aux fichiers et aux libertés vous garantit un droit d'accès et de rectification des données auprès des organismes destinataires de ce formulaire.

▶▶ *Vous avez rempli votre demande d'aide juridictionnelle. Pour que votre dossier soit complet, vous devez fournir les pièces indiquées au dos de la notice jointe.*

CONSEIL D'ETAT
Section du Contentieux
1, place du Palais-Royal
75100 PARIS CEDEX 01

Tél : 01 40 20 80 83
Fax : 01 40 20 80 08

Notre réf : N° 385542
(à rappeler dans toutes correspondances)

Monsieur Yoshiaki CHISAKA c/
Affaire suivie par : Mme Plantard

Paris, le 12/12/2014

M. CHISAKA Yoshiaki
Lot Tepapa n° 1
Mission
BP 62323
98713 Papeete

ACCUSE DE RECEPTION DE LA REQUETE

Monsieur,

Conformément aux dispositions de l'article R. 413-6 du code de justice administrative j'ai l'honneur de vous certifier que le pourvoi dont l'objet est brièvement rappelé ci-dessous a été enregistré sous le numéro cité en référence au greffe du Secrétariat de la Section du Contentieux le 06/11/2014 :

Pourvoi par lequel M. Yoshiaki Chisaka demande au Conseil d'Etat 1°) d'annuler l'ordonnance n° 14PA02927 du 28 août 2014 par lequel le premier vice-président, président de la 3ème chambre de la cour administrative d'appel de Lyon a, pour tardiveté, rejeté sa requête tendant à l'annulation de l'ordonnance n° 1300626/1 du 11 décembre 2013 par laquelle le président du tribunal administratif de la Polynésie française a rejeté sa demande tendant à l'annulation de l'attestation de notification de l'arrêté 6719/MET du 4 septembre 2013. 2°) de mettre à la charge de l'Etat le versement de la somme de 250 000 francs CFP au titre des dispositions de l'article L. 761-1 du code de justice administrative.

Il vous appartient, jusqu'à l'issue de la procédure, d'informer le Conseil d'Etat de vos changements d'adresse. Par ailleurs, pour permettre de vous joindre plus facilement, en cas de nécessité, vous pouvez communiquer au secrétariat vos numéros de téléphone et de télécopie.

Ce dossier est accessible sur le site internet *http://sagace.conseil-etat.fr* à l'aide des codes d'accès suivants : identifiant : 385542-gmu, mot de passe : iglx76

J'attire votre attention sur le fait que si un avocat au Conseil d'Etat et à la Cour de cassation se constitue pour vous représenter, ces codes seront désactivés et seul cet avocat aura accès au dossier.

Je vous prie de bien vouloir recevoir, Monsieur, l'assurance de ma considération distinguée.

Pour les besoins de l'instruction, du suivi du dossier et de son jugement, certaines informations font l'objet d'un traitement informatique. Les destinataires sont, pour les affaires qui les concernent et sous réserve des règles relatives au secret de l'instruction, les personnes parties au procès, les membres et personnels de la juridiction administrative. Conformément à la loi « informatique et libertés » du 6 janvier 1978 modifiée en 2004, vous bénéficiez d'un droit d'accès et de rectification aux informations qui vous concernent, que vous pouvez exercer en vous adressant au président de la section du contentieux.

Le secrétaire de la 10ème sous-section

CONSEIL D'ETAT

Section du Contentieux
1, place du Palais-Royal
75100 PARIS CEDEX 01

Tél : 01 40 20 80 83
Fax : 01 40 20 80 68

Notre réf : N° 385542
(à rappeler dans toutes correspondances)

Paris, le 16/06/2015

M. CHISAKA Yoshiaki
Lot Tepapa n°1
Mission
BP 62323
98713 Papeete

Monsieur Yoshiaki CHISAKA c/
Affaire suivie par : Mme Nahoum

NOTIFICATION D'UNE DECISION
Lettre recommandée avec avis de réception

Monsieur,

Conformément aux dispositions du titre V du livre VII du code de justice administrative, j'ai l'honneur de vous adresser ci-joint l'ordonnance rendue le 11 juin 2015 dans l'affaire citée en référence.

Je vous prie de bien vouloir recevoir, Monsieur, l'assurance de ma considération distinguée.

Le secrétaire de la 10ème sous-section

Agnès Micalowa

CONSEIL D'ETAT
statuant
au contentieux

N° 385542

M. CHISAKA

le président de la 10ème sous-section
de la Section du contentieux

Vu la procédure suivante :

Procédure contentieuse antérieure

M. Yoshiaki Chisaka a demandé au tribunal administratif de la Polynésie française d'annuler l'attestation de notification de l'arrêté 6719/MET du 4 septembre 2013. Par une ordonnance n° 1300626/1 du 11 décembre 2013, le président du tribunal administratif de la Polynésie française a rejeté la demande présentée par M. Chisaka.

Par une ordonnance n° 14PA02927 du 28 août 2014, le premier vice-président, président de la 3ème chambre de la cour administrative d'appel de Paris a rejeté son appel pour tardiveté.

Procédure devant le Conseil d'Etat

Par un pourvoi enregistré le 6 novembre 2014 au secrétariat du contentieux du Conseil d'Etat, M. Chisaka demande au Conseil d'Etat :

1°) d'annuler cette ordonnance n° 14PA02927 du 28 août 2014 du premier vice-président, président de la 3ème chambre de la cour administrative d'appel de Paris ;

2°) réglant l'affaire au fond, de faire droit à son appel ;

3°) de mettre à la charge de l'Etat la somme de 250 000 francs CFP au titre de l'article L. 761-1 du code de justice administrative.

Par une ordonnance du 12 novembre 2014, notifiée le 24 décembre 2014, le bureau d'aide juridictionnelle a rejeté la demande d'aide juridictionnelle de M. Chisaka.

Par une ordonnance du 2 mars 2015, le président de la section du contentieux a confirmé ce refus d'aide juridictionnelle.

Vu les autres pièces du dossier ;

Vu :
- le code de justice administrative ;

Considérant ce qui suit :

1. Aux termes de l'article L. 822-1 du code de justice administrative : « *Le pourvoi en cassation devant le Conseil d'Etat fait l'objet d'une procédure préalable d'admission. L'admission est refusée par décision juridictionnelle si le pourvoi est irrecevable ou n'est fondé sur aucun moyen sérieux* ».

2. Aux termes du troisième alinéa de l'article R. 822-5 de ce même code : « *Lorsque le pourvoi est irrecevable pour défaut de ministère d'avocat (...), le président de la sous-section peut décider par ordonnance de ne pas l'admettre* ». Cette procédure ne nécessite ni instruction contradictoire préalable, ni audience publique.

3. En vertu de l'article R. 821-3 du code de justice administrative, il est obligatoire d'être représenté par un avocat au Conseil d'Etat et à la Cour de cassation pour introduire, devant le Conseil d'Etat, un recours en cassation, sauf lorsque ce recours est dirigé contre une décision de la commission centrale d'aide sociale ou d'une juridiction de pension.

4. Selon le deuxième alinéa de l'article R. 612-1 du code de justice administrative, le Conseil d'Etat, juge de cassation, peut rejeter, sans demande de régularisation préalable, un pourvoi qui n'a pas été présenté par un avocat au Conseil d'Etat et à la Cour de cassation, lorsque l'obligation de représentation a été mentionnée dans la notification de la décision attaquée.

5. Le pourvoi de M. Chisaka ne fait pas partie de ceux que l'article R. 821-3 du code de justice administrative dispense de l'obligation de représentation par un avocat au Conseil d'Etat et à la Cour de cassation. Il n'a pas été présenté par un avocat au Conseil d'Etat et à la Cour de cassation alors que la notification de l'ordonnance attaquée faisait mention de cette obligation.

6. M. Chisaka n'a pas régularisé son pourvoi à la suite du rejet de sa demande d'aide juridictionnelle par une ordonnance du bureau d'aide juridictionnelle du 12 novembre 2014, notifiée le 24 décembre 2014, confirmée par une ordonnance du président de la section du contentieux du 2 mars 2015. Le pourvoi n'est donc pas recevable et ne peut, dès lors, être admis.

ORDONNE :

Article 1ᵉʳ : Le pourvoi de M. Chisaka n'est pas admis.

Article 2: La présente ordonnance sera notifiée à M. Yoshiaki Chisaka.
Copie en sera adressée pour information au ministre de l'intérieur.

Fait à Paris, le **1 1 JUIN 2015**

Le président : Th. Tuot

        La République mande et ordonne au ministre l'intérieur en ce qui le concerne ou à tous huissiers de justice à ce requis en ce qui concerne les voies de droit commun contre les parties privées, de pourvoir à l'exécution de la présente décision.

Pour expédition conforme,

La secrétaire : Mme Agnès Micalowa

Soit-dit-en-passant

Les demandes d'aide juridictionnelle, toutes infructueuses (!!!!) ne sont pas reproduites ici. Voici cependant leurs références :

14-3188 BAJ 388003 de pourvoi 385540 de 14PA2929
14-3189 BAJ 388004 de pourvoi 385542 de 14PA2927
14-40469 BAJ 14PA2926 13-631 15PA390 BAJ
14-42383 BAJ de 385542 de 14PA2929
14-42394 BAJ de 14-2928 de 14-229

Mais pour ne pas frustrer le lecteur/trice, voici tout de même quelques éléments sur ce sujet…

15PA390 de 14-40469 14PA2926 13-631
15PA555 de 14-42394 14PA2928 14-229
15PA556 de 14-42383
388003 de 14-3188
388004 de 14-3189

Monsieur CHISAKA Yoshiaki
Lot TEPAPA n°1 Mission
BP 62323
98713 - PAPEETE
wind@mail.pf Tél: 72 80 30

Tahiti, le 7 janvier 2015..

(15PA390 de 14-40469 14PA2926 13-631)

Tribunal de grande instance de Paris
Bureau d'aide juridictionnelle
1, quai de la Corse
75194 – PARIS Tél : 01 44 32 76 61

Contestation de la décision de rejet 2014/040469, notification reçue le 24 décembre 2014.

Le bureau d'aide juridictionnelle du tribunal de grande instance de Paris - l'équivalent du tribunal de première instance de Papeete localement, alors que les demandes d'aide juridictionnelle faites localement en première instance administrative se font devant ce dernier -, a rejeté ma demande d'aide juridictionnelle après avoir constaté que « *l'action est DENUEE DE FONDEMENT ; qu'en effet, l'irrecevabilité manifeste de première instance (tardiveté de la requête) n'est pas susceptible d'être couverte en appel.* »

Cette constatation est fausse. En effet, le recours ne porte pas sur une quelconque « couverture » en appel, mais de la contestation de ladite tardiveté imaginaire mise en avant par la juridiction tahitienne.

S'il ne fallait qu'une seule preuve supplémentaire : le site *https://sagace.juradm.fr/Authentification.aspx*, avec les références T98 1300631 56781 relate quantité d'actions (voir PJ) alors que pour une simple tardiveté une ordonnance du président aurait suffi et c'est faire une injure supplémentaire à Jean-Yves TALLEC d'avoir du réunir le tribunal d'une part, et mettre plus de 4 mois entre le 10 décembre 2013 et le 22 avril 2014 s'il s'était agit de tardiveté.

Enfin, s'agissant de l'erreur de droit dénoncée, ayant aboutie à cette tardiveté imaginaire, elle repose sur la notion de publicité/publication vs une décision individuelle… elle-même imposant la publication !

Il convient, en appel, de réparer cette erreur dont le tribunal administratif local n'a pas l'exclusivité (voir PJ, article de journaux).

En effet, ce genre d'erreur se produit même au conseil supérieur de l'audiovisuel (CSA) (voir décision CE311136 du 8 avril 2009 (François Hollande/Didier Mathus) sous la plume de Jean-Marc Sauvé, en fait, des erreurs de droit arrivent jusqu'au conseil d'Etat ; qui avait du renverser sa « propre » jurisprudence n° CE279259 du 13 mai 2005 (René Hoffer) et alors même que celle-ci, à court d'arguments de droit, avait du recourir à la « tradition républicaine » !

Voir pour illustration, les articles du *Point* avant :

http://www.lepoint.fr/actualites-medias/2007-01-17/le-president-hors-du-sablier/1253/0/19042
(Extrait : « *Le 13 mai, et pour la première fois dans l'histoire de la Ve république, la plus haute juridiction administrative a « sanctuarisé » les propos du président de la République. Faute de loi, le CSA s'appuyait sur une «tradition républicaine » … Tradition ?.Mieux que ça, estime le commissaire du gouvernement, Terry Olson, pour*

qui le non-décompte des allocutions présidentielles relève d'un « principe général du droit » issu de la Constitution de 1958, le président étant « au-dessus des partis ». La formule est forte et verrouille à jamais le débat. Désormais, le CSA ne peut plus revenir en arrière... ni même le législateur ! Les parlementaires qui s'aviseraient de légiférer sur le sujet « ne pourraient le faire que sous le contrôle du juge constitutionnel » , écrit Terry Olson. Jacques Chirac peut dire merci au citoyen Hoffer ») (Voir PJ)

Et après :

http://www.lepoint.fr/actualites-politique/2009-04-08/temps-de-parole-presidentiel-hollande-donne-un-mois-au-csa-pour/917/0/333392
(Extrait : « (…) "si le CSA déniait une nouvelle fois d'imputer le temps de parole du président de la République sur le temps de l'exécutif, ou s'il utilisait des subterfuges pour gagner du temps - comme cela a l'air d'être le cas- nous saisirons une nouvelle fois le Conseil d'Etat", a prévenu M. Hollande, soulignant: "le CSA est sous le contrôle du juge et je crois qu'il a besoin d'être contrôlé".
"Le peu qui reste de crédibilité au CSA se joue maintenant", a affirmé le député de Corrèze, qui, dans une lettre, a demandé rendez-vous à son président, Michel Boyon, "pour examiner les conséquences de cet arrêt".
Selon M. Hollande, "la portée de cette décision est considérable", "c'est une victoire importante du droit, du pluralisme et de la démocratie". "L'arrêt du Conseil d'Etat est un camouflet pour le CSA". »

Note : certes le journaliste Emmanuel Berretta se garde de relever que le conseil d'Etat s'est infligé à lui-même un camouflet puisque c'était bien le conseil d'Etat dans sa décision CE279259, 5ème et 4ème SS réunies sous la plume de Bernard Myrtil Stirn, qui le 13 mai 2005 s'était prévalu de la tradition républicaine pour pallier l'absence du droit :
« Considérant qu'en raison de la place qui, conformément à la tradition républicaine, est celle du chef de l'Etat dans l'organisation constitutionnelle des pouvoirs publics, le Président de la République ne s'exprime pas au nom d'un parti ou d'un groupement politique ; que, par suite, en recommandant aux services audiovisuels de veiller à ce que les partis ou groupements politiques bénéficient dans le traitement de l'actualité liée au référendum d'une présentation et d'un accès équitables, le Conseil supérieur de l'audiovisuel a exclu à bon droit la prise en compte dans ce cadre des interventions du Président de la République ; que le moyen tiré de ce que le a) précité du chapitre de sa recommandation relatif au traitement de l'actualité liée au référendum aurait méconnu les exigences de l'expression pluraliste des courants de pensée et d'opinion doit en conséquence être écarté ; ».

Par ces motifs :
- et sans devoir reprendre les écritures antérieures,
- ni celles transmises pas le tribunal administratif de la Polynésie française, à la cour d'appel de la république française,
- après avoir compris que la décision de rejet m'est d'autant plus préjudiciable que le processus de demande d'aide juridictionnelle doive se faire sans l'aide d'un avocat qui pourrait mieux que moi défendre le BIEN-FONDE de mon appel alors que sans avocat il me reste ici, en fait, défendre le fond du dossier... pour lequel je demande l'assistance d'un professionnel,
- le tribunal de grande instance de Paris auquel je dois à nouveau m'adresser en appel de la décision de son bureau d'aide juridictionnelle fera droit à ma demande initiale en ce que le bien-fondé de la demande repose non pas sur une tardiveté à couvrir mais une erreur de droit tenant à la non prise en compte dénoncée, notamment de l'obligation de publication et ses effets.
- et m'octroyer la somme de 2 500 euros au titre de l'article L.761-1 du CJA.
Et ce sera justice

Monsieur CHISAKA Yoshiaki
Lot TEPAPA n°1 Mission
BP 62323
98713 - PAPEETE
wind@mail.pf Tél: 72 80 30

Tahiti, le 7 janvier 2015..

(15PA555 de 14-42394 14PA2928 14-229)

Tribunal de grande instance de Paris
Bureau d'aide juridictionnelle
1, quai de la Corse
75194 – PARIS Tél : 01 44 32 76 61

Contestation de la décision de rejet 2014/042394,
notification reçue le 24 décembre 2014.

Le président du bureau d'aide juridictionnelle du tribunal de grande instance de Paris B. Simoni, à l'instar de ses rejets n° 2014-040469 et 2014/042383 aura encore rejeté à tort ma demande d'aide juridictionnelle.

En effet, vu les rejets le même 21 novembre 2014 et les enregistrements de conserve, à la date du 25 juin 2014, la motivation de rejet : « *l'action est DENUEE DE FONDEMENT ; qu'en effet, l'irrecevabilité manifeste de première instance (tribunal saisi à tort) n'est pas susceptible d'être couverte en appel* » ne correspond pas à la réalité.

Cette décision sera réformée en ce que c'est toujours la même technique qui est utilisée comme pour les deux autres rejets de ce 21 novembre 2014.

En l'espèce, B. Simoni soutient et endosse la forfaiture de Jean-Yves Tallec qui, pour une affaire ainsi identifiée et développée : « *Affaire n° 13-631 contre : Bruno MARTY ès-signataire de l'arrêté 6719 publié au JOPF. Audience du 8 avril 2014, affaire mise en délibéré. (…) Par ces motifs (…) avant dire droit, rabattre le délibéré*», n'aura pas tenu compte
- qu'il s'agit de l'affaire n° 13-631 et non d'une quelconque autre affaire ;
- que non seulement le numéro de l'affaire était précisé mais encore le numéro de l'arrêté ;
- que la date d'audience correspondait à l'affaire n° 11-631 ;
- que cette affaire n° 13-631 avait été mise en délibéré de 8 avril 2014 ;
- que c'est le rabat de ce délibéré à intervenir, n° 13-631, qui était demandé.

Mais encore, toutes ces écritures plus celles du 18 avril transmises à Paris : « *Complément et éléments confortant le rabat demandé* » de l'affaire « *n° 13-631 contre : Bruno MARTY ès-signataire de l'arrêté 6719 publié au JOPF. Audience du 8 avril 2014, affaire mise en délibéré* » où je relatais que le « *Haut conseil censé donner des conseils juridiques au gouvernement sur ses textes législatifs (sic) n'a pas réussi à se sauvegarder lui-même des contentieux* », l'avocat du requérant illuminant le tout d'un « *mille-feuilles immangeable* » ! », n'auront pas permis à B. Simoni de lire le numéro du dossier 13-631 et non pas ce 14-229 d'une affaire imaginaire ? Ni n'auront pas permis au même censeur B. Simoni de déceler ce qui est écrit en long, en large et en travers, qu'il s'agit de trois affaires qui se résoudront en Droit lorsqu'elles auront été jointes en appel, et donc une fois les exactions dénoncées en appel à la lueur de l'entier dossier de fond où l'affaire 14-229 ne sera plus que ce qu'elle est : l'affaire n° 13-631.

J-Y Tallec/J-J Moreau/B. Simoni, même mission ?

Sauf incompétences cumulées, l'évidence semble aller dans ce sens.

Pour preuve flagrante, le rejet pour tardiveté du 28 août 2014 dans l'une d'elle… alors que les autres recours ont été envoyés par le même pli et seraient donc aussi arrivées en retard ?!!!!!

Et alors même que les demandes d'aides juridictionnelles idoines seraient arrivées à temps !!!

Tribunal saisi à tort, en soi est encore une extrapolation qui n'a pas du échapper au rejeteur. D'ailleurs il a bien pris soin de la mettre entre parenthèses en cas de censure de sa décision et partant, de l'inscription au rôle des affaires qu'il aura rejetées mais qui, avec l'aide juridictionnelle, ne pourront que prospérer.

En Droit.

Enfin, il ne s'agit pas là non plus d'une quelconque couverture en appel comme dans sa décision n° 14/040469 mais d'une évidence : le numéro de dossier 13-631 des écritures des 14 et 18 avril 2014 n'est pas le numéro 14-229.

L'affaire n° 13-631 est réelle.

Celle n° 14-229 est imaginaire.

Par ces motifs, et sans devoir reprendre les écritures antérieures, l'entier dossier ayant de surcroît été transmis du dossier de Papeete à Paris,
-   Réformer le rejet du 21 novembre 2014 et m'octroyer l'aide juridictionnelle en ce que le dossier dûment référencé n° 13-631 ne pouvait et ne peut ; ni ne saurait être, le dossier n° 14-229, du seul fait d'une manipulation criminelle interne au tribunal administratif local motif pris du mot rabat sans le rajout de « du délibéré » en en-tête, alors que le « *Par ce motifs* » l'exprimait en toutes lettres : « *rabattre le délibéré* » et que le numéro du dossier était répété dans les écritures du 18 avril 2014 encore, n° 13-631.
-   et m'octroyer la somme de 2 500 euros au titre de l'article L.761-1 du CJA.

Et ce sera Justice

Monsieur Yoshiaki CHISAKA

Monsieur CHISAKA Yoshiaki
Lot TEPAPA n°1 Mission
BP 62323
98713 - PAPEETE
wind@mail.pf Tél: 72 80 30

Tahiti, le 7 janvier 2015..

(15PA556 de 14-42383)

Tribunal de grande instance de Paris
Bureau d'aide juridictionnelle
1, quai de la Corse
75194 – PARIS Tél : 01 44 32 76 61

Contestation de la décision de rejet 2014/042383, notification reçue le 24 décembre 2014.

Le bureau d'aide juridictionnelle du tribunal de grande instance de Paris - l'équivalent du tribunal de première instance de Papeete localement, alors que les demandes d'aide juridictionnelle faites localement en première instance administrative se font devant ce dernier -, a rejeté ma demande d'aide juridictionnelle après avoir constaté que « *la demande d'Aide juridictionnelle est IRRECEVABLE ; qu'en effet, il n'y a pas lieu de statuer sur la demande d'aide juridictionnelle, la Cour administrative d'appel de Paris s'étant prononcée sur le litige par ordonnance du 28 août 2014.* »

Cette décision sera réformée pour les raisons suivantes :
   a) La demande d'aide juridictionnelle a été enregistrée au BAJ du TGI, à Paris, le 25 juin 2014 comme il apparaît sur le récépissé du 4 septembre 2014 ainsi que sur le rejet. (Voir les PJ).

Ainsi, d'une part, la cour d'appel de Paris ne pouvait statuer le 28 août 2014 pour quelque motif que ce fût, vu l'introduction le 25 juin 2014 de la demande d'AJ ; d'autre part, envoyés en même temps, je ne saurais être tributaire de retards d'enregistrements à la cour, là où le TGI aura fait diligence.

Voir par exemple l'arrêt de la cour de cassation, 2ème chambre civile du jeudi 23 juin 2011 n° 09-70640 non publié au bulletin, cassation visant les articles 2 et 25 de la loi n° 91-647 du 10 juillet 1991, relative à l'aide juridique indiquant que « *le bénéficiaire de l'aide juridictionnelle a droit à l'assistance d'un avocat* » alors que tel tribunal avait statué alors que ce bénéfice d'attribution de l'aide juridictionnelle avait été demandé avant la date de l'audience et qu'il n'avait pas été statué définitivement sur cette demande.

Ou encore : « *L'aide juridictionnelle peut être demandée avant ou pendant l'instance et le bénéficiaire de l'aide juridictionnelle a droit à l'assistance d'un avocat (2e chambre civile, 10 décembre 2009, pourvoi n°08-20507, BICC n°722 du 15 mai 2010 et Legifrance) et la demande de désignation d'un avocat implique une demande d'admission au bénéfice de l'aide juridictionnelle. Elle peut être formulée utilement jusqu'au jour de l'audience et ce, quand bien même l'assistance d'un conseil ne serait pas obligatoire... Viole pareillement le principe du respect des droits de la défense, ensemble les articles 14 et 16 du Code de procédure civile et la loi n° 91-647 du 10 juillet 1991 relative à l'aide juridique, le tribunal qui statue sur la demande dont il est saisi, alors que le défendeur avait sollicité, avant la date de l'audience, l'attribution de l'aide juridictionnelle (2ème CIV. - 13 décembre 2005. BICC n°636 du 15 mars 2006).*»
http://www.dictionnaire-juridique.com/definition/aide-juridictionnelle-aide-juridique.php

ou encore : « *C'est ainsi qu'en matière d'aide juridictionnelle, la Cour de cassation a affirmé, au-delà des attentes de la Cour de Strasbourg, que la demande d'aide juridictionnelle, même déposée après l'ordonnance de clôture des débats, devait être transmise par le juge dès lors qu'elle intervenait avant l'audience de délibéré. Cela a pour effet d'obliger le juge de surseoir à statuer et d'interrompre le délai de péremption (Civ. 2e, 23 nov. 2006 et 19 nov. 2009). Cette lecture autonome du juge français renforce la garantie du respect des droits de la défense.* »
http://blog.dalloz.fr/2010/06/la-cour-de-cassation-gardienne-du-proces-equitable/

Il ressort de ce qui précède, que la cour a violé le principe du respect des droits de la défense, ensemble les articles 14 et 16 du Code de procédure civile et la loi n° 91-647 du 10 juillet 1991 relative à l'aide juridique, pour avoir statué « *sur la demande dont il est saisi, alors que le défendeur avait sollicité, avant la date de l'audience, l'attribution de l'aide juridictionnelle* ».

Mais encore, que le bureau d'aide juridictionnelle, bien au courant du dépôt de la demande depuis le 25 juin 2014 s'est fait le complice de la cour en utilisant l'argument du rejet… pour rejeter ma demande d'aide juridictionnelle.

   b) Le tribunal de grande instance en son bureau d'aide juridictionnelle affirme que la cour se serait prononcée sur le litige par ordonnance.
Cette affirmation ne correspond pas à la réalité puisque la cour ne s'est pas prononcée sur le litige mais a évité de statuer sur le litigé sous l'artifice de la tardiveté – ironiquement confirmant ce que j'écrivais dans ma contestation dans le dossier 2014-040469 quant au rejet par ordonnance en cas de tardiveté ! -, mais encore, comme vu supra, elle ne pouvait le faire sans a minima demander la production de la preuve de l'envoi dans les délais du recours, auquel cas je lui aurais transmis l'accuser de réception du BAJ du 4 septembre 2014 faisant partie intrinsèquement de la procédure.

La contestation de la décision quasi-siamoise n° 2014/040469 relevait que le tribunal administratif pouvait être sujet à des erreurs de droit – en l'occurrence concernant la tardiveté - ; ainsi le pourra aussi la cour administrative de Paris.

Pire : les deux affaires de base, sensibles à l'évidence, concernent des instances connexes et des dossiers (n° 13-480 et 13-631) connexes, en tout cas portant sur les mêmes parties et ayant des objets similaires.

Autre anomalies, contrairement au dossier relatif à l'AJ n° 14-040469, le dossier n'a pas été transmis à la cour administrative d'appel de Paris par le tribunal administratif franco-polynésien.

Par ces motifs, et sans devoir reprendre les écritures antérieures,
   - et notamment en l'absence de transmission du dossier de Papeete à Paris,
   - considérant les éléments supra, réformer la décision de rejet et reconnaître de plus fort que seul un professionnel du droit saura faire prospérer mon dossier, là où je dois le faire, ici même, sans l'assistance d'un avocat qui pourrait mieux que moi défendre le bienfondé de mon appel avec la difficulté supplémentaire maintenant de devoir démontrer la nullité, le faux de l'ordonnance du 28 août 2014 reprise de surcroît par le tribunal de grande instance de Paris pour motiver son refus premier. A tort.
   - le tribunal de grande instance de Paris auquel je dois à nouveau m'adresser en appel de la décision de son bureau d'aide juridictionnelle fera donc droit à ma demande initiale pour cette erreur de droit répercutée en son sein
   - et m'octroyer la somme de 2 500 euros au titre de l'article L.761-1 du CJA.

Monsieur CHISAKA Yoshiaki   Tahiti, le 4 février 2015.
Lot TEPAPA n°1 Mission
BP 62323   *(388003 de 14-3188)*
98713 - PAPEETE
wind@mail.pf Tél: 72 80 30

Référence : 1403188

                        Conseil d'Etat
                        Monsieur le président de la section du contentieux
                        1, place du Palais royal
                        75100 – PARIS RP

Recours contre la décision n° 2014/3273 du 12/11/2014 *(Production)*

Préalablement.

-   La cour administrative d'appel de Paris, le 16 janvier 2015 dans le dossier n° 1402929 estampillé « *Etat du dossier : terminé* », mentionne : « *Réception d'une décision du BAJ BUREAU D'AIDE JURIDICTIONNELLE - TRIBUNAL DE GRANDE INSTANCE* » *(PJa)*

-   Le conseil d'Etat pour sa part relève : « *Aide juridictionnelle pour M. CHISAKA - Demande du 07/11/14 - Décision du 24/12/14 – Rejet* » *(PJb)*

-   L'ordonnance n° 14PA02929 quant à elle expose que la demande d'aide juridictionnelle aurait été présentée tardivement. *(PJc)*

-   L'accuser de réception du TGI de Paris du 4 septembre 2014 prouve le contraire : « *a déposé le 25 juin 2014 une demande d'aide juridictionnelle* ». *(PJd)*

-   Le BAJ du TGI a rejeté la demande d'AJ au motif… que l'ordonnance pour tardiveté du dépôt de la demande d'AJ a déjà été rendue. *(PJe)*

-   Le 7 janvier 2015, le rejet du BAJ du TGI a été contesté et est donc pendant. *(PJf)*

-   Enfin, et en outre, deux documents émanant de la CAF du Bas-Rhin confirment que le statut « *De l'autonomie* » pourtant garanti par la Constitution, est « à l'étranger » de la la France, pour la république française, rendant les délais prévus pour cet « étranger » applicables audit statut « *pays d'outre-mer* » local. *(PJg et h)*

Il ressort de ce qui précède et au vu des pièces *a* à *h* produites que :
-   Destinataire le 16 janvier 2015 du rejet de la demande d'AJ du TGI, la cour administrative l'aura intégré dans mon dossier supposément « terminé » ;
-   Que ce faisant, elle aura pu se rendre compte de sa bévue ; que « sa » tardiveté n'aura été qu'imaginaire ;
-   Qu'en se basant sur ce rejet sans s'assurer de sa réalité, Olivier ROUSSELLE aura failli d'une part à son analyse quant à la demande d'AJ mais encore, aura préjugé de l'issue du pourvoi contestant la tardiveté ;
-   Et d'autre part, statué, le 12 novembre 2014, c'est-à-dire avant même le BAJ du TGI qui lui se sera prononcé 9 jours plus tard, le 21 novembre 2014… au motif que l'administrative cour de Paris s'était prononcée le… 28 août 2014 ;
-   Que si le TGI avait été aussi rapide qu'Olivier ROUSSELLE et donc s'il avait rendu sa décision en 5 jours, la cour administrative n'aurait pas pu rendre sa décision criminelle le 28 août puisqu'elle aurait

été informée dès les premiers jours d'août de la décision, favorable ou non mais encore susceptible d'appel.

Pour ces quelques raisons auxquelles j'ajouterais que la Sagacité du conseil d'Etat aura de surcroît repoussé la décision critiquée du 12 novembre, au 24 décembre 2014, s'ils ne procèdent d'une entente entre la cour, le tribunal et le conseil, à l'évidence relèvent d'une incompétence flagrante, en tout cas ne concernent en rien une « bonne administration de la justice » à laquelle tout citoyen peut prétendre.

Le rejet du 12 novembre d'Olivier ROUSSELLE sera donc censuré vu ce qui précède et, vu l'imbroglio perpétré par ceux-là mêmes dont le devoir est de veiller à une bonne administration de la justice, l'aide juridictionnelle sera accordée d'autant plus qu'à l'évidence seul un homme de loi pourra défaire le montage décrit ci-devant, d'hommes de droit, dont je subis les conséquences.

<u>Mais d'autres éléments permettront au président de la section du contentieux d'y faire droit.</u>
En effet, le rejet n° 14-3881 considère encore que ma demande d'AJ ne présenterait manifestement pas de difficulté sérieuse pour statuer par ordonnance, tout en faisant l'impasse sur l'élément majeur de ladite demande : ma contestation de l'ordonnance de rejet du 28 août 2014 près le conseil d'Etat.

Autrement dit, en se référant au rejet de la CAA déféré, il n'aura pas rempli son office de considérer le pourvoi intrinsèquement.

Ici, au vu des éléments supplémentaires intervenus et exposés *supra*, le président de section ne saurait avaliser la décision première ; en tout cas pas sur la même base de raisonnement de circonstance.

En fait et de plus fort, si ce n'est *a contrario*, le président de la section du contentieux réformera ce rejet sur la base de la jurisprudence de la 2ème chambre civile du jeudi 23 juin 2011 n° 09-70640 non publiée au bulletin Cassation visant les articles 2 et 25 de la loi n° 91-647 du 10 juillet 1991 relative à l'aide juridique indiquant que « *le bénéficiaire de l'aide juridictionnelle a droit à l'assistance d'un avocat* » alors qu'une juridiction avait statué nonobstant que le bénéfice d'attribution de l'aide juridictionnelle avait été demandé avant la date de l'audience <u>et qu'il n'avait pas été statué définitivement sur cette demande</u>.

En d'autres termes : la cour administrative ne pouvait statuer, même pour tardiveté -*a fortiori* imaginaire -, avant la décision du TGI du 21 novembre 2014 susceptible d'appel en sus ; mais encore, ce moyen aurait dû déjà attirer l'attention d'Olivier ROUSSELLE pour justement faire droit à ma demande d'AJ pour pouvoir me défendre devant le conseil administratif suprême contre de tels agissements, nonobstant toutes les autres implications dénoncées en appel de la décision du TGI ici produite et qui exposait d'entrée le fondement de la demande d'aide juridictionnelle première : « *complexité du dossier et de ceux, connexes dont la jonction est réclamée... décisions (qui) portent par ailleurs sur des atteintes au droit fondamental de l'exercice d'une profession librement choisie et des conditions de sa réglementation* ». ***(PJf)***

Extraits :
- *Exception d'illégalité de l'article R421-7 du code de justice administrative nationale, ensemble le décret n° 2010-1562 du 14 décembre 2010 et notamment l'article 7.*
- *Le présent appel est lié à d'autres, déférés ce même jour à la cour administrative parisienne, contre les décisions n° 13-626, 13-631 et culminant avec l'ordonnance n° 14-229.*
- *ayant appelé à la cause l'haut-commis dans le dossier n° 13-631, le président Jean-Yves TALLEC aura arrêté qu'il s'agit d'une requête nouvelle, l'enregistrant en tant que telle.*
- *Rappel des faits et de la procédure ayant aboutis à la décision n° 13-480 attaquée.*
- *Première particularité et étrangeté : l'ordonnance 13-626.*

Enfin, la décision de rejet de ma demande d'AJ par Olivier ROUSSELLE expose « *qu'aucun moyen de cassation sérieux ne peut être relevé contre la décision attaquée* » ; que les conditions d'octroi ne seraient pas remplies.

Vu ce qui précède, et **par ces motifs**, le président de la section du contentieux constatera que le moyen de cassation tiré de ce que la cour d'appel ne pouvait statuer avant qu'il n'ait été définitivement devisé par le tribunal de grande instance de Paris sur l'octroi ou non de l'aide juridictionnelle, puis sa contestation en cas de refus, et alors même que le site SAGACE, pour une affaire classée comme terminée, laquelle cour aura enregistré sur son site même, en date du 16 janvier 2015 – soit postérieurement également à la décision n° 14-3881 du 12 novembre 2014 -, le rejet du TGI, que ce moyen est sérieux et qu'il est de surcroît difficile pour un néophyte d'en déceler un autre pour contester une décision qui relève d'une erreur de droit d'un membre unique de la cour.

Si par extraordinaire la tardiveté première supputée était retenue, il n'en demeure pas moins que le vice de forme affectant la décision de rejet pour tardiveté de la cour d'appel administrative sera réformée pour violation du droit un procès équitable dont le processus, le 28 août 2014 n'était pas achevé du fait de la demande d'AJ non définitivement tranchée.

Et donc faire droit sans plus de délais, à ma demande d'aide juridictionnelle.

Et ce sera justice

Monsieur Yoshiaki CHISAKA

Production :
Décision n° 14-3188 et sa notification.

Pièces jointes :
   a) Sagace CAA
   b) Sagace CE
   c) Ordonnance 1402929, page 2
   d) Attestation du BAJ du TGI de la demande du 25/07/2014.
   e) Rejet BAJ TGI contesté re-mentionnant 25/07/2014.
   f) Contestation du rejet d'AJ du TGI.
   g) CAF du Bas-Rhin arrêtant la « Polynésie française » « à l'étranger » en matière pénale.
   h) CAF du Bas-Rhin arrêtant la « Polynésie française » « à l'étranger » en matière administrative.

Monsieur CHISAKA Yoshiaki
Lot TEPAPA n°1 Mission
BP 62323
98713 - PAPEETE
wind@mail.pf Tél: 72 80 30

Tahiti, le 4 février 2015.

(388004 de 14-3189)

Référence : 1403189

Conseil d'Etat
Monsieur le président de la section du contentieux
1, place du Palais royal
75100 – PARIS RP

<u>Recours contre la décision n° 2014/3274 du 12/11/2014</u> *(PJ01)*

De la contestation

Contrairement à la décision n° 2014/3273, la notion de tardiveté n'a pas été évoquée, prouvant que Monsieur Olivier ROUSSELLE aura bien relevé qu'il s'agit d'un appel-nullité, non soumis à délai… alors même que l'ordonnance de J-J MOREAU, membre de la cour mentionnait un délai de demande d'AJ prescrit !

Le rejet n° 14-3189/2014/3274 porte ainsi sur la seule absence supputée, d'un moyen sérieux.

Or avait été mis en avant que l'ordonnance de rejet de la cour administrative de Paris avait été rendue alors que la demande d'aide juridictionnelle était encore pendante, ce que confirme… l'ordonnance 1402927. *(PJ02)*

Ce moyen se suffit donc à lui-même pour faire prospérer la demande d'AJ sur cette base, c'est-à-dire au vu de la jurisprudence de la 2ème chambre civile du jeudi 23 juin 2011 n° 09-70640 non publiée au bulletin Cassation visant les articles 2 et 25 de la loi n° 91-647 du 10 juillet 1991 relative à l'aide juridique indiquant que « *le bénéficiaire de l'aide juridictionnelle a droit à l'assistance d'un avocat* » alors qu'une juridiction avait statué nonobstant que le bénéfice d'attribution de l'aide juridictionnelle avait été demandé avant la date de l'audience et qu'il n'avait pas été statué définitivement sur cette demande.

Mais aussi en ce que le dossier de base, n° 13-626, fait partie d'un ensemble de dossiers dont la jonction est réclamée devant la cour administrative d'appel, nonobstant le pourvoi contre le rejet par ordonnance de ladite cour.

Par ces motifs, le président de la section du contentieux constatera que le moyen de cassation tiré de ce que la cour d'appel ne pouvait statuer avant qu'il n'ait été définitivement devisé par le tribunal de grande instance de Paris sur l'octroi ou non de l'aide juridictionnelle, puis sa contestation en cas de refus, relève d'une erreur de droit d'un membre unique de la cour, en tout cas est un moyen sérieux de cassation à défendre.

Et donc faire droit sans plus de délais, à ma demande d'aide juridictionnelle.

Et ce sera justice

Monsieur Yoshiaki CHISAKA

Production :
01 :Décision n° 14-3189 et sa notification.
02 : Ordonnance 14-2927, page 2.

C'est l'homme. Qui dressa les splendides culées

Victor HUGO, *L'âne*

S'il y avait le moindre doute sur le moindre bout de papier qui pourrait encore éventuellement manquer à la panoplie, voici aussi le contrat avec l'organisme en périphérie du parking.

Faa'a, le 05 SEPT 2011
N/Ref : DE11 6 5 9 PMP/epi

Monsieur Yoshiaki CHISAKA
Societe WIND
BP 62323 – 98702 Faa'a

Affaire suivie par Monsieur Emile AUMERAND
Tel : (+689) 86 10 19 – Fax : (+689) 83 73 91
Email : eaumerand@tahiti-aeroport.pf

BORDEREAU DE TRANSMISSION

NOMBRE	DESIGNATION
1	Objet : Contrat d'usage des parcs de stationnement de l'Aeroport de Tahiti Veuillez trouver ci-joint Exemplaire de votre contrat n°2011/464 relatif à l'usage des parcs de stationnement de l'Aéroport de Tahiti-Faa'a. - Pour attribution - Cordialement Alain BERQUEZ Directeur Général

CONTRAT D'USAGE DES
PARCS DE STATIONNEMENT DE L'AEROPORT DE TAHITI FAAA
Accès couloir BUS

PKG N°2011/464

Le présent Contrat est conclu entre :

Aéroport De Tahiti, Société par Actions Simplifiées au Capital de 5.000.000 F CFP, dont le Siège Social est à l'Immeuble Te Motu Tahiri, N° RC 1059 B et N° Tahiti 936161, représentée par le Directeur Général, M. Alain BERQUEZ,
ci-après dénommée « le Gestionnaire »

D'une part,

Et

Société WIND représentée par Monsieur Yoshiaki CHISAKA en qualité de Directeur

Forme Juridique :
Numéro Tahiti :883439
Tél. : (689) 43 47 68 / (689) 72 80 30
BP 62323 - 98702 Faa'a

Numéro RC : 11126 A
Télécopie : sans
E-mail : wind@mail.pf

Ci-après dénommée « l'Usager »

autre part,

Article 1 : Objet du Contrat
En considération de la situation particulière de l'Usager implanté sur la plate-forme de Tahiti-Faa'a, le Gestionnaire autorise l'Usager à accéder, conformément aux conditions ci-dessous, de manière permanente aux parcs automobiles (parc couloir BUS + P2) jouxtant l'aéroport international de Tahiti-Faa'a.

Article 2 : Durée du Contrat
Le présent contrat est valable du 01/08/2011 au 31/12/11.

Article 3 : Carte d'accès
3.1 Le Gestionnaire mettra à la disposition de l'Usager la dotation en carte telle que précisée à l'article 1 de l'annexe 1.

3.2 La délivrance d'une carte d'accès ainsi que son remplacement sont assujettis au paiement de la somme forfaitaire de Deux Mille Deux Cent Soixante Treize Francs CP Hors Taxes (2 273 F CFP HT) incluant les frais de dossier et le coût du support.

3.3 En contrepartie de la délivrance de cartes, l'Usager s'engage à verser la somme forfaitaire telle que mentionnée à l'article 1 de l'annexe 1.

Article 4 : Conditions d'utilisation opérationnelle du Contrat

4.1 Les droits d'accès et de stationnement ne sont pas cessibles à un tiers et sont utilisables uniquement dans le cadre du service. L'Usager s'engage à limiter son stationnement tel que précisé à l'article 2 de l'annexe 1.

4.2 En contrepartie de l'accès aux parcs, l'Usager s'engage à s'acquitter de la somme telle que mentionnée à l'article 2 de l'annexe 1, par mois comprenant les frais d'accès.

4.3 Forfait d'heures
- Carte « F2N BUS » : chaque carte autorise l'accès au P2 BUS ainsi qu'un accès restrictif au P2. En aucun cas, cette carte n'autorise un stationnement excédant 30' à l'intérieur du P2.

En cas de dépassement des forfaits d'heures spécifiés au 4.3, chaque heure supplémentaire sera facturée au tarif horaire Hors Taxes en vigueur.

4.4 Chaque carte permet l'accès d'un seul véhicule, pour une entrée suivie d'une sortie.

4.5 Le Gestionnaire ne garantit pas la disponibilité effective du nombre de stationnements mentionné au 4.1 supra.

4.6 L'Usager utilisera les parcs dans les conditions prévues par le règlement intérieur du parking.

4.7 Responsabilités :
Le stationnement a lieu aux risques et périls des propriétaires de véhicules, les droits perçus n'étant que des droits de stationnement et non de gardiennage, ni de surveillance. Le Gestionnaire décline toute responsabilité en cas de détérioration, d'accident ou de vol.

Article 5 : Conditions de règlement
Les règlements s'effectuent dans un délai maximum de 30 jours à émission de la facture.

Article 6 : Clause résolutoire
En cas de non respect des dispositions ci-dessus, le Contrat sera résilié et les cartes désactivées de plein droit après mise en demeure restée sans effet quinze (15) jours suivants la date de première présentation du recommandé avec accusé de réception. Les frais de recouvrement des montants impayés seront à la charge exclusive de l'Usager.

AB

Article 7 : Compétence
En cas de litige résultant de l'interprétation ou de l'exécution du présent Contrat, il relèvera de la compétence exclusive des tribunaux de Papeete.

Fait à Faa'a, le 27·07·11

Signature du Gestionnaire

Signature de l'Usager
(précédée de la mention lu et approuvé)

lu et approuvé

ANNEXE N° 1 au contrat PKG N° 2011/464

Article 1 : Dotation Carte d'accès

Nombre de carte(s) d'accès délivrée(s) :

Choix formule	Quantité
Carte « P2 BUS »	1
Total	1

Total supports HT :

Profil	Quantité	Tarif mensuel unitaire F CFP
Carte « P2 BUS »	1	2273
Total HT (supports)		2273 F CFP

Article 2 : Conditions d'utilisation opérationnelle

Nombre d'accès :

Formule	Quantité
Carte « P2 BUS »	1
Total	1

otal abonnement mensuel HT :

Profils	Quotas	Tarif mensuel unitaire F CFP
Carte « P2 BUS »	1	4 000
Total HT		4 000

AB

En faits, elles sont qui, ces petites mains zélées non-patentées

Bien sûr, il n'est pas possible de les *Wikipedier* tous, ce serait leur accorder une quelconque importance en sus de n'être que ce qu'ils sont, mais tout de même, quelqu'un qui ne serait pas familier avec les comportements de ces français antipodés mais titulaires d'un passeport du pays de la fille aînée de l'église, patrie des droits de l'Homme, et *tutti quanti*, voici tout de même quelque illustration ayant trait à l'un ou l'autre, dont par exemple, Monsieur Le Ministre des Transports Terrestres Bruno MARTY, dans l'exercice de ses... *hic*... fonctions.

Vu l'arrêté n° 218 CM du 7 février 2014 habilitant le ministre en charge des finances à négocier et conclure l'émission d'un ou plusieurs emprunts obligataires d'un montant maximal de 80 000 000 euros (c/v 9 546 539 379 F CFP) pour financer partiellement les opérations d'investissement du budget général de l'exercice 2014 ;

Le conseil des ministres en ayant délibéré dans sa séance du 7 mai 2014,

Arrête :

Article 1er.— La durée de remboursement *in fine* du capital prévue à l'article 2 de l'arrêté n° 218 CM du 7 février 2014, habilitant le ministre en charge des finances à négocier et conclure l'émission d'un ou plusieurs emprunts obligataires d'un montant maximal de 80 000 000 euros (c/v 9 546 539 379 F CFP) pour financer partiellement les opérations d'investissement du budget général de l'exercice 2014, est comprise entre 3 et 12 ans.

Art. 2.— Le vice-président, ministre de l'économie, des finances, du budget et du travail, chargé des entreprises et de l'industrie, de la promotion des exportations, de la lutte contre la vie chère et du dialogue social, est chargé de l'exécution du présent arrêté qui sera publié au *Journal officiel* de la Polynésie française.

Fait à Papeete, le 7 mai 2014.
Gaston FLOSSE.

Par le Président de la Polynésie française :
Pour le vice-président, absent :
Le ministre
de l'équipement, de l'urbanisme
et des transports terrestres
et maritimes,
Albert SOLIA.

ARRETE n° 730 CM du 7 mai 2014 mettant fin, à sa demande, aux fonctions de directeur des transports terrestres de M. Ronald Tsu.
NOR : DTT1400634C

Le Président de la Polynésie française,

Sur le rapport du ministre de l'équipement, de l'urbanisme et des transports terrestres et maritimes,

Vu la loi organique n° 2004-192 du 27 février 2004 modifiée portant statut d'autonomie de la Polynésie française, ensemble la loi n° 2004-193 du 27 février 2004 complétant le statut d'autonomie de la Polynésie française ;

Vu l'arrêté n° 388 PR du 17 mai 2013 modifié portant nomination du vice-président et des ministres du gouvernement de la Polynésie française, et déterminant leurs fonctions ;

Vu l'arrêté n° 233 CM du 13 février 2008 relatif à la direction des transports terrestres ;

Vu la lettre de démission n° 1837 MET/DTT du 10 avril 2014 de M. Ronald Tsu ;

Le conseil des ministres en ayant délibéré dans sa séance du 7 mai 2014,

Arrête :

Article 1er.— Il est mis fin à sa demande, aux fonctions de directeur des transports terrestres de M. Ronald Tsu, à compter du lundi 12 mai 2014.

Art. 2.— A compter de la même date, l'arrêté n° 512 CM du 13 avril 2011 est abrogé.

Art. 3.— Le ministre de l'équipement, de l'urbanisme et des transports terrestres et maritimes est chargé de l'exécution du présent arrêté qui sera notifié à l'intéressé et publié au *Journal officiel* de la Polynésie française.

Fait à Papeete, le 7 mai 2014.
Gaston FLOSSE.

Par le Président de la Polynésie française :
Le ministre
de l'équipement, de l'urbanisme
et des transports terrestres
et maritimes,
Albert SOLIA.

ARRETE n° 731 CM du 7 mai 2014 portant nomination de Mme Chantal Serra en qualité de directrice des transports terrestres par intérim.
NOR : DTT1400632AC

Le Président de la Polynésie française,

Sur le rapport du ministre de l'équipement, de l'urbanisme et des transports terrestres et maritimes,

Vu la loi organique n° 2004-192 du 27 février 2004 modifiée portant statut d'autonomie de la Polynésie française, ensemble la loi n° 2004-193 du 27 février 2004 complétant le statut d'autonomie de la Polynésie française ;

Vu l'arrêté n° 388 PR du 17 mai 2013 modifié portant nomination du vice-président et des ministres du gouvernement de la Polynésie française, et déterminant leurs fonctions ;

Vu l'arrêté n° 233 CM du 13 février 2008 relatif à la direction des transports terrestres ;

Le conseil des ministres en ayant délibéré dans sa séance du 7 mai 2014,

Arrête :

Article 1er.— Mme Chantal Serra est nommée en qualité de directrice des transports terrestres par intérim à compter du 12 mai 2014.

Art. 2.— L'arrêté n° 682 CM du 24 avril 2014 portant nomination de Mme Chantal Serra en qualité de directrice des transports terrestres par intérim durant la période de congé de M. Ronald Tsu du mercredi 30 avril 2014 au vendredi 6 juin 2014 inclus, est abrogé à compter de la même date.

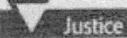

Justice

CORRECTIONNELLE - Son alcoolémie au volant lui avait coûté son ministère

Bruno Marty condamné
à dix mois de sursis

S i les audiences correctionnelles du vendredi matin sont communément réservées aux conduites en état d'ivresse, il est assez rare de retrouver parmi les prévenus un ancien ministre en charge de la sécurité routière. C'est pourtant ce qui s'est passé hier matin lors de la comparution de l'ancien ministre de l'Équipement, Bruno Marty, pour conduite sous l'empire d'un état alcoolique.

L'affaire avait fait grand bruit en novembre dernier, lorsque le ministre avait été contraint de démissionner du gouvernement suite à son accident de voiture consécutif à une soirée très arrosée dans un restaurant de Papeete. "Il n'a pas à être traité différemment des autres prévenus", a considéré d'emblée le procureur. L'intéressé ne l'a pas souhaité et s'est dit prêt à assumer toutes les responsabilités de ses actes.

Le vendredi 8 novembre dernier, le ministre Bruno Marty avait terminé sa semaine dans un restaurant du centre-ville avant de prendre sa voiture sur les coups de 19 heures. Le prévenu a reconnu hier avoir consommé "sept ou huit whiskies" au cours de la fin d'après-midi. Au volant de sa voiture de fonction, il avait tenté de regagner sa maison sur les hauteurs du Pic Rouge, mais avait raté un virage et fini dans le fossé. L'accident avait d'ailleurs

coûté deux fractures aux cervicales au robuste ministre.

Le taux le plus élevé du jour

Après un week-end passé à l'hôpital, Bruno Marty avait déposé sa démission auprès de Gaston Flosse, qui l'avait accepté dès la révélation du taux d'alcoolémie de son ministre. Un chiffre particulièrement élevé de 2,6 grammes d'alcool dans le sang. "Il y a 27 dossiers aujourd'hui et c'est le taux le plus important", a fait remarquer plus le représentant du parquet. À l'époque, l'accident était très mal tombé pour l'image du ministre puisqu'il avait eu lieu quelques jours après un double drame sur les routes de Tahiti. En trois jours, deux fillettes de 11 ans étaient décédées fauchées par des voitures et le gouvernement avait lancé un plan d'action pour renforcer la sécurité routière.

"Sa première sanction, c'est d'avoir présenté sa démission au président", a d'ailleurs plaidé l'avocat de Bruno Marty, M' Jourdainne. Tout en assurant que son client "assumait complètement ses responsabilités", l'avocat a évoqué la "pression" subie par son client pour expliquer ce dérapage. "Ce rendez-vous au restaurant, c'était une soupape de décompression." Depuis, Bruno Marty s'est lui-même

imposé un suivi médical pour sa consommation d'alcool.

Mais le véritable problème de l'ancien ministre, c'est son statut de récidiviste. Déjà condamné deux fois en 2010 et une fois en 2013 pour alcool au volant, Bruno Marty avait écopé d'une annulation de permis de conduire et de plusieurs amendes. Le procureur s'est d'ailleurs étonné de l'absence de peine de prison malgré les récidives. "Je m'interroge s'il n'y a pas bénéficié de mansuétude au regard des

petites promotions."

Finalement, Bruno Marty a été condamné hier à dix mois de prison avec sursis et 300 000 Fcfp d'amende. Une peine qui ne sera donc pas effective, sauf si ce que l'ancien ministre et nouvel adjoint à la mairie de Papeete ne commette un nouveau délit routier dans les cinq prochaines années. ∎

Compte-rendu d'audience

En novembre dernier, l'ancien ministre de l'Équipement Bruno Marty avait été contraint de démissionner du gouvernement après avoir été contrôlé à 2,6 grammes d'alcool au volant alors que son permis avait été annulé quelques mois plus tôt.

Boire ou conduire : le patron de la sécurité routière en Polynésie n'a pas su choisir

Bruno Marty, le ministre polynésien des Transports a démissionné jeudi. L'homme, également président du Comité de la sécurité routière, a été contrôlé après un accident de voiture avec 2,4g d'alcool par litre de sang.

Par Cédric LE ROUX

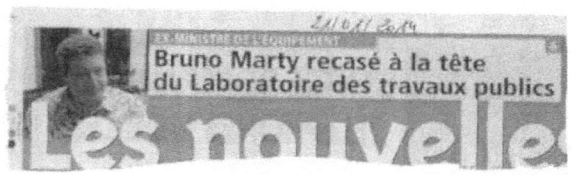

21/07/2014

EX-MINISTRE DE L'ÉQUIPEMENT
**Bruno Marty recasé à la tête
du Laboratoire des travaux publics**

Les nouvelle

10 **Société**

FENUA

Fourrière : pourquoi ça bloque ?

TRANSPORTS. Depuis plusieurs années, le code de la route local prévoit la mise en place d'une fourrière en Polynésie française. Pourtant la structure n'existe toujours pas sur le fenua, au grand désarroi des autorités judiciaires obligées de se débrouiller seules avec les véhicules saisis. Le cadre réglementaire existe, mais la question du foncier bloque les proj

a semaine dernière, pendant le tout de
Noël, cinq voleurs se sont interpellés
dans le camp de la gendarmerie de
Pin'a pour y dérober contine
le doux roues. Les véhicules
étaient tous des engins remis
par les services de gendarmerie et entreposés à l'abri d'un
hangar dans le camp. Les
voitures ont été arrêtées dès la
lendemain, mais leur larcin a
relancé la question de la pénu-
rie en charge des véhicules
confisqués par les autorités
en Polynésie. En cas typique,
l'immobilisation de ces véhicules est confiée à la fourrière
(lire ci-dessous). Mais une
telle structure n'existe pas au
fenua. La gendarmerie toute
qu'assurait de prendre provisoirement en charge ces véhicules, sous l'autorité de la
est de bord, alourage de la
prévoient de la situation. Du
côté de la police, le constat
est le même. La Direction de
la sécurité publique (DSP)
confirme avoir reçu nombre
se des ces véhicules
séjour du monde à laisser
des pistes pour une ré-
faire à Papeete. L'exalta vous

L'ESSENTIEL

▶ Les textes
réglementaires
en Polynésie prévoient
depuis 2006, le recours
à la fourrière pour gérer
les véhicules saisis

▶ Mais faute de candidat
dans le privé pour occuper
cette fonction, il n'y existe
toujours aucune structure
de ce type

▶ Le problème du foncier
reporte les investissements
nécessaires et les autorités
judiciaires sont contraintes

Faute de fourrière, les autorités judiciaires n'ont pas toujours les moyens d'enlever et de stocker les véhi abandonnés qui pourrissent sur les bords de route.

Relaxe de Bruno Marty :
pourquoi le parquet fait appel

Le 14 janvier, le tribunal correctionnel de Papeete a relaxé Bruno Marty dans l'affaire de la carte bancaire du Laboratoire des travaux publics que Marty avait utilisée à des fins personnelles. Dans cette affaire, Bruno Marty était accusé d'avoir utilisé la carte bancaire du laboratoire des travaux publics à hauteur de 1 311 000 Fcfp et 935 000 Fcfp à des fins personnelles. Une faute « avouée » puisque Marty a entièrement remboursé ces sommes.

Si les motifs de la décision du tribunal n'ont toujours pas été publiés, plusieurs sources au tribunal expliquent que le juge n'a pas reconnu (comme le défendait l'avocat de Marty, Mourad Miloui) la qualification de détournement de fonds publics.

Le parquet n'a pas la même lecture puisqu'il a fait appel de cette décision. « Ce n'est pas un problème de fonds publics ou privés, argumente le procureur José Thorel. Il s'agit, à nos yeux, d'un détournement de fonds par personne chargée d'une mission de service public. Il n'y a donc pas à prouver que les fonds sont publics. En revanche, M. Marty est bien chargé d'une mission de service public puisque le président du Laboratoire des travaux publics est nommé par le président du Pays et qu'il s'agit d'une société d'économie mixte. » Le procureur fait, dans cette affaire, référence à l'article 432-15 du code pénal qui prévoit :

« Le fait, par une personne dépositaire de l'autorité publique ou chargée d'une mission de service public, un comptable public, un dépositaire public ou l'un de ses subordonnés, de détruire, détourner ou soustraire un acte ou un titre, ou des fonds publics ou privés, ou effets, pièces ou titres en tenant lieu, ou tout autre objet qui lui a été remis en raison de ses fonctions ou de sa mission, est puni de dix ans d'emprisonnement et d'une amende de 1 000 000 € (soit de 120 millions de francs) (...) »

« J'espère que la cour d'appel aura une meilleure lecture de cet article », confie José Thorel.

B.P.

Récapitulatif à ce jour des numéros d'affaires

Récapitulatif au 19 mars 2016 des 23 numéros d'affaires engendrés par cette verbalisation *d'un-taxi-sur-une-place-de-parking-et-condamné-à-3-jours-de-privation-d'exercice-de-sa-profession*... avant d'autres près la cour « européenne » des droits de la Procédure, appelée *Cour européenne des droits de l'Homme*.

13-480
13-626
13-631
13-3023
14-229
14-558
14-3188
14-3189
14-40469
14-42383
14-42394
14PA0000
14PA2926
14PA2927
14PA2928
14PA2929
15PA390
15PA555
15PA556
385540
385542
388003
388004

SOMMAIRE

L'administrative justice se déplace chez l'auguste administration

"Cette rencontre s'est produite à l'initiative du nouveau président du TA" (29 août 2013)